本书系国家社会科学基金项目（批准号：15BGJ024）"粮食安全视阈下我国进口粮源保障体系建构与实现机制研究"的研究成果。

中国粮食进口问题研究
—— 基于进口粮源保障体系的建构

赵予新 等/著

社会科学文献出版社
SOCIAL SCIENCES ACADEMIC PRESS (CHINA)

前　言

2013年底，中央农村工作会议提出了"以我为主、立足国内、确保产能、适度进口、科技支撑"的国家粮食安全新战略，首次将"适度进口"作为粮食安全战略的重要组成部分。2015年中央一号文件又将"提高统筹利用国际国内两个市场两种资源的能力"作为一项重要任务，这是党中央为保障国家粮食安全做出的重大战略决策。中国作为一个人均农业资源严重不足的人口大国，粮食对外贸易已经成为国家粮食宏观调控的重要手段和统筹利用国际国内两个市场两种资源的关键举措（程国强、朱满德，2013）。然而，中国虽然是买入大宗粮食的"贸易大国"，但在国际粮食贸易中则为影响力不足的"定价小国"，从而在国际粮食市场上缺少话语权，这与中国在国际粮食市场上的大国地位不符。提高中国等发展中国家在国际粮食市场上的谈判和议价能力，成为保障发展中国家粮食安全的题中应有之义。

《国家粮食安全中长期规划纲要（2008～2020年）》提出："建立稳定可靠的进口粮源保障体系，提高保障国内粮食安全的能力。"在我国粮食进口总量持续增加的背景下，研究进口粮源保障体系的基本理论和实践问题，对于提高我国对国际市场粮源的掌控能力、保障国家粮食安全具有重要的战略意义。

本书研究的总目标是探索提高我国进口粮源掌控能力的思路与方略，并通过以下三个具体目标来实现：一是探索全球粮食安全治理体系变革的主要内容及中国的角色定位，二是研究进口粮源保障体系的战略构成，三是提出建设进口粮源保障体系的实现机制和政策建议。课题组以进口粮源保障体系的建构为主线，对进口粮源保障体系、全球粮食安全治理、跨国粮食供应链等相关的基本理论问题进行了系统论证，阐释了进口粮源保障体系的科学内涵和应具备的基本功能，建立了研究进口粮源保障体系的理论分析框架。本项研究通过系统考察中国粮食进口历史和存在的问题，分析全球粮食安全治理体系变革的趋势和面临的挑战，提出我国进口粮源保障体系的实现机制和有关对策。

本书在梳理"以我为主"与"适度进口"关系的基础上，将"三个转变"贯穿研究全程：在国际农业资源利用方式上，从单一粮食直接进口向多种方式综合利用转变；在我国参与国际分工的层次上，从处于国际粮食产业链末端向全球粮食产业链布局转变；在我国在国际粮食市场的地位上，从处于被支配地位向具有一定话语权和定价能力的大国主体地位转变。

本书分十四章展开研究，其中第一、二、三章为"理论分析篇"，第四、五、六、七章为"现实考察篇"，第八、九、十章为"战略谋划篇"，第十一、十二、十三、十四章为"对策建议篇"。

在"理论分析篇"，课题组在进行理论梳理的基础上，研究了进口粮源保障的两种基本模式，界定了进口粮源保障体系的内涵、基本功能和意义。研究认为，建设进口粮源保障体系是确保国家粮食安全的必要手段，是满足国内多样化粮食需求的客观需要，是提高国际粮源掌控能力的现实要求，是维护国家粮食进口利益的必要条件，是保障国内粮食产业健康发展的必要举措。该部分从"两个关系"和"七个维度"分析了利用境外资源保障国家粮食安全要处理好的若干关系。

"现实考察篇"包括四方面内容。首先，必要性研究。考察了我国粮食进口贸易的历史和现状，运用模型对未来粮食进口刚性增加的趋势进行了定量预测。其次，可行性研究。通过对世界粮食供给潜力、粮食生产和贸易、我国政治和外交关系、外汇支付能力等进行分析，认为我国建设进口粮源保障体系具有现实的基础。再次，存在的问题和影响因素考察。采用实证研究方法，通过对行业组织、外贸企业、政府部门进行大范围的问卷调查，得出的基本认识是，中国在推进粮食贸易多元化方面还有较大的空间，共建"一带一路"国家应作为开展区域粮食合作的重点区域，尽快建立统筹利用境外农业资源一体化的协调机制。最后，国际比较和经验借鉴。课题组对日本、韩国利用境外农业资源的做法进行了比较，得出了进口粮源多元化是降低进口风险的必选策略、政府支持是利用海外农业资源的前提、科学的战略设计是利用海外农业资源的关键等重要启示。

"战略谋划篇"包括三个部分。首先，对全球粮食安全治理体系的内涵和特征进行了界定，认为变革当前不合理的全球粮食安全治理体系是构建人类命运共同体的必然要求，对中国在全球粮食安全治理体系中应发挥的作用进行了论述。其次，研究了"一带一路"倡议下进口粮源保障体系建设的机遇、可能的风险和推进策略。课题组认为，"一带一路"倡议为中国更好地利用境外农业资源提供了良好契机，应充分发挥现有域内双边和多边合作机制的作用，采取分区域的推进策略。最后，从战略目标、战略方针、战略核心、战略支撑、实现机制五个部分研究了进口粮源保障体系的战略构成。

"对策建议篇"包括两个部分。首先，研究了我国跨国粮食供应链体系的构建问题。课题组考察了我国粮食进口通道的现状与问题，发现我国六大粮食进口通道存在着基础设施缺口大且陈旧的问题，海上关键要道则存在较大风险。课题组设计了粮食通道物流能力的评价指标体系，对重要的粮食物流通道的物流能力进行了评价，提出了构建跨国粮食供应链体系的目标、原则和建设重点。其次，研究了我国建设进口粮源保障体系的三大实现机制：一是区域农业与粮食安全合作机制；二是粮食对外贸易调控与政策支持机制；三是多元化服务与保障机制，解决了经过什么途径、采用什么方法、完善哪些政策、依据什么机理实现进口粮源保障体系战略目标等问题。

本书从"跳出"进口"看"进口的视角，超越以国家为中心的传统粮食安全观，通过审视我国境外农业资源开发与利用中存在的问题，以大量篇幅对全球粮食安全治理体系的理论和实践问题进行研究，探讨全球粮食安全治理体系变革的必要性、变革的内容、面临的挑战及中国的定位，将落点放在提高进口粮源的管控能力上，对未来我国统筹利用两个市场两种资源的模式和途径进行了准确定位。

本项研究的主要建树，一是系统梳理了全球粮食安全治理等重大理论问题。课题组从建立"人类命运共同体"的视角，对全球粮食安全治理体系的内涵、特征、变革的必要性等进行了全面梳理，论述了以共同、综合、合作、可持续的新粮食安全观为基础的国际粮食安全治理体系；提出了中国要在全球粮食安全治理变革中，做人类命运共同体理念的引领者、国际粮食安全规则变革的主要推动者等五个基本定位。

二是设计了进口粮源保障体系的战略构成。将进口粮源保障体系提升到战略高度加以研究，从战略目标、战略方针、战略核心、战略支撑、实现机制五个方面研究了进口粮源保障体系的战略构成，将以往这一领域碎片化的研究系统化，上升到学术上的理论体系，明确了定性与定量相结合的"战略目标"，提出了具有针对性的"战略方针"，部署了可操作性较强的"战略核心"，论证了必须强化的"战略支撑"，系统提出了机制化的"战略对策"，丰富了新时代中国特色的粮食对外贸易理论。

三是系统提出了进口粮源保障体系的实现机制。从"一完善、四健全、五强化"角度提出了进口粮源保障体系的实现机制，即完善区域农业与粮食安全合作机制；健全境外农业资源开发与利用的体制机制，健全粮食对外贸易的调控机制，健全财政与金融政策的支持机制，健全国际大粮商的长效培育机制；强化境外农业资源开发与信息服务体系建设，强化农业与粮食产业协会组织和协调机制，强化境外农业资源开发与利用风险预警机制，强化境外投资和贸易法律保障机制，强化高端智库与国际化人才培育机制。

由于我们研究水平有限和有些资料采集困难，本书尚存在一些疏漏和不足之处。作为国家社会科学基金资助的研究成果，我们诚恳欢迎各位实务工作者和专家学者对本书的内容提出宝贵的指导意见，衷心希望本项研究能为国家粮食安全和我国未来的农业对外贸易以及农业国际合作尽一份力量，对同类研究起到一定的参考和借鉴作用。

项目负责人：赵予新
2021 年 4 月 30 日

目 录

理论分析篇

第一章 绪论 ··· 3
  一 选题背景 ·· 3
  二 研究目的和意义 ··· 6
  三 相关概念和理论基础 ··· 7
  四 研究内容 ·· 9
  五 研究思路与方法 ··· 11
  六 创新和不足之处 ··· 12

第二章 国内外研究现状及其评述 ·· 15
  一 国外相关研究的学术史梳理及动态 ································· 15
  二 国内相关研究的学术史梳理及动态 ································· 19
  三 文献述评 ·· 28

第三章 粮食安全视阈下进口粮源保障体系的理论解析 ··············· 31
  一 粮食进口在中国粮食安全战略中的地位 ·························· 31
  二 进口粮源保障体系的内涵与框架设计 ····························· 34
  三 构建进口粮源保障体系的"两个关系"和"七个维度" ······ 37
  四 建设进口粮源保障体系的战略意义 ································· 40
  五 进口粮源保障体系的基本功能 ······································· 43

现实考察篇

第四章 我国粮食进口的历史、现状和存在的问题 …… 49
    一 新中国成立以来我国粮食贸易的历史沿革 …… 49
    二 加入WTO以来我国粮食贸易的发展 …… 54
    三 近年来我国粮食进口来源的国别分布分析 …… 57
    四 我国粮食进口存在的主要问题 …… 69

第五章 粮食安全视阈下我国粮食进口趋势预测 …… 73
    一 供给侧结构性改革给国内粮食生产带来的变化 …… 73
    二 供给侧结构性改革背景下我国粮食生产的中短期预测 …… 75
    三 我国粮食需求总量的中短期预测 …… 77
    四 中短期我国粮食产需缺口预测 …… 85

第六章 粮食安全视阈下我国进口粮源保障体系建设的可行性研究 …… 87
    一 提升我国粮食进口能力的可行性分析 …… 87
    二 我国利用境外农业资源面临的主要风险 …… 96
    三 进口粮源保障体系建设影响因素的实证研究 …… 100
    四 我国利用境外农业资源亟待解决的问题 …… 114
    五 本章的简要结论 …… 116

第七章 粮食进口国家利用境外农业资源的经验与警示
    ——以日本、韩国为例 …… 118
    一 日、韩两国高保护的农业政策及其面临的挑战 …… 118
    二 日本资源导向型农业海外投资的主要做法 …… 128
    三 韩国资源导向型农业海外投资的主要做法 …… 132
    四 日、韩利用境外农业资源中不成功案例的警示 …… 135
    五 日、韩经验对我国进口粮源保障体系建设的
      启示与借鉴 …… 137

战略谋划篇

第八章　全球粮食安全治理体系变革与中国的角色定位 …………… 143
　一　文献综述 ……………………………………………………… 143
　二　全球粮食安全治理体系的内涵和特征 ……………………… 147
　三　全球粮食安全治理体系变革的必要性 ……………………… 159
　四　全球粮食安全治理体系变革面临的挑战 …………………… 162
　五　全球粮食安全治理体系变革的主要内容 …………………… 167
　六　中国在全球粮食安全治理体系中的角色定位 ……………… 177

第九章　粮食安全视阈下"一带一路"框架下的区域粮食合作 …… 183
　一　问题的提出 …………………………………………………… 183
　二　文献综述 ……………………………………………………… 184
　三　"一带一路"框架下我国参与区域粮食合作的机遇 ……… 186
　四　"一带一路"框架下区域粮食合作的风险和障碍 ………… 191
　五　推进"一带一路"框架下中国参与区域粮食合作的路径 … 198
　六　基于多边合作机制推进"一带一路"区域
　　　粮食合作的对策 ……………………………………………… 200

第十章　粮食安全视阈下我国进口粮源保障体系的战略构成 …… 205
　一　建设进口粮源保障体系的战略目标 ………………………… 206
　二　建设进口粮源保障体系的战略方针 ………………………… 210
　三　建设进口粮源保障体系的战略核心 ………………………… 212
　四　建设进口粮源保障体系的战略支撑 ………………………… 241
　五　建设进口粮源保障体系的实现机制 ………………………… 246

对策建议篇

**第十一章　粮食安全视阈下我国跨国粮食供应链体系的
　　　　　构建与实施** ……………………………………………… 251
　一　建立我国跨国粮食供应链体系的意义 ……………………… 251

  二 跨国粮食供应链的内涵及结构模型 ………………… 253
  三 我国粮食进口通道的现状分析 …………………… 256
  四 构建跨国粮食供应链的障碍或制约因素 …………… 264
  五 跨国粮食供应链体系中各国粮食通道物流能力的
    实证研究 ……………………………………………… 267
  六 构建跨国粮食供应链体系的目标及原则 …………… 276
  七 构建跨国粮食供应链体系的主要任务 ……………… 277
  八 构建跨国粮食供应链体系的保障措施 ……………… 284

第十二章 基于进口粮源保障体系建构的区域农业与粮食
      安全合作机制 ……………………………………… 287
  一 完善区域农业与粮食安全合作机制的意义与目标 … 287
  二 完善区域粮食安全合作机制的现实基础 …………… 289
  三 完善区域农业与粮食安全合作机制的基本原则 …… 291
  四 "中国—东盟自贸区"粮食安全合作机制 …………… 292
  五 上海合作组织的粮食安全合作机制 ………………… 304
  六 金砖国家的粮食安全合作机制 ……………………… 312
  七 中国与非洲国家的粮食安全合作 …………………… 326

第十三章 基于进口粮源保障体系建构的粮食对外贸易调控
      与政策支持机制 …………………………………… 341
  一 健全境外农业资源开发与利用的体制机制 ………… 341
  二 健全粮食对外贸易调控机制 ………………………… 343
  三 健全财政与金融政策支持机制 ……………………… 351
  四 健全跨国大粮商长效培育机制 ……………………… 353

第十四章 基于进口粮源保障体系建构的多元化服务与保障机制 … 357
  一 强化境外农业资源开发与利用信息服务体系 ……… 357
  二 强化农业与粮食产业协会的组织和协调机制 ……… 361
  三 强化境外农业资源开发与利用风险预警机制 ……… 365
  四 强化境外投资和贸易法律保障机制 ………………… 366
  五 强化高端智库与国际化人才培育机制 ……………… 370

参考文献 ………………………………………………………… 374

附　录 ……………………………………………………………… 407
　　附录一　我国进口粮源保障体系建设调查问卷 …………… 407
　　附表二　我国进口粮源保障体系建设调查问卷各选项得分 ……… 410
后　记 ……………………………………………………………… 412

理论分析篇

第一章　绪论

中国的粮食问题不仅是重大的经济问题，更是重大的政治问题、安全问题。一个国家的粮食来源有两个：本国生产和从国外进口。对中国这样一个人均农业资源严重不足的人口大国来说，粮食对外贸易已经成为国家粮食宏观调控的重要手段和统筹利用国际国内两个市场两种资源的关键举措（程国强、朱满德，2013）。《国家粮食安全中长期规划纲要（2008~2020年）》提出："建立稳定可靠的进口粮源保障体系，提高保障国内粮食安全的能力。"2015年中央一号文件将"提高统筹利用国际国内两个市场两种资源的能力，加强农产品进出口调控"作为一项重要任务。在中国当前经济新常态的背景下，研究进口粮源保障体系的理论与实践问题，对于提高对国际市场粮源的掌控能力、保障国家粮食安全具有重要的战略意义。

一　选题背景

本项研究基于以下四个背景。

背景之一：粮食安全新战略提出"适度进口"的新要求。

2015年，我国粮食产量实现"十二连增"，有力支撑了经济社会发展和民生改善，总体上粮食供求趋于"紧平衡"状态。但是随着新型城镇化、工业化步伐的加快，农业发展及粮食安全基础也面临挑战，国内粮食生产成本"地板"抬高，耕地、水资源约束下粮食生产环境形势严峻。2014年之前我国粮食自给率基本稳定在95%以上，粮食生产基本能够实现自给，然而近年来呈现下降趋势，2014年自治率跌至87%。在耕地、水资源约束及国内粮食需求与日俱增的影响下，我国粮食自给自足面临的挑战加大，近年来我国对国际粮食市场的依赖性逐渐增强，如何利用好"两种资源两个市场"，确保国家粮食安全，构建我国进口粮源保障体系显得尤为必要和迫切。2013年底中央农村工作会议、2014年中央一号文件提出"以我为主、立足国内、确保产能、适度进口、科技支撑"的国家粮食安全新战略，明确了在立足国内生产确保"谷物基本自给、口粮绝对安全"的前提下，将"适度进口"作为粮食安全战略的组成部分。这是基于中国土地和水资源严重短缺的国情所做出的战略选择。根据2017年的统计，全国耕地面积为13488.12万公顷，按2019年全国内地总人口14亿来算，人均耕地1.445亩，远不及世界平均水平的1/2。粮食进出口贸易对农业资源严重不足国家的粮食供给总量和结构发挥着十分重要的作用。

背景之二："三量齐增"导致我国粮食供需失衡。

近年来，中国在粮食产量实现"十二连增"的同时，粮食进口持续增加。据国家统计局数据，2004~2015年，我国粮食产量实现了"十二连增"，2016年粮食总产量下降为61625万吨，2017年全国粮食总产量61791万吨，比2004年的46946万吨增加了14845万吨。2017年粮食进口量13062万吨，与2004年的进口量相比，增长了335.7%。2015~2018年，中国粮食总产量维持在66000万吨左右。2018年，谷物产量达到61000万吨，占粮食总产量的90%以上。目前，我国谷物自给率已达到95%以上，为保障国家粮食安全、促进经济社会高质量发展奠定了坚实的物质基础。但是，国内粮食库存量也在上涨，以玉米为例，2004年玉米库存为4323万吨，2016年我国玉米库存量达到了2.66亿吨，玉米库存上涨了2.2亿吨。粮食呈现生产、库存和进口"三量齐增"的态势，粮食进口数量远远大于粮食缺口数量。2016年我国粮食缺口在2000万~4000万吨，但粮食进口远超于需求量（韩长赋，2018）。2018年，粮食进口总量达到11555万吨，较1996年增加944.8%，其中大豆8803万吨，谷物及谷物粉2047万吨，占当年世界谷物贸易量的4.9%（《中国的粮食安全》白皮书，2019）。如何使粮食对外贸易在满足国内需求的同时，不对我国粮食产业带来较大冲击，切实把握好适度进口的"度"，成为一个亟待研究的战略问题。

背景之三：国际粮食市场长期被不合理的规则主导。

美国将粮食视为与石油一样的可交换、可控制的战略商品。早在1954年，美国的《农产品贸易促进与援助法案》就提出要"最有效地利用剩余农产品促进美国外交政策"。1974年,基辛格在一份报告中把美国的粮食援助作为"国家权力的工具"。进入21世纪以来,少数发达国家对全球农业资源和粮食市场的控制加剧,美国还通过粮食能源化、粮食金融化等方式操控国际粮食产业链。一方面,美国滥用国内支持政策,通过对国内粮食生产提供各类补贴,低价向发展中国家倾销粮食,使得一些发展中国家失去独立的粮食生产能力,对粮食进口产生依赖,加上美国对转基因粮食种子的垄断,将发展中国家的整个粮食产业链纳入其掌控之中;另一方面,美国在国际上通过主导WTO等国际组织,形成有利于发达国家的国际贸易规则,决定国际市场的贸易走向。长期以来,中国虽然是买入大宗粮食的"贸易大国",但在价格形成过程中则为影响力不足的"定价小国",从而在国际粮食市场上缺少话语权,多次成为资本操控价格的受害方,这与中国在国际粮食市场上的大国地位不符。提高中国等发展中国家在国际粮食市场上的谈判和议价能力,成为保障国家粮食安全的题中应有之义。

背景之四:逆全球化思潮给全球粮食市场带来不确定性。

2016年,英国脱欧、意大利总理伦齐辞职、欧洲难民危机、民粹主义党派兴起、特朗普当选美国总统等一系列国际事件的发生,意味着经济全球化浪潮走到了一个历史的逆风口。特朗普上任之后,以"美国优先"为宗旨,先后退出"跨太平洋伙伴关系协定"(TPP)和全球应对气候变化的《巴黎协定》等,与加拿大和墨西哥重新谈判签订了"北美自由贸易协定"(NAFTA)。特朗普政府置国际规则于不顾,单方面挑起对中国的贸易战。2017年8月,美国宣布对中国发起"301"调查;2018年初,宣布对中国出口到美国的钢铁、铝及其加工制品征收10%~26%不等的关税,继而宣布因知识产权问题对中国出口到美国的500亿美元的商品征收25%的关税。2018年下半年,美国又宣布对中国出口至美国的2000亿美元的商品征收10%的关税。在2019年初中美双方达成阶段性谈判成果之后美国出尔反尔,于2019年5月9日宣布,自2019年5月10日起,将关税税率提高15个百分点。美国单方面挑起的贸易摩擦在一年多的时间里不断升级。其间,中国为了捍卫自身的合法权益和世界多边贸易体制,对美国变本加厉的所谓"制裁"给予了有力的反击。中国的反制措施主要集中于美国的大豆、汽车、飞机和化工产品等。最后双方还是坐在谈判桌上,于

2019年12月达成协议。美方承诺分阶段取消对华产品加征的关税，这一轮中美"贸易战"终于落下帷幕。事实告诉我们，依靠进口个别粮食生产大国的粮食为中国粮食安全提供保障是靠不住的。在坚持立足国内资源确保国家粮食安全的基础上，建立利用国际资源弥补中国土地和水资源严重短缺的长期战略机制，必须摆上重要的议事日程。

二 研究目的和意义

（一）研究目的

本书在对进口粮源保障体系基本理论问题进行梳理的基础上，系统考察中国粮食进口的历史及其对保障国家粮食安全的重要意义，分析全球粮食安全治理体系变革的必要性和面临的挑战，提出我国进口粮源保障体系的实现机制和有关对策。本课题研究的总目标是探索提高国际进口粮源管控能力的思路与方略，并通过以下三个具体目标来实现。

（1）全球粮食安全治理体系变革的主要内容及中国的角色定位。

（2）建设进口粮源保障体系的战略构成。

（3）建设进口粮源保障体系的实现机制和政策建议。

（二）研究意义

1. 理论意义

第一，本书基于国家粮食安全新战略，通过建构进口粮源保障体系，实现对各种国际农业资源利用方式的综合分析并将它们有机结合起来，是基于全球视野和中国国情粮情，对国际农业资源利用模式的新探索。

第二，研究全球粮食安全治理体系的基本理论问题，包括进口粮源保障体系的内涵、功能构成、框架设计等，分析建设进口粮源保障体系的战略支撑，对该领域的研究具有重要的学术价值。

第三，研究进口粮源保障体系的实现机制和相关对策，为完善国际粮食资源利用和管控政策提供理论依据。

2. 实践意义

第一，对贯彻落实国家粮食安全新战略具有重要的政策咨询价值。可以为政府完善农业对外贸易政策、推进"一带一路"国际农业合作、完善境外农业资源的法律法规体系、健全粮食安全预警机制等，提供决策参考。

第二，对涉粮企业实施国际化战略具有咨询价值。本项研究针对进口粮源保障体系建设所面临的主要障碍，从战略层面提出相应的实现机制，对大型粮食企业、贸易公司、农垦企业等制定对外贸易发展规划和"走出去"战略，具有应用价值。

第三，对提高我国对进口粮源的掌控能力提供了可操作性较强的对策。针对长期以来我国在国际粮食市场上话语权不足、定价权缺失等问题，研究了其形成的原因，提出了治理方略。这些方略对增强我国在国际市场上的话语权，改善国际粮食安全环境，确保国际粮源的国内供给，具有重要的指导意义。

三 相关概念和理论基础

（一）对于粮食概念的界定

国际上对于粮食的概念界定与中国有较大出入。联合国粮农组织（FAO）对粮食的定义包括三大类谷物，如麦类、稻谷、粗粮（又称杂粮，即经常被用作牲畜饲料的粮食，包括大麦、玉米、黑麦、燕麦、黑小麦、高粱）。

20 世纪 90 年代以来，中国把粮食定义为五大类：小麦、大米、玉米、大豆和其他。其他包括：一是薯类，包括甘薯和马铃薯；二是其他谷类，包括大麦、黑麦、燕麦、黑小麦、谷子、高粱、糜子等以及属于蓼科的荞麦；三是杂豆，包括黑豆、青豆、绿豆、红小豆等，不包括作为蔬菜的豆类。统计粮食产量时，一般按照原粮（脱粒后）计算，但豆类和薯类除外，豆类按去荚后的干豆计算，薯类进行折合（5 千克鲜薯等于 1 千克粮食）计算。结合数据的可得性，本项研究在粮食进口贸易中以稻谷、小麦、玉米和大豆作为研究对象，其贸易总量占我国粮食贸易的 90% 以上，这也符合我国粮食贸易的实际情况。

（二）本项研究的理论基础

1. 比较优势理论

大卫·李嘉图在 1817 年提出了"比较优势理论"。比较优势理论指出，在国际市场中，每个国家或地区的优势具有很大差异，如果一国在本国生产某种产品的机会成本低于在其他国家生产该种产品的机会成本，那么这个国家在生产该种产品上就拥有比较优势。例如 A 国生产 A 产品相对于 B 国处于优势地位，那么 A 国就会专注于生产 A 产品，而进口 B 国的优势产品 B，相对于 B 国来说，也会生产本国的优势产品 B，进口自己的劣势产品 A，两个国家在国际市场上进行分工和合作，并且都能从国际贸易中受益。比较优势理论作为重要的国际贸易理论，是区域分工和国际贸易的基础。李嘉图认为各国或各地区应大力发展或拓展国内具有比较优势的产业，放弃或调整没有优势的产业，以提高资源配置效益。

2. 国际分工与世界市场理论

经济全球化进程使得要素从不流动到接近充分流动，从商品流动逐步发展到商品、资金、技术、劳动力等多种要素流动，从国际贸易发展到国际贸易与国际投资并存。国际分工是指世界上各国或地区之间的劳动分工，是各国生产者通过世界市场形成的劳动联系，是各国或地区经济联系的基础，是世界市场和世界经济赖以形成和发展的基础和先决条件。一个国家的资源、气候、土壤、地理位置、国土面积和社会经济条件决定了其国内粮食生产的客观条件，而国际分工又为国与国之间的资源交换提供了条件。世界市场是商品生产的社会分工发展到国际分工的产物，是商品交换关系突破国家和地区限制而扩展到整个世界的结果。这里不单指商品交换，更多的是指要素交换。有了世界市场，要素才能流动，利用境外资源才是可行的，要素才能突破国与国的限制在国家间进行直接投资。也正是有了世界市场，才可以通过粮食进口把粮食运回本国满足本国需求，或者在其他市场出售。世界市场的出现为利用境外资源提供了理论基础。

3. 边际产业扩张理论

该理论由日本经济学家小岛清在 20 世纪 70 年代中期提出。该理论认为，国际直接投资应从本国（投资国）已经处于或即将处于比较劣势地位的产业（边际产业）依次进行，这些边际产业也是东道国具有比较优势或潜在比较优势的产业。从边际产业开始进行投资，可以使东道国因缺少资本、技术、经营管理技能等而未能显现或未能充分显现出来的比较优势显现或增强，扩大两国间的比较成本差距，为实现数量更多、获益更大的贸易创造条件。这样不仅可以使国内的产业结构更加合理、促进本国对外贸易的发展，而且有利于东道国产业的调整、促进东道国劳动密集型行业的发展。边际产业扩张理论能够较好地解释日本 20 世纪 60～70 年代国际直接投资的实践，也是一种符合发展中国家对外直接投资的理论。

4. 国际生产折中理论

该理论是英国经济学家邓宁在1977年提出的。这一理论将有关理论综合起来解释企业对外直接投资的动机，是一种折中理论。该理论的核心是所有权特定优势、内部化特定优势和区位特定优势。一是所有权特定优势。所有权特定优势包括两个方面，一方面是由独占无形资产所产生的优势，另一方面是由企业规模经济所产生的优势。二是内部化特定优势。内部化特定优势是指跨国公司运用所有权特定优势以节约或消除交易成本的能力。内部化的根源在于外部市场失效。邓宁把市场失效分为结构性市场失效和交易性市场失效两类，结构性市场失效是指由东道国贸易壁垒所引起的市场失效，交易性市场失效是指交易渠道不畅或有关信息不易获得导致的市场失效。三是区位特定优势。区位特定优势是指东道国拥有的优势，企业只能适应和利用这项优势。它包括两个方面：一方面是东道国不可移动的要素禀赋所产生的优势，如自然资源丰富、地理位置方便等；另一方面是东道国的政治经济体制、政策法规灵活等形成的有利条件和良好的基础设施等。企业必须同时兼备所有权优势、内部化优势和区位优势，才能从事有利的海外直接投资活动。

四　研究内容

本书主要从以下八个方面展开研究。

（1）粮食安全视阈下进口粮源保障体系的理论解析。以对粮食安全理论与政策研究成果的系统梳理为起点，结合"人多地少"的国家实际情况，分析粮食贸易在国家粮食安全中的地位与作用；在对中国粮食安全战略历史沿革进行追溯的基础上，对"以我为主、立足国内、确保产能、适度进口、科技支撑"的国家粮食安全新战略的内涵进行解读，对进口粮源保障体系的内涵进行界定，研究构建进口粮源保障体系的意义和基本功能。

（2）粮食安全视阈下我国进口粮源分布。采集历史数据，分品种考察粮食进口、出口数量以及所占比重的变化；分析粮食进口的国别结构，对我国粮食贸易的历史沿革和不同阶段的特点进行回顾，分析主要粮食进口的国别分布；建立粮食进口预测模型，对我国粮食进口趋势进行预测。从政治、经济、风险防控等方面分析我国进口粮源的可获得性，对粮食安全视阈下我国进口粮源保障体系建设的可行性进行研究。

（3）利用境外资源保障本国粮食安全的国际比较。通过研究日本严格限制大米进口、进口粮源多元化等政策，韩国拓展海外农业等利用境外资源保障粮食安全的做法，对粮食进口国家保障粮食供给的经验和教训进行梳理，结合中国国情粮情，选择更适合中国的进口粮源保障模式。

（4）全球粮食安全治理体系变革与中国的角色定位。建构进口粮源保障体系的重要前提是有良好的国际粮食安全环境，以全球视野探讨粮食安全治理体系的内涵，多角度研究当前国际粮食安全治理机制的特征，分析全球粮食安全治理体系变革的必要性和面临的挑战，提出全球粮食安全治理体系变革的主要内容及中国的角色定位。

（5）我国进口粮源保障体系建设的实证研究与战略构成。对近年来中国大豆、稻米、玉米等主要品种进口来源多元化的实践进行分析，探讨我国粮食进口存在的主要问题；考察农业"走出去"取得的成效和存在的问题，农业"走出去"与进口粮源保障体系建设的关系；通过问卷调查，对进口粮源保障体系建设影响因素进行实证研究。从战略目标、战略方针、战略核心、战略支撑、实现机制等方面研究我国进口粮源保障体系建设的战略构成。

（6）粮食安全视阈下"一带一路"框架下的区域粮食合作。分析"一带一路"框架下我国参与区域粮食合作的机遇、风险和障碍，将区域粮食合作作为共建"一带一路"国家构建"利益共同体"和"命运共同体"的结合点之一，提出推进"一带一路"框架下中国参与区域粮食合作的原则与对策，形成区域组织、国家和企业全方位、多层次的粮食合作格局。

（7）粮食安全视阈下我国跨国粮食供应链的构建与实施。对我国粮食进口通道的现状进行分析，探讨我国粮食进口的六大粮食物流通道存在的问题，采用实证分析方法研究构建跨国粮食供应链的制约因素，探讨提升跨国粮食供应链粮食物流能力的实施路径。

（8）粮食安全视阈下建设进口粮源保障体系的实现机制。一是区域粮食安全合作机制，重点探讨中国与东盟、上海合作组织、金砖国家合作机制，中国与非洲国家等几个重点区域的农业与粮食安全合作问题。二是贸易调控与政策支持机制，充分利用两个市场、两种资源和"适度进口"的基本要求，强化培育世界级国际大粮商等方面的支持政策。三是多元化的服务与保障机制，从完善境外农业资源开发与利用信息服务机制、强有力的产业协会组织和协调机制、健全的境外农业资源利用风险预警机制、完善的境外投资和贸易法律保障机制、健全的高端智库与国际化人才培育机制等方面加以研究。

五　研究思路与方法

（一）基本思路

本课题以三个基本假设为前提，假设一：随着工业化、城市化进程的加速推进，仅靠国内生产难以满足刚性增长的粮食需求；假设二：在国际粮源可获得性和外汇支付能力方面，我国利用国际粮食市场的空间较大；假设三：在我国现有政策的基础上，通过体制机制变革和加强粮食进出口调控，能够提高我国对国际粮源的掌控能力，并有效防范相关的贸易风险。

本书沿着"基本的理论分析→粮食进口的历史考察与未来预测→进口粮源保障体系建设的可行性分析→全球粮食安全治理体系变革取向与中国的角色定位→国际比较研究→战略支撑设计→实现机制设计"的技术路线，以提升国际粮源管控能力为目标，以对全球粮食安全治理体系变革进行研究为前提，以进口粮源保障体系的功能设计为基础，以国际经验为借鉴，以战略设计为关键，以实现机制和对策提出为落脚点，旨在建立保障我国稳定可靠的进口粮源和维护粮食对外贸易战略利益的长效机制。

（二）数据来源与研究方法

1. 数据来源

（1）在分析中国和其他有关国家粮食进口量、进口地等具体问题时，采用联合国商品贸易数据库（UN Comtrade Database）、布瑞克数据库提供的数据。

（2）中国宏观经济数据、粮食产量和农村经济数据引用了《中国统计年鉴》、《中国农村统计年鉴》、《中国糖酒年鉴》、中华粮网、FAO 数据库等提供的数据。

（3）中国农业"走出去"的数据来源于农业农村部国际合作司、农业农村部对外经济合作中心编写的《中国对外农业投资合作分析报告》。

（4）调查和咨询了国内专家、学者、政府工作人员，对从事农产品贸易和农业"走出去"的企业进行了实地调查和问卷调查；委托问卷星在线发放并回收问卷，问卷调查遍布全国 29 个省、区、市，调研对象覆盖粮食行业的经营管理人员、企业负责人、粮食管理部门工作人员以及普通粮食消费者等。

（5）引用了部分公开出版的专著和期刊资料。

2. 研究方法

（1）理论分析方法。本项研究对粮食安全理论、粮食对外贸易理论等进行了梳理，对全球粮食安全治理理论、进口粮源保障体系的内涵和功能等基本理论问题进行了界定，为研究提供了理论依据。

（2）实证研究方法。在辨识进口粮源保障体系建设的影响因素、分析跨国粮食供应链区域功能布局时，运用了实证研究方法。

（3）问卷调查和实地调查方法。对从事农业"走出去"的粮食企业、从事农产品对外贸易的企业进行调查，采集实证分析所需要的数据。

（4）比较分析方法。对韩国、日本等粮食进口国家利用境外农业资源保障粮食安全的做法和经验进行了梳理，为中国提供借鉴。

（5）案例研究方法。采用国内国际成功案例，求证理论框架。

六　创新和不足之处

（一）研究视角创新

与以往研究粮食进口的视角不同，本课题"跳出"进口"看"进口，超越以国家为中心的传统的粮食安全观，站在全球粮食安全治理体系的高度审视中国进口粮源保障体系的建设问题，按照"全球治理体系分析→总体框架设计→战略构成设计→实现机制设计"的研究思路层层递进，通过审视我国境外农业资源开发与利用中存在的问题，以大量篇幅对全球粮食安全治理体系的理论和实践问题进行研究，探讨全球粮食安全治理体系变革的必要性、变革的内容、面临的挑战及中国的定位，将重点放在提高进口粮源的管控能力上。

（二）理论观点创新

《国家粮食安全中长期规划纲要（2008~2020 年）》提出"进口粮源

保障体系"这一概念之后，学术界和实务工作者并没有做出相应的回应，正是由于这方面理论研究的滞后，中国在粮食进口政策上缺乏有效的调控机制。本课题以构建进口粮源保障体系为主线，对进口粮源保障体系、全球粮食安全治理、跨国粮食供应链等相关范畴的基本理论问题进行了系统论证，首次系统阐释了进口粮源保障体系的科学内涵和应具备的基本功能，建立了研究进口粮源保障体系的理论分析框架。从建立"人类命运共同体"的视角，对全球粮食安全治理体系的内涵、特征、变革的必要性等进行了全面梳理，论述了以共同、综合、合作、可持续的新粮食安全观为基础的国际粮食安全治理体系，提出了中国在全球粮食安全治理变革中的人类命运共同体理念的引领者、国际粮食安全规则变革的主要推动者等的基本定位。

（三）应用对策创新

粮食对外贸易是我国在每个历史时期都非常重视的问题。然而，随着新时代的到来，"适度进口"在国家粮食安全新战略中被赋予新的内涵和要求。本项目在梳理"以我为主"与"适度进口"关系的基础上，将"三个转变"贯穿研究全过程：在国际农业资源利用方式上，从单一粮食直接进口向多种方式综合利用转变；在参与国际分工的层次上，从被动地处于国际粮食产业链末端向全球粮食产业链布局转变；在国际粮食市场的地位上，从处于被支配地位向具有一定话语权和定价能力的大国主体地位转变，从"一完善、四健全、五强化"角度提出了进口粮源保障体系的实现机制，具有较强的可操作性。

（四）存在的不足和需要进一步研究的问题

1. 存在的不足

由于学术界对中国进口粮源保障体系的研究刚刚破题，前期可参考的同类研究成果有限，加之课题组研究能力有限，本书研究还存在一些不足之处。一是调查和案例研究需要进一步深入。虽然对政府部门、企业等进行了实地调研，利用问卷星平台采用问卷调查方式对影响进口粮源保障体系建设的因素进行了调查，但对"走出去"企业的典型调查和对政府部门的调查深度不够。二是运用计量经济模型对进口粮源体系建构的可行性、粮食进口多元化的战略布局等某些重要问题开展的定量分析不够。

2. 尚需深入研究的问题

一是研究内容需进一步深入。下一步需要在对重要合作国家尤其是共建"一带一路"国家的政治、经济、法律、文化等进行深入调查的基础上，进行投入产出效果的预测评估，细化粮食贸易和农业国际产能合作的政策和对策。二是加大实际调查工作力度。对政府部门、典型企业还需要开展更深入的实际调查，采集更为充实的数据资料，使研究结论更为扎实可靠。三是尚未涉及对进口粮源保障体系保障程度的评价。本项研究虽然分七个方面设计了我国进口粮源保障体系战略目标的量化指标，但尚未进行保障程度评价，有待深入研究。

第二章　国内外研究现状及其评述

国内外理论工作者和实务工作者对粮食安全、粮食对外贸易的研究由来已久，这方面的成果丰硕，然而围绕进口粮源保障方面的研究实际上并没有引起足够的重视。2007 年，"进口粮源保障体系"一词在《国家粮食安全中长期规划纲要（2008~2020 年）》中首次出现，但学术界并未对"进口粮源保障体系"一词进行规范的界定，也无系统研究构建我国进口粮源保障体系的文献。

一　国外相关研究的学术史梳理及动态

（一）粮食安全定义和评估方法的研究

20 世纪 70 年代初期全球性粮食危机爆发后，联合国粮农组织（FAO）于 1974 年首次提出粮食安全的定义，40 多年来这一定义一直在演变过程中。1974 年 11 月，联合国粮农组织提出粮食安全是指"保证任何人在任何时候都能得到为了生存和健康所需要的足够食品"。随着全球社会、经济的发展，1983 年，FAO 将上述定义修改为"确保所有人在任何时候都能够买得到也能够买得起他们所需的基本食物"。1996 年 11 月发布的《世界粮食安全罗马宣言》又对粮食安全内涵做了新的表述："只有当所有人在任何时候都能在物质上和经济上获得足够、安全和富有营养的粮食，来满足其积极和健康生活的膳食需求及食物爱好时，才实现了粮食安全"。2001 年，在德国波恩召开的世界粮食大会又强调了粮食安全的可持续性，包括对无污染、无公害等方面的要求。从粮食概念的表述上可以看出，随着时代的进步，人们对粮食安全的关注度越来越高。从单纯的数量上的满足,到购买力的充足,再到购买质量的要求。2001年的表述则开始关注粮食生态安全和可持续发展问题。

国际上也围绕粮食安全的定义进行了多角度研究。经济学家阿尔伯托·瓦尔德斯认为粮食安全是一种能力,这种能力能够满足缺粮国家、缺粮地区或缺粮家庭的标准消费水平。有学者认为,粮食安全既有宏观层面的含义,又有微观层面的含义。宏观层面是从全球或整个国家的角度出发,强调食物的可获得性;微观层面是指家庭粮食的可获得性或者是个人的营养安全。然而粮食安全的定义随着外界环境的变化也在动态变化,其内涵和外延与不同时期的经济社会发展水平和人们生活水平是相联系的。

学术界在粮食安全评估方法、衡量粮食安全程度的指标、粮食安全预警等方面也取得了不少研究成果。在粮食安全评价指标方面,粮农组织指出要从国家政治环境、社会文化和经济水平,粮食经济状况,健康条件与卫生设施以及粮食看护和膳食结构四个方面来衡量粮食安全。有学者则侧重于对粮食经济的土地利用和粮食供给能力等影响因素进行分析,但评价不够全面,缺乏实用性。"经济学人"智库2012年依据FAO对粮食安全的定义,构建了全球粮食安全的评判指标。从支付能力、供应能力和品质与安全等宏观与微观层面对全球109个国家和地区的粮食安全进行了界定排名,既考虑了数量方面的安全,又考虑了质量方面的需要。还有学者认为粮食市场有效性受到政治、经济、自然灾害等诸多不可衡量因素的影响,加之粮食本身具有的特殊性,如果粮食国际贸易稍有偏差,则对国家粮食安全的影响后果将不可估量。

(二) 关于贸易对保障国家粮食安全作用的研究

贸易在实现粮食安全的目标中应发挥什么作用,这个问题已经争论了几个世纪。这方面存在两种完全对立的观点:贸易机会论和贸易威胁论。

贸易机会论者认为,按照大卫·李嘉图的比较优势理论,即使一个国家的某一种商品没有绝对优势,也能从贸易中获利。主张贸易自由化可以维护粮食安全的学者认为,专业化生产和贸易将提高效率,从而方便粮食获取(Lamy,2013),开放的贸易政策使粮食自由地从粮食结构性过剩的国家流动到结构性短缺的国家。不仅从经济的角度,而且从自然资源条件的方面考虑,粮食种植在生产效率最高的地区是必要的。贸易自由化有利于通过加大供应商之间的竞争，改善"市场不活跃"的状况，从而减少价格波动，最终有利于维护粮食安全。粮食自给自足意味着耕地资源、水资源等要素供给面临更大压力。但是，支持这些观点的经济学论点以世界经济的本质为假设前提，如果这些假设不成立，那么贸易理论的预期价值将受到质疑。资本是固定的、无法流动的，这一假设至关重要，如果公司可以进行海外投资，那么比较优势的概念就被削弱了。相关学者的研究表明，投资者对非洲投资的一个重要动机是投资国没有足够的土地和水来满足本国人民的需求，需要寻求安全的食品供应。农业对外投资对发展中国家的经济增长具有正向作用，农产品国际贸易和农业对外投资有利于改善农产品质量，但它需要少一些支配权。研究发现，跨国粮商通过自身的市场势力影响了部分国家政策。

然而，贸易威胁论者认为，贸易给粮食安全带来了威胁。发端于20世纪90年代初期的粮食主权运动的发起者，就反对关贸总协定乌拉圭回合谈判将农业纳入国际贸易体系中。虽然这种观点认可当国内粮食产量不足和部分地区过剩时，贸易的存在是必要的，但其倡导国家和人民自主决定自己的粮食体系。还有很多学者从农业具有多功能，尤其是农业具有保护农村环境、文化、社会以及提供生态服务方面的作用出发，认为在贸易政策制定方面，农业应继续保持特殊地位。一些学者认为，粮食贸易自由化为跨国公司和金融投资者获利打开了便利之门，而付出代价的却是农户。全球农业价值链的扩张，使得服务于其中的小规模农户无法控制自己的决策，而且要承担高额负债，面临其农产品无法达到特定技术要求和产品标准而被公司拒收的高风险。大规模的土地收购活动导致农民丧失了土地使用权，土地收购者在收购的土地上推广工厂化生产种植模式，将对土地的生态环境带来很大影响。贸易威胁论者认为，国家尤其是发展中国家的政府应该发挥更大的作用，包括管理和制定限制农业跨国公司权力的政策，保障小规模生产者。

以上两种对立的观点各有合理的部分，也都有局限性。有些机构和学者试图弥合两种对立观点之间的分歧，认为在制定粮食安全和贸易相关政策时，每种观点的合理论点都要被考虑在内，建议发起更加开放的对话，增加可融合的领域，形成新的指标，创新有助于提高对话效率的治理措施。需要注意的是，在粮食政策和实践中，无论基于国家，还是基于民间社会的主权理论,均没有明确要求一个国家关闭粮食贸易政策,实现完全的粮食自给自足。虽然自给自足(或者减少对粮食进口的依赖)的观点在政治上得到了很多国家和地区的赞同,但是对很多国家来说,这个目标无法实现。目前世界上有66个国家无法实现粮食自给自足。受天气变化影响,撒哈拉以南的非洲国家很难生产满足国内消费的充足粮食。一项研究表明,全世界已经有16%的人口依赖国际贸易满足粮食需求,预计到2050年,这一比例将上升至51%。也有些学者研究了国际粮食市场价格的影响因素。Brown(1995)对布基纳法索、马里和尼日尔三个国家进行分析得出结论,粮价既受国家周边环境的影响,又受世界粮价的影响。有学者推测,2004年日本的粮食自给率仅为40%,且国际油价的上升也会对粮食安全产生重要的间接影响。根据FAO的预测,世界人口将在2020年左右出现较大规模增长,小麦的贸易量也可能增长0.66亿吨。

(三) 关于中国未来粮食短缺及其利用国际农业资源的研究

对中国粮食安全的关注起源于美国世界观察研究所所长莱斯特·布朗1994年发表的《谁来养活中国》,文章指出未来中国粮食供求会出现极大的缺口,21世纪中国会大量进口粮食,最终会引起粮食危机。此后,国内外学者和实务工作者先后从中国粮食对外贸易与国家粮食安全的关系、我国粮食贸易的国际竞争力、粮食贸易的影响因素、粮食进出口的结构和品种、粮食对外贸易政策等方面进行了研究,在这些方面有相当丰富的研究成果。有学者认为21世纪中国会大量进口粮食,最终引起粮食危机;也有学者认为中国在遭遇长期干旱等打击时很可能爆发粮食危机。根据联合国粮农组织(FAO)、经济合作与发展组织(OECD)、美国农业部、日本海外合作基金会的预测,到2020年中国重要农产品产需缺口相当于10亿亩左右耕地面积的产出(倪洪兴,2014)。而一些学者持有不同的观点。《中国真能使世界挨饿吗?》一文指出尽管未来中国粮食需求巨大,但中国粮食生产同样有巨大的增长潜力,未来完全可以养活自己。白石和良等(2001)通过对中国粮食供需现状以及进出口现状进行分析,认为中国粮食供给是安全的,能够满足需求,不会引起全球化粮食危机。

有研究表明,中国粮食完全自给自足的经济代价是经济增长速度放慢2~3个百分点。世界银行指出,把今后的进口量限制在消费量的5%的做法是低效率的。中国粮食贸易自由化会使贸易双方都受益。许多学者都主张我国应根据比较优势原则参与粮食的国际贸易，更多地利用国际粮食市场，降低粮食安全成本。

二 国内相关研究的学术史梳理及动态

鉴于人多地少水缺等特殊国情，国内学术界和实务工作者对粮食安全问题的研究由来已久，形成的研究成果也林林总总，但对"进口粮源保障体系"问题的关注却不够，可供借鉴的成果主要有以下四个方面。

（一）关于粮食安全理论和政策的研究

1992年，我国政府相关部门提出粮食安全这一概念，认为粮食安全是指"能够有效地提供全体居民以数量充足、结构合理、质量达标的包括粮食在内的各种食物"。随后诸多学者对粮食安全内涵展开研究（朱泽，1998；等），分析了中国粮食安全形势和粮食生产潜力（朱希刚，2004；等），设计了粮食安全预警系统，提出了保障粮食安全的对策（姜长云，2005；黄季焜等，2012）。翟虎渠（2011）认为粮食安全应当包括数量安全、质量安全和生态安全；丁声俊等（2003）认为，粮食安全包括需求者、需求时间、产地、所需粮食数量与质量以及购买力等六个要素。

国内学者从不同的视角研究了确保国家粮食安全的政策。有学者指出，在粮食问题上中国存在过分强调自给自足的误区，认为中国未来应在保持基本的粮食生产能力的前提下，实行较为自由化的农产品和粮食贸易体制。有学者认为，中国粮食安全的基础并不稳固，耕地、水资源等约束日益突出，国家粮食安全面临着严峻的挑战。柯炳生（1996）指出应实现基本机制市场化。一些学者通过建立中国粮食模型（黄季焜等，2012）、CGE模型（倪洪兴，2014）等，对中国粮食供需变化进行预测，得出的较为一致的结论是，未来一些主要粮食品种存在较大的产需缺口。

（二）关于粮食进口的作用和影响因素研究

1. 粮食进口对保障国家粮食安全的作用与影响

张红玉（2009）的研究侧重粮食的"总量安全"和"结构安全"，认为粮食进口主要是对粮食供给结构起到调节作用。李英、赵文报（2013）认为要建立粮食安全机制，需要通过建立稳定的进口粮源保障体系掌握粮食进口的主动权。刘林奇、曾福生（2014）从实证角度对粮食进口对粮食安全的影响进行了深入研究，指出我国粮食进口虽然依存度不高，但来源的集中度过高，对粮食安全不利。为了降低风险，应实施进口多元化战略，分散进口来源。刘红（2015）则认为我国粮食进口的增速过快，特别是对大豆的依存度过高，同样提到了进口源头集中的问题，指出要对粮食进口机制进行优化。刘林奇（2015）运用进口依赖评价模型研究发现，我国稻谷在2011年以前对泰国和越南两国存在依赖风险，小麦则对美国和澳大利亚等国存在依赖，玉米依赖性风险来自美国，大豆的依赖性风险主要来自巴西和美国。王建（2017）通过对比世界与中国的粮食贸易，指出要提高中国的农业国际竞争力，优化进口结构。

部分学者运用定量分析和定性分析相结合的方法，对粮食进口对保障国家粮食安全的必要性进行探讨。传统的粮食进口贸易主要是调剂余缺和品种串换。在经济全球化背景下，一些学者认为依靠国际贸易有利于实现粮食安全，应突破"余缺调剂"观念，积极主动地介入国际粮食市场（高铁生，2013）。如果国内粮食执行自给自足政策，粮食价格将上涨至少5倍，实现农业与非农产业收入的平衡。投资利用国外农业自然资源有利于增加资源及其产品的有效供给，弥补中国某些农业自然资源的不足。应理性选择以比较优势为基础、积极融入世界贸易体系的农产品贸易战略（程国强，2005）。倪洪兴（2009）认为，国内生产是最基本、最主要的供应渠道，进口贸易则对供给的总量和结构发挥着非常重要的作用。有学者认为，在耕地、劳动力和水资源等资源禀赋的约束下，国内大豆等农产品的生产无法满足国内需求。有研究表明，如果中国不进口农产品，中国大约有20%的耕地缺口。

2. 影响粮食进口的主要因素

一些学者认为，粮食进口量的变化主要与农业特别是粮食生产、供给状况直接相关，同时，受粮食贸易政策、人口的持续增长、粮食总体上不具有价格优势和品种质量优势的影响（袁平，2013）。为了弥补国内产需缺口，我国必须从国际市场进口大量的粮食，粮食依存度也逐步提高。多位学者通过实证研究发现，国民收入和中国粮食产量对中国粮食进口均没有显著影响，进口量的变化受到国内粮食生产和需求变化的影响。有学者通过构建线性对数模型来研究我国谷物进口的影响因素，指出经济、人口与谷物进口成正比，产量、国际粮食价格则与谷物进口成反比。王新华等

(2014) 的研究发现，汇率、国际粮价对粮食进口的影响是负面的，而人均收入和粮食产量对粮食进口的影响是不显著的。有学者从粮食进口量增加的原因进行分析，认为国内粮食供应不足是我国粮食进口的主要原因。王锐等（2015）则认为国际粮食价格是最主要的因素，国际石油价格对粮食进口的影响不明显，但存在交叉的影响。王新华（2014）在协整分析的基础上建立模型，得出结论：国际国内相对价格、居民收入和粮食进口存在稳定的协整关系，相对价格对小麦进口变动的影响最大，收入增长对玉米进口的影响比较明显。

3. 关于国际粮食贸易的"大国效应"

中国作为一个大国，粮食进口多了就会产生"大国效应"，过多进口会对相关国家产生重大影响（吕新业，2003），必须审慎地把握好进口规模和布局。而有学者的实证研究表明，"大国效应"在一定条件下才会显现，中国粮食进口仍有较大的增长空间。王军（2015）则运用实证方法，验证了中国大豆进口贸易的"大国效应"并不存在，揭示了国际大豆市场存在较高的卖方市场垄断。

（三）关于粮食进口安全的研究

朱晶和钟甫宁（2000）较早关注进口粮源的安全性问题，考虑到国内对进口粮源的实际需求，提出安全性包括两方面：一是国际市场粮食的可供性，即是否"买得到"；二是指经济上的可行性，即是否"买得起"。事实上，粮食安全视阈下这种安全性不仅包括上述进口粮源国际市场的供求层面，还包括进口粮源对国内粮食供求的影响层面。在粮食安全视阈下，构建我国进口粮源保障体系需综合分析，全面考虑多种风险，从整体上增强安全性，粮食进口的安全性主要从以下六个方面体现。

1. 国际粮食市场供给的安全性

一些学者认为，在多边贸易规则将发挥更大效用的今天，政治性的粮食禁运将越来越不得人心，中国在未来遭受粮食禁运的可能性非常小。中国利用世界市场平抑国内生产波动的可行性很强，已经完全具有进口所需粮食的经济能力（钟甫宁、朱晶、曹宝明，2004）。只要中国在平时增加粮食主动进口的数量和有效储备，并建立稳定的国际粮食贸易关系，就能够化解可能出现的政治和军事风险。国际粮食市场是中国调剂国内粮食余缺的重要途径，但目前利用程度严重偏低，在国际粮源的可获得性和国际购粮支付方面，中国利用国际粮食市场的空间和能力很大（袁平，2013），粮食进口安全性良好（王君芳，2014）。从进口粮食的可获性来看，中国未来遭受粮食禁运的可能性非常小。

许多学者认为，从粮食进口的风险来看，依靠国际粮源的不确定因素多，主要进口来源国政府更替、政局变化、政策上的敌意出口限制都将加大中国粮食的进口风险。粮食进口过多就会产生"大国效应"，给产业甚至国家经济安全带来威胁。有学者提出许多国家实施贸易壁垒以保护国内粮食生产，抑制出口，扩大进口粮源，粮源的控制与争夺加剧，加之世界粮食生产的不确定性，我国进口粮源的数量保障依然存在一定的风险。余莹（2014）认为，当前西方国家粮食战略的核心内容不再是通过在国际粮食市场低价倾销粮食以打击中小发展中国家的粮食生产能力，从而使这些国家依赖西方国家粮食，最终不得不沦为西方发达国家霸权体系的附庸，而是一方面通过发展生物能源推高国际粮价获取高额利润；另一方面，通过海外投资控制粮食产业链、发展转基因粮食。

2. 粮食进口对国内粮食产业安全性的影响

1996年《中国粮食问题》白皮书指出，在正常情况下，中国净进口量占国内消费量的比重不超过5%。然而，对此一直存在两种不同的观点。一些学者认为，要坚持"95%的粮食自给率"（许经勇，2017；林毅夫，2014；等）。而另一些学者认为，应放弃"95%的粮食自给率"。随着国内工业化、城镇化进程的加快，中国粮食消费将继续呈刚性增长。但粮食生产受水土资源短缺、极端天气事件多发等因素影响，中国粮食贸易依存度势必进一步提高，继续实施95%的粮食自给率目标的经济和环境成本将大幅提高（黄季焜、杨军、仇焕广，2012），《国家粮食安全中长期规划纲要（2008～2020年）》中提出的2020年粮食自给率目标难以实现（陆文聪等，2011；黄季焜等，2012）。应适当降低粮食自给率，对稻谷、小麦、玉米和大豆进口分别采用不同的政策。

一些学者认为，粮食进口数量过多，粮食自给率下降，会威胁国家粮食安全（蓝海涛，2011）。王士海、李先德（2010）认为，在主要粮食主产国和国际贸易格局不会有太大变化的情况下，我国粮食进口面临的主要威胁是，粮食进口依赖不断增强，进口粮食渠道不稳定，目前，我国油料80%需进口；玉米进口也在逐年增加；小麦自2009年连续4年净进口，且净进口数量不断增大；2012年大米的进口增长幅度巨大；若将大豆计入粮食范畴，粮食自给率已低于90%（高铁生，2013）。品种结构上，国内很多高端粮食消费需求依赖进口，低端品种需求不足但产量过剩，主销区对粮食的大量进口会削弱国内粮食主产区的收益，加剧国内粮食市场的动荡（李琳凤，2009）。张红玉（2009）认为粮食进口对一国粮食安全的影响体现在"总量安全"与"结构安全"上，近年来我国粮食进口增长对总量安全的作用有限，结构性失调是我国粮食安全面临的主要问题，粮食进口应能够促进国内粮食生产和供应的"结构安全"。有学者提出在实施国家粮食安全新战略时，要警惕未来"适度进口"转化为"过度进口"，我国粮食进口要充分考虑国际市场的供给能力。一些学者认为，随着大宗农产品进口量和进口品种的不断增加，国际市场变化对国内市场的冲击也逐渐增大（倪洪兴，2009），绝不可轻易放开粮食进口。

3. 粮食进口价格稳定的安全性

首先，中国在国际粮食市场上比较被动，中国粮食进口市场仍然是卖方市场。进口时，国际粮价上涨；出口时，国际粮价大幅下跌，未体现出我国粮食生产大国和消费大国的优势地位。应在全球范围内构建粮食产业链，减少国际粮价波动对我国的负面影响（高铁生，2013）。其次，进口粮源冲击了国内粮食市场价格：美元贬值和国际经济局势低迷有可能使国际粮食价格持续上涨，促使国内粮价上涨，不利于国内粮价稳定（陈芬菲、李孟刚，2011）。因国际粮价涨跌冲击国内粮价，粮食进口对我国粮食价格的影响力逐渐增强（肖国安、王琼，2017）。国际粮价从2007年10月开始大幅提高，2008年达到峰值后短期小幅回落，又大幅提高，2011年1~3月粮食价格就已超过2008年的峰值，是FAO自1990年开始统计全球食品价格以来的最高值。低收入缺粮的发展中国家对粮食价格上涨高度敏感（袁平，2013）。如果国际粮价低于国内粮食最低收购价，则国内外粮食价格会出现倒挂，扭曲价格机制，造成对国际低价粮食的进口加速，走私增加，国内粮食加工企业使用进口低价粮增多，进一步扰乱国内粮食市场价格，也不利于市场机制的发挥（王为农、何萍，2013；梁瑞华，2016）。即使进口粮价稳定，也会抵消临时收储措施的托市保价作用；粮食品种之间存在替代效应，故粮价波动具有传导性和同步性，某些品种价格的上涨会拉动粮价的全面上涨（程国强、朱满德，2013）。

4. 进口粮食质量的安全性

我国进口粮食的质量参差不齐，会给国内粮食市场带来安全隐患。进口的大米大多是低端产品，质量较次，很大一部分用作工业原料；从南亚和东南亚一些国家进口的大米，品质较差，但价格低廉，必然会影响国内大米特别是籼米的销售及市场价格（丁声俊，2014）。进口的转基因粮食会影响国内粮食生产和消费安全。截至 2013 年，我国已批准美国、巴西和阿根廷的转基因大豆与玉米的进口许可，但转基因作物的安全存在不确定性（张志彬、王琼，2014）。国外转基因大豆产量高、出油率高、单位产品成本低、有价格优势，进口转基因大豆成本远低于国产非转基因大豆，出油率又高出国产大豆 15 个百分点，我国油脂企业（包括内资企业）基本选择进口转基因大豆（夏莉艳，2014），冲击了国内非转基因大豆的种植。

5. 进口粮食来源地过于集中的安全性

当前，国际粮食出口方集中在少数国家和地区，如美国、阿根廷、加拿大、泰国和澳大利亚等；进口方却分散在 100 多个国家和地区，主要分布于北非、中东以及东亚地区。其中，美国为全球最大粮食出口国，其年均小米与玉米出口量都约占相应品种出口总量的一半。美国、阿根廷和巴西也是主要的大豆出口国，三国出口量约占全球大豆出口的 95%。大豆进口国以中国与欧盟 27 国为主，中国大豆进口占全球大豆进口总量的 60% 以上。发展中国家粮食进口来源地过于集中使其在国际粮食市场交易中处于弱势，不利于保障粮食安全（袁平，2013）。我国部分粮食品种的单边贸易量不断扩大，也会造成"大国效应"的政治风险（贺伟、刘满平，2011）。陆文聪等（2011）认为稻谷净出口国集中于东南亚和印度，这些国家或地区人口数量大，且以稻谷为主要口粮，若其国内市场出现波动，则出口量可能大幅减少。

中国进口多元化战略的提出就是为了降低粮食进口风险。许多学者认为，我国多数进口粮食的市场来源相对集中，对某些国家的依赖程度也很高。较高的进口集中度将对中国粮食安全造成威胁，应在适度降低粮食进口依存度的前提下尽量分散进口来源，提高规避粮食贸易风险的能力（徐柠杉，2011），通过外交政策拓宽中国粮食进口来源渠道（王溶花、陈玮玲，2013），实现贸易伙伴关系多元化（宁国强、杨巧，2008），构建持续、稳定、安全的全球农产品供应链及农产品供应网络，推进实施"立足国内、全球供应"的粮食安全新战略（程国强，2013）。要结合"一带一路"和农业"走出去"战略，大力推进粮食进口来源多元化（王建，2017），加快实施农产品进口多元化战略，构建持续、稳定、安全的全球农产品供应链及农产品供应网络（程国强，2013）。

6. 粮食进口时机的安全性

以往中国在粮食进出口行动的时机选择上存在一定的政策失误。1985年粮食大幅减产，中国粮食为净出口。此后，粮食产量稳步增长，却开始大量净进口。由于粮食对外贸易的实际交易滞后于粮食生产，也会产生不利于粮食安全保障的"逆向"调控问题，故需要增强中国粮食进出口决策机制的灵活性（袁平，2013）。以往粮食进口的供求时机同国内粮食的供求时机不能有效匹配，粮食丰收时，大量净进口粮食；粮食减产时，却出现粮食净出口，这说明我国未有效利用国际粮食市场来调剂国内余缺，中国粮食对外贸易的时点决策存在较大问题。李方旺（2012）认为应发挥粮食对外贸易的调剂作用，在国内粮食供小于求、价格上涨时，适度进口粮食。同时，要完善粮食储备体系，从粮食流通领域缓解粮食的供需矛盾。

（四）关于提高境外农业资源利用能力的研究

境外农业资源利用能力具体表现在贸易政策调控手段的运用、粮食进口能力、在国际市场上的话语权、农业"走出去"、开展农业国际合作的举措和成效上，这方面有一些新的研究成果。

1. 关于粮食贸易政策调控方式和目标的研究

粮食贸易政策不仅关系国家利益，同时还反映了市场效率及利益集团的利益博弈规律。中国粮食进出口调控在不同时期采用了不同的手段。传统的粮食进出口贸易制度切断了国内外市场的自然联系。我国加入WTO以后，随着贸易保护空间的缩小，关税配额双重管理体制不完善、关税结构设置不合理等问题开始显现（蓝海涛，2011）。一些学者进行了粮食对外贸易政策的国际比较研究。有学者通过研究日本的粮食进口策略、荷兰大进大出的粮食替代性策略，认为我国一定要从开放的视角解决粮食安全问题。徐晖、马建蕾（2015）通过研究日本大米进口调控政策，提出要借鉴日本经验，保护好关税、关税配额等调控手段，不再进一步减让。在调控目标上，20世纪末期，朱泽（1998）提出粮食贸易政策应兼顾效率和安全的目标，但以效率为主。近年来学者提出要从被动限制进口转变为主动调控进口（程国强，2005），把握好进口时机和节奏（姜长云，2005），实施循序渐进的主动进口战略（蓝海涛、王为农，2008），加强对农产品贸易因时因势的适度有效调控（倪洪兴，2014）。

2. 关于粮食进口能力的研究

有学者认为，粮食进口能力由世界粮食的生产与出口能力，足够的外汇支付能力，和平的国际环境和完善的粮食运输、储藏设施四个部分组成。余莹（2014）认为，进口模式下粮食安全的实现取决于两个因素：第一，进口国具有很强的购买能力，拥有足够的外汇储备；第二，粮食贸易市场是自由的、充分竞争的，国际粮食市场不能受人操控。一些学者从提高境外资源利用能力的角度出发，提出加快建立服务于国家粮食安全战略的全球农产品进口供应网络（程国强，2014），把全球的供应网络引进中国，构建海外服务链（金三林等，2019）。

3. 关于全球粮食定价权的研究

中国在国际粮食市场上始终处于被动接受粮食价格的地位（高铁生，2013）。中国没有粮食进口话语权，由于存在行业生产集中度低、粮食期货市场发育不健全等问题，在粮食贸易中，中国为大宗买入的"贸易大国"，但在价格形成过程中则为影响力不足的"定价小国"。王军（2015）认为，中国粮食定价地位低下的外部因素是发达国家对粮食贸易的垄断及跨国资本对全球产业链的战略操控，根本原因则在于中国粮食生产成本、粮食加工企业和国内相关支撑产业处于劣势，期货市场不健全以及相关政府机构存在职能缺位。马述忠、屈艺等（2015）研究了定价权缺失对中国粮食安全的影响，认为中国作为粮食消费大国，需要成立粮食产业联盟，以对抗国外粮食企业的垄断行为，增强我国粮食市场话语权，抢夺国际定价权。杨晓东（2018）提出，中国应联合广大发展中国家求同存异、共同协作、增强话语权，坚决限制发达国家成员滥用国内支持政策扭曲农业贸易，努力构建公平、公正、透明、合理的世界粮食贸易体制和秩序。

4. 关于农业"走出去"战略及其影响因素

中国农业"走出去"，既是顺应当今世界经济发展趋势的战略选择，也是企业不断成长壮大、成为有实力的农业跨国公司的必由之路。《中共中央 国务院关于做好2001年农业和农村工作的意见》正式提出"要积极实施农业'走出去'战略"。2006年中央有关部门提出"走出去"战略后，研究重点集中在"走出去"对保障粮食安全的作用、对策建议、主要制约因素，农业"走出去"的重点地区和目的地上。宋洪远等（2017）的研究表明，农业"走出去"有利于我国产业转型升级、国民收入提高、出口商品结构优化。王为农等（2013）提出，农业"走出去"需要明确五个基本点，即国际化基点、全局化基点、产业链基点、差异化基点和合作国基点。一些学者认为外部投资环境不佳、国内宏观政策体系不完善、企业竞争实力不强是重要的制约因素，宏观政策对农业走出去的影响是最主要的，融资难是制约企业"走出去"的重要问题。

一些学者认为，我国缺乏利用国际市场和资源的顶层设计和总体规划，迫切需要建立健全利用国际市场与资源的战略机制（高铁生，2013；倪洪兴，2014）。也有学者从国际产业链研究入手，提出通过国际资本流动，形成稳固的海外粮食生产基地，针对不同国家和不同粮食品种分别采取订单种植、海外屯田和扶持发展等模式（张志彬、王琼，2014）。也有学者对此持谨慎态度，认为许多国家为了保护国内粮食安全和农业产业不受损害，采取了各种限制措施。数年来有关中国在国外"租地种粮"的各种指责，说明在粮食这个敏感问题上，事情远远比我们的教科书中所试图传授的推论复杂。马述忠等（2015）运用定量分析方法研究了中国粮食企业"走出去"的关键影响因素，提出中国粮食企业应当成为中国在世界粮食市场上的"代言人"，最终使中国摆脱在国际市场上受制于他国的现状。

5. 关于中国参与国际农业合作的研究

骆勤献（2011）认为，虽然解决粮食安全问题的主要责任在于各国本身，但各国的努力只有在有利的国际环境中才能发挥作用。程国强（2005）认为，应将粮食领域的国际交流合作纳入国家粮食安全战略中，积极参与国际农产品贸易规则制定、疫病防控、农产品安全等方面的谈判和协作。高铁生（2013）提出创造中外粮食合作新模式，积极参加国际粮食安全协调机制。韩俊等（2014）提出，要提升统筹利用国际农业资源和市场的能力，与主要产粮国建立长期稳定的贸易合作关系。中国应积极推动与日韩两国的农业合作，完善农产品技术交流平台建设，实现农业政策共享。

程国强（2013）认为，新型农业国际合作战略包括支持发展中国家农业发展，强化与周边国家的农业战略合作，促进提高全球粮食的有效供给。赵其波、胡跃高（2015）提出，周边国家和地区、亚洲层次和全球层次组成了中国农业国际合作进程的三元空间，应在实行国内分区域协同的基础上，优先开展亚洲农业合作，将重点合作与全面拓展相结合。要尽早建立战略性国际粮食安全合作关系，加大对非洲粮食生产的技术和基础设施建设援助（黄季焜等，2012），处理好"本国、合作国、合作国所在区域以及国际社会"之间的关系（杨易等，2012），推进区域性国际粮食市场的衔接（李孟刚，2014）。

6. 关于跨国产业链或全球产业链的研究

20世纪60年代以来，国内外学者对全球产业链的形成动因进行了多角度研究，先后有垄断优势理论、产品生命周期理论、小规模技术理论、技术地方化理论、后发优势理论、中国企业国际化的内外向联系模型、全球供应链的决策理论等。全球产业链理论与方法被国内外学者应用于许多行业。有学者认为跨国产业链是指中国和世界有关国家分析各国的农业资源优势，整合各国的生产要素，从区域布局和分工的角度，形成纵向一体化的"产—供—销"一条龙生产体系。还有学者认为，产业链是促进产业跨国对接与协作、优化要素资源配置的重要载体。一些学者将全球产业链理论应用于中国制造业、中国加工贸易产业升级的研究上。

一些学者提出，近年来粮食安全的维护已不再是粮食产业或者农业的问题，而是全球粮食产业链的问题。应立足全球化视野，按照"生产资源—仓储库存—粮食加工—粮食消费"的全产业链条进行全球布局（唐华俊，2014）。中国企业走出去一定要互利双赢，在利用好国际资源的同时也要将我国发展机遇分享给合作伙伴（于旭波，2014）。中国政府引导企业走出去时应把重点放在帮助非洲国家等发展中国家上（黄季焜，2014）。

三 文献述评

国内外现有文献已对中国粮食对外贸易的必要性达成共识，从多角度对中国农业"走出去"的意义与作用、粮食进口来源多元化、国际农业合作、粮食贸易政策的理论与实践等进行了广泛的研究，对许多问题已经形成比较一致的观点，为本项研究提供了指导和借鉴。

在粮食进口对保障国家粮食安全作用的认识上，由于中国在粮食等大宗资源集约型产品生产上不具备比较优势，国外粮食进口不仅可以弥补国内供需缺口，而且有利于降低粮食安全的资源供给成本。近年来粮食供需矛盾不断加大，粮食进出口被认为是中国粮食宏观调控的重要手段，成为统筹利用国际国内两个市场两种资源的关键举措（程国强、朱满德，2013），是对国内生产的必要补充，进出口贸易对供给总量和结构发挥着非常重要的作用，今后我国还会逐步增加粮食进口的数量。但是，为了确保粮食安全，粮食进口要合理、有度。

在利用国际农业资源的方式上，中国应从较为单一的粮食进口贸易向实施农业全球战略发展（程国强，2005），采用直接进口、对外投资种粮进口、援助其他粮食进口国发展粮食生产以及建立国际"粮食协定"等多种模式（武拉平、田甜，2013）。应通过战略性的国际农业合作、培育本国的国际大粮商、构建跨国粮食产业链等举措，提升中国在国际市场上的话语权和掌控力，拓展粮食进口渠道。

在粮食贸易政策的研究上，粮食等大宗农产品的进口规模不断扩大，应注重分析进口安全的影响因素，保障国内农业产业的"安全发展"，加强对农产品贸易因时因势的适度有效调控，在充分利用国外市场和资源的同时，要防止对国内基本供给能力的削弱，避免国际市场的波动性、不确定性对国内市场和粮食产业的影响，调控好进口的规模、节奏、方式和布局。

对这一领域许多问题的研究需要进一步拓展和深化。

一是对转变境外农业资源开发与利用方式的基本理论问题关注不够。国内关于转变国际农业资源利用方式研究的时间较短，以定性研究为主，尚未形成系统的研究成果，难以在理论上为进口粮源保障体系建设提供有力支持。以往的研究较多地集中在应用性对策的研究上，如何对进口粮源保障体系进行风险预警和防范，尚待破题。

二是关于"进口粮源保障体系"的研究并未引起足够的关注。以往关于粮食进口贸易的研究多集中在国际市场粮源的可供性、利用国际市场的可靠性和经济可行性等方面。虽然《国家粮食安全中长期规划纲要（2008~2020年）》提出了"建立稳定可靠的进口粮源保障体系"的任务，但目前并无一个准确的定义界定"进口粮源保障体系"。笔者认为，进口保障粮食安全的内容有如下三种分类方式：从地理范围角度可划分为国际市场和国内市场两个市场；根据市场交易方向可分为供给和需求两个层面；按进口粮源供需的具体体现，可概括为数量和结构、价格、质量、来源地和时机等方面。虽然"适度进口"已经成为我国粮食安全新战略的内容之一，然而，对于如何创新"适度进口"的方式与途径，需要深入研究。粮食安全视阈下我国进口粮源保障体系研究的系统性不足，完整的理论体系还未建立，缺乏坚实的理论根基，不利于构建系统的框架体系。

三是研究视野有待进一步拓展。当前，世界正经历百年未有之大变局，面对治理赤字、信任赤字、和平赤字、发展赤字的挑战，如何从建立"人类命运共同体"的视角，通过变革现有不合理的全球粮食安全治理机制，为全球粮食安全共商与合作提供稳定、持续的平台，增强新兴经济体和发展中国家的话语权，为国家粮食安全创造一个良好的国际环境，这方面的研究成果还比较薄弱。如何在推进"一带一路"建设的过程中，挖掘与我国互补性强的有贸易潜力的友好国家并积极进行自贸区谈判，推动农产品进口来源多元化，在理论研究和实践探索上都需要进一步深化。

四是对利用国际农业资源的各种方式的研究比较分散。现有文献多选取某一个方面进行简单和直接的定性分析，实证分析相对较少，系统的理论分析不足。以往对粮食进口贸易、农业"走出去"和农业国际合作的研究比较分散，尚未将各种利用国际农业资源的方式纳入一个整体的研究框架，从而缺乏理论上的解释力和对现实的指导力。以粮食贸易政策为例，以往的研究较多地集中在粮食对外贸易发展战略，粮食对外贸易依存度的确定，影响粮食进出口的因素，如何发挥关税、关税配额的作用等方面，缺乏对现象背后深层原因的剖析；研究所采用的分析工具比较单一；如何在经济新常态下厘清粮食对外贸易、农业"走出去"、农业国际合作等各种利用国际农业资源方式的关系和作用，将其纳入一个整体的研究框架，从战略上提高对现实的指导力，提出面向国家粮食安全的新战略，创新粮食贸易调控的方式和途径，需要深入研究。

第三章 粮食安全视阈下进口粮源保障体系的理论解析

2008年11月,"进口粮源保障体系"一词在《国家粮食安全中长期规划纲要(2008~2020年)》中首次出现。2013年底,中央农村工作会议首次将"适度进口"明确为粮食安全新战略的组成部分。2015年中央一号文件又将"提高统筹利用国际国内两个市场两种资源的能力"作为一项重要任务。在我国粮食进口总量持续增加已成常态的背景下,研究进口粮源保障体系的基本理论和实践问题,对于提高我国对国际市场粮源的掌控能力、保障国家粮食安全具有重要的战略意义。

一 粮食进口在中国粮食安全战略中的地位

探讨进口粮源保障体系的理论问题,必须首先明确进口在保障国家粮食安全中的地位与作用,进而对进口粮源保障体系的内涵进行界定,研究构建进口粮源保障体系的意义和基本功能。

(一) 中国粮食安全战略的历史沿革

随着国际、国内粮食安全形势的变化,中国粮食安全战略随世情、国情和粮情不断调整,基本可分为新中国成立初期、改革开放初期、新世纪、新时期四个阶段。第一阶段是新中国成立初期"注重粮食产量提升"的粮食安全战略。第二阶段是改革开放初期"数量、结构、质量三维"的粮食安全战略。第三阶段是新世纪"确保粮食基本自给"的粮食安全战略。第四阶段是新时期"谷物基本自给、口粮绝对安全"的粮食安全新战略。第四阶段的这一战略既保持了必要的稳定性、连续性,又有新的发展

(见表 3-1)。

表 3-1　我国粮食安全新战略的新特征

特征	粮食安全新战略内容	传统粮食安全战略内容
"保"的范围有收缩	谷物基本自给，口粮绝对安全	笼统地要求粮食基本自给
"保"的要求有提高	数量、质量并重	强调数量安全
"保"的途径有变化	适度进口	自给率达95%以上
"保"的责任有调整	"米袋子"省长负责制，省政府承担当地粮食平衡的责任	中央和地方要共同负责，中央承担首要责任

(二) 新时代中国粮食安全战略的内涵解读

"以我为主、立足国内、确保产能、适度进口、科技支撑"的国家粮食安全新战略，也是党中央做出的重大战略决策，既考虑了中国未来的粮食供求格局、中国农业资源环境的承载能力，又充分考虑了保持中国农业政策的稳定性和连续性等因素。粮食安全新战略赋予粮食安全更多的新内涵，即中国要充分利用国内外的资本、技术和资源等生产要素，在"看不见的手"和"看得见的手"的双重作用下，采用粮食国际贸易和农业对外投资等集成式对策，确保我国粮食安全，构建起中国粮食的全球供应链体系。

1. "以我为主"是解决中国粮食安全问题的核心

粮食安全是国家粮食主权的重要组成部分。"以我为主"就是强调中国在任何时候都要保证充足的粮食生产，口粮不能依赖进口，这是国家粮食安全新战略的核心。作为一个拥有14亿人口的粮食消费大国，只有依靠自己的力量，才能掌握粮食安全的主动权，这就要求必须处理好"国内粮食自给率"和"国外粮食进口率"之间的关系。

2. "立足国内"是解决中国粮食安全问题的基石

国内生产是最基本、最主要的粮食供应渠道，必须依靠国内生产确保"谷物基本自给、口粮绝对安全"，这是国家粮食安全战略的基础，口粮必须立足国内解决。中国的"口粮"主要包括小麦、稻谷和玉米三大谷物以及马铃薯。在我国95%以上的粮食自给率目标已经失守的情况下，中央提出集中力量做到谷物基本自给、口粮绝对安全。2017年的中央一号文件又进一步指出，要通过农业供给侧结构性改革稳定水稻和小麦的生产，强调了口粮的绝对安全,让新时代的中国粮食安全新战略具有更加明晰、更加精准的定义。

3. "确保产能"是解决中国粮食安全问题的前提

"以我为主""立足国内"的前提和基础是持续提升我国的粮食综合生产能力。要点有三,其一,水土资源保护是确保我国粮食产能的核心。不仅要坚决守住18亿亩的耕地红线,而且要采取有效措施不断改善耕地质量,持续加强农田基础设施建设。其二,切实贯彻"藏粮于地""藏粮于技"战略。强大的产能不一定表现为某一年的粮食产量,它是一种粮食增产潜力。其三,要特别重视人的因素,充分调动农民的种粮积极性。根据中国粮食生产基础总体上比较薄弱的实际,充分运用符合WTO规则的农业支持政策,切实加强对农业和粮食生产的支持力度。

4. "适度进口"是提高国家粮食安全保障能力的必要条件

国家粮食安全新战略首次将"适度进口"视为粮食安全战略的重要组成部分,对更加积极地统筹利用国内国际两种资源两个市场、有效调剂和补充国内粮食供给提出了更高的要求。

对于"适度进口"需要把握以下三个要点。

其一,适度进口是解决中国农业资源稀缺问题的必然选择。就农业资源总量来说,中国是资源大国;但就人均农业资源拥有量来说,中国又是资源小国。中国的耕地资源总量列世界第3位,但人均耕地仅列世界第88位;水资源总量居世界第1位,但人均拥有量居第128位;草原面积总量列第2位,但人均面积列第121位;森林面积总量列第5位,但人均面积列第119位(见表3-2)。

表3-2 中国人均土地资源和世界平均水平比较

单位:公顷

	人均土地	人均耕地	人均林地	人均草地
中国	0.96	0.10	0.12	0.23
世界平均	3.30	0.37	0.90	0.76
中国人均/世界平均	0.29	0.27	0.13	0.30

数据来源:FAO数据库。

在全国农产品大规模进口成为"新常态"的背景下,进出口贸易对供给的总量和结构发挥着非常重要的作用。从某种程度上说,进口粮食等农产品实际上就是进口我国稀缺的农业资源。2017年我国大豆进口达9553万吨，相当于利用了7.91亿亩的耕地资源，占中国耕地总面积的39.1%。因此，只有充分利用国际市场，才能有效解决国内农业资源不足的问题。

其二，粮食进口只能是粮食生产的必要补充。作为粮食生产和消费的大国，中国的粮食供给不可能较大程度地依赖进口，如果自身的粮食生产出了问题，任何国家也帮不了我们。我们只能利用国际市场但不能依赖国际市场，因此，粮食进口必须"适度"。要根据国内粮食生产和需求的实际情况，利用配额和关税及非关税措施合理确定进口粮食的品种和数量，提高对国际市场粮源的掌控能力。

其三，必须审慎把握好进口的规模、节奏、方式和布局。在WTO框架下，我国在进口控制上除了进口关税配额管理外，没有其他进口保护措施。因此，"适度进口"实质上是要把承诺的粮食关税配额量作为进口的底线。这就需要给国际市场稳定的预期，逐年地、缓慢地、均衡地释放我国的进口需求，让国际市场有一个反应的过程和增加产能的时间。

5. 科技支撑是解决中国粮食安全问题的根本途径

中国距发达国家70%~80%的农业科技贡献率相差约20个百分点，德、英、法等国的农业科技贡献率甚至超过了90%。在土地资源有限、耕地面积可能还会减少、水资源不足的情况下，只有充分发挥科技进步的作用，才能够为粮食需求的持续增长提供有效支撑。只有通过先进的科学技术，研发良种，优化栽培技术，提高粮食单产，才能为提高粮食综合生产能力提供有力支撑。

二 进口粮源保障体系的内涵与框架设计

迄今为止，笔者尚未在国内外文献中看到对"进口粮源保障体系"这一概念的诠释，学术界尚未对这一概念进行规范的界定，也没有建立相关的研究框架，可供借鉴的研究成果主要围绕以下几个方面展开。

杨易等（2012）提出利用境外农业资源保障国家粮食安全的综合保障体系，并把这一体系概括为"123456"，认为应针对不同国家和地区采取差异化的统筹策略和做法。孙宝民（2012）基于国内粮食安全，对粮食进出口战略进行了研究，提出应充分利用国外市场，逐步增加进口数量，分散粮食进口来源地，完善粮食进口管理机制。唐华俊（2014）从保障进口粮源供给的角度，提出依照"生产资源—仓储库存—粮食加工—粮食消费"的全产业链条进行全球布局，将投资、经济援助和贸易融为一体。有学者提出，应从建立粮食进口管理制度、确定合理的粮食净进口依存度目标、降低粮食进口集中度等方面构建我国的进口粮源保障体系。程国强、朱满德（2014）提出基于"五位一体"战略构建全球农业战略的基本框架，这一框架包括进口多元化、境外农业投资、新型农业合作以及战略贸易、全球交易中心等，形成全球农产品的进口供应网络。李孟刚、郑新立（2014）从建立国际市场的开放型粮食市场体系的角度，提出要发展多元化贸易，提高我国粮食龙头企业的国际竞争力，建立海外粮食供应基地，增加与粮食出口国中长期粮食贸易合同的比例。农业部农业贸易促进中心从提升国际农产品贸易掌控能力的视角，提出要建立健全利用国际市场与资源的战略机制，努力构建持续、稳定、高效的资源性农产品进口供应链。曾寅初等（2016）从对外开放环境下解决粮食安全的新增风险的角度，提出要关注通过进口保障国家粮食安全的部分是否具有可靠性，涉及依赖性风险、可得性风险、传导性风险。王瑞峰（2019）从粮食生产安全、粮食流通安全、粮食消费安全以及粮食可持续安全四个方面分析了粮食进口对中国粮食安全的保障程度。

综上所述，研究者站在利用国内国外两个市场两种资源的高度，从战略、策略、路径等方面，对进口保障国家粮食安全的举措等做出了多视角探索，取得了有价值的成果，为本书提供了有益的指导和借鉴。然而，存在的不足是，对进口粮源保障体系的内涵缺乏清晰的界定，尚未对这一问题进行系统的学理研究，也没有形成规范的理论分析框架。而近年来贸易保护主义抬头和我国粮食进口持续增加的形势，越来越要求深入研究如何通过提高我国在全球粮食安全治理领域的话语权、对国际粮食贸易规则的影响力，为确保粮食进口数量和质量的稳定、可持续创造条件。

基于上述分析，笔者认为，进口粮源保障体系的基本内涵是，以提高利用国内国际两个市场、两种资源的统筹能力为目标，通过实施进口多元化和农业"走出去"战略，形成布局合理的粮源、物流、贸易、加工、销售的全产业链，有效降低对少数粮食出口大国的依赖；通过推进区域和国际粮食合作，增强中国在国际粮食市场的话语权和对进口粮价的掌控能力，树立中国负责任大国的形象，打破少数发达国家对国际粮食贸易市场的垄断；通过培育具有核心竞争力的国际粮商，提高中国粮食产业的国际地位，突破垄断资本对世界粮食市场的战略操控；通过控制"适度进口"规模和节奏，有效防范粮食进口激增对国内粮食产业和市场的冲击；通过不断完善跨国贸易基础设施和现代粮食物流体系，建立持续、稳定、安全的全球粮食供应网络，为保障国家粮食安全提供良好的国际环境和有效的进口支撑（见图3-1）。

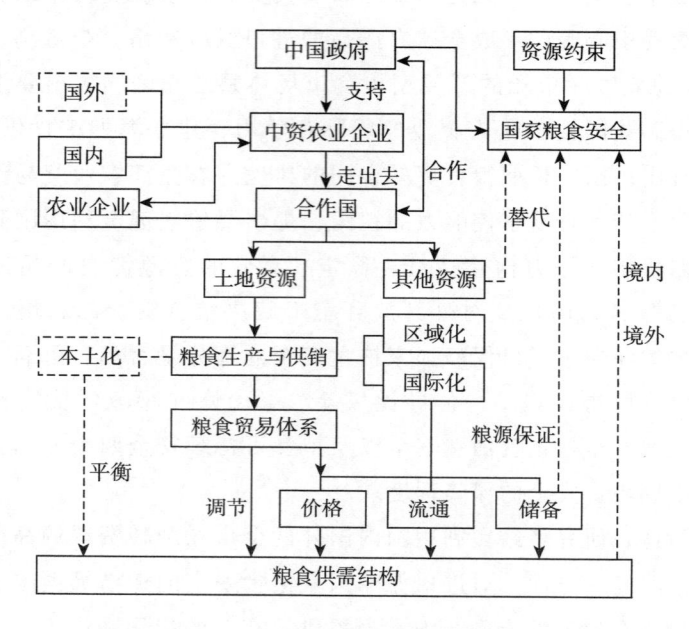

图3-1 进口粮源保障体系架构

注：1. 其他资源是指节粮型畜牧业、油料作物、木本粮油产业等非粮食资源产业。

2. 国内外企业间合作方式包括海外并购、权益投资、建立战略联盟、加强资源型合作等。

进口粮源保障体系的内涵体现了以下四个要点。

一是建立健全进口粮源保障体系必须综合运用多种手段和途径。应以保障国家粮食安全为目标，将基于进口多元化的粮食贸易、农业"走出去"、援助发展中国家、积极参与国际治理和区域粮食合作等作为一个整体，综合运用多种手段，构建多种资源利用方式相融合的保障体系，既着力解决当前突出的粮食进口贸易问题，又统筹谋划应对各类潜在的安全威胁。

二是强调通过国际合作保障共同的粮食安全。在复杂的粮食安全形势下，各个国家的粮食安全是相互联系的，国家和区域之间需要着眼共同挑战，通过开展合作，建立双边或多边合作机制解决自身面临的粮食问题，有条件的国家要助力发展中国家尤其是贫困国家实现粮食安全，创新合作方式，逐步形成全方位、多层次的国际合作机制网络，以合作促安全，以合作谋共赢。

三是致力于推进境外农业资源利用的三个根本转变。在国际农业资源利用方式上，从单一粮食直接进口向多种方式综合利用转变；在参与国际分工的层次上，从被动地处于国际粮食产业链末端向全球粮食产业链布局转变；在国际粮食市场的地位上，从处于被支配地位向具有一定话语权和定价能力的大国主体地位转变。

四是倡导建设可持续的进口粮源保障体系。境外农业资源的可持续利用是建设进口粮源保障体系的重要条件。这里的可持续性是指粮食进口系统受到某种干扰时，仍能保持其粮食进口的能力。基于国家粮食安全新战略，统筹国内、国际两种资源、两个市场，从直接和间接两个层面提高保障国家粮食安全的能力，以实现持久的国家粮食安全。

三 构建进口粮源保障体系的"两个关系"和"七个维度"

利用境外资源保障国家粮食安全要处理好"两个关系"和"七个维度"（见表3-3）。

表3-3 保障国家粮食安全的"两个关系"和"七个维度"

两个关系	七个维度	保障粮食安全方式
粮食进口率与粮食自给率的关系	维度一："引进来"——引进境外资源和要素提高粮食生产潜力 维度二："走出去"——增强国内粮食需求的境外供给能力	直接

续表

两个关系	七个维度	保障粮食安全方式
粮食进口率与粮食自给率的关系	维度三：跨国供应链——建设覆盖良种研发、粮食生产、粮食储备、粮食运输、粮食加工、粮食销售、售后服务等各环节的现代跨国粮食供应链 维度四：粮食进口管控——按照适度进口的要求，把握进口的时间与空间，避免对国内粮食市场的冲击	直接
本国粮食安全与世界粮食安全的关系	维度五：帮助合作国——提高合作国家乃至世界范围的粮食安全水平 维度六：培育国际大粮商——提高我国在国际粮食市场上的话语权 维度七：积极参与全球粮食安全治理体系建设	间接

（一）基于直接保障国家粮食安全的维度分析

构建进口粮源保障体系的基础是处理好"粮食自给率"和"粮食进口率"之间的关系，属于直接保障国家粮食安全的维度，其包括以下四个方面。

维度一：境外要素为我所用。将境外资源和要素引进并投入国内粮食生产环节，改善国内因技术、种质、农资等资源约束而面临生产潜力不足的局面，提高国内粮食综合生产能力。

维度二：构建多元化粮食进口贸易网络。着力优化粮食进出口布局和品种结构，不断健全多边多元、稳健可靠的粮食对外贸易格局。通过加强政府间合作，与部分重要产粮国建立长期、稳定的粮食国际合作关系，努力建立可靠的海外供应基地，直接利用合作国当地的土地、水、气候、劳动力等资源进行海外粮食生产，提高海外进口粮源保障水平，增加国内粮食需求的境外供给能力。

维度三：建设跨国现代粮食供应链。建设多元化的覆盖良种研发、粮食生产、粮食储备、粮食运输、粮食加工、粮食销售、售后服务等各环节的网络型粮食供应链；加强重要进口粮源物流通道和节点建设，为粮食跨国流通奠定基础；形成布局合理、联系紧密的现代跨国粮食供应链。

维度四：强化粮食进口管控。根据"适度进口"的要求，充分利用配额、关税和非关税措施，合理调控进口粮食品种和数量，把握好进口规模和节奏，避免对国内粮食产业和粮食市场产生冲击。

（二）基于间接保障国家粮食安全的要素分析

构建进口粮源保障体系必须处理好"本国粮食安全与世界粮食安全"之间的关系，属于间接保障国家粮食安全的维度，其包括以下三个方面。

维度五：帮助合作国家解决粮食安全问题。着眼于粮食安全的国际视角，树立互利合作、协同保障、开放性的粮食安全观，以改善合作国当地的粮食安全状况为出发点，深化以不损害东道国利益为前提的国际合作，通过向东道国传播先进技术，帮助合作国家从粮食生产能力的提高、粮食安全状况的改善等方面解决粮食安全问题，提高区域乃至全世界范围内的粮食安全水平，同时做好粮食援助工作，彰显我国作为负责任大国的形象。

维度六：培育具有核心竞争力的国际大粮商。以构建全球粮食产业链为基本目标，加快培育具有中国特色的国际大粮商，增加我国跨国粮食企业的国际竞争力和市场控制力，逐步提升中国在国际粮食市场上的影响力和话语权，增强维护我国粮食安全的能力。

维度七：积极参与全球粮食安全治理体系建设。通过参与国际粮食贸易规则和各种标准的制定，开展多层次、多领域的国际粮食交流合作，积极推进南南合作，打破少数发达国家对国际粮食市场的垄断。

以上三个维度均为间接保障国家安全的体现（见图 3-2）。

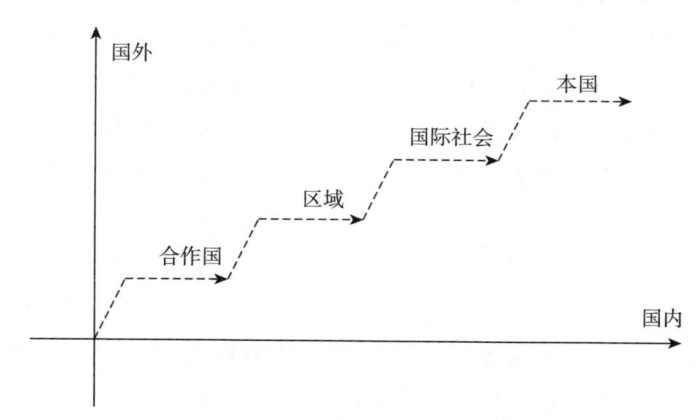

图 3-2 保障国家粮食安全的关系

四 建设进口粮源保障体系的战略意义

（一）进口粮源保障体系是确保国家粮食安全的有效手段

我国人口约占世界人口的20%，作为粮食生产、消费和进口大国，2017年我国大豆和稻米进口量居世界第一，是世界上最大的粮食进口国。根据国家统计局公布的数据，2017年，我国粮食总产量6.18亿吨。尽管我国立足国内保障粮食安全具有现实可行性和较高程度的保障，但是在粮食生产能力的提升潜力、资源约束、粮食种植结构以及种植成本等方面仍面临较大的压力。海关统计数据显示，2017年，我国全年粮食进口量1.3亿吨，种类主要是大豆、稻米、小麦和玉米，这四类粮食的进口总量达1.07亿吨。其中，大豆9553万吨、稻米403万吨、小麦442万吨、玉米283万吨。进口粮食约占国内粮食总供给的20%。

全球粮食供给存在较大的波动性与不确定性。2008年爆发的全球粮食危机使世界粮食库存持续大幅下降。由联合国粮农组织（FAO）发布的《粮食不安全状况2014》报告指出，世界饥饿人口数量大，已达10.2亿；区域差距明显，非洲与西亚地区粮食安全问题突出。有必要通过建设进口粮源保障体系，确保进口粮源的稳定性和可持续性。

（二）进口粮源保障体系是满足多样化粮食需求的客观需要

进口粮食既要补充国内粮食产量的不足，又要在品种上与国内生产形成良好的互补关系，这样既可满足国内多样化的粮食消费需求，又不至于对国内粮食生产带来较大影响。我国粮食主产区分布于东北和华北地区，这些地区被定位为我国的"粮仓"，承担着保障国家粮食安全的重要责任。然而，中国大豆市场中国内大豆仅占20%左右，且需要政府给予大量的政策保障补贴。仅靠国内生产不能完全满足人们日益多样化的粮食需求，也无法稳定、低成本并高质量地向企业提供所有粮食加工原料。我国强筋、弱筋小麦和啤酒大麦等粮食的国内供给不足，出于品种调节的动机，国内粮食加工企业对进口粮源的需求不断增长。同时，消费者对某些高品质或有异域特色的农产品的需求量持续增长，但是目前国内的粮食供给暂时无法满足这些个性化的需求。通过建设进口粮源保障体系，可以丰富消费者的选择。适度进口国外农产品、深化同主要贸易伙伴国的农业合作，也是国家总体战略和粮食安全战略的要求。

（三）进口粮源保障体系是提高国际粮源掌控能力的现实选择

进口粮源的属性不同于普通进口商品，粮食不仅是可以果腹的农产品，还具有金融投资属性，可以同货币市场、外汇市场、期货市场和金融衍生品市场等金融市场相联动。粮食是影响国家政治和社会稳定的重要战略物资，也是进行政治、经济和军事攻防策略的利刃。大量历史事实证明，以进口粮源为主、粮食自给率不足的国家，进口粮源的波动对其国内安全稳定具有重要影响。2008年发生世界粮食危机时，美国等不少粮食出口国采取了出口限制或禁止政策，海地、喀麦隆、埃及、印度尼西亚、科特迪瓦、莫桑比克以及塞内加尔等国家国内粮价飙升、物价上涨，引发了社会动荡。建设进口粮源保障体系的一个重要作用，就是改变我国在国际粮食市场上缺少话语权的被动地位，逐步打破少数发达国家对全球粮食产业链的战略操控，在国际粮食市场上发挥粮食进口大国应有的影响力。

（四）进口粮源保障体系是维护国家粮食进口利益的前提条件

国家在粮食进口方面的利益突出表现在粮食质量和价格两个方面。首先，必须保障从国际市场进口粮食的质量"绝对"安全。进口粮食质量主要涉及农药残留、微生物指标等相关的国际质量检验检疫标准。进口粮食不同程度地存在重金属、生物毒素、种衣剂、熏蒸剂污染，转基因和农药残留等食品安全隐患，对国内消费者身体健康以及国内的水产和畜牧业都产生了严重的危害。近年来，我国海关从进口粮食中频繁检出有毒除草籽、熏蒸剂和种衣剂等有毒有害物质。2015年，北海检验检疫局从进口的阿根廷大豆中检出曼陀罗子超标；2016年，广州检验检疫局检出进口种衣剂"毒大豆"，共包含5种农药成分。另外，转基因粮食进口也需要引起注意。尽管转基因粮食的安全性尚未明确，但我国已经大量进口转基因大豆等农产品。此外，我国所进口的粮食大多是初级农产品，未经深加工，若没有经过专门的处理，必定会附着一些外来有害生物。附着于进口粮源的外来生物很多，如杂草、真菌、昆虫、细菌等。进口粮食所携带的外来有害生物种类众多、习性差异很大，给我国动植物生存和繁衍带来不少威胁。面对进口粮源存在的较大质量安全隐患，需要高度重视我国进口粮源供给的质量安全，采用合理的手段和机制来规范和保障进口粮源的质量。

其次，目前进口粮源的价格多由出口国决定，进口国没有价格主动权。粮食在美国等发达国家的外交谈判中被当作一种武器。例如，美国的粮食援助一直附带政治条款，本质上是为了控制受援国的意识形态与政治倾向，增强己方收益与势力。一旦全球性的粮食危机爆发，美国等粮食出口大国常常会颁布禁令禁止大豆等粮食出口，加剧粮价上涨。构建进口粮源保障体系客观上要求我国主动参与国际价格的制定，让国际社会听到中国的声音，既改善国际环境，也保护好我国的粮食安全。

（五）进口粮源保障体系是保障国内粮食产业健康发展的必要举措

在自由贸易背景下，跨国粮商的资金涌入发展中国家的农业产业，以大量攫取当地政府补贴为手段，在全球倾销低价粮食，导致粮食进口国丧失粮食自主权。目前国际粮食贸易被 ABCD 四大国际粮商（美国的 ADM、Bunge、Cargill 和法国的 Louis Dreyfus）垄断。这些国际粮商在全球布局，掌握了对粮食生产加工业整条供应链的控制权。

我国粮食加工企业规模小、技术水平低，在国际市场上缺乏竞争力。外资进入粮食流通领域后，主导了国内粮食流通格局，控制了我国粮价，影响了国内价格水平，威胁粮食企业的生存，危及国内粮食安全。在 2004 年我国经历"大豆风波"后，大量受到压榨的企业亏损倒闭，外资乘机低价收购，控制我国的压榨行业及原料采购权。自此，我国大豆进口大量增加，目前大豆进口量世界第一。2006 年，美国大豆进口价格暴涨，我国豆油和豆粕价格也随之暴涨，食用油与猪肉价格在 2008 年涨至最高，造成我国物价普遍上涨。此前，我国的粮食储备以小麦和玉米为主，大豆和豆油的储备很少。因此，政府采取了行政干预，直接限制食用油的涨幅，安排中储粮与中粮等国企入市，以稳定物价。2008 年，豆粕价格暴涨，导致国内肉类与家禽类价格暴涨。金融危机爆发后，进口大豆价格暴跌，政府以高于市场价和略高于豆农种植成本的价格大量收储，有效减小了市场波动。

跨国粮商投资我国大豆加工业，以进口国外大豆为前提，利用我国大豆加工企业实现其国际贸易利润。大豆压榨企业的原材料采购成本占到了总成本的 95%，因此大豆的进口价格至关重要。如果进口大豆价格上涨，国家限制油价，那么受损最大的是国内企业而非跨国粮商。目前，跨国粮商加强了对我国水稻和玉米的控制，中国油脂进口量连年增长，但中国食用植物油的自给率急剧下降。有必要通过构建我国进口粮源保障体系，强化对粮食进口数量和节奏的控制,降低粮食进口对国内粮食产业的冲击。

(六)进口粮源保障体系是改善粮食安全国际环境的必然要求

粮食安全涉及资源、气候、环境、科技、制度等诸多因素,这些因素的变化和发展常常超出一个国家自身控制的范围。随着全球经济一体化进程的加快,任何一国在粮食安全方面都不可能独善其身。我国加入WTO以后,国际粮食市场与国内粮食市场联系密切。我国在对接世界粮食市场"红利"的同时,也面临着来自世界粮食市场的各种挑战与冲击。近年来国内粮食市场出现的许多矛盾都有其国际因素与背景。目前,全球粮食供给过剩与缺乏支付能力导致的有效需求不足并存,即使粮食出口大国粮食连年丰收,很多欠发达地区仍存在严重的饥饿现象。例如,粮食短缺的非洲地区的支付能力最弱,主要通过能源和资源等初级产品换取外汇,若国际收支失衡或粮价上涨,其粮源进口能力必然下降,有可能演变为系统性缺粮。非洲缺粮风险一旦外溢,就可能殃及其他地区和国家的粮食安全,从而要求在进口粮源保障体系的建设中,提高我国参与全球粮食安全治理的能力,推动粮食领域跨越国家的合作,为构建全新的国际粮食安全治理体系发出中国声音,提交中国方案。

五 进口粮源保障体系的基本功能

具体而言,进口粮源保障体系的功能主要从以下"五个保障"上得以体现。

(一)获取粮源的稳定性保障

国际上粮食出口地集中于少数国家和地区,如美国、阿根廷、加拿大、泰国和澳大利亚等;而进口方却高度分散于100多个国家和地区,主要分布于北非、中东以及东亚地区。其中,美国为全球最大的粮食出口国。大豆的出口中,美国、阿根廷和巴西三国的出口量约占全球大豆出口的95%。27个进口大豆的国家中,中国的大豆进口就占到了全球总量的60%以上。以往我国进口粮食来源地过于集中,在国际粮食市场交易中处于弱势,不利于保障粮食安全,造成了中国对这些国家粮食出口的过度依赖。

进口粮源过于集中会带来较大的政治风险。近年来,中国主要从美国、加拿大、巴西、泰国和澳大利亚等少数国家进口粮食,中国部分粮食品种的单边贸易量不断扩大，会造成"大国效应"的政治风险。在稻谷进口方面，陆文聪等（2011）认为稻谷净出口国集中于东南亚和印度，这些国家和地区人口数量大，且以稻谷为主要口粮，若其国内市场出现波动，则出口量可能大幅减少，会使我国进口粮源压力增大。

1980年以来，我国各粮食品种呈现进口总量增加而出口总量减少且出现净进口的趋势，大豆基本依赖进口，需大量进口粮食才能满足国内消费需求。刘莹（2009）指出许多国家实施贸易壁垒以保护国内粮食生产，抑制出口，扩大进口粮源，粮源的控制与争夺加剧，加之世界粮食生产具有不确定性，因此我国进口粮源的数量保障依然存在一定的风险。程国强和朱满德（2013）认为农产品进口结构全面转型，非口粮资源性农产品是进口重点。

因此，构建进口粮源保障体系应在稳定传统粮食进口来源的基础上，开辟多元化进口渠道，为在国际市场上获取粮源提供保障。2018年，中俄两国签署《关于俄罗斯联邦小麦输华植物检疫要求议定书》，2018年10月，"龙推603号"首航就是好的开端。

（二）在国际市场上的话语权保障

长期以来，国际市场粮食价格主要由出口国决定，粮食进口国处于被动地位。进口时，国际粮价上涨；出口时，国际粮价大幅下跌，中国作为粮食生产大国和消费大国的优势地位并没有体现出来。美元贬值和国际经济局势低迷可能使国际粮食价格持续上涨，促使国内粮价上涨，不利于国内粮价稳定。由于国际粮价涨跌冲击国内粮价，粮食进口对我国粮食价格的影响力逐渐增强。此外，粮食品种之间存在替代效应，故粮价波动具有传导性和同步性，某些品种粮价的上涨会拉动粮价的全面上涨。由于定价权的缺失，中国对国际市场的依赖性增强，一旦国际市场出现波动，中国粮食安全所面临的风险将加剧。

构建进口粮源保障体系要求提高中国在国际粮食市场上的话语权，不能总是被动地接受被少数出口大国操控的粮食价格，要通过多种途径和方式参与国际粮食价格的制定，为广大发展中粮食进口国争取有利的国际贸易条件，提高中国粮食产业的国际地位，打破少数发达国家对国际粮食市场的垄断和操控，掌握粮食进口主动权。

（三）进口粮食的质量保障

我国进口粮源在质量上存在以下两个问题。第一，进口粮食质量参差不齐，给国内粮食市场带来安全隐患。我国进口的小麦主要是优质专用小麦，而进口的大米质量却参差不齐，很大一部分被用作工业原料；从南亚和东南亚一些国家进口的大米，品质较差，但价格低廉。许多进口国关注进口粮食和农产品质量，如新西兰和澳大利亚按照其国内的黄曲霉素标准规范粮食进口，保障进口粮食消费的安全性。有学者研究发现，2011年2月至2017年7月美国拒收的4047例中国食品中，前三名分别来自广东、福建和山东，具体包括水果蔬菜、渔业和海鲜产品、烘焙产品、谷物及相关加工产品。需要重视进口粮源的质量，避免威胁国内消费者的健康。

第二，进口的转基因粮食影响国内粮食生产和消费安全。大豆成为生产植物蛋白与食用油的主要原料，既可直接食用，也可用来制作食用油，还是重要的动物饲料、工业原料和生物燃料。截至2013年，我国已批准美国、巴西和阿根廷的转基因大豆与玉米的进口许可，但转基因作物的安全存在不确定性。澳大利亚和新西兰采用农作物生物技术提高了农业生产率，拒绝进口转基因粮食。

为了确保粮食进口质量，就需要建立以技术性措施为主的粮食进口管理制度，完善符合国际贸易规则的粮食标准体系，健全农业生物技术安全管理的法律法规，严格禁止不符合标准的低端粮食流入国内。同时，通过转基因产品的生产许可证登记制度和销售标识制度，设置进口粮食的质量门槛。

（四）规避对国内产业造成冲击的安全保障

粮食进口必须"适度"。近年来，粮棉油糖的国际市场价格普遍低于国内价格，且价差持续增大，从而助推了粮食进口量的持续增加。进口粮食数量过多，粮食自给率下降，会威胁国家粮食安全。目前，我国油料的80%需进口；玉米进口也在逐年增加；小麦自2009年起连续4年净进口，且净进口数量不断增大；2012年大米的进口增长幅度巨大；若将大豆计入粮食范畴，我国粮食自给率已低于90%。品种结构上，国内很多高端粮食的消费依赖进口，低端品种需求不足但产量过剩，主销区对粮食的大量进口会削弱国内粮食主产区的收益，加剧国内粮食市场动荡。张红玉（2009）认为粮食进口对一国粮食安全的影响体现为"总量安全"与"结构安全"，近年来我国粮食进口增长对总量安全的作用有限，结构性失调是我国粮食安全面临的主要问题，粮食进口应能够促进国内粮食生产和供应的"结构安全"。

目前，我国不同种类粮食的进口过量程度不同，具体包括以下几种农产品：大米国内供给充足，但由于越南籼米价格低，国内企业频频进口，造成南方籼稻滞销积压，特别是湖南和江西等省的多家稻谷加工企业亏损、停产；玉米国内供给充沛，但仍处于净进口状态，玉米的替代产品如玉米酒糟、高粱以及大麦进口也急剧增长；油菜籽过量进口问题突出。粮食过度进口后，供大于求，价格下跌，挤占了我国粮食加工企业的生存空间，进而影响粮食种植。虽然国内实施了最低收购价政策，但价差过大会造成关税"防火墙"作用失效，导致生产量、进口量、库存量"三量齐增"。因此，保障国际市场进口粮源的规模适度，对保障国内粮食安全的意义重大，有必要从此角度出发加强进口粮源保障体系建设。

构建进口粮源保障体系必须充分利用现有的调控关税配额、国有贸易等政策手段，调控进口粮食的流向和流量，规避粮食进口可能对国内粮食产业带来的冲击。

（五）精准把控粮食进口节奏的时机保障

由于粮食对外贸易的实际交易滞后于粮食生产，会产生不利于粮食安全的"逆向"调剂问题，故需要增强中国粮食进出口决策机制的灵活性。历史上，中国在粮食进出口行动的时机选择上存在一定的政策失误。1985年粮食大幅减产，中国粮食为净出口。此后，粮食产量稳步增长，却开始大量净进口；1992~1995年，与上述情况类似；2000~2004年情况也类似。中国粮食丰收时，大量粮食净进口；粮食减产时，却出现粮食净出口，说明我国未有效利用国际粮食市场来调剂国内余缺，粮食对外贸易的时点决策存在较大问题。李方旺（2012）认为应发挥粮食对外贸易的调剂作用，在国内粮食供小于求、价格上涨时，适度进口粮食。为解决国内粮食生产与国外粮食进口的时机不匹配问题，有必要完善粮食储备体系，从粮食流通领域缓解粮食的供需矛盾，促进国内粮食安全，为调剂国内需求提供保障。

进口粮源保障体系建设需要把握好进口规模和节奏，区分品种，有保有舍，明确进什么、进多少、从哪里进、以什么方式进，防范可能给国内粮食市场带来的冲击。

现实考察篇

第四章 我国粮食进口的历史、现状和存在的问题

由于我国农业资源的稀缺性，粮食的"适度进口"不仅具有经济上的合理性，也有利于资源环境的可持续发展。因此，近年来我国粮食进口数量逐年增加已经成为一种常态。本章通过梳理我国粮食贸易状况，对我国进口粮源地的国别分布进行分析，剖析存在的问题，为构建进口粮源保障体系提供依据。

一 新中国成立以来我国粮食贸易的历史沿革

新中国成立以来，我国一直奉行粮食自给政策，在不同时期、不同时代背景下粮食贸易表现出不同的历史特征。为了适应全球经济一体化和贸易自由化的趋势，我国加快了外贸体制方面的改革，外贸政策统一性和透明度进一步增强，涉外法规日益健全，在农产品外贸体制方面，进出口政策不断调整，外贸环境也不断优化。随着我国社会经济的发展，我国在不同时期采取了不同的粮食贸易政策，粮食进出口在不同阶段表现出不同的特征。根据我国粮食贸易的特点和性质，新中国成立以来我国粮食贸易大致经历了以下五个阶段。

（一）第一阶段：20世纪50年代——出口换汇

由图4-1可以直观看出，新中国成立初期我国粮食出口量虽然在个别年份出现波动变化但整体呈现稳步上升趋势。1950年，粮食出口量为122.58万吨，1959年增至415.75万吨，年均增长14.5%；而进口量较为稳定，处于较低水平，1958年达到短期内最大值22.35万吨；而净进口绝

对数量则呈现递增趋势,由1950年的117.58万吨增至1959年的409.55万吨,年均增长14.8%。由此可知,新中国成立初期我国就积极参与到世界粮食贸易中来,主要是向世界其他国家出口粮食,这一阶段我国粮食进出口比为1:26.67。

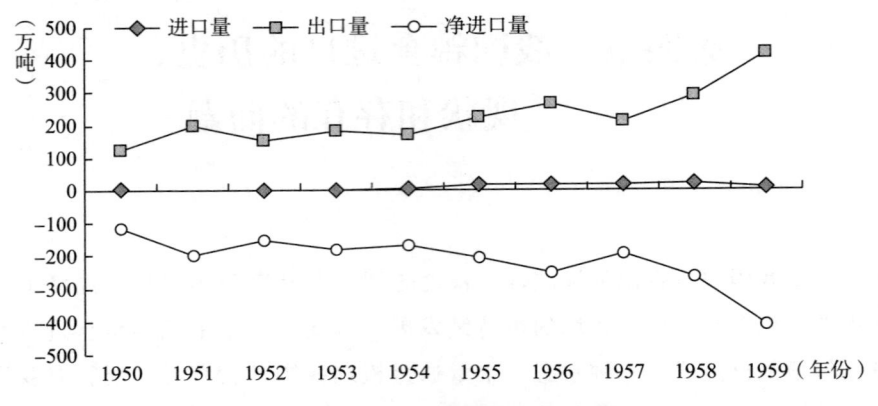

图 4-1 1950~1959年我国粮食贸易变化趋势

资料来源:历年《中国统计年鉴》。

新中国成立初期,我国实行以农促工的工业化发展战略。在工业资本原始积累阶段和计划经济时期,我国粮食是进口还是出口,主要取决于国内供需平衡的需要,并不进行价格比较。在这一阶段我国粮食实行统购统销政策,进出口贸易由国家掌控。当国内粮食供给增加时,国家就会从公社收购低价粮食进行出口,但这一时期的出口却是以牺牲农民利益为代价的。1961年陈云在中央工作会议上曾说过,前些年出口粮食换回的外汇主要用来进口成套设备和重要工业原材料。这一时期我国粮食进口的主要目的是互通有无,调剂余缺,而国内粮食生产基本能够满足需要,因此,进口量维持在较低水平。

(二)第二阶段:20世纪60年代——净进口填补消费空缺

由图4-2可以看出,1960~1970年我国粮食出口量相对比较稳定,在200万吨上下徘徊;而进口量变化较为明显,1960年仅有6.63万吨,1961年陡升为586.97万吨,随后年份虽有波动,但是始终稳定在高位;而净进口则发生实质性变化,由50年代的负值变为正值,说明这一阶段我国由原来的粮食净出口国变为净进口国。1960年,我国粮食净进口为-265.41万吨,而1961年则升为451.47万吨,随后年份始终为正值,波动变化与进口量相似。

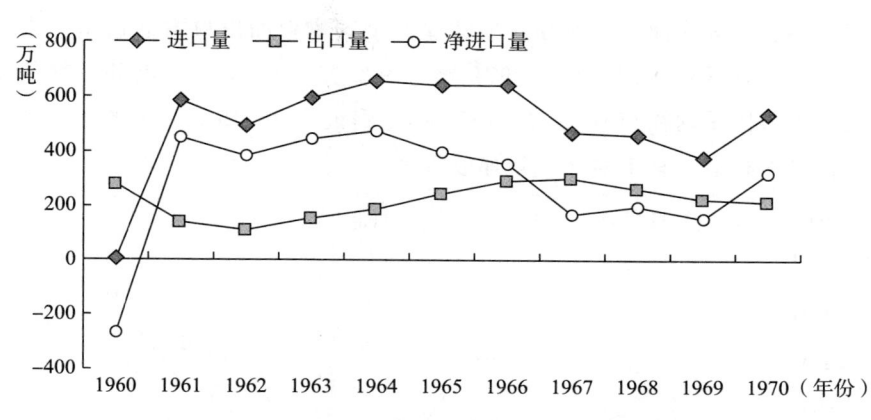

图 4-2 1960~1970 年我国粮食贸易变化趋势

资料来源：历年《中国统计年鉴》。

这一时期我国由原来的净出口国转变为净进口国，主要原因是国内粮食歉收，不能满足粮食需求，需要从国外进口大量粮食以填补空缺。20 世纪 50 年代末到 60 年代初，我国农村地区"大跃进"和人民公社化运动严重影响了农业的生产活动，再加上又遭受连续几年的自然灾害，国内粮食产量大幅度减少，发生严重饥荒。1959~1961 年，国内粮食产量连续三年减产，年均仅生产 1536.5 亿公斤，人均产量甚至低于新中国成立前的水平。为了缓解当时的严峻形势，国家减少粮食征收基数，1962 年出台把农业发展放在首位的政策，但是由于各种原因并未扭转国内粮食供求不平衡的局面，不得不从国外大规模进口粮食。

（三）第三阶段：20 世纪 70 年代——净进口改善人民生活、支持工业化建设

由图 4-3 可以看出，1970~1979 年我国粮食出口量相对比较稳定，1973 年达到短期峰值（389.31 万吨），绝大多数年份均在 200 万吨上下波动；而进口量有明显波动，表现为大起大落，1973 年达到短期波峰（812.79 万吨），1976 年又达到谷底（236.65 万吨），随后开始反弹，呈快速上升趋势，1979 年达到这一时期最高水平（1235.53 万吨），年均增速为 9.72%；净进口量仍为正值，说明这一阶段我国仍是粮食净进口国，波动变化与进口量波动比较相似。

这一时期我国小麦生产缺口相对较大，每年从国外进口的粮食中小麦

进口量占比都在 70% 以上，1970 年更高达 98.9%，小麦进口国主要集中在美国、加拿大、澳大利亚和阿根廷这四个国家；而出口方面还是以大米为主，这一阶段除个别年份（1971 年、1972 年、1976 年）以外，其他年份大米出口比重均在 60% 左右，1978 年达到最高 76.45%，大米出口主要集中在中国香港、马来西亚、新加坡等地。

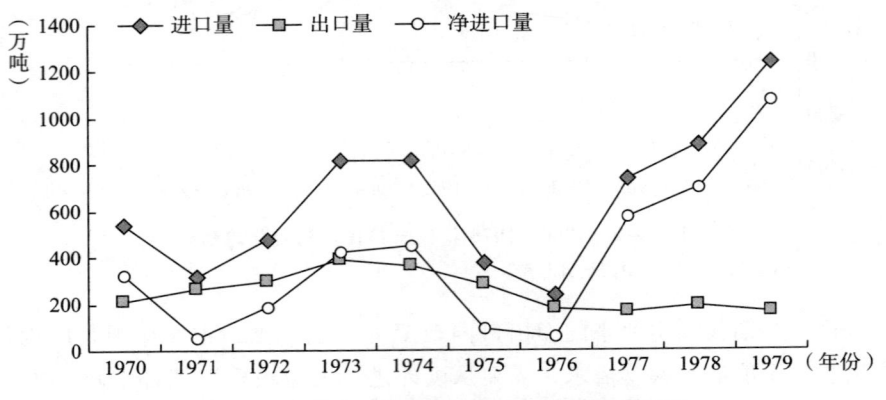

图 4-3 1970~1979 年我国粮食贸易变化趋势

资料来源：历年《中国统计年鉴》。

这一阶段，我国粮食贸易仍然坚持以进口为主导的贸易政策，其主要目的是增加粮食或外汇储备，为工业发展积累原始资本。1974 年，国际市场米价大幅上升，我国在计划出口外又增加 150 万吨大米出口，换回 300 万吨小麦。1971~1976 年，我国通过粮食贸易使净库存增加 936.65 万吨，增加外汇储备 7.27 亿美元，为国家工业化建设购回了所需的技术和机器设备。

（四）第四阶段：20 世纪 80 年代至 90 年代中期——进出口此消彼长

由图 4-4 可以看出，这一阶段我国粮食进出口均存在明显波动，二者呈此消彼长态势，除个别年份外，进口量均高于出口量，我国粮食基本保持净进口状态，但是净进口量波动比较明显，1985 年为 -271 万吨，是 20 世纪 60 年代以来首次出现负值，出口量大于进口量，1986 年净进口量有所反弹但仍为负值，1987 年开始净进口量大幅回升，随后 4 年比较稳定。1991 年开始又大幅下滑，1994 年达到空前最低水平，然而 1995 年又大幅回升，创历史新高。达到 1826 万吨。

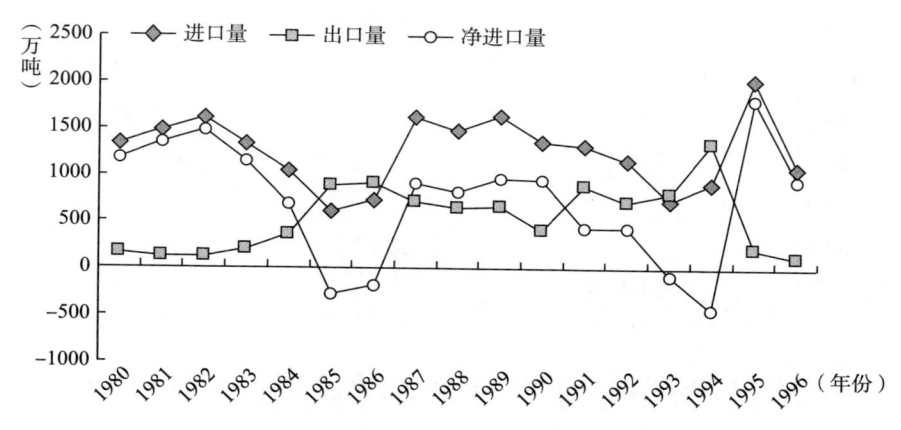

图 4-4　1980~1996 年我国粮食贸易变化趋势

资料来源：历年《中国统计年鉴》。

这一阶段，20 世纪 80 年代初期的农村经济体制改革拉开帷幕，家庭联产承包责任制在全国农村地区推广开来，粮食市场化改革也处于刚起步阶段，农民生产积极性被充分调动起来，农业生产潜力也得到释放，我国粮食生产出现超常规增长，然而到 1984 年，历史上首次出现"卖粮难"的现象，这也为粮食出口提供了契机。1985 年，我国粮食出口量较上年大幅度上升，增速达到 149%，为 1961 年以来首次超过进口量。1987 年又恢复到净进口的局面，一直持续到 1992 年。1993 年和 1994 年出口量大于进口量，尤其是 1994 年，出口量为进口量的近 1.5 倍。然而 1995 年，粮食短缺导致我国进口量创历史之最（2040 万吨）。这一时期我国粮食贸易最明显的特点就是与国内粮食丰歉共振，波动较大。

（五）第五阶段：20 世纪 90 年代中后期至 2015 年——进口规模逐步扩大

由图 4-5 可以看出，1997 年以来我国粮食进口量呈稳步上升趋势，由 1997 年的 697.1 万吨增至 2015 年 12477 万吨，为 1997 年的近 18 倍，年均增速为 17.4%。

近年来，我国农业现代化步伐加快，农业持续稳定发展，我国粮食产量实现十二连增，但是国内对粮食的需求更为强劲，由过去对"数量"的追求转向对"质量"的要求，因此，国内农产品供给表现出"总量平衡、结构偏紧"的特征，这也是近年来粮食进口量显著增加的一个重要原因；

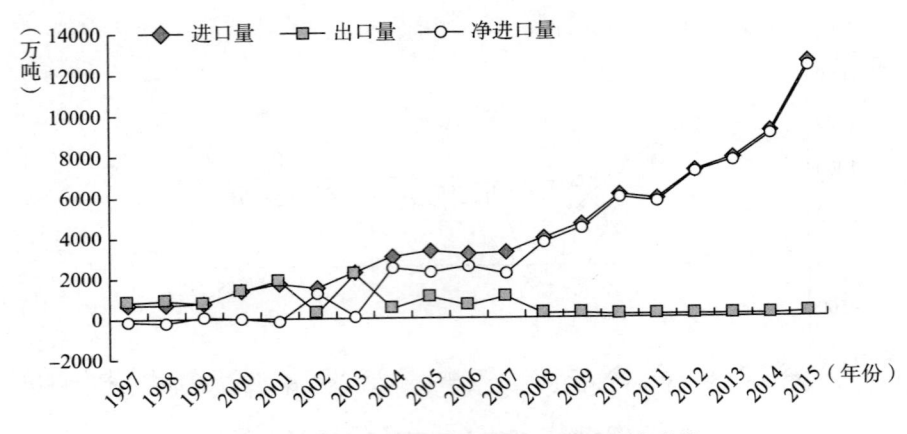

图 4-5　1997~2015 年我国粮食贸易变化趋势

资料来源：历年《中国统计年鉴》。

推动我国粮食进口量快速增长的另一个重要因素是国内对大豆需求量的快速攀升，由 1997 年的 280.1 万吨增至 2015 年的 8169 万吨，为 1997 年的 29 倍，年均增速达到 20.6%。1997 年，大豆进口量占我国粮食进口量的 40%，2015 年达到 65.5%，最高年份达到 96%。目前大豆进口对我国粮食进口格局具有重要影响，我国粮食贸易已经进入一个新的发展阶段，这种变化也会对我国粮食安全造成一定的影响。

在经济发展的不同时期，我国粮食贸易表现出不同特征，随着经济形势变化，我国粮食贸易政策也出现调整。尤其是我国加入 WTO 以后，国内粮食市场受到严峻挑战。总体来讲，近年来我国粮食贸易主要具有以下几方面特征。一是以净进口为主。尤其是近年来，我国粮食进口量增速明显加快，净进口量由 2000 多万吨增至 2015 年的 1.2 亿余吨。二是波动较为明显。改革开放以来，我国粮食进口经历了 4 次较大的波动。三是粮食贸易与国内粮食生产状况脱节。近年来，我国粮食贸易量与国内粮食增产不相关，尤其是进口量，国内粮食虽然增产但是进口量有增无减。为了切实有效保障我国粮食安全，应充分考虑国际和国内两个市场的粮食动态变化情况。

二　加入 WTO 以来我国粮食贸易的发展

在开放市场条件下，利用国际市场和资源，通过空间互补，更容易使

第四章 我国粮食进口的历史、现状和存在的问题

国内农产品市场达到均衡，从而更好地实现促进国内农产品供需机制平衡的目的。在粮食基本自给的前提下，通过粮食的适度进出口对国内粮食总量及品种结构进行调节，对我国来说是一件比较经济的事情。目前，国际农产品市场竞争愈演愈烈，相关部门应该结合我国供需实际对粮食市场进行适度调节，有效利用国际市场资源，切实保障国内粮食安全。

（一）加入 WTO 以来我国粮食进口变化趋势

由图 4-6 可以看出，入世以来我国粮食进口量呈稳步增长趋势，由 2002 年的 1483.73 万吨增至 2015 年的 12477 万吨，年均增速达 17.8%。而增速存在明显波动。2006 年进口量负增长的直接原因是当年小麦进口数量大幅下滑，由 2005 年的 353.8 降至 61.3 万吨，其原因主要有两个方面：一是国内小麦供求失衡；二是贸易保护政策，西方为保障农户利益，小麦贸易保护政策加强，而我国贸易保护政策逐渐削弱，2006 年我国农产品关税税率为 15.35%，进入世界关税低水平之列；而引起 2011 年粮食进口量负增长的主要原因是当年大豆进口量的减少，由 2010 年的 5480 万吨降至 5264 万吨，究其原因主要有三个方面：食用油库存增加，港口大豆库存过多及油厂利润低、大豆需求降低。

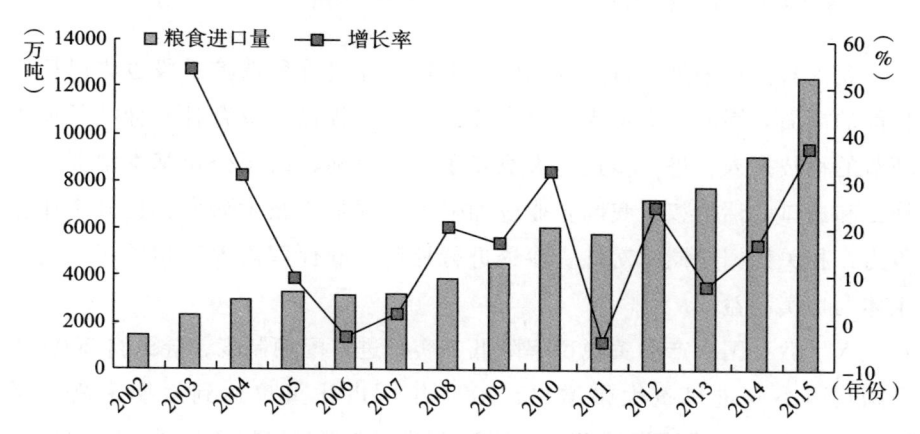

图 4-6 2002~2015 年我国粮食进口量及其增长率变化趋势
资料来源：历年《中国统计年鉴》。

（二）加入 WTO 以来粮食贸易产品结构变化

入世以来我国粮食进口产品结构主要特点为品种结构不均衡、存在一定波动。由图 4-7 可以看出，入世以来我国粮食进口一直以大豆为主，所

· 55 ·

占比重经历了减少、增大再减少的变化,2003年占比为90.8%,2004年大幅下降至67.5%,随后稳步增长至短期小高峰96.04%,接着又逐渐回落,到2014年降至78.54%,但仍占相当高的比重,由此可以看出近年来大豆进口决定着我国粮食进口的格局,对维护国家粮食安全起着关键作用。

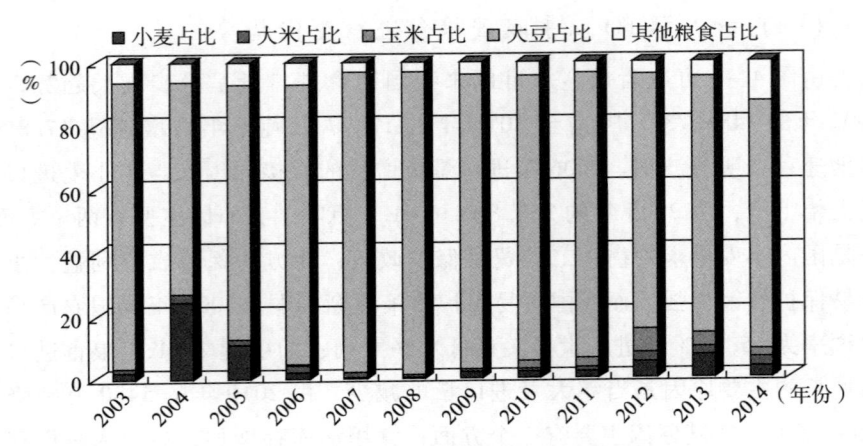

图4-7 2003~2014年我国粮食进口产品结构变化

资料来源:历年《中国统计年鉴》。

我国对大豆的进口过度依赖国际市场,通过外贸调控手段也难以扭转目前的局面。因此,应从大豆全产业链着手,提高大豆育种、种植及加工环节的科技投入,进一步提升大豆竞争力。目前,跨国公司基本掌握大豆加工和进口的话语权,我国企业应加强大豆深加工技术研发,提升企业竞争力,相关部门应同时对外资渗透进行控制,确保国内大豆相关产业经营主体的切实利益。

入世后我国农产品关税税率降低、实行进口配额制度,导致自2003年开始我国小麦进口量大幅增加,2004年所占比重也达到短期最高水平24.22%,2005年降至10.77%,2006年我国取消进口配额管理,自2006年开始我国小麦进口量大幅下滑,由2005年的353.8万吨下滑至61.3万吨,所占比重也由2005年的10.77%降至1.93%,2008年进口量及占比均到达谷底,分别为4.3万吨和0.11%。2009年,受金融危机影响,粮食需求持续走低,国际市场小麦价格大幅下跌,我国小麦进口量开始稳步增加,到2014年有所下滑,进口量较2013年减少253.1万吨,增速为-45.7%。其原因在于我国小麦产量连续增加，优质小麦产量增加，对国际市场上的小麦需求下降。

大米的进口量整体表现为先减少后增加的趋势，个别年份也有小幅波动，占比有相似变化。2004年，受国内市场大米供应短缺及需求较强等因素的影响，大米进口量增加至76.6万吨，随后几年呈下降趋势。受2008年粮食危机影响，大米进口量达到谷底，为33万吨，仅略高于2003年的水平（25.9万吨），主要原因为，全球大米出口国产量减少，粮食产品供给和需求弹性较小，供给量微小变化也会引起价格较大幅度的增加，导致2008年大米国际市场价格居高不下。2008年7月，泰国大米价格涨到历史最高（1000美元/吨）。随后我国大米进口量稳步增加，2014年达到257万吨，是2008年的7.8倍。主要原因有两方面：一是国内外价差扩大，我国农业竞争力弱；二是我国承诺的配额内关税较低，配额数量较大，缺乏有效的政策保护，这会对国内大米行业带来较大冲击，不利于国内大米行业发展。

从图4-7可以看出，加入WTO初期我国玉米进口量较小，近年来逐渐增加。2003年我国玉米进口量仅为0.1万吨，占比微乎其微，2012年进口量达到峰值，为520.8万吨，占比也达到短期最高水平7.2%，2013年和2014年进口量大幅下滑，分别为326.6万吨和259.9万吨，占比分别为4.19%和2.86%，与小麦和大米进口量相当。2010年来，国内外玉米价差逐步扩大，国外玉米价格优势明显，具有较强的竞争力，我国企业尤其是民营企业大量从国外进口玉米，我国玉米贸易逆差逐步扩大。

三　近年来我国粮食进口来源的国别分布分析

在粮食贸易方面，粮食安全问题始终都是我国最为担心的问题，而稳定的进口粮源为解决这一问题提供了切实保障。目前，我国粮食进口相对比较集中，面临的风险也较大，粮食进口易受粮食出口大国的控制。因此，需要通过进口来源多元化来降低国际市场风险。进口粮源多元化，不仅能够提高贸易双方的交易匹配程度，同时还可能弱化市场中卖方或买方的市场势力，提高国际粮食市场化水平。

目前，我国粮食自给率已经跌至可以接受的安全水平以下（87%），这意味着我国粮食消费量的13%左右要从国外进口，对国际粮食市场的依赖日益增强。近年来，推动我国粮食进口量快速增长的一个重要原因就是国内对大豆的需求量快速攀升。2015年，大豆进口量占我国粮食进口量的65.5%。目前，我国从国际粮食市场进口大量农产品，其中一个显著特征就是粮食进口来源地比较集中，长远来看不利于我国粮食安全，粮食作为特殊的物资，长期依赖国外市场，容易受国外制约，并且也会对国内粮食市场造成较大冲击。因此，在目前全球粮食供应相对宽松的背景下，基于粮食安全视角对我国进口粮源分布进行探析具有重要的现实意义。

（一）大豆

大豆是最主要的植物油和蛋白饼粕的提供者，目前全球对大豆的需求量日益增加，中国是全球最大的大豆消费国，2016年我国大豆消费量就达9525万吨，占全球总消费量的29.94%。然而，我国大豆进口来源比较集中，主要从美国、巴西、阿根廷三国进口，从这三个国家进口的比重高达90%以上。2015年，我国大豆进口量创历史新高，达到8169万吨，进口量占全球的64%，比2014年增长14.4个百分点。目前，全球大豆供需格局由宽松逐渐转向平衡甚至趋紧，在这样的大背景下，保障我国大豆的稳定供给，满足国内需求，探讨大豆进口来源显得尤为迫切和必要。

1. 全球大豆供给格局

近年来，全球大豆产量逐年上升，1992年为1.17亿吨，2015年增至3.02亿吨。世界大豆供给也比较集中，大豆产量最多的国家为美国、巴西、阿根廷和中国，这四个国家大豆产量约占全球大豆总产量的86%（见图4-8），而巴西、美国、阿根廷为世界三大主要出口国，出口量占全球的89.2%。近年来，巴西大豆出口量增速较快，已经超过美国成为全球大豆出口贸易第一大国，改变了全球的大豆贸易格局。而我国大豆也主要从这三个国家进口，并且从巴西进口的数量也逐年增加，目前我国大豆进口来源国及进口比重不断得到优化，但是仍相对比较集中，因此，应不断扩大进口来源国，可以从加拿大、俄罗斯等国家进口，作为强有力的补充。2017年，解除俄罗斯粮食禁令后，我国加强了同俄罗斯的粮食贸易往来，从俄罗斯进口的大豆数量增势显著。

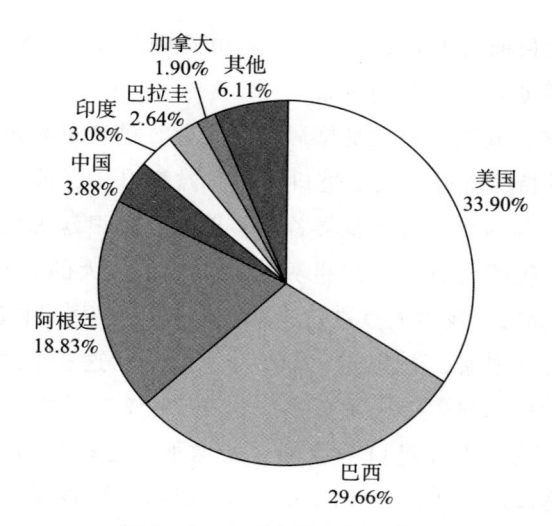

图 4-8　全球大豆产量集中度

资料来源：联合国商品贸易统计数据库，http://comtrade.un.org。

2. 我国大豆的库存消费比分析

根据联合国粮农组织的规定，粮食库存与消费量的比例达到 17% 被称为粮食安全系数，低于 14% 则表明进入粮食安全紧急状态。由图 4-9 可以看出，近年来，我国大豆库存消费比呈现波动上升趋势，2001 年，我国大豆库存消费比为 5.68%，2010 年达到短期峰值（19.3%），随后又相对大幅波动，2015 年回升至 18.74%，略高于国际警戒水平。由此可知，近年来我国大豆安全方面的问题虽然有所改善，但是库存消费比仍徘徊在警

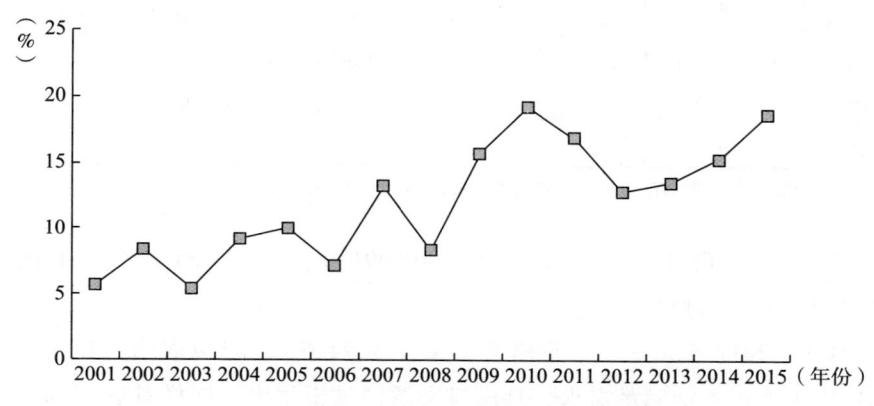

图 4-9　2001~2015 年中国大豆库存消费比

资料来源：布瑞克农产品数据库。

戒线水平，表明目前我国大豆库存并不是很充裕，尚存在粮食安全隐患。

3. 我国大豆进口来源国的分布

1996年以来，我国大豆贸易格局发生变化，进口量超过出口量，随着国内大豆需求的持续提升，大豆进口量也日益攀升。目前，美国大豆产量占全球比重为30%~40%，居世界首位；巴西、阿根廷大豆产量分别居世界第二、三位；我国大豆产量居世界第四位，是最大的大豆进口国之一。由表4-1可以看出，我国大豆进口来源相对比较集中，主要集中在美国、巴西和阿根廷三个国家，入世前（2001年）我国从这三个国家进口的大豆比重高达99.77%，2002年比重更高，达99.89%。近年来，我国进一步开拓大豆国际市场，大豆进口来源国有所增加，逐渐与乌拉圭、俄罗斯、孟加拉国等国达成进口协议，我国从美国、巴西、阿根廷三国进口的大豆比重有所下降，2014年降至95.29%。由于这三个国家大豆种植面积及年产量稳居世界前列，这一比重仍居高不下。

表4-1 2001~2014年我国大豆进口来源的国别结构及其变化

年份	2001 进口量（万吨）	2001 比重（%）	2002 进口量（万吨）	2002 比重（%）	2005 进口量（万吨）	2005 比重（%）	2010 进口量（万吨）	2010 比重（%）	2014 进口量（万吨）	2014 比重（%）
巴西	316.03	22.67	390.94	34.55	795.17	29.9	1858.72	33.92	3200.55	44.82
美国	572.64	41.08	461.84	40.82	1104.79	41.55	2359.72	43.06	3002.96	42.06
阿根廷	502.04	36.02	277.41	24.52	739.63	27.82	1119.05	20.42	600.42	8.41
乌拉圭	—	—	—	—	18.12	0.68	134.76	2.46	244.22	3.42
加拿大	1.7	0.12	1.2	0.11	1.26	0.05	7.42	0.14	86.27	1.21
俄罗斯	1.52	0.11	—	—			0.07	0.001	5.93	0.08
孟加拉国									0.018	0.0003

资料来源：联合国商品贸易统计数据库，http://comtrade.un.org。

2015年，我国大豆主要从巴西（49.09%）、美国（34.76%）和阿根廷（11.56%）进口，从这三个国家进口的大豆占我国大豆进口的比重达95.41%。2017年，这一比重略有下降，为94.6%。可以看出，我国大豆靠国内生产远不能满足需求，且进口来源国过于集中，同样具有"寡头垄断"特征，容易受国外粮商控制，对我国大豆进口商、国内种植大豆的农户及国内大豆消费群体是不利的。因此，需要进一步拓宽大豆进口来源，加大对国内大豆种植农户的支持力度,提升我国非转基因大豆的竞争力。目前,我国大豆进口多元化格局已初步形成,尤其是在"一带一路"倡议下,我国从俄罗斯、乌克兰、哈萨克斯坦、印度、老挝等国进口的大豆快速增长,但是除印度外,其他国家大豆年产量有限,对中国大豆进口格局的影响较小。

(二) 玉米

近年来,随着我国农作物生产结构的调整以及对玉米的刚性需求逐渐增加,尤其是饲用消费的快速增长,玉米难以保持很高的自给水平,我国玉米进口量呈现上升趋势,由2010年之前的玉米净出口国转变为玉米净进口国。2010年,我国玉米进口量达到157万吨,2015年增至472.81万吨,是2010年的3倍。然而,目前我国玉米进口来源市场比较集中,2014年,从美国(39.53%)、乌克兰(37.11%)、泰国(11.11%)和保加利亚(5.16%)这4个国家进口的玉米数量占当年玉米进口量的92.91%。

1. 全球玉米供给格局

近年来,全球玉米产量整体呈现上升趋势,由2000年的5.92亿吨增至2015年9.59亿吨,是2000年的1.62倍。全球玉米生产主要集中在亚洲和美洲,其产量占全球总产量的比重分别为28.6%和52.9%,非洲、大洋洲和欧洲也有少量种植(见图4-10)。目前全球许多国家都种植玉米,

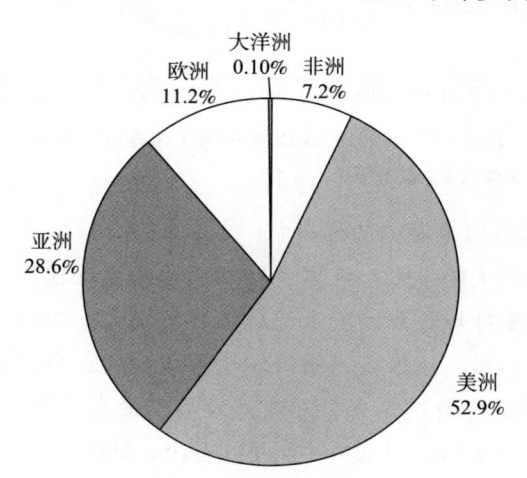

图4-10 玉米生产区域分布

资料来源:根据FAO数据库数据计算整理。

但是产量主要集中在美国、中国、印度、阿根廷、墨西哥、巴西、欧盟、俄罗斯、乌克兰等9个国家和地区，其占世界玉米总产量的比重为80%以上。然而，玉米出口主要集中在美国、巴西、阿根廷和乌克兰4个国家，2015年，这4个国家玉米出口量占世界玉米出口总量的84.37%。

2. 我国玉米库存消费比分析

由图4-11可以看出，2001~2010年，我国玉米库存消费比整体呈现波动下降趋势，2010年达到最低点，略高于国际警戒水平。2011年开始大幅回升，至2015年达到峰值。2015年，我国玉米期末库存量为近2.32亿吨，高于我国年总消费量和总产量，即使考虑到消费增速问题，也基本能够保证我国一年的玉米消费量。由此可知，近年来我国玉米库存比较充裕，暂时不存在粮食安全方面的问题，然而，玉米降解速度相对较快，库存量较大会带来消化库存的压力。

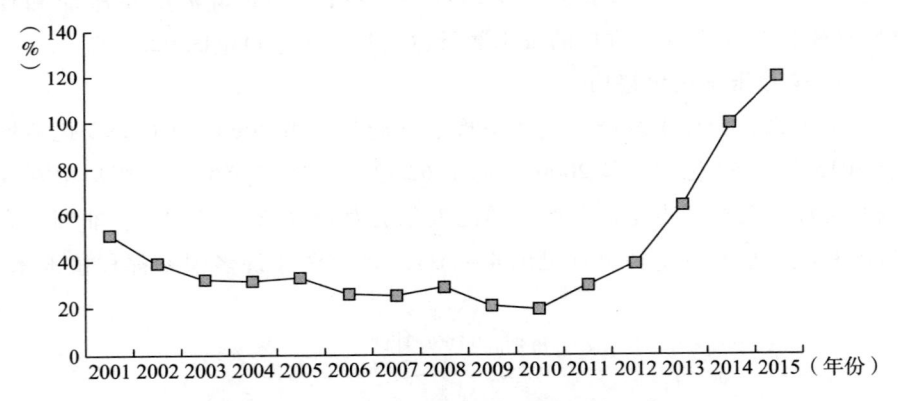

图4-11　2001~2015年中国玉米库存消费比

资料来源：布瑞克农产品数据库。

3. 我国玉米进口来源国的分布

我国是世界较大的玉米生产国，同时也是消费大国，仅次于美国。近年来，玉米价格倒挂导致我国玉米进口量明显攀升。2010年，我国玉米进口量首次超过出口量，玉米贸易格局发生重大变化，我国成为玉米净进口国。2012年玉米进口量达520.7万吨，为空前最高水平，随后明显回落，2014年回升至473万吨。从表4-2可以看出，2001年，我国玉米主要从泰国、缅甸和越南三个国家进口，从这三个国家进口玉米的总占比为97.03%，其次是澳大利亚、秘鲁和美国，从这三个国家进口玉米占比分别为1.15%、0.87%和0.75%，还有少许从法国、德国、阿根廷、智利和印度等国进口。2002年,从泰国进口的玉米数量大幅下降,而从越南进口的数量由上年的0.06万吨增至0.24万吨,占2002年玉米进口数量的82.34%。近年来,我国玉米进口来源相对广泛,主要来源国增加了美国、乌克兰、保加利亚等国。2014年,从美国(39.53%)、乌克兰(37.11%)、泰国(11.11%)和保加利亚(5.16%)这4个国家进口的玉米数量占当年玉米进口量的92.91%。

总体来看,目前我国玉米进口国较为集中,基本处于被动接受国际玉米价格的局面,为增强我国玉米贸易在价格方面的控制力,可以适度增加从东南亚国家进口的数量,加强同东盟国家的贸易往来;同时扩大从阿根廷、印度、俄罗斯等国进口玉米的数量,削弱美国在我国玉米市场的卖方市场势力,增进我国玉米贸易福利。短期来看,我国玉米净进口贸易格局难以扭转,应合理调节玉米进出口,在保障国内粮食安全的前提下,依托农业科技,提升我国玉米的国际竞争力。

表4-2 近年来我国玉米进口来源的国别结构及其变化

	2001年		2002年		2005年		2010年		2014年	
	进口量（万吨）	比重（%）	进口量（万吨）	比重（%）	进口量（万吨）	比重（%）	进口量（万吨）	比重（%）	进口量（万吨）	比重（%）
美国	0.012	0.75	0.005	1.63	0.07	17.36	150.18	95.5	102.71	39.53
乌克兰	-	-	-	-	-	-	-	-	96.44	37.11
泰国	1.35	85.43	-	-	-	-	0.87	0.55	28.86	11.11
保加利亚	-	-	-	-	-	-	-	-	13.41	5.16
老挝	-	-	-	-	0.19	47.55	4.20	2.67	11.03	4.25
缅甸	0.124	7.86	0.025	8.91	0.03	7.49	0.07	0.001	4.10	1.58
俄罗斯	-	-	-	-	-	-	-	-	2.58	0.99
澳大利亚	0.018	1.15	-	-	-	-	-	-	-	-
越南	0.060	3.74	0.240	82.34	0.1	23.92	-	-	-	-
秘鲁	0.013	0.87	0.016	5.37	0.007	1.71	-	-	-	-

资料来源:联合国商品贸易统计数据库,http://comtrade.un.org。

2015年,我国玉米主要从乌克兰(81.47%)和美国(9.77%)这两个国家进口,从这两个国家进口的玉米占我国玉米进口的比重达91.24%。目前我国玉米生产虽然不存在明显的粮食安全问题,但是也应树立全球农业战略思维，充分利用好国内外"两个市场、两种资源"，进一步拓宽玉米进口来源，比如从巴西、阿根廷、墨西哥等主要玉米生产国进口玉米，以分散市场风险。近年来，我国玉米进口来源呈现多元化趋势，由过去主要从美国进口，逐渐转向从东盟国家和黑海地区进口，尤其是2012年我国与乌克兰签订贷款换玉米协议后，乌克兰逐渐成为我国玉米的主要进口来源国，2015年开始成为我国进口玉米的第一渠道。随着我国托市收购政策的取消，玉米价格逐渐由市场决定，国内外价格差距缩小，未来一段时间内玉米进口量有可能出现萎缩。

（三）大米

近年来，国内大米已经不能满足国内消费者的需求，尤其是对优质大米的需求。2011年，我国大米进口量为59.7万吨；2012年陡增为235.6万吨，为2011年的近4倍；2015年，增至343.1万吨，创历史新高；2012年以来年均增长53.9%。目前，全球大米库存消费比呈逐年上升趋势，由2006年的16.73%增至2015年的22.69%，略高于国际警戒水平，表明全球大米库存并不十分充裕，基于这样的背景，我国如何利用好"两个市场"，开拓大米进口来源，确保国家大米安全，成为亟须解决的问题。

1. 全球大米供给格局

由图4-12可以看出2015年印度、中国、泰国、印度尼西亚、菲律宾、巴基斯坦、巴西、美国等国家的大米生产情况。2015年，这8个国家大米产量占世界大米总产量的比重为70.64%。中国大米产量仍居世界首位，占世界总产量的30.88%；其次是印度，占世界总产量的22.10%。然而，大米出口主要集中在印度、泰国、巴基斯坦、美国、巴西和阿根廷等国家，2015年，这六个国家大米出口量占世界大米出口总量的70.54%。

2. 我国大米库存与消费比分析

由图4-13可以看出，近年来我国大米库存消费比整体呈现"V"形变化趋势。2001~2006年，库存消费比大幅回落，2006年达到谷底（19.76%），2007年开始反弹，呈现稳步回升态势。2015年，我国大米库存消费比达到空前最高点（56.06%），远高于国际警戒水平，这一年我国大米期末库存量为近1.09亿吨，年总消费1.99亿吨，基本能够保证我国稻谷半年的消费量。由此可知，近年来我国大米库存比较充裕。

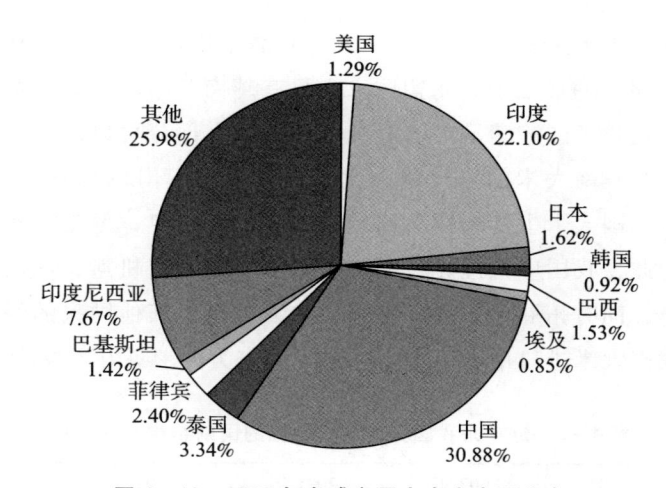

第四章 我国粮食进口的历史、现状和存在的问题

图 4-12　2015 年全球主要大米生产国分布

资料来源：FAO 数据库。

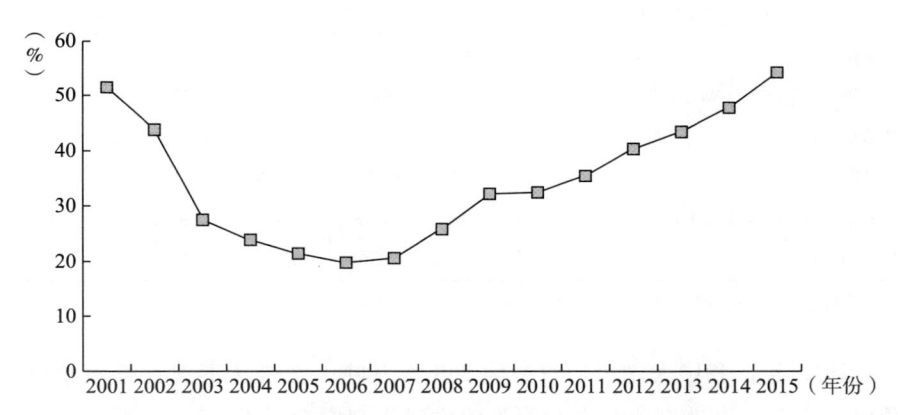

图 4-13　2001~2015 年中国大米库存消费比

资料来源：布瑞克农产品数据库。

3. 我国大米进口来源国的分布

随着居民消费水平的提高，国内对高品质大米的需求日益增加，进口大米充分满足了国内消费者多样化的需求，丰富了我国大米的种类，但是对国内大米产业的发展也造成了一定的影响。

如表 4-3 所示，我国大米进口市场相对集中，入世前后我国大米主要从泰国进口，进口量几乎占各年大米进口总量的 95% 以上，其中 2001 年和 2002 年分别为 99.76% 和 97.73%。近年来大米来源相对有所分散，但主要还是集中在东南亚国家，比如越南、泰国和巴基斯坦。2012 年开始，我国从越南进口的大米量超过泰国。2014 年，从这三个国家进口的大米数

· 65 ·

量占当年进口大米总量的97.27%,其中从越南进口比重为52.89%,远高于泰国(28.47%)。目前,东盟国家中只有越南、泰国、柬埔寨和缅甸四国的大米产量除了能够满足本国消费以外,还有部分可以出口。这四个国家中,泰国和越南大米的出口量较大,占世界大米出口总量的1/3以上。目前,虽然我国大米主要从越南和泰国两个国家进口,但是并非其主要出口对象。因此,我国应把握好与东盟合作发展的战略机遇,深化与越南和泰国的合作,同时拓展大米进口市场,加强与东盟其他国家的经贸合作往来,确保我国大米进口市场稳定,增强我国作为大米买方市场的话语权。

表4-3 近年来我国大米进口来源的国别结构及其变化

	2001年		2002年		2005年		2010年		2014年	
	进口量(万吨)	比重(%)	进口量(万吨)	比重(%)	进口量(万吨)	比重(%)	进口量(万吨)	比重(%)	进口量(万吨)	比重(%)
越南					4.15	8.08	5.61	15.32	135.2	52.89
泰国	26.85	99.76	23.08	97.73	47.18	91.75	29.91	81.68	72.78	28.47
巴基斯坦					0.009	0.02	0.04	0.12	40.67	15.91
柬埔寨					0.0001	0.0002	0.000001		4.04	1.6
老挝	0.025	0.09	0.02	0.08	0.03	0.06	0.68	1.9	1.78	0.007
缅甸			0.015	0.06	0.04	0.09	0.24	0.7	0.95	0.004

资料来源:联合国商品贸易统计数据库,http://comtrade.un.org。

2015年,我国大米进口总量为343.1万吨,主要从泰国、越南和巴基斯坦这3个国家进口,其占我国当年大米进口总量的94.7%。近年来,受泰国国内价格保护政策的影响,泰国大米价格不断上涨,2015年从泰国进口大米的绝对量虽有所上升(较2014年增加20.4万吨),但是进口比重略有下降(下降近0.73个百分点),从越南进口量较2014年增加44.2万吨,进口比重增加0.54个百分点。如果泰国大米价格持续稳步上涨,越南和巴基斯坦大米价格必然会随之上升,随着利润空间缩小,大米进口商进口动力会有所减弱。此外,目前人民币汇率有所回落,对进口商而言就意味着进口成本上升,利润空间将进一步压缩,对进口大米的需求势必受到影响。基于上述背景,我国应把握机遇,加大农业科技投入,提高我国大米品质和产量,同时拓宽大米进口来源,积极同其他主要的大米生产国签订贸易协定,比如美国、巴西、阿根廷等国,确保国家粮食安全和农户切身利益,进一步提升我国大米的国际竞争力。

(四) 小麦

近年来,我国小麦进口量逐年上升,并且在进口谷物中也占有相当比重(40%左右)。2008年,我国小麦进口量仅4.31万吨,2015年增至297.27万吨。2014年,从美国(20.28%)、加拿大(33.37%)、澳大利亚(42.22%)这三个国家进口的玉米数量占当年玉米进口量的95.87%,可以看出小麦进口来源市场比较集中,具有典型的"寡头垄断"特点,这种"寡头垄断"会导致市场低效率,降低我国小麦消费群体的福利水平。

1. 全球小麦供给格局

全球小麦生产主要集中在亚洲、欧洲和美洲,非洲、大洋洲和南美洲也有少量种植,各区域产量分布与面积分布基本一致。由图4-14可以看出,目前全球许多国家都种植小麦,但是产量主要集中在中国、印度、俄罗斯、美国、加拿大、澳大利亚、巴基斯坦、乌克兰、哈萨克斯坦、阿根廷等10个国家,这些国家小麦产量占世界小麦总产量的60%以上。然而,小麦出口主要集中在美国、加拿大、澳大利亚、法国、俄罗斯、阿根廷和德国等7个国家,这7个国家小麦出口占世界小麦出口总量的70%以上。2016年,上述7个国家小麦出口占比为72.48%,其中美国出口占比为14.05%、俄罗斯为14.81%、加拿大为11.52%、法国为10.72%,其他三个国家出口占比均低于10%。

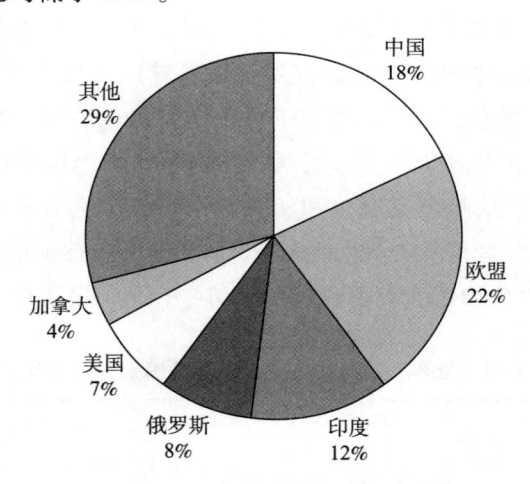

图4-14 2015年全球小麦生产分布

2. 我国小麦的库存与消费比分析

根据联合国粮农组织的规定，粮食库存与消费量的比例达到17%被称为粮食安全系数，低于14%则为粮食安全紧急状态。由图4-15可以看出，2001~2015年，我国小麦库存消费比整体呈现波动下降趋势，近几年稳定在40%左右，2010年略有波动达到短期峰值，但也远低于2001年的水平（92.54%）。2015年，我国小麦库存消费比为43.58%，远高于国际通行的评价标准即国际警戒水平（17%~18%），由此可知我国小麦库存比较充裕。

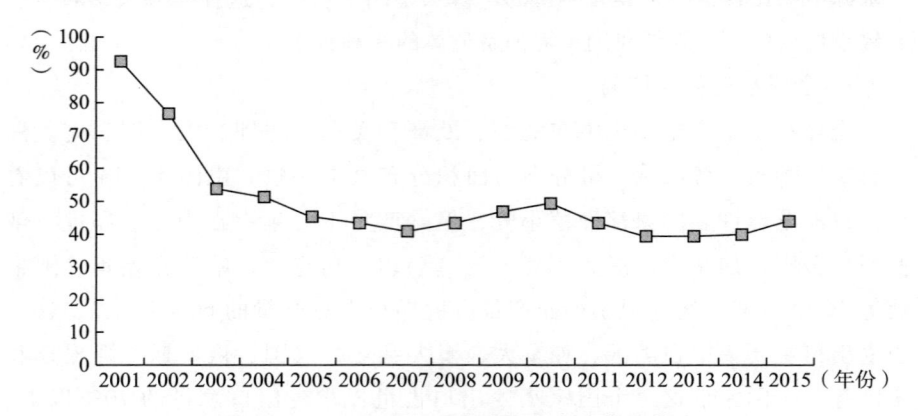

图4-15 2001~2015年中国小麦库存消费比

资料来源：布瑞克农产品数据库。

3. 我国小麦进口国家分布

我国小麦进口来源地主要集中在澳大利亚、美国和加拿大三国，2001年，从这三个国家进口的小麦量占当年小麦进口总量的98.72%，近年来小麦进口来源市场有所增加，增加了哈萨克斯坦、法国，而不再从英国进口。2014年，我国从澳大利亚、美国、加拿大这三个国家进口的小麦合计占比为89.66%，从哈萨克斯坦和法国进口占比分别为8.45%和1.84%。可以看出，近几年我国从哈萨克斯坦进口的小麦数量逐渐增多，从法国进口数量由2005年的56.24万吨大幅减少至2014年的5.47万吨（见表4-4）。

表4-4 近年来我国小麦进口来源的国别结构及其变化

	2001年		2002年		2005年		2010年		2014年	
	进口量（万吨）	比重（%）	进口量（万吨）	比重（%）	进口量（万吨）	比重（%）	进口量（万吨）	比重（%）	进口量（万吨）	比重（%）
澳大利亚	4.97	7.20	7.02	11.62	100.82	28.72	76.00	62.37	139.06	46.80

续表

	2001年		2002年		2005年		2010年		2014年	
	进口量（万吨）	比重（％）	进口量（万吨）	比重（％）	进口量（万吨）	比重（％）	进口量（万吨）	比重（％）	进口量（万吨）	比重（％）
美国	22.57	32.70	16.17	26.74	49.03	13.97	12.95	10.63	86.27	29.03
加拿大	40.59	58.82	37.26	61.64	144.92	41.29	28.36	23.27	41.09	13.83
哈萨克斯坦	—	—	—	—	—	—	4.55	3.74	25.11	8.45
法国					56.24	16.02			5.47	1.84
英国	0.88	1.20								

资料来源：联合国商品贸易统计数据库，http://comtrade.un.org。

综上所述，我国小麦进口市场高度集中，市场风险较高，应进一步优化小麦进口来源结构，提高小麦进口的可获得性。近年来，黑海地区一些国家小麦出口的国际竞争力日益增强，比如俄罗斯、哈萨克斯坦和乌克兰等国，这些国家均是丝绸之路经济带的沿线国家。因此，应把握好"一带一路"倡议的机遇，加强与沿线国家在农业方面的合作，为我国拓展小麦进口市场提供现实可能性。

2015年，我国小麦主要从美国（20.28％）、加拿大（33.37％）和澳大利亚（42.22％）进口。小麦进口来源过于集中，具有"寡头垄断"特征，容易受国外粮商控制，对我国小麦进口商及国内消费群体是不利的。因此，我国应加强与其他几个小麦主产国之间的经贸往来，进一步拓宽小麦进口来源，以确保国家粮食安全，切实保障国内消费群体利益。

四 我国粮食进口存在的主要问题

我国基本能满足口粮自给，虽然也有进口，但是进口主要是为了弥补产需缺口，满足国内多元化需要，调节供需矛盾。2017年，我国小麦、玉米和大豆进口量分别占当年国内产量的3％、1％和3％。当前，我国大豆进口量逐年攀升，2017年大豆进口量占粮食进口总量的73％。我国粮食进口量在逐年增加的过程中存在一些值得注意的问题。

（一）进口规模扩大，增大粮食对外依存度

从进口总量上来看，1960年以前我国粮食以出口为主，进口量较小。

随后进口量缓慢上升，进口品种以小麦为主。1992~1999年，粮食进口量趋于稳定（80万吨左右）。但是我国加入WTO以后，对粮食的进口量开始大幅增加，进口速度较前期明显加快。

从进口结构上来看，1996年之前我国粮食进口以小麦为主，随后对大豆的进口量稳步增加，进口量逐渐超过小麦，成为我国粮食进口的第一大品种。其中，小麦进口以专用小麦和高质量种用小麦为主，稻谷进口以优质稻谷为主。

由图4-16可以看出，2000年以来，我国粮食进口依存度呈稳步上升趋势。2000年以前，我国粮食进口依存度相对较低，但加入WTO后，我国与国际粮食市场逐步接轨，粮食进口量稳步增加，进口依存度快速上升。按照95%的谷物自给率来衡量，我国口粮目前绝对安全。然而，2017年我国粮食进口依存度达到18.4%，对国际粮食市场的依赖性增强，如果国际粮食市场出现粮食价格波动或者供需失衡，将直接影响我国粮食进口，威胁我国粮食安全。

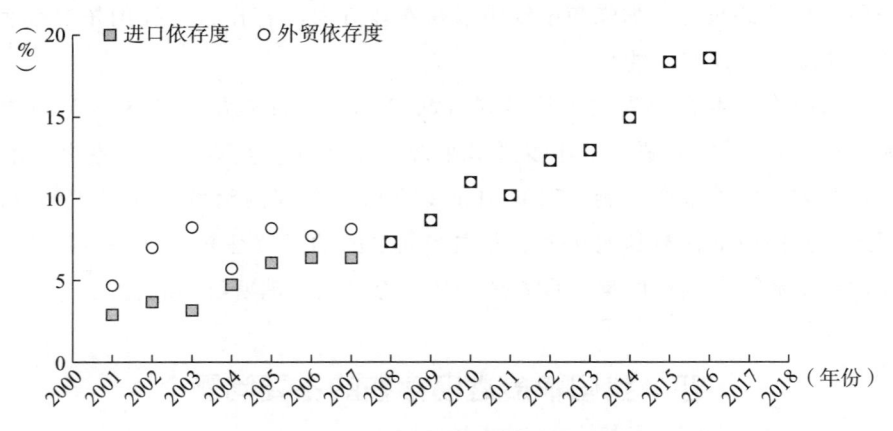

图4-16　2000~2018年我国粮食进口依存度及外贸依存度变动趋势
资料来源：历年《中国统计年鉴》。

（二）非必需进口增加，加大了国内粮食市场供需矛盾

近年来，我国粮食进口结构不均衡现象日益显现，其中大豆和玉米进口量稳步增长，绝对数量占比较大，其中大豆占比高达90%。2010年以来，我国大豆进口量占全球大豆出口量的60%，成为最主要的大豆进口国，且来源地较为集中，主要为美国、巴西和阿根廷三个国家。

值得注意的是，2008年我国出台了玉米临时收储政策，导致国内玉米种植面积大幅增加，玉米产量快速增长，供给量比较充裕。但是，受国际市场的冲击及玉米国内外价格差的推动，非必需进口增加，进口玉米排挤国内玉米，国内生产的玉米入库，而进口玉米进入企业。其中，2016年末我国玉米库存达到2.6亿吨，超过我国一年的玉米消费量，国内粮食市场失衡。

（三）进口来源地较为集中，增加了进口风险

从我国粮食进口来源地变化情况来看，近年来我国粮食进口来源地已经向多元化方向发展，大豆进口从以美国为主向巴西、阿根廷、乌拉圭、加拿大等国拓展，玉米进口来源从以美国为主向乌克兰、老挝、缅甸分散，小麦进口从以美国、加拿大为主向澳大利亚、哈萨克斯坦等国拓展，大米进口从以泰国为主向越南、巴基斯坦、柬埔寨分散，扩大了进口来源。

总体来看，我国各类粮食进口区域过于集中，基本集中在少数几个国家，粮食进口容易受国外市场牵制。尤其是在全球贸易环境下，粮食产品金融化，导致全球投机资本进入粮食市场，国际粮食市场不确定因素增加，国际粮食市场波动将对国内市场造成较大影响。目前，国际粮食市场基本被ABCD四大跨国粮商垄断，这四大粮商的粮食贸易量占世界的80%以上，对粮食产业链具有较强的掌控力，贯穿种子研发到销售的全过程，甚至控制了粮食价格的话语权，这对发展中国家农业的发展造成了巨大冲击。我国大豆产业就是典型的例子，国外大豆的进口对国内大豆市场的影响深远。国外粮商对粮食的控制给我国粮食市场带来了许多不安全因素，直接威胁我国国内粮食的供需平衡。因此，拓展我国进口粮源，能够弱化国际粮食市场中的卖方势力，提高我国在国际粮食市场上的话语权，确保国内粮食安全。

目前，我国除了大豆以外，其他谷物库存消费比均高于国际警戒线，这表明我国粮食安全基本能够得到保障。但是农产品受自然风险影响较大，我国粮食进口来源比较集中，为了满足国内企业和消费者日益增长的多样化需求，结合我国当前粮食贸易和外交实际情况，应根据不同国家制定有差异的贸易策略，一则能够拓展进口粮源，二则能够援助农业发展水平较低的国家，提升其粮食安全水平，构建合理的全球粮食安全治理体系，为我国粮食安全提供良好的国际环境。

（四）粮食进口安全预警机制滞后

当前我国在粮食安全预警方面已经有了长足发展，但是仍存在一些问题。比如，我国粮食安全预警机制主要考虑生产、流通、消费等环节，对粮食进口预警机制的关注不够。未来我国粮食刚性需求以及供给动力不足的问题会扩大我国粮食缺口，因此，把控好粮食进口的规模、时机、节奏等将会成为粮食安全中的重要环节，目前这方面的建设还比较滞后。

第五章 粮食安全视阈下我国粮食进口趋势预测

"谷物基本自给、口粮绝对安全"的战略决定了我国口粮进口规模有限。根据商务部和国家发改委发布的《农产品进口关税配额管理暂行办法》(2003),我国对小麦、玉米、大米、大豆等产品实施了进口配额管理。本章主要对包括大豆在内的我国粮食进口趋势进行预测。

从根本上说,粮食进口的品种和数量取决于国内的产需缺口,而大宗粮食的进口需求变化与国内粮食生产结构的调整直接相关。2017年中央一号文件把深入推进农业供给侧结构性改革作为主题,这是中央在我国农业农村发展进入新阶段,坚持问题导向做出的重大决策。从供给角度推进结构性改革是基于我国包括粮食在内的农产品存在结构性供需失衡、部分农产品库存严重且质量难以满足市场需求等问题而提出的,其核心是调整结构、提质保量。粮食种植结构的调整、轮作休耕的实施、库存消化的加快,都给粮食供需带来了新变化。本部分拟基于供给侧结构性改革的背景,对我国未来的粮食生产、粮食需求进行预测,对中短期内粮食供求缺口进行测算,为确定粮食进口规模和制定粮食进口政策提供依据。

一 供给侧结构性改革给国内粮食生产带来的变化

粮食的供给侧结构性改革旨在解决粮食供求之间的结构性矛盾,解决有效供给不足、粮食品质不高,尤其是中高端粮食供给不足,不能满足多元化、多层次需求等问题,对于小麦、稻谷、玉米、大豆生产的区域优化、生产规模、品种改善等都提出了要求,以确保粮食的有效供给。

（一）粮食供给侧结构性改革可能对小麦进口带来的影响

作为核心口粮的小麦，主要涉及不同小麦品种之间的调整。长期以来，我国优质强筋小麦产量不高，用于面包、糕点等新型面食产业的小麦供给缺口较大。农业部《全国种植业结构调整规划（2016～2020年）》以及2017年中央一号文件指出要稳定小麦生产，重点发展适销对路的强筋、弱筋优质小麦生产。农业部2017年谷物品质监督检验测试年度质量报告提到当年度小麦质量检测结果好于上年，4%的样品达到了优质强筋小麦标准，10%的样品达到中强筋标准要求，31%的样本达到中筋小麦要求，高品质小麦种植比例不断上升。农业部出版的《中国农业展望报告（2017～2026)》指出，从小麦进口品种来看，主要是中强筋小麦进口也就是专用小麦尚有缺口，但随着高品质小麦种植面积的增加，未来我国专用小麦缺口将会减小，小麦进口略有下降。

（二）粮食供给侧结构性改革可能对稻谷进口带来的影响

粮食供给侧结构性改革对稻谷的影响主要在于解决普通稻谷产量过剩、适销对路的中高档优质产品不足等问题，增加优质稻谷的生产。2017年，我国稻谷种植面积增加，单产水平和总量也稳步上升。南方一些稻谷主产区，近年来积极发展优质籼稻，推广粳稻生产，发展有机稻。可以预见的是，未来我国优质稻谷产量将会进一步提高，优质稻谷进口量将会下降。

（三）粮食供给侧结构性改革可能对玉米进口带来的影响

影响玉米生产的政策主要有两个。一是临时储备政策的退出。2015年国家取消玉米最低价格收购补贴政策，2016年国家取消实行了8年的玉米临时收储政策，采取"市场化收购+补贴"的办法，玉米价格由市场形成。二是种植布局和规模的调整。2008～2015年，受比较利益的驱动，我国玉米播种面积增加了815万公顷，尤其是"镰刀弯"地区，第四、第五积温带都在种植玉米，同期豆类种植面积减少了380万公顷，导致粮食供需结构严重失衡。2015年农业部制定下发《农业部关于"镰刀弯"地区玉米结构调整的指导意见》，调整优化非优势区玉米种植结构，2016年和2017年国家调减玉米"镰刀弯"地区种植面积为2039万亩和1984万亩。依据该《指导意见》，未来玉米种植面积将会调减5000万亩，2020年玉米种植面积调减到 5.13 亿亩，随后种植面积会缓慢调升，到 2026 年稳定在 5.2 亿亩。这项政策的实施将引导"镰刀弯"地区许多农民不再种植玉米转而生产其他农作物，推动国内外玉米价格逐步接轨，玉米产量将会下降。虽然以往库存充裕，短期内玉米进口不会有大的波动，但是随着饲料用粮和工业用粮消费的增加，深加工产业的扩张和区域性加工补贴政策的实施，玉米消费会持续回升，未来我国玉米将会出现明显缺口。长远来看，我国玉米进口量将会提升。

（四）粮食供给侧结构性改革可能对大豆进口带来的影响

对于大豆而言，2017 年中央一号文件明确提出扩大大豆种植面积，到 2026 年大豆种植面积恢复到 1.41 亿亩，比 2016 年增加 4000 万亩左右。依据农业部《全国种植业结构调整规划（2016~2020 年）》，要增加优质食用大豆生产。2017 年东北大豆种植面积为 3800 万亩，相比 2016 年增加了 27%。依据我国大豆生产趋势和消费趋势，未来我国大豆进口仍将保持增长态势。

二 供给侧结构性改革背景下我国粮食生产的中短期预测

本项研究采用《中国统计年鉴》《中国农业年鉴》《中国糖酒年鉴》《中国农业展望报告》等提供的相关数据，运用移动平均法、计量模型和灰色预测模型对我国未来的粮食消费进行了预测，并根据测算数据预测了未来的粮食缺口。

（一）未来小麦和稻谷产量的中短期预测

根据《中国农业展望报告（2017~2026）》的预测结果，我国小麦和稻谷种植面积相对稳定，但是略有下降，然而单产水平提高，总体产量稳中有升，年均增速分别为 0.3% 和 0.6%。

（二）未来我国玉米产量的中短期预测

根据农业部预测结果，2020 年我国玉米种植面积将继续下滑，随后将有所回升，至 2026 年我国玉米种植面积将稳定在 5.2 亿亩。按照这个预测结果来算，2021~2026 年我国玉米种植面积应逐年增加 111 千公顷。推算结果如表 5-1 所示。

表 5-1　2017~2025 年我国玉米种植面积预测

单位：千公顷

年份	玉米种植面积	年份	玉米种植面积
2017	36070	2022	34222
2018	35380	2023	34333
2019	34690	2024	34444
2020	34000	2025	34555
2021	34111		

2004 年，我国玉米单产为 5.12 吨/公顷，2015 年达到 5.84 吨/公顷，年均增速为 1.20%，玉米单产水平逐步提升。玉米单产除了受自然因素影响之外，还受灌溉条件、机械动力和生产技术的影响。

建立一元一次方程：$y = c + at$（1996 = 1）

通过 EVIEWS 软件进行回归，得到公式：

$$y = 4586.48 + 60.80 \times t (R^2 = 0.7 \quad DW = 1.98)$$

通过该模型对未来我国的玉米单产进行预测，结果如表 5-2 所示。

表 5-2　2017~2025 年我国玉米单产预测

单位：公斤/公顷

年份	玉米	年份	玉米
2017	5924.07	2022	6228.30
2018	5985.07	2023	6289.30
2019	6045.88	2024	6349.92
2020	6106.69	2025	6410.73
2021	6167.50		

通过表 5-1 和表 5-2 可以对未来五年我国玉米产量进行预测，依据供给侧结构性改革对玉米种植面积的要求以及未来玉米亩产量测算，可得到玉米产量，如表 5-3 所示。

（三）未来我国大豆产量的中短期预测

依据农业部对大豆种植面积的规划，大豆种植面积年均增加 2.7%，大豆单产年均增加 1.6%，2016 年大豆种植面积增加 494 千公顷，供给侧结构性改革初见成效。依据《中国统计年鉴》的大豆种植面积和单产数据，未来大豆产量预测数据如表5-3所示。

（四）未来我国粮食产量的中短期预测

近年来，我国四大粮食品种产量占粮食生产的比重稳定在92.4%左右，随着粮食结构的调整，玉米生产减少而大豆生产增加，小麦和稻谷生产比较稳定，以此可以推测我国四大粮食占比仍将稳定在92%左右，依据上述在供给侧结构性改革背景下对四大粮食品种生产的预测，2017~2025年我国粮食生产量如表5-3所示。

表5-3 2017~2025年我国粮食产量预测

单位：万吨

年份	小麦	稻谷	玉米	大豆	粮食总产量
2017	12894	20817	21300	1331	61316
2018	12932	20952	21100	1389	61357
2019	12971	21089	20900	1449	61393
2020	13010	21226	20700	1512	61424
2021	13049	21364	21000	1577	61987
2022	13088	21502	21000	1655	62556
2023	13127	21642	21300	1717	63130
2024	13167	21783	21500	1792	63710
2025	13206	21925	21800	1870	64297

三 我国粮食需求总量的中短期预测

（一）中国粮食需求预测指标体系及模型设计

考虑到数据的可得性和粮食的消费领域，本节从口粮、饲料用粮、种子用粮、工业用粮和粮食损耗等方面对未来我国粮食消费量进行预测。

1. 口粮

口粮是指大米、面粉及其加工品等相关产品。2013年以前我国城镇居民口粮并不是实际原粮数据，需要进行折算，在此选择0.7为折算系数进行测算。考虑到居民日常会外出就餐，这一部分按照口粮的12%进行折算，而农民外出部分折算系数为4%。

2. 饲料用粮

饲料用粮属于间接消费，是指饲养动物而消费的粮食。依据国际饲料粮与相关肉类转化率，依照我国饲养习惯，借鉴肖国安等（2017）的转换标准：猪肉1∶2.5，牛羊肉1∶2，禽类1∶2，禽蛋1∶2.5，鱼类1∶1。

3. 工业用粮

工业用粮主要包括酿酒、酒精、淀粉加工等的用粮需求。近年来，我国工业用粮也在稳步增加，其中玉米增速更为明显。工业用粮转换标准为酒精1∶3，白酒1∶2.3，啤酒1∶0.17，味精1∶24，除此之外，还有医药、淀粉、纺织等类型，但由于数据受限，统一按照20%计算。

4. 种子用粮

种子用粮通常情况下与播种面积成正比，播种面积越大对种子的需求就会越多。依照不同品种设定不同标准，统计标准是每公顷消费的粮食量，其中稻谷75公斤、玉米75公斤、小麦150公斤、大豆75公斤，其他按225公斤计算。

5. 粮食损耗

当前我国粮食损耗严重，有些是不能避免的，有些是可以避免的。鉴于我国粮食生产、运输、储存现状，粮食损耗按照产量的2%折算。

采用以上标准，整理出我国1996~2016年的粮食消费数据，如表5-4所示。

表5-4　1996~2016年全国粮食需求结构分析

单位：万吨

年份	口粮	饲料用粮	种子用粮	工业用粮	粮食损耗	合计
1996	28323	14514	1360	4441	1009	48647
1997	27540	15636	1357	3775	988	48296
1998	27297	16909	1363	4345	1025	49939
1999	27059	17643	1352	4389	1017	50460
2000	27079	17897	1306	4678	924	50884
2001	25872	18261	1263	4840	905	50141
2002	2551	18776	1235	5411	914	50887
2003	24438	19482	1173	5739	861	50693
2004	23979	20126	1173	5811	939	51028

续表

年份	口粮	饲料用粮	种子用粮	工业用粮	粮食损耗	合计
2005	23113	21139	1203	6880	968	52303
2006	22722	21656	1184	8843	996	54401
2007	22469	21391	1192	10029	1003	55084
2008	20927	22622	1202	10147	1057	54955
2009	21964	23583	1220	12758	1062	59587
2010	21395	24356	1227	13502	1093	60573
2011	20575	24659	1234	13740	1142	60350
2012	19948	25811	1235	12506	1179	59679
2013	21621	26297	1237	13170	1204	62529
2014	20617	26980	1242	13365	1214	62418
2015	19735	27034	1247	13811	1243	62070
2016	19423	27966	1242	14624	1241	63496

资料来源：《中国统计年鉴》《中国农业年鉴》《中国糖酒年鉴》。

从表5-4可以看出，我国口粮需求量稳步下滑，主要原因是随着居民收入水平的提高，居民消费结构逐渐优化升级，对食物的需求占比日益下降，恩格尔系数逐渐降低，这也标志着居民生活质量的提升，居民更加注重肉、蛋、奶等产品的消费。

1996年，我国工业用粮共4441万吨，2016年达到14624万吨。而种子用粮需求呈现阶段性变化，其中1996~2004年为波动递减阶段，此后年份逐渐回升。其主要原因是2004年以来国家制定相应政策，比如税收减免、农机补贴、种植补贴等，农户种植积极性提高，种植面积回升，对种子的需求也随之增加。但是生产、流通和储藏等各环节的粮食损耗也较大，每年平均损耗在1000万吨左右。

（二）模型选取与建立

基于研究方法、模型构建的不同，粮食需求预测也不同，研究采用的模型主要包括定性预测、单方程计量模型、供需联立方程以及营养预测模型等。但国内学者的研究多是采用一种模型进行预测，鉴于各个模型有不同假设前提和优缺点，所预测的结果会由于模型本身的缺点产生较大的偏差，故本项研究拟采用组合模型进行预测。

1. 灰色预测模型

灰色预测模型主要以灰色理论为基础，灰色理论认为系统现象是模糊的、复杂的，但是是有序的、整体的。灰色模型要从杂乱中寻找规律，生成新的数据替换原始数据，灰色预测数据通过 $GM(1,1)$ 模型得到预测值逆处理结果。其模型建立过程如下。

第一，建立 n 个数据序列 $X(0), X(0)_t = \{X(0)_1, X(0)_2, X(0)_3, \ldots, X(0)_n\}$。

第二，累加原始数据得到新的序列 $X(1)_t = \{X(1)_1, X(1)_2, X(1)_3, \ldots, X(1)_n\}$。

第三，建立 $GM(1,1)$ 模型 $dx^{(1)}/dt + ax^{(1)} = \mu$。

第四，设 $\hat{\partial}$ 为待估参数向量，$\hat{\partial} = \begin{bmatrix} a \\ \mu \end{bmatrix}$，按最小二乘法求解，得 $\hat{\partial} = (B^T B)^{-1} B^T Y_n$。

式中，$B = \begin{bmatrix} -\frac{1}{2}[X^{(1)}(1) + X^{(1)}(2)] & 1 \\ -\frac{1}{2}[X^{(1)}(2) + X^{(1)}(3)] & 1 \\ \cdots & 1 \\ -\frac{1}{2}[X^{(1)}(n-1) + X^{(1)}(n)] & 1 \end{bmatrix}$

$Y_n = [X^{(0)}(2), X^{(0)}(3), X^{(0)}(4), \ldots, X^{(0)}(n)]^T$。

最后，得到模型的解：$\hat{X}^{(0)}(t+1) = [X^{(0)}(1) - \mu/\partial] e^{1-\partial ii} + \mu/\partial$。

2. 移动平均模型

移动平均模型依据时间排序，依次计算确定数据个数的时间平均值，逐项叠加，得到预测值。当时间序列数据产生周期性波动或突变时，预测数据波动较大，不易反映事件规律，但使用移动平均模型可以削弱波动产生的影响，显现事件发展规律，从而依照趋势线分析时序长期规律。

其公式：$F_t = (A_{t-1} + A_{t-2} + A_{t-3} + \ldots + A_{t-n})/n$

其中 F_t 是下一期的预测值，n 为平均移动时期个数，其中 A_{t-1}, A_{t-2}, A_{t-3}, $\ldots$, A_{t-n} 为相对应的实际值。

（三）我国粮食需求预测

依据以上数据和计算公式，对 2017～2022 年粮食需求进行预测，也将粮食需求的消费方式分为口粮、饲料用粮、工业用粮、种子用粮和粮食损耗进行分类预测。

1. 口粮需求预测

对口粮消费进行观察,如图 5-1 所示。

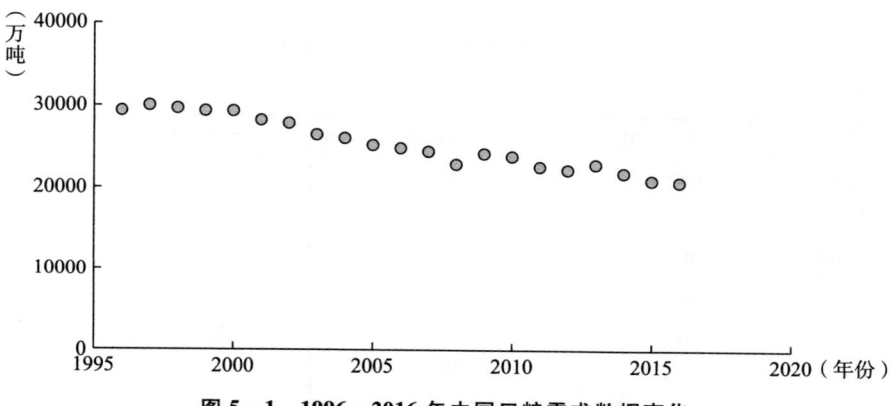

图 5-1 1996~2016 年中国口粮需求数据变化

由散点图和趋势图可知,口粮需求基本上呈现线性变化趋势,本文模型中数据范围是 1996~2016 年,设定 1996 为 1,1997 为 2,以此类推,将一次项回归和二次项回归进行对比,二次项误差较小,在此建立二次项回归模型:

$$x_1 = c + \beta t + \varepsilon t^2$$

利用 EVIEWS 进行回归,回归结果为:$x_1 = 29838.88 - 803.3996t + 15.64063t^2$(见表 5-5)。

表 5-5 回归结果

V	C	STD	T	P
t	-803.3996	114.8886	-6.99	0.0000
t^2	15.64063	5.098362	3.06	0.0074
c	29838.88	555.5765	53.71	0.0000
$R^2 = 0.956$	$AdjR^2 = 0.951$	$F = 175.21$	$P = 0$	$DW = 1.82$

通过回归结果可知,模型拟合度较高,且 P=0,通过显著性检验。

为了保证预测的准确性和精确度,本文除了用二次项预测之外还采用二次移动平均模型和灰色预测模型来进行综合评定，最后取三种模型年度预测数据的平均值进行预测，这样做可以避免单一模型带来误差过大的问题。表5-6、表5-7、表5-8、表5-9、表5-10分别列示了口粮、饲料用粮、工业用粮、种子用粮、粮食损耗的预测结果。

表5-6 2017~2025年我国口粮需求预测

单位：万吨

年份	一元二次回归模型	二次移动平均模型（N=3）	灰色预测模型	口粮
2017	19583	20700	18651	19644
2018	19437	20574	18283	19431
2019	19318	20412	17922	19217
2020	19225	20330	17569	19041
2021	19158	20328	17222	18902
2022	19119	20358	16883	18786
2023	19105	20331	16650	18695
2024	19119	20341	16223	18561
2025	19159	20341	15903	18467

2. 饲料用粮需求预测

饲料用粮是城乡居民间接粮食消费的主要部分，受社会发展水平影响很大，预测结果如表5-7所示。

表5-7 2017~2025年我国饲料用粮需求预测

单位：万吨

年份	一元二次回归模型	二次移动平均模型（N=4）	灰色预测模型	饲料用粮
2017	29920	26938	30703	29187
2018	30605	27033	31621	29753
2019	31291	26890	32566	30249
2020	31978	26954	33540	30824
2021	32666	26959	34543	31389
2022	33355	26934	35575	31955
2023	34045	26956	36639	32547
2024	34736	26949	37735	33140
2025	35428	26948	38863	33746

3. 工业用粮需求预测

工业用粮是工业生产的重要部分，在食品加工、纺织、饲料工业、医药行业有着重要的作用，特别是酒精加工业，预测结果如表5-8所示。

表5-8 2017~2025年我国工业用粮需求预测

单位：万吨

年份	一元二次回归模型	二次移动平均模型（N=4）	灰色预测模型	工业用粮
2017	20356	12158	17206	16573
2018	21583	12156	18501	17413
2019	22847	12193	19895	18312
2020	24146	12158	21393	19232
2021	25481	12169	23004	20218
2022	26851	12170	24737	21253
2023	28258	12173	26599	22343
2024	29700	12165	28603	23489
2025	21179	12170	30757	24702

4. 种子用粮需求预测

种子用粮作为粮食生产的基础，与我国种子技术以及种植面积的相关性较大，考虑到种子技术发展突破较为缓慢以及粮食种植面积不会大幅度减少，因此种子用粮不会有大的波动，同样用三种模型预测保持其准确性，预测结果如表5-9所示。

表5-9 2017~2025年我国种子用粮需求预测

单位：万吨

年份	一元一次回归模型	二次移动平均模型（N=4）	灰色预测模型	种子用粮
2017	1188	1236	1182	1188
2018	1182	1236	1176	1182
2019	1176	1236	1171	176
2020	1171	1236	1166	1171
2021	1165	1236	1160	1165
2022	1159	1235	1155	1159
2023	1154	1236	1150	1154
2024	1148	1236	1145	1148
2025	1142	1236	1139	1142

5. 粮食损耗需求预测

粮食损耗是粮食生产、储存、运输、加工等环节中不能避免的损失，日常生活中一些粮食浪费行为也会导致一定的粮食损耗。预测结果如表5-10所示。

表5-10　2017~2025年我国粮食损耗需求预测

单位：万吨

年份	一元二次回归模型	二次移动平均模型（N=4）	灰色预测模型	粮食损耗
2017	1214	1181	1241	1212
2018	1230	1183	1262	1225
2019	1245	1178	1283	1235
2020	1260	1181	1304	1248
2021	1275	1181	1326	1261
2022	1291	1180	1348	1273
2023	1306	1181	1372	1286
2024	1321	1181	1395	1299
2025	1336	1182	1418	1312

（四）对我国粮食需求总量的中短期预测

依据上文对口粮、工业用粮、饲料用粮、种子用粮、粮食损耗的预测，对粮食总需求进行预测。从表5-11来看，未来我国粮食总需求量将进一步上升。从消费类型来看，未来我国口粮消费将会下降；饲料用粮上升明显；工业用粮上涨最为明显，这是由于政府加大了对工业用粮的政策支持；种子用粮和粮食损耗较为稳定，变动幅度不大。

表5-11　2017~2025年我国粮食消费总量及其构成预测

单位：万吨

年份	口粮	饲料用粮	工业用粮	种子用粮	粮食损耗	总消费
2017	19644	29187	16573	1188	1212	67804
2018	19431	29753	17413	1182	1225	69004
2019	19217	30249	18312	1176	1235	70189
2020	19041	30824	19232	1171	1248	71516
2021	18902	31389	20218	1165	1261	72935

续表

年份	口粮	饲料用粮	工业用粮	种子用粮	粮食损耗	总消费
2022	18786	31955	21253	1159	1273	74426
2023	18695	32547	22343	1154	1286	76025
2024	18561	33140	23489	1148	1299	77637
2025	18467	33746	24702	1142	1312	79369

四 中短期我国粮食产需缺口预测

依据表5-3和表5-11对我国粮食生产和粮食消费的预测，汇总得到表5-12，可以看出2017~2025年我国粮食产需缺口。在对粮食消费种类的预测中，粮食消费增加主要来自饲料用粮和工业用粮的增加。党的十九大提出，我国主要矛盾转变为人们日益增长的美好生活需要和不平衡不充分的发展之间的矛盾，在粮食领域，这种矛盾的转变表现为人们对粮食的需求从量的满足到质的追求的转变。

表5-12 2017~2025年我国中短期粮食产需缺口趋势预测

单位：万吨

年份	产量	需求量	缺口
2017	61316	67804	6488
2018	61357	69004	7647
2019	61393	70189	8796
2020	61424	71516	10092
2021	61987	72936	10948
2022	62556	74426	11870
2023	63130	76025	12895
2024	63710	77637	13927
2025	64297	79369	15072

从粮食生产预测数据可以看出，未来我国粮食产量处于缓慢增长阶段，但是增长幅度不大。从对四大粮食品种的生产预测可以发现，这种粮食产量的缓慢增长主要是国家主动调控的结果，主要是指玉米种植面积的

主动调减。对玉米的消费和玉米的生产而言，两者相差过大会导致库存过高。为了降低库存，需要调减玉米种植面积，特别是非优势区的玉米种植面积，增加大豆和其他杂粮的种植面积。小麦和稻谷种植面积会有所降低，但随着农业技术进步，小麦和稻谷产量稳中有升的趋势不会改变。需要说明的是，库存也是粮食供给的一个方面，库存同时也可以补充产需缺口。进口粮食既可以进入市场，也可以进入库存。本项研究设定库存数据是相对稳定的，故可以通过分析粮食产需缺口大致上得出需要进口的粮食数量。

第六章 粮食安全视阈下我国进口粮源保障体系建设的可行性研究

合理利用国际资源确保国家粮食安全已经成为实务工作者和学者的共识。然而,全球农业资源供给的保障程度如何,世界粮食生产能否满足未来的需求,利用世界粮食市场的安全性、可行性如何,需要注意规避的主要风险有哪些,我国在利用境外农业资源的工作上存在哪些亟待解决的问题等等,需要认真研究,有利于从源头上了解世界粮食生产和贸易对进口粮源的保障程度,在降低粮食进口过程中的各种风险及成本的同时,为我国粮食贸易政策及农业"走出去"战略的制定提供依据。

一 提升我国粮食进口能力的可行性分析

(一) 基于全球粮食供给潜力的分析

1. 测算方法

粮食供给潜力是确保粮食稳定有效供给的基础。粮食供给潜力主要受耕地资源、农业科技、气候等条件的制约,其中耕地资源的数量直接影响粮食产量,农业科技及气候等方面的因素关系农业生产率及粮食单产。根据联合国提供的数据,世界有3.6亿公顷以上的闲置可耕地。目前,许多国家尚有部分耕地由于各种原因未得到开发,这些潜在的耕地能够反映粮食生产的潜力,然而这些耕地潜力大的国家粮食有效供给的潜力并不一定大。比如撒哈拉以南的非洲地区,潜在耕地面积虽然较大,但是存在农业基础设施落后、农业发展水平较低、政局动荡、自然风险较大等问题,开发较为困难。印度和印度尼西亚两国的潜在耕地面积大,但是其国内人口压力也较大，出口潜力有限。

粮食生产潜力是确保粮食稳定有效供给的根本，在此选取粮食生产潜力这一指标来考察全球粮食供给潜力。粮食生产主要受耕地资源、农业科技、气候等条件的制约，其中耕地资源的数量直接影响粮食产量，农业科技及气候等方面的因素关系农业生产率及粮食单产。这里通过下面的指数对各国粮食生产潜力进行测算：

$$P_{ij} = (G_{ij} + QG_{ij}) \times p_{ij}$$

其中，P_{ij}表示第i国第j种粮食作物产量；G_{ij}表示第i国第j种粮食作物目前播种面积；QG_{ij}表示第i国第j种粮食作物潜在播种面积，在此潜在播种面积是指可开发为耕地但目前还没有耕种的土地面积；p_{ij}表示第i国第j种粮食作物单产。考虑到单产这一指标在现实中的数据虽然存在一定的长期趋势，但是短期也存在明显波动，不同时期短期趋势并不相同，为了能够自动追踪数据的变化，需要不断调整对序列中所包含短期趋势的估计，因此，选择指数平滑法对粮食单产进行预测，然后计算出潜在产量。

2. 测算结果

在此，全球主要粮食出口国耕地潜在面积根据周曙东等（2015）的测算结果得到，各个国家不同粮食作物种植面积由FAO数据库得到，根据2015年全球粮食种植面积和产量测算出单产，根据上述公式测算出粮食主要出口国的粮食供给潜力。需要说明的是，粮食供给潜力会随着农业技术水平的提高逐渐提高，这里测算的是当前粮食供给潜力。单产这一指标在现实中的数据虽然存在一定的长期趋势，但是短期也存在明显波动，不同时期短期趋势并不相同，为了能够自动追踪数据的变化，需要对序列中所包含的短期趋势估计进行不断调整，因此选择指数平滑法对粮食单产进行预测是可行的。而耕地潜力短期内相对比较稳定，如果当前粮食供给能够满足需求的话，考虑到生态问题，潜在耕地不一定会开发。如果全球粮食安全受到威胁，潜在耕地就会被开发利用，粮食生产潜力就会被充分挖掘出来，以保障国内乃至全球消费者的需要。

由表6-1可以看出，全球大豆供给潜力居前三位的国家分别为巴西、阿根廷、美国，这也是目前我国大豆的主要进口国；其次还有巴拉圭、加拿大、乌克兰、俄罗斯等国，也具有较大的生产潜力，目前我国从这些国家进口的大豆较少，这也为我国未来的大豆进口贸易预留了空间。玉米供给

第六章 粮食安全视阈下我国进口粮源保障体系建设的可行性研究

表6-1 世界主要粮食出口国粮食产量相关指标数据

国家	潜在播种面积（万公顷）	大豆 播种面积（公顷）	大豆 种植面积占比（%）	大豆 供给潜力（万吨）	玉米 播种面积（公顷）	玉米 种植面积占比（%）	玉米 供给潜力（万吨）	小麦 播种面积（公顷）	小麦 种植面积占比（%）	小麦 供给潜力（万吨）	大米 播种面积（公顷）	大米 种植面积占比（%）	大米 供给潜力（万吨）
阿根廷	12175.62	19334915	13.00	9409.52	4626880	3.11	4660.34	4027467	2.71	2430.06	232590	0.16	194.75
澳大利亚	8384.93	30092	0.01	9.90	59588	0.02	40.56	12383673	3.38	5049.56	69664	0.02	39.42
巴拉圭	3845.36	3540000	16.18	2611.51	950000	4.34	1450.49	600000	2.74	548.78	128000	0.58	162.46
巴西	39989.98	32181243	11.39	20796.12	15406010	5.45	20605.06	2472628	0.87	1981.06	2138397	0.76	2377.53
俄罗斯	7730.76	2084420	0.96	755.77	2670059	1.23	2003.68	25870340	11.88	11629.58	198901	0.09	124.08
法国	1166.71	122529	0.43	46.10	1637081	5.70	1274.80	5480208	19.08	2556.37	16167	0.06	10.47
哈萨克斯坦	668.9	106039	0.05	29.25	137737	0.06	78.63	11570703	5.33	3956.80	98753	0.05	46.86
加拿大	2096.63	2197400	3.51	784.71	1311700	2.09	969.48	9577400	15.29	4240.38	-	-	-
美国	2114.48	33123470	8.16	9324.63	32678310	8.05	19039.67	19058470	4.70	6651.86	1042080	0.26	504.73
南非	1475.44	687300	0.71	211.92	2652850	2.74	1692.95	482150	0.50	184.32	1137	0.00	0.60
泰国	1614.44	34235	0.15	15.85	1131757	5.12	1084.40	1239	0.01	0.71	9717975	43.95	7740.44
乌克兰	1346.7	2135600	5.17	757.87	4083500	9.89	2999.23	6839500	16.57	3009.24	11700	0.03	7.14
越南	591.25	100611	0.86	40.51	1164747	9.95	970.70	-	-	-	7831119	66.88	5425.40

资料来源：FAO数据。

潜力较大的国家主要有巴西和美国两国，生产潜力均在 2 亿吨左右，其次有阿根廷、乌克兰、俄罗斯等国，我国玉米目前主要从美国、乌克兰、泰国这三个国家进口，占总量的 80% 左右。小麦供给潜力最大的国家为俄罗斯，生产潜力在 1.2 亿吨左右，当前我国从俄罗斯进口的小麦数量也非常小，虽然我国一些企业前往俄罗斯租种土地，与俄罗斯的农业合作逐渐深入，但是其为我国提供进口粮食的作用尚未发挥出来。我国小麦主要从澳大利亚、美国和加拿大三个国家进口，进口占比也在 80% 左右；然而小麦供给潜力较大的国家除了上述国家之外，还有阿根廷、法国、巴西、乌克兰等国。大米供给潜力最大的国家主要集中在东南亚的泰国、越南，其次还有巴西、美国。通过对全球主要粮食出口国家的粮食供给潜力进行测算，我们能够大致了解到全球粮食市场的发展空间、动向和规模，有助于帮助认识最具合作潜力的国家，处理好与这些国家的关系，客观评价与其合作的风险，制定有针对性的合作方案，为我国进口粮源保障体系的构建提供前提和保障。

目前，我国粮食进口来源国过于集中，80% 左右的粮食进口主要来自两三个国家，这当然有利于形成买方市场，但是也易受国外卖方控制，市场风险较高。为了能够增强我国在国际粮食市场上的话语权，应当积极鼓励有条件的企业走出去，与国外农业资源条件好的国家和地区加强合作，延伸农业产业链，提升我国农业产业竞争力，进一步拓展进口粮源，确保国家粮食安全。在当前新时代背景下，需要把握"一带一路"发展机遇，加强同"一带一路"沿线国家（比如东盟国家、俄罗斯和乌克兰等国家）的合作，进一步拓展我国粮食进口来源，保障我国进口粮源稳定。

（二）基于粮食生产和贸易的分析

进口粮源的可获得性直接关系一个国家的粮食进口安全。从粮食生产方面来看，世界粮食产量能否满足全球的粮食需求；从粮食贸易方面来看，能否及时从国际市场获得所需的粮食品种和数量。尤其是当国内粮食生产和库存不能满足国内需求时，如果不能及时从国际市场购买到适量的粮食将会威胁国内粮食安全，进而引发一系列社会问题。

2019 年《世界粮食安全和营养状况》报告指出，进入 21 世纪以来，全球粮食贸易量实现持续的快速增长，21 世纪初全球粮食贸易量约为 2.5 亿吨，截至目前全球粮食贸易总量已经突破 5 亿吨的规模（含大豆贸易）；

第六章 粮食安全视阈下我国进口粮源保障体系建设的可行性研究

分地区来看，净出口量最大的地区集中在北美和拉丁美洲，欧洲地区也逐渐从净进口地区转变为粮食净出口地区，净进口量最大的地区为亚洲地区，其次是非洲地区。目前非洲地区的粮食进口量依旧呈直线上升的趋势。中国是全球粮食产量最大的国家，同时也是粮食进口总量最大的国家；美国是全球粮食出口总量最大的国家，巴西是全球大豆出口总量最大的国家，印度和俄罗斯则分别是全球大米和小麦出口量最大的国家。进口来源多元化战略的实施，需要开拓全球各类粮源市场，包括稳定发达国家传统粮源市场、积极建设东南亚和南美洲粮源市场、扩大共建"一带一路"国家粮源市场等。

从世界粮食生产情况来看，近年来随着农业科技水平的提升，世界各国粮食产量均呈现增长态势，世界粮食总产量也逐年增加。由图6-1可以看出，1992年以来，全球玉米、大豆、大米和小麦等粮食产量均呈现稳步增长态势，主要原因可以归结为耕地面积增加、农业科技水平提高、农业综合生产能力提高等。由于耕地资源的稀缺性，粮食产量的增加主要还是依靠单产的增加。

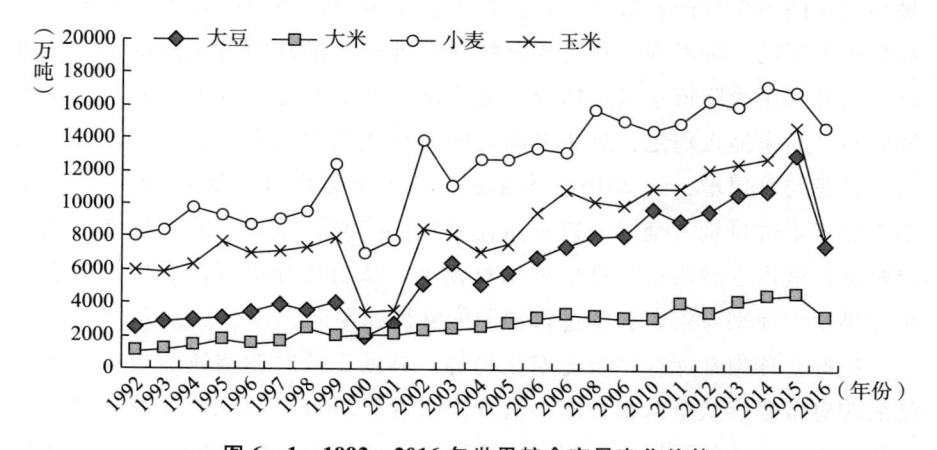

图6-1　1992~2016年世界粮食产量变化趋势
资料来源：FAO数据库。

从世界粮食贸易状况来看，近年来，随着各个国家社会经济发展水平的提升、人口的增长，对于粮食需求及粮食品质的需求均稳步增加，全球农产品贸易量逐年上升。由图6-2可以看出，1991~2016年全球粮食贸易呈现稳步增长的态势，个别年份有一定波动。

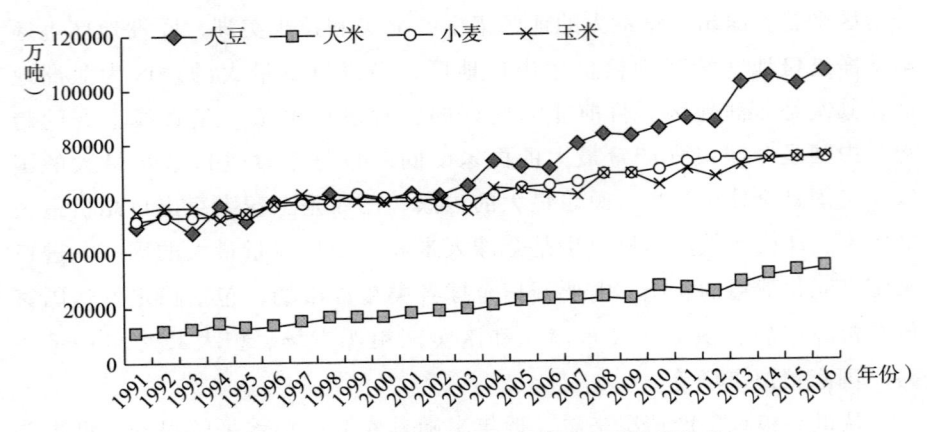

图 6-2　1991～2016 年世界粮食出口量变化趋势
资料来源：联合国商品贸易数据库。

由图 6-3 可以看出，1992 年以来，我国粮食进口量占全球粮食出口量的比重除大豆外，变化不明显。我国大豆进口量占比由 1992 年的仅 0.47% 迅速攀升至 2015 年的 62.21%，这意味着全球大豆出口主要流向我国，这势必会对国内大豆产业造成一定的冲击。能否顶住当前压力也是对我国大豆生产地区的一种考验，从而要求我国在进一步提升国内大豆竞争力的同时，充分利用国际市场满足国内消费需求。大米的进口量占比前期波动比较明显，后来渐入稳定，近年来随着国内对优质大米需求的增加，我国大米进口量与日俱增，到 2016 年大米进口量占全球出口总量的 10.93%，而小麦和玉米进口量占全球出口总量比重较小。总体来看，除大豆外，我国口粮进口量占全球出口总量比重相对较小。从上述分析可以看出，从全球粮食供给方面来考察，我国进口粮源能够得到保证。

把握全球粮食库存消费比变化趋势，有助于及时调整我国粮食对外贸易的应对策略。从全球粮食库存消费比来看，2006 年以来，全球粮食市场变化进入一个新的周期，即库存消费比由低谷开始反弹。2006 年，全球粮食库存消费比进一步降至 16.61%，低于国际警戒线，说明全球粮食已经处于短缺状态。在 FAO 的呼吁和各国的响应下，许多国家粮食综合生产能力大幅回升。2007 年库存消费比升至 16.75%，2008 年已超过国际警戒线（18.15%），2015 年达到短期峰值 24.8%。据 FAO 预测，2017～2018 年度，全球谷物库存消费比为 25.4%，略低于 2016～2017 年度水平。其中全球小麦产量 7.5 亿吨，期末库存 2.61 亿吨，库存消费比为 35.6%，

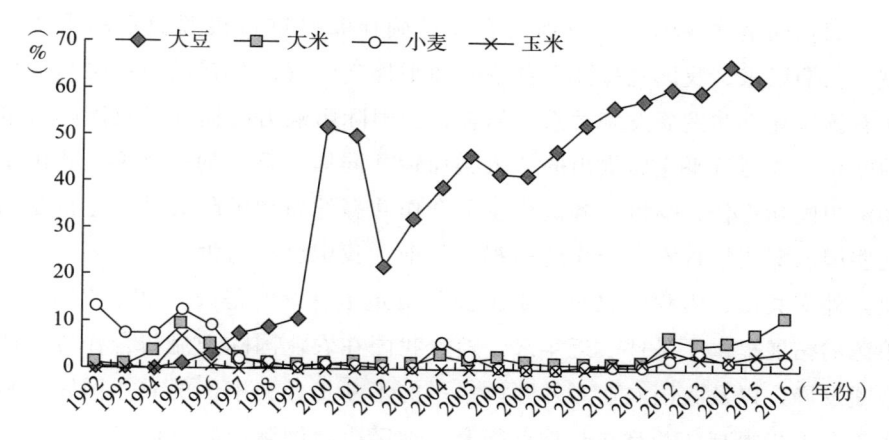

图 6-3 1992~2016 年中国粮食进口占全球比重变化趋势
资料来源：联合国商品贸易数据库。

远高于警戒线；大米产量为 4.8 亿吨，期末库存 1.2 亿吨，库存消费比为 25.66%；大豆产量为 3.49 亿吨，期末库存消费比为 28.38%，较上年度略有下滑；玉米产量为 10.3 亿吨，期末库存为 1.94 亿吨，库存消费比为 18.2%，略高于国际警戒线，而期末库存为近 7 年来首次下滑，主要原因为中国增加工业和饲料用量，国内库存降低。

总体来看，虽然全球主要谷物产品库存消费比有一定下滑，但是仍高于国际警戒线，这表明目前全球粮食安全基本能够得到保障，处于较安全的状态，这也为我国进一步拓展进口粮源，加强同更多国家的农业合作，以获取稳定的进口粮源提供了良好的环境和可能。但谷物库存消费比的下降趋势，也提醒我们要注意采取措施以规避风险。

（三）基于我国政治和外交关系的分析

良好的外交关系能够增强国家之间的贸易往来。积极搞好与世界各国尤其是主要粮食出口国之间的外交关系，是确保粮食进口安全的前提。与全球粮食出口国建立良好的外交关系能够为我国提供所需要的不同品种的粮食；与粮食基本自足而不需要过多进口粮食的国家建立良好的外交关系，有利于降低这些国家同我国争夺粮源的风险；与农业发展水平低的国家建立良好的外交关系，有利于给予技术、人才及资金等方面的援助，帮助其提升粮食综合生产能力，在保证其国内粮食安全的前提下，为我国拓展进口粮源。

深化同全球各国农业方面的合作是确保我国进口粮源稳定的重要举措。长期以来，我国坚持独立自主的和平外交政策，并有强烈意愿与世界所有国家建立和发展友好关系。随着我国国际影响力的提升以及国际力量的变化，在习近平主席提出的"人类命运共同体"理念的引领下，我国主动承担国际责任，与世界各国构建了合作共赢的新型国际关系，这也是与这些国家深化粮食安全合作的前提。目前，我国已经与世界170多个国家建立外交关系，为我国农业"走出去"奠定了良好的基础，也为我国进口粮源的拓展提供了条件。近年来，随着我国在农业国际交流与合作方面的不断发展，以及我国农业对外开放水平的不断提升，中国的农业国际影响力正在逐步提高，并且在与重点国家、地区以及国际组织之间开展农业多边双边合作方面取得了显著的成效。实践证明，"引进来"与"走出去"相结合的方式，有利于加强对两个市场、两种资源的充分利用，也能够有效促进农业合作方式的多样化。

我国在2013年提出共建"一带一路"的倡议，为充分利用国际市场开辟了一条新路径，这是党中央、国务院根据全球形势变化和我国发展面临的新形势、新任务，统筹国内国际两个大局做出的重大战略决策。在当前贸易保护主义抬头的背景下，"一带一路"倡议将承载充分利用国内外两种资源两个市场的重要使命。截至2017年8月，我国已经与69个国家和国际组织签订"一带一路"合作协议。"一带一路"倡议汲取全球多边、区域、双边国际经济和贸易合作框架的长处，寻求促进共同发展、实现共同繁荣、通向世界可持续发展目标的合作共赢之路。"一带一路"倡议所确定的政策沟通、设施联通、贸易畅通、资金融通和民心相通五大国际合作重点领域，与进口粮源保障体系建设具有密切的关系。"一带一路"沿线许多国家的农业资源都比较丰富，为我国开展粮食对外合作提供了机遇。除了亚欧国家外，非洲、拉美和加勒比等地区的国家也积极响应和参与"一带一路"建设，亚洲基础设施投资银行、金砖国家开发银行、上合组织开发银行等平台和各种基金的建立，为"一带一路"倡议的落实提供了资金保障。在互联互通建设中，雅万高铁、中老铁路、瓜达尔港等标志性项目的建设速度加快，亚吉铁路、蒙内铁路等已经建成投运。中欧班列通达欧洲12个国家31个城市。共建"一带一路"不仅可以推动沿线60多个国家实现可持续发展目标，而且有助于全球落实"2030议程"。"一带一路"倡议在推进境外农业资源利用的进程中将扮演更为重要的战略角色。

(四) 利用国际市场的支付能力分析

无论是采取国外粮食进口方式,还是采取在境外进行粮食直接投资经营的方式,充足的外汇支付能力都是最基本的保障。具备充足的外汇储备,才能将一定的购买能力转化为有效供给。中国目前的外汇储备和外汇收入水平则为境外资源利用奠定了经济优势。图6-4显示了近年来我国外汇储备的变化情况。

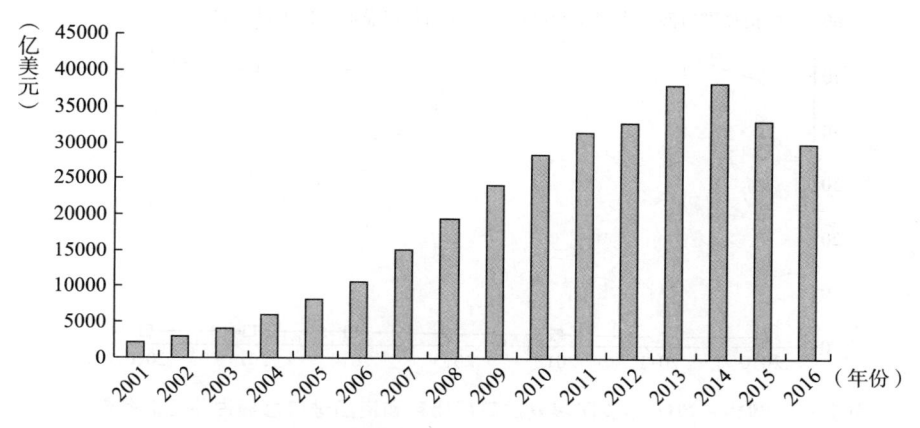

图6-4 2001~2016年我国外汇储备变化趋势

资料来源:《中国统计年鉴》。

改革开放初期,我国外汇储备基数较低,1990年以前均在100亿美元以下。随着中国经济的快速发展和对外贸易的不断拓展,我国的外汇储备迅速增长,呈现直线增长的趋势,1996年突破了1000亿美元,达到1050.29亿美元;2001年突破2000亿美元,达到2121.65亿美元,从1990年到2001年,年均增速达30.77%。2006年突破1万亿美元,达到10663.44亿美元;2009年突破2万亿美元,达到23991.52亿美元;到2011年又突破3万亿美元,达到31811.48亿美元。2001~2014年,年均增速为24.96%。2011~2019年,我国外汇储备一直在3万亿美元以上。目前,我国的外汇储备总量已经位居世界第一,远超世界上其他国家,与位居世界第二的日本相比,中国的外汇储备总量是日本外汇储备总量的3倍。

从外汇收入情况来看,我国在1994年外汇收入就突破了100亿美元,达到 118.9 亿美元；1997 年突破 200 亿美元，达到 207.2 亿美元；2006 年又突破 1000 亿美元，到 2011 年继续突破 2000 亿美元。2011~2018 年，我国的外汇收入一直保持在 2000 亿美元以上。

由图 6-5 可以看出，2010 年以来我国粮食进口额占进口总额的比重较低，基本稳定在 2% 左右，而我国商品进口总额占我国外汇储备量的比重较高，在 50% 左右。这表明我国有充足的外汇储备购买所需要的进口粮食。

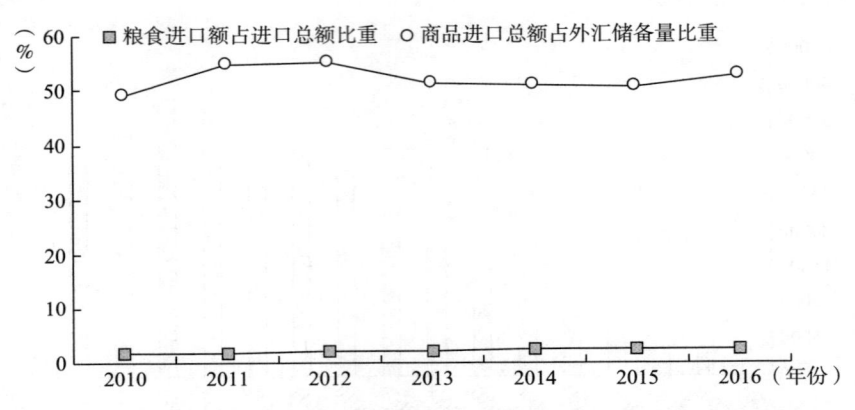

图 6-5　2010~2016 年我国粮食进口额比重和商品进口总额占外汇储备量比重
资料来源：《中国统计年鉴》。

综上所述，中国粮食进口和粮食境外投资是建立在充足的外汇储备和外汇收入水平高速增长的基础上的。我国有利用境外农业资源保障国内粮食安全的能力。

二　我国利用境外农业资源面临的主要风险

粮食进口和农业"走出去"需要重点防范的风险主要包括以下几方面。

（一）政治风险

跨国投资活动的政治风险是指引起跨国商业运作的利润潜力或资产损失的任何类型的政治事件。政治风险产生于政治稳定性、政治干预、东道国的国际关系、政治事件、政府违约、战争和内乱等非市场因素的不确定性变化，是所有风险中最不可预测和防范的风险。长期以来，美国把粮食作为政治武器，把发展中国家作为实施粮食倾销政策的市场。以 20 世纪

70年代的智利为例，1970年之前，智利每年要从美国、澳大利亚、阿根廷等国进口38万~60万吨的小麦，这些进口小麦能满足智利25%~30%的消费需求。1970年，美国通过减少小麦出口和阻止国际机构放贷等方式来对抗智利不符合其需要的总统选举，导致该国动用有限的外汇储备进口粮食。1973年夏季，智利粮食减产，粮价上涨，国内出现动荡，为匹诺切特发动军事政变提供了机会。1973年9月11日阿联德政府被推翻，军政府上台，依靠美国的粮食援助才稳住阵脚。

据统计，我国2005~2014年发生的120起"走出去"失败的案例中，有25%是政治原因引起的（《中国企业国际化报告（2014）》）。对一些国家和地区的投资风险评估显示，与我国开展粮食合作的国家和地区的农业投资环境比较复杂，一些国家信用评级不高，甚至存在系统性风险，部分地区存在地缘政治争端、法律保障体系不完善等问题。我国要实施进口粮源多元化举措可能会由于打破个别大国的传统势力范围而面临一些干扰。我国农业在境外投资的国家一般是缺粮国家，加之投资周期长，东道国政府一旦采取征收、征用、国有化、没收等措施，会给投资者带来巨大损失。比如，非洲许多国家土地肥沃，但农业发展水平较低，加强与非洲国家在农业方面的合作，能够帮助非洲国家解决粮食安全问题，同时也能够帮助我国拓展进口粮源。但是非洲国家政治风险相对较高，科学合理评估这些国家的政治风险，寻求恰当的合作方式是至关重要的，否则会适得其反。总之，企业在决定进入某国农业和粮食市场之前，应当花大力气研究其政党体系、政府政策的稳定性、政府管制、民族主义等。

（二）经济风险

经济风险是指财政与货币政策、经济波动、通货膨胀等对境外农业资源利用带来不利影响的可能性。经济风险经常表现为，在产品市场上，国际市场价格、供求关系以及汇率等变动带来损失的可能性；在金融市场上，国际收支状况、东道国外汇政策等导致汇率变动所带来损失的风险；在基础设施方面，包括农业基础设施、交通运输（尤其是在粮食物流通道上）、能源供应、通信设施、有关商业设施等不完善带来的风险。

2007年下半年至2008年初，在世界范围内爆发了一场粮食危机。从2007年下半年开始，继小麦、玉米、大豆在世界各地掀起涨价狂潮之后，2008年初稻米价格急剧上涨。作为全球稻米价格基准的泰国稻米报价，在

2008年1月每吨不足400美元，3月27日涨至760美元/吨，4月24日每吨突破1000美元（100%B级白米），比上年同期高出2倍多。据FAO公布的食品价格指数，2008年谷物、奶制品、肉类、糖类和油类价格比上年同期上涨57%。2008年4月9日世界银行发布报告，3年内全球食品价格总体上涨83%。阿根廷、印度、巴基斯坦、俄罗斯、越南、乌克兰等多个粮食出口国相继出台粮食出口限制政策，海地、布基纳法索、喀麦隆、埃及等国家出现了粮食危机引发的社会动荡。

这次粮食危机是各种因素综合作用的结果，但其中的重要原因是经济因素。一是由于国际油价持续上涨，美国等发达国家将玉米等粮食作物当作原料大量生产乙醇，作为石油的替代能源，导致粮食供给减少。二是在美国次贷危机、美元贬值的作用下，大量投机资金流入农产品和原油期货交易市场，加剧了油价、粮价的上涨。三是粮食生产成本的提高，在抑制粮食产量增加的同时，也推动了粮食价格的上涨。四是一些粮食主产国遭受到了严重的自然灾害。粮食危机与石油危机相互叠加，引发多国通货膨胀。一些国家政局不稳，出现了局部粮食抢购现象和社会动荡。

（三）法律风险

法律风险主要体现在劳工法案、税收优惠政策、土地政策、环境法律风险等方面。粮食贸易与境外投资的法律环境包括本国制定的与粮食贸易和投资有关的各种法律法规、东道国相关法律法规，以及与国际贸易和投资有关的各种国际协定、公约和条约。在粮食贸易国际法规方面，没有形成统一的国际规范；在本国法律法规方面，我国国内的相关法律制度不健全；在东道国法规方面，东道国立法的不完备和歧视性规定等，都可能成为需要防范的风险因素。

（四）自然风险

自然条件主要包括自然资源、气候和地理特征等。一国或地区自然资源尤其是农业资源丰富，往往是吸引农业企业开展境外农业投资的重要原因。气候包括温度、湿度、风、雨、雪等方面的特征，在一定条件下决定着粮食产量和农业境外投资的有效性。极端的气候条件会给农业生产、粮食物流带来不确定性，一旦发生水、旱等严重自然灾害，可能会带来惨重损失。地理特征则会影响农产品运输效率和成本等。例如，俄罗斯北部地区低温过湿，南部地区温度较高、降水少，而且时常伴有周期性干旱，到此类地区投资需进行充分的调研和论证。极端气候尤其是自然灾害直接影响粮食产量，会给粮食进口带来不确定性。2012年，美国、俄罗斯、乌克兰等粮食出口国遭遇到了严重的干旱。当年，美国玉米、大豆、稻米在大幅减产的同时，出口分别比上年降低16.1%、17.8%、14.2%；当年，俄罗斯小麦出口量的降幅为63%，乌克兰玉米出口降幅达到13.8%。全球粮食减产直接导致国际粮食价格急剧上涨。根据2012年8月9日FAO发布的月度食品价格指数，全球谷物价格指数由6月的222.1升至7月的259.9，一个月上涨了38个点。

（五）危机事件风险

粮食进口有时会由于突发的危机事件带来粮食禁运、限制出口等风险。最近的一次危机事件是发生于2020年1月并迅速蔓延至全球各国的新冠肺炎疫情。2020年2月28日，世界卫生组织将"2019冠状病毒病"疫情的全球风险级别从"高"上调至"很高"。3月1日，世卫组织发布新冠肺炎疫情每日报告称，中国与境外共58个国家确诊新冠肺炎7169例，死亡104例。但是到3月16日，世卫组织的每日报告则称，全球确诊病例已达153517例；中国确诊病例81048例，其中3204例死亡；中国以外143个国家/地区确诊病例达72469例，其中2531例死亡。而4月17日世卫组织发布的报告称，全球确诊病例已达2074529例，死亡139378例。

随着新冠肺炎疫情在全球的迅速蔓延，一些国家封锁港口，导致全球粮食供应链中断，加上一些地区严重的蝗虫灾害，一些粮食出口国先后出台了限制粮食出口的政策（见表6-2），联合国粮农组织（FAO）发出了全球粮食危机的预警。一些粮食进口国家受到直接的冲击，印尼、菲律宾面临粮荒，储存的粮食最多只能维持6个月。一些国家出于对本国粮食安全的考虑开始"囤粮"，出现了恐慌性的粮食抢购行为。然而，这次疫情对中国粮食安全的影响不大，这是因为中国有自身强大的粮食安全体系作保障。2004年至今，我国粮食已经实现"十七连丰"，粮食产量连续5年稳定在6.5亿吨以上，谷物自给率超过95%，稻谷和小麦两大口粮自给率超过了100%。2019年，全国粮食总产量达13277亿斤，创历史最高水平；人均粮食占有量474公斤，超过了国际公认的安全线。而且，还因为库存粮食太多，亟待解决"去库存"问题。中国作为人口大国、粮食消费大国，还是要靠自己的力量解决粮食安全问题，建立强大的包括粮食储备在内的粮食供给系统，以应对各种不测事件，国家粮食安全才有可靠的保障。

表6-2 新冠肺炎疫情下部分国家限制粮食出口的政策

国家	受限制出口的产品	限制政策	实施时间
哈萨克斯坦	小麦、荞麦、土豆、葵花籽油等11种农产品	禁止出口	从2020年3月22日起
越南	稻米	禁止出口	从2020年3月24日起
埃及	豆类产品	禁止出口	从2020年3月24日起的3个月
吉尔吉斯斯坦	粮食等11种商品	禁止出口	从2020年3月起的6个月
俄罗斯	小麦、黑麦、大麦、玉米等	出口量不得超过700万吨	从2020年4月1日至2020年6月30日
柬埔寨	白米、稻米	禁止出口	从2020年4月5日起

除上述几类风险外，如果要实施"走出去"战略，还要注意东道国可能存在的社会文化风险。中国企业到海外投资成功与否的一个重要因素是在价值观、社会文化习俗等方面能否适应。

三 进口粮源保障体系建设影响因素的实证研究

（一）问卷设计

影响我国进口粮源保障体系建设的因素包括国内市场、国外政治经济、企业竞争力、运输成本等多个方面，为了较为深入地考察这一问题，本项研究访问了粮食行业的政府部门、从事农产品国际贸易的企业、农业"走出去"企业、行业专家等，在走访式调查的基础上，通过问卷的方式进行了大面积调查。问卷设计形式为量表题目。题目为选择题，要求受访者就题目给出的各种影响因素，结合自己的实际情况，在合适的选项上打"√"。每道题包括五个选项，具体分数是"1=完全不同意，2=不同意，3=基本同意，4=同意，5=完全同意"，每题只选一项，无对错之分。受访者逐题在五个选项中选择一个选项作答。全部题目答完为有效问卷。

（二）调研方式

问卷调研通过在线问卷的形式，面向我国多数地区通过互联网发放问卷，并进行在线统计、回收。本次调研委托问卷星发放问卷，并进行回收。问卷调研对象涵盖粮食行业的经营管理人员、粮食贸易企业负责人、"走出去"企业的管理人员和技术人员、粮食经济专家、粮食管理部门工作人员等。通过系统自动统计每个问卷题目选项的选择情况，五项选择的总数量为总样本数，各项百分比累计为100%。每道题目最后一列为该题五个选项得分的平均分。每道题的平均分越高，表明该题目得到受访者认可的程度越高。

（三）问卷调研结果

1. 样本分布

委托问卷星累计在线发放并回收问卷531份。具体样本分布如图6-6所示。

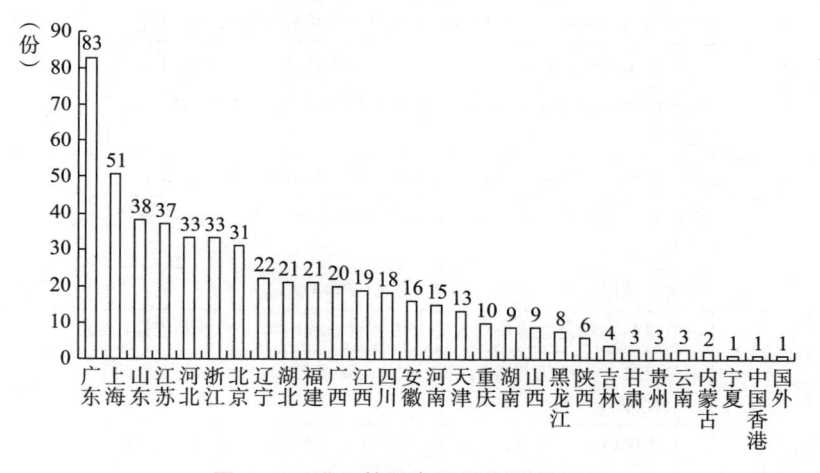

图6-6 进口粮源专题调研样本分布

2. 问卷调研结果

本问卷调研各个题目平均得分见表6-3。每道题目各个选项的累计得分见附录中的附录二。

表6-3 进口粮源专题调研问卷题目平均得分

题目编号	题　目	平均分
1	建立进口粮源保障体系是统筹利用国际国内两种资源的关键举措	3.87
2	提高对国际市场粮源的掌控能力，是建设进口粮源保障体系的重要目标之一	4.01

续表

题目编号	题目	平均分
3	我国粮食企业"走出去"的主要制约因素是政府支持政策的力度不够	2.92
4	我国粮食企业"走出去"的主要制约因素是大多数企业缺乏到国外竞争的实力	3.64
5	我国粮食企业"走出去"的主要制约因素是境外投资环境风险较大	3.20
6	中国在国际粮源的可获性方面,利用国际市场的空间较大	3.81
7	中国粮食对外贸易依存度应控制在10%以内	3.54
8	中国利用境外粮食资源应将重点放在粮食进口贸易上	3.14
9	中国利用境外农业资源应将重点放在境外建设粮食生产基地上	3.57
10	中国利用境外粮食资源应将重点放在利用境外先进农业技术上	3.94
11	中国利用境外粮食资源应将重点放在建立跨国粮食产业链上	3.71
12	跨国粮食产业链可以最大限度地保障粮食进口的自主性和稳定性	3.77
13	我国开展国际粮食合作首先应考虑东道国的政治风险	3.70
14	我国与东道国的历史、文化差异是开展粮食合作需考虑的重要因素	3.55
15	我国开展国际粮食合作,必须考虑东道国的利益	3.69
16	东道国的基础设施建设状况是开展粮食合作需考虑的重要因素	3.76
17	中国应进一步强化与美国、加拿大、欧盟等的粮食贸易往来的传统优势	3.68
18	未来中国应进一步强化与巴西、阿根廷等的粮食贸易往来的传统优势	3.77
19	中国应积极发展与俄罗斯、中亚等国家的区域粮食合作	3.90
20	中国应积极发展与亚太地区有关国家的区域粮食合作	3.95
21	"一带一路"应作为开展区域粮食合作的重点区域	4.10
22	援助发展中国家发展粮食生产是稳定进口粮源的重要任务	3.73
23	中国在推进粮食贸易多元化方面还有较大的空间	4.02
24	中国开展国际粮食合作的重点地区应是农业资源丰富、粮食出口潜力大的地区	3.87
25	中国开展国际粮食合作的重点地区应是技术水平不高、农业开发潜力较大的地区	3.60
26	中国开展国际粮食合作的重点地区应是粮食自给率高但是目前与我国粮食贸易往来不多的地区	3.37

续表

题目编号	题 目	平均分
27	国内政策对粮食企业"走出去"支持力度不够主要体现在财政支持不足	3.09
28	国内政策对粮食企业"走出去"支持力度不够主要体现在政府服务不到位	3.11
29	改革中国粮食进口管理体制的重点是放开企业粮食进口经营权	3.54
30	统筹利用境外农业资源，应建立能够统筹国家发改委、商务部、海关总署、质量检验等部门一体化的协调机制	4.01
31	中国目前尚未建立有效利用国际农业资源和粮食市场的战略机制	3.52
32	中国目前尚未掌握必要的国际粮食市场价格的话语权	3.55
33	中国有条件成为建设全球粮食安全治理体系的主力	3.96

3. 因子分析

对进口粮源专项问卷531个样本、33个题目、5个选项的原始数据进行因子分析。

Kaiser – Meyer – Olkin 检验值为0.873，近似卡方为3806.337，残差为0.000，自由度为528，Bartlett的球形度检验值为3806.337。

从表6-4可以看出，累计提取了8个特征根大于1的主成分，累计方差贡献为50.546%。

表6-4 解释的总方差

主成分	初始特征值			旋转平方和载入		
	合计	方差的贡献率（%）	累计方差贡献率（%）	合计	方差的贡献率（%）	累计方差贡献率（%）
1	6.364	19.284	19.284	3.143	9.523	9.523
2	2.633	7.978	27.263	2.486	7.533	17.056
3	1.756	5.321	32.584	2.247	6.808	23.864
4	1.390	4.213	36.797	2.166	6.564	30.428
5	1.242	3.763	40.560	2.043	6.191	36.619
6	1.193	3.616	44.177	1.784	5.406	42.026
7	1.077	3.264	47.440	1.498	4.540	46.566
8	1.025	3.105	50.546	1.313	3.980	50.546

注：提取方法为主成分分析。

从图 6-7 可以看到，前 5 个主成分方差贡献差异比较大，此后开始减小。

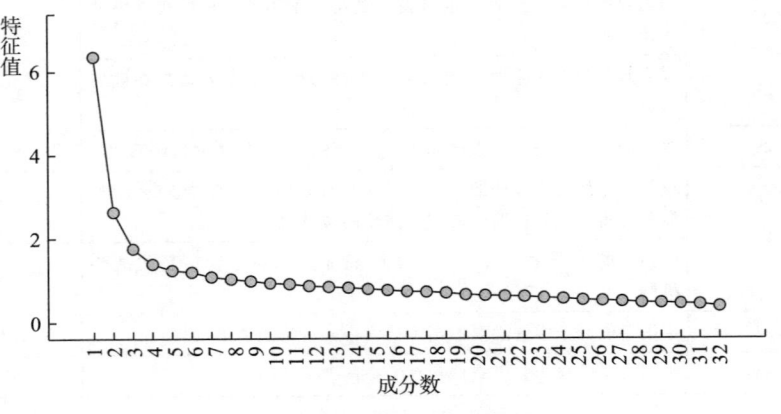

图 6-7 特征值和成分数碎石示意

根据表 6-5 旋转后的主成分矩阵，可以对各主成分进行命名，从 33 个题目中提炼出主要影响因素。8 个主成分命名见表 6-6。

表 6-5 旋转后的主成分矩阵

题目编号	主成分							
	1	2	3	4	5	6	7	8
Q2	0.690	0.099	0.170	0.035	-0.099	0.017	0.133	0.004
Q1	0.601	-0.008	0.295	0.110	-0.020	0.029	0.180	-0.027
Q33	0.569	0.245	0.155	0.125	0.052	0.063	-0.198	-0.060
Q30	0.528	0.322	0.019	0.061	-0.051	0.135	0.186	0.187
Q21	0.462	0.351	0.158	0.044	-0.040	-0.095	-0.127	0.156
Q6	0.431	0.282	-0.048	0.335	-0.035	-0.012	-0.085	0.041
Q10	0.340	0.258	0.195	0.152	-0.042	0.293	-0.079	-0.308
Q20	0.201	0.704	0.130	0.119	-0.049	-0.039	0.094	0.044
Q19	0.152	0.672	0.229	0.066	-0.093	0.005	-0.030	0.220
Q23	0.374	0.522	-0.007	0.129	-0.038	0.094	0.024	-0.212
Q18	0.288	0.423	0.366	0.019	0.064	0.176	0.048	-0.053
Q11	0.228	0.120	0.637	0.031	0.033	0.050	0.001	0.084
Q9	0.055	0.040	0.599	0.144	-0.059	0.083	-0.048	0.051
Q17	0.158	0.264	0.553	0.170	0.059	-0.049	0.184	-0.189

续表

题目编号	主成分 1	2	3	4	5	6	7	8
Q12	0.412	0.215	0.445	0.146	-0.021	0.042	-0.016	-0.054
Q24	0.287	0.215	0.355	0.058	-0.033	0.075	0.322	0.121
Q14	0.061	0.041	0.056	0.706	0.114	-0.023	0.074	0.082
Q16	0.305	0.140	0.117	0.505	-0.122	0.084	-0.123	0.003
Q15	0.259	0.142	0.109	0.503	0.039	0.169	0.215	-0.048
Q8	-0.094	-0.160	0.383	0.428	0.094	-0.045	0.002	0.183
Q29	0.076	0.354	0.216	0.404	0.278	-0.011	-0.111	-0.020
Q22	0.232	0.206	0.262	0.395	0.064	-0.024	-0.081	0.158
Q27	0.085	-0.008	-0.032	0.038	0.813	0.028	-0.005	-0.011
Q28	-0.064	0.029	-0.062	0.025	0.801	0.141	-0.007	0.131
Q3	-0.229	-0.160	0.115	0.130	0.669	0.017	0.153	-0.009
Q31	0.056	-0.088	0.040	0.123	0.087	0.823	0.008	-0.077
Q32	0.016	0.080	0.056	-0.067	0.075	0.788	0.170	0.202
Q4	0.115	0.120	0.125	-0.144	0.160	0.351	0.574	-0.050
Q13	0.323	0.048	-0.080	0.268	0.015	0.159	0.503	0.280
Q5	-0.205	-0.020	0.146	0.418	0.097	0.020	0.488	0.048
Q25	0.078	0.214	0.261	0.152	0.107	0.299	-0.461	0.189
Q7	-0.015	0.189	0.045	0.115	0.027	0.072	0.059	0.714
Q26	0.320	-0.305	0.132	0.188	0.257	0.060	-0.128	0.480

注：提取方法为主成分分析，旋转法为具有 Kaiser 标准化的正交旋转法，旋转在 11 次迭代后收敛。

表 6-6 主成分命名及相关题目

主成分	因子命名	相关题目编号					
1	国际粮源掌控力因子	2	1	33	30	21	6	10
2	国际粮食合作因子	20	19	23	18			
3	境外粮源利用方式因子	11	9	17	12			
4	东道国利益因子	14	16	15	8			
5	政府支持因子	27	28	3				
6	利用国外粮源的体制机制因子	31	32	4				

续表

主成分	因子命名	相关题目编号				
7	国际粮源风险因子	13	5			
8	国际粮食适度进口因子	7	26			

注：表中题目编号与前文各表题目编号均一致。

下文具体分析各主成分及相关指标的政策含义。

（1）积极掌控国际粮源是我国进口粮源保障体系建设的目标和基本战略

主成分 1 国际粮源掌控力因子旋转后的方差贡献最大，为 9.523%，涵盖的题目最多，包括题目 2、1、33、30、21、6 和 10。

题目 2 "提高对国际市场粮源的掌控能力，是建设进口粮源保障体系的重要目标之一" 在本组主成分中载荷值最大。

从图 6-8 可以看到，题目 2 各选项中，选择"基本同意""同意""完全同意"的受访者累计占到总样本的 96.05%。该题平均得分 4.01，这说明受访者对该命题高度认同。

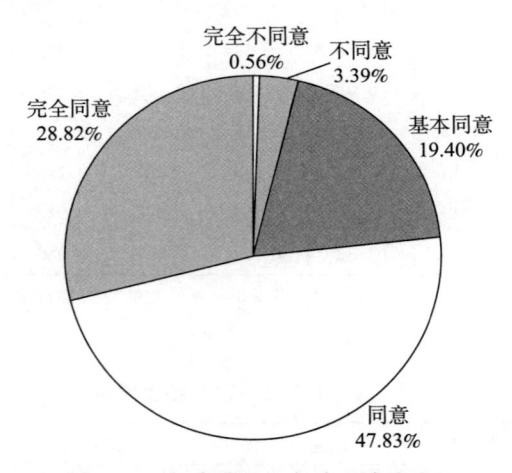

图 6-8 问卷题目 2 各选项统计结果

题目 1 "建立进口粮源保障体系是统筹利用国际国内两种资源的关键举措" 平均得分 3.87，选择"基本同意""同意""完全同意"的受访者累计占到总样本的 97.2%。这说明受访者非常赞同通过掌控国际粮源建立进口粮源保障体系的重要性。

题目 33 "中国有条件成为建设全球粮食安全治理体系的主力" 反映了我国掌控国际粮源、开展进口粮源保障体系建设对全球粮食安全治理的贡献和作用。

题目30"统筹利用境外农业资源,应建立能够统筹国家发改委、商务部、海关总署、质量检验等部门一体化的协调机制"平均得分4.01,说明该题目得到受访者高度赞同。这说明掌控国际粮源、开展进口粮源保障体系建设,各部门协调非常重要,这也是当前亟待解决的问题。

题目21"'一带一路'应作为开展区域粮食合作的重点区域"平均得分4.10,该题目得到受访者高度赞同,说明下一步掌控国际粮源的重点可以放在"一带一路"区域。

题目6"中国在国际粮源的可获性方面,利用国际市场的空间较大"平均得分3.81,得到受访者的认可。

(2) 加强国际粮食合作是我国进口粮源保障体系建设的基本保障

主成分2国际粮食合作因子旋转后的方差贡献为7.533%,相关题目包括20、19、23、18。

题目20"中国应积极发展与亚太地区有关国家的区域粮食合作"反映了国际粮食合作的重要性,尤其是在亚太地区开展国际粮食合作的重要性。

从图6-9可以看出,题目20的各个选项中,选择"基本同意""同意""完全同意"的受访者累计占到总样本的97.56%。该题平均得分3.95,这说明受访者对该命题高度认同。

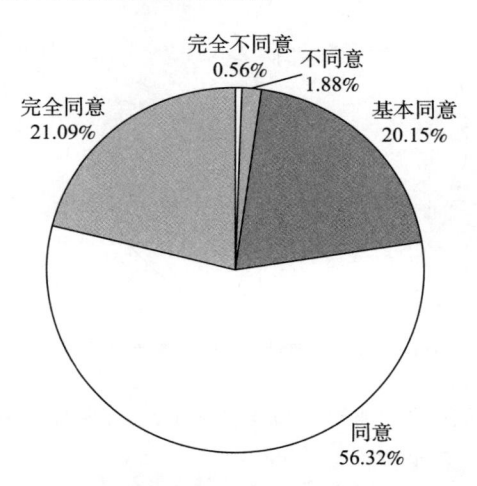

图6-9 问卷题目20各选项统计结果

题目19"中国应积极发展与俄罗斯、中亚等国家的区域粮食合作"反映的是与俄罗斯、中亚等国家的区域粮食合作。该题平均得分3.90,得到受访者的高度认同。

题目23"中国在推进粮食贸易多元化方面还有较大的空间"与题目18"未来中国应进一步强化与巴西、阿根廷等的粮食贸易往来的传统优势"反映了与多个国家开展粮食贸易也是我国开展国际粮食合作的一种形式。题目23平均得分4.02,题目18平均得分3.77,均得到了受访者的认同。

（3）境外粮源利用方式要多样化

主成分3境外粮源利用方式因子旋转后的方差贡献为6.808%,包括题目11、9、17、12。

题目11"中国利用境外粮食资源应将重点放在建立跨国粮食产业链上"与题目12"跨国粮食产业链可以最大限度地保障粮食进口的自主性和稳定性",说明可以通过建立跨国粮食产业链的方式利用境外粮食资源。

从图6-10可以看出,题目11的各个选项中,选择"基本同意""同意""完全同意"的受访者累计占到总样本的93.50%。该题平均得分3.71,这说明了受访者对该命题的认同。

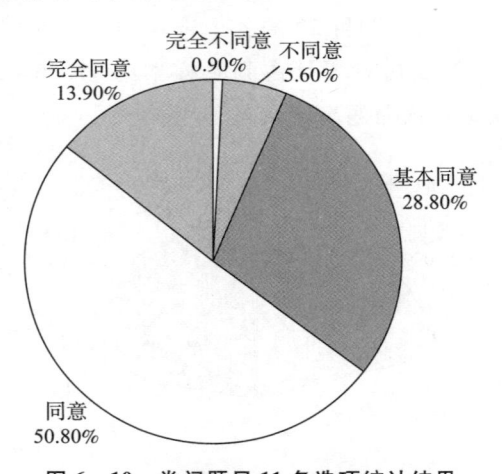

图6-10 卷问题目11各选项统计结果

题目12"跨国粮食产业链可以最大限度地保障粮食进口的自主性和稳定性"得分3.77,累计满意度为94.9%。

题目9"中国利用境外农业资源应将重点放在境外建设粮食生产基地上"反映的是在境外建设粮食生产基地是利用境外农业资源的一种方式。该题目得分3.57,累计满意度为88.7%。

题目17"中国应进一步强化与美国、加拿大、欧盟等的粮食贸易往来的传统优势"得分3.68,累计满意度为90.8%。美国、加拿大、欧盟等是我国重要的粮食进口来源地,该题目得到了受访者的认可。

(4) 东道国利益是开展进口粮源保障体系建设必须考虑的因素

主成分4东道国利益因子旋转后的方差贡献为6.564%,包括题目14、16、15、8。

题目14"我国与东道国的历史、文化差异是开展粮食合作需考虑的重要因素"反映出开展进口粮源保障体系建设要考虑东道国的历史、文化与我国的差异。该题平均得分3.55,满意度累计为89.3%,得到受访者认可。

题目16"东道国的基础设施建设状况是开展粮食合作需考虑的重要因素"反映出开展进口粮源保障体系建设要考虑东道国的基础设施建设状况。该题平均得分3.76,满意度累计为93.2%,得到受访者认可。

题目15"我国开展国际粮食合作,必须考虑东道国的利益"反映出开展进口粮源保障体系建设要考虑东道国的利益,要努力实现双赢和共享发展。该题平均得分3.69,满意度累计为96.6%,得到受访者认可。

从图6-11可以看出,题目15各选项中,选择"基本同意""同意""完全同意"的受访者累计占到总样本的96.60%,得到受访者的高度认同。

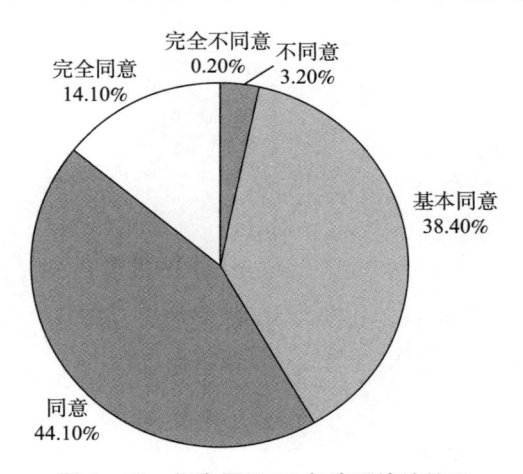

图6-11 问卷题目15各选项统计结果

题目8"中国利用境外粮食资源应将重点放在粮食进口贸易上",选择"完全不同意"和"不同意"的占24.67%,选择"完全同意"的占5.65%。这说明公众认为我国利用境外粮食资源的方式应该多元化,不能局限于粮食进口。

（5）政府支持是我国进口粮源保障体系建设的重要保障

主成分5政府支持因子旋转后的方差贡献为6.191%，包括题目27、28、3。

题目27"国内政策对粮食企业'走出去'支持力度不够主要体现在财政支持不足"，平均得分为3.09，选择"基本同意""同意""完全同意"的受访者累计占到总样本的70.1%，满意度不高。这说明国内政策对粮食企业"走出去"的财政支持力度还是比较大的，国内政策有一定贡献。

题目28"国内政策对粮食企业'走出去'支持力度不够主要体现在政府服务不到位"，平均得分3.11，选择"基本同意""同意""完全同意"的受访者累计占到总样本的70.8%，满意度不高。

题目3"我国粮食企业'走出去'的主要制约因素是政府支持政策的力度不够"平均得分2.92，该题目在整个问卷中得分最低。这说明我国粮食企业"走出去"的主要制约因素不是政府支持政策的力度不够，而是另有其他原因。

从图6-12可以看出，题目3各选项中，选择"基本同意""同意""完全同意"的受访者累计占到总样本的60.70%，未得到受访者的高度认同。

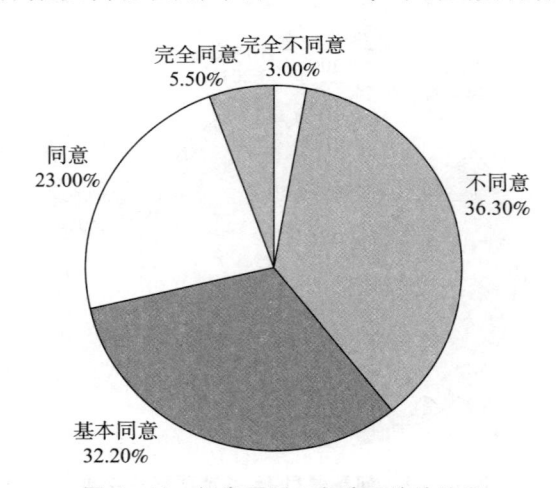

图6-12 问卷题目3各选项统计结果

（6）积极建立利用国外粮源的体制机制

主成分6利用国外粮源的体制机制因子旋转后的方差贡献为5.406%，包括题目31、32、4。

题目31"中国目前尚未建立有效利用国际农业资源和粮食市场的战略机制"平均得分3.52,从图6－13中可以看出,选择"基本同意""同意""完全同意"的受访者累计占到总样本的84.90%,得到受访者的认同。

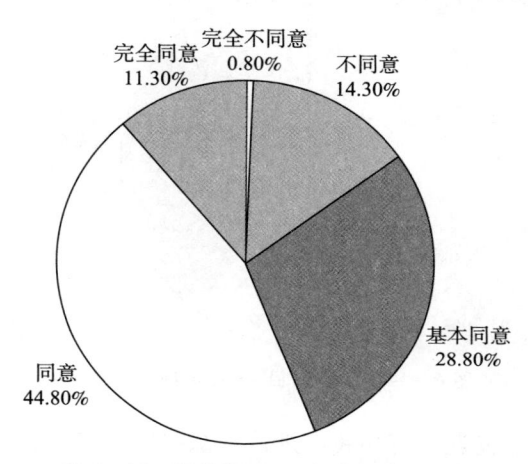

图6－13 问卷题目31各选项统计结果

题目32"中国目前尚未掌握必要的国际粮食市场价格的话语权"平均得分3.55,选择"基本同意""同意""完全同意"的受访者累计占到总样本的81.9%,得到受访者的认同。

题目4"我国粮食企业'走出去'的主要制约因素是大多数企业缺乏到国外竞争的实力"平均得分3.64,选择"基本同意""同意""完全同意"的受访者累计占到总样本的84.2%,得到受访者的认同。

综合分析题目31、32、4可以看到,我国建立有效利用国际农业资源和粮食市场的战略机制需要掌握必要的粮食话语权,粮食企业需要具备"走出去"的实力和条件。

（7）积极规避和控制国际粮源风险

主成分7国际粮源风险因子旋转后的方差贡献为4.540%,包括题目13、5。

题目13"我国开展国际粮食合作首先应考虑东道国的政治风险"平均得分3.7,从图6－14中可看出,选择"基本同意""同意""完全同意"的受访者累计占到总样本的91.90%,得到受访者的认同。

题目5"我国粮食企业'走出去'的主要制约因素是境外投资环境风险较大"平均得分3.20,选择"基本同意""同意""完全同意"的受访者累计占到总样本的77.6%,得到受访者的认同。

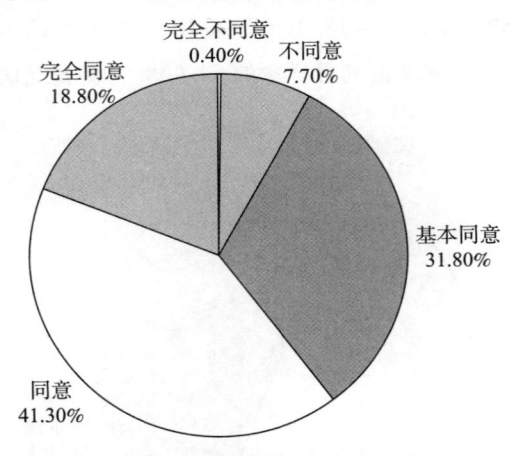

图6-14 问卷题目13各选项统计结果

综合上述两个问题,可知我国进口粮源保障体系建设的主要风险来自东道国的投资环境风险,尤其是政治风险。

(8)国际粮食进口要适度

主成分8国际粮食适度进口因子旋转后的方差贡献为3.980%,包括题目7、26。

题目7"中国粮食对外贸易依存度应控制在10%以内"平均得分3.54,从图6-15中可以看出,选择"基本同意""同意""完全同意"的受访者累计占到总样本的91.30%,得到受访者的认同。

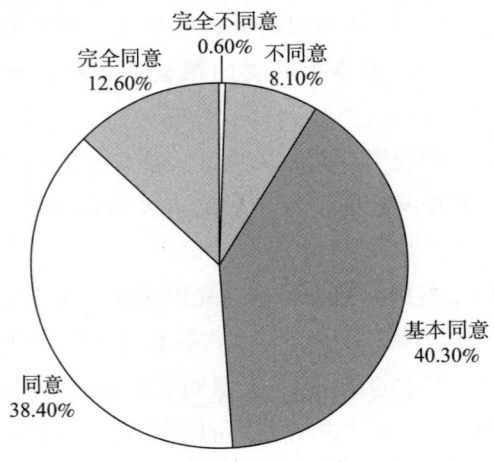

图6-15 问卷题目7各选项统计结果

题目26"中国开展国际粮食合作的重点地区应是粮食自给率高但是目前与我国粮食贸易往来不多的地区"平均得分3.37，选择"基本同意""同意""完全同意"的受访者累计占到总样本的84.2%，得到受访者的认同。

综合上述两个题目分析，"适度进口"是我国进口粮源保障体系建设的基本原则之一。

(四) 对问卷调研结果的分析

综合前述分析，我国进口粮源保障体系建设的影响因素可以概括为以下八个方面。

一是积极掌控国际粮源是我国进口粮源保障体系建设的目标和基本战略。我国进口粮源保障体系建设，要统筹国际和国内粮食市场，要服务于国内粮食安全大局，着眼于国际粮食市场。我国在国际粮源可获得性方面，市场空间还非常大。从市场的地域取向看，共建"一带一路"国家应作为我国开展区域粮食合作的重点区域。

二是加强国际粮食合作是我国进口粮源保障体系建设的基本保障。中国进口粮源要确保有坚实的保障基础，就必须加强国际粮食合作，积极主动参与全球粮食安全治理。国际粮食合作应共享国际粮食安全治理的成果，共同实现粮食安全目标。

三是境外粮源利用方式要多样化。境外粮源利用方式包括粮食进口、建立跨国粮食产业链、建立境外粮食生产基地等。探索灵活、多样、高效、互利的境外粮源利用方式，有利于建设稳定的进口粮源体系。

四是东道国利益是开展进口粮源保障体系建设必须考虑的因素。充分考虑东道国在粮食安全、投资政策、就业等方面的利益，是我国顺利开展进口粮源保障体系建设的先决条件。

五是政府支持是我国进口粮源保障体系建设的重要保障。我国需要在进口粮源保障体系建设方面制定一系列支持政策，全方位支持粮食企业"走出去"，为我国进口粮源保障体系建设奠定基础，提供支撑。

六是积极建立利用国外粮源的体制机制。建立利用国外粮源的体制机制，是我国进口粮源保障体系建设的制度保障。利用国外粮源的体制机制属于顶层设计范畴，内容涵盖利用国外粮源的服务体制、投资体制、风险控制机制、市场运作机制等方面。

七是积极规避和控制国际粮源风险。国际粮食市场波动风险较大，不同产粮国家在政治、经济、社会等方面面临的风险不尽相同。积极规避和控制国际粮源风险,要对不同产粮国家涉及的风险进行分类评价,对进口粮源的可获得性、经济性和安全性等进行全面评估。

八是粮食进口要适度。按照我国"以我为主、立足国内、确保产能、适度进口、科技支撑"的国家粮食安全战略,我国既要积极进行进口粮源保障体系建设,又要坚持"适度进口"而不依赖进口。

四 我国利用境外农业资源亟待解决的问题

(一) 尚未形成利用境外农业投资的统一的管理机制

目前,对于境外农业资源利用的顶层设计,国家层面缺乏整体协调,尚未形成合力,我国粮食进出口调控主体为国家发改委、商务部、财政部和海关总署等国家各政府部门。而构建进口粮源保障体系涉及发改、农业农村、财政、商务、外交、外汇管理等多个部门,企业境外投资主要管理部门为发展改革部门、商务部门和外汇管理部门。发展改革部门负责境外投资项目核准,商务部门负责对外投资开办企业的核准,外汇管理部门负责对外投资外汇管理。虽然近年来国家通过简化手续、放宽限制,推动投资便利化,为企业"走出去"提供了相对宽松的政策环境,但在利用"两种资源"和"两个市场"的工作中,仍是"分散管理、多元审批"体制,缺乏有效的国家层面的整体规划和协调。多个政府部门参与管理,各机构从各自管辖权限和部门利益出发,制定各自的管理办法和要求,这些管理办法和要求大部分互不衔接,甚至有些部门的做法还存在相互抵触的现象,也没有通过整合国内资源为从事粮食贸易和投资的企业提供有效服务。由商务部、农业农村部和财政部会同发展改革委和外交部等10个部门组成的农业"走出去"工作部际协调领导小组已经成立多年,然而,在部际协调层面,领导小组发挥的作用还十分有限,目前仍然存在多头管理、沟通不畅等突出问题,政府的涉外服务做得不到位。同时,分管投资的部门与分管贸易的部门并没有开展有效的协调。因此,应尽快解决国家层面尚未形成合力的问题。

(二) 缺乏利用境外资源战略的顶层设计与总体规划

政府层面尚未形成对海外投资企业的引导、促进、服务、保护与管制等宏观战略管理层面的协调机制。农业"走出去"战略虽然已经上升为国家层面的重要战略，但还缺乏利用境外资源战略的顶层设计与总体规划。一是目前还没有从总体上设计规划境外资源利用战略，没有建立基于全球视野的统一的国家粮食安全保障机制。目前，部分地区和跨国企业在推进农业"走出去"战略时，基本上是各自为政，存在严重的无序竞争，并且这些问题日趋突出。二是没有形成统一、协调、高效的粮食贸易战略与对外投资的管理体制。目前农业部门分割、管理多头、职能错位、层级复杂等问题依旧突出，部门利益、行业利益、地区利益博弈越加严重。相关主管部门在按照东道国（或地区）的法规和国际惯例管理企业时经验不足，致使企业从筹建到建后运作等环节存在诸多问题。三是没有建立有效维护国际粮食贸易与境外农业投资利益的保障机制。虽然中国农产品进口规模逐年扩大、对外依存度日益提高，但粮食进口没有稳定的渠道，集跨国粮食生产、仓储、物流、港口、加工、国际贸易于一体的全球供应链建设刚刚起步，难以规避日益频繁的国际市场波动与安全风险。国内企业从事海外耕地投资既不能享受东道国政府对农产品进行限价时的相关补贴，又不能享受中国政府对国内企业在种粮、农资、农机等方面的优惠政策。当中国投资企业在东道国遭遇本地用工比例偏高、农产品进出口受限、产品返销国内征收高额关税、利润汇出限制等问题时中国政府主管部门没有出面协调，对投资企业后续投资能力形成制约。

（三）利用境外资源的政策支持体系尚不完善

目前，支持境外农业投资与合作的相关政策没有形成体系。中国目前使用较多的直接投资的财政支持政策主要是设置一些专项资金，用于对外经济技术、经贸合作、风险规避、市场开拓等方面，另外还包含一些地方政府的支持性政策。从总体上看，财政政策的支持力度不足，明显缺乏系统的政策支持和稳定的资金来源。从金融支持政策看，当前中国金融机构提供的融资手段较为单一，企业境外农业投资仍然主要依靠信贷融资（贷款贴息政策），股权融资和债权融资尚处于起步阶段，融资规模受到较大限制。而国内贷款由于银行抵押担保条件限制很难获得，资金不足问题严重，许多企业在境外的竞争力、信誉度、产品质量、品牌都难以取得大的提升。资金严重缺乏、规模普遍小、竞争力明显弱是目前中国企业在进行境外农业投资时面临的普遍问题。即使是目前已经"走出去"的企业，其规模都是普遍偏小的，在境外进行融资的能力较弱。在保险支持政策方面，中国更是缺乏，使得中国涉农跨国企业进行境外投资时的风险加剧，压力更大。目前中国的保险政策存在险种少、范围窄、功能弱等缺陷。从税收政策看，税收优惠是扶持境外农业投资的重要措施，目前中国已经与相关国家签订避免双重征税协定等。

（四）"走出去"粮食企业的实力不强

其主要表现在以下三个方面。第一，企业缺乏全球化视野和跨国经营管理经验，不能完全适应"走出去"的需要。制约我国企业境外投资发展的关键因素就是缺乏国际化人才。大部分企业缺乏通晓外语、熟悉国际经贸知识和专业技术知识以及了解当地文化、法律背景的跨国经营管理人才。部分企业缺乏对投资国市场、行业及自身实力的系统分析，投资重点不明，在投资时具有明显的盲目性，造成了人力、物力和财力的大量浪费。第二，对外投资资金不足，企业投资能力较弱。目前中国在境外投资农业，大多为中小企业，龙头企业和大型集团较少。而大型龙头企业因之前一直大力开展国内布局和投资，也没有足够的资金开展境外直接投资。第三，行业自律和协调力度不足。目前中国能够为境外投资企业提供服务的行业协会数量少，功能比较单一，难以发挥行业自律、项目协调、应对贸易纠纷、抵御海外风险和提供各种服务的作用，造成了涉农跨国企业在运作时各自为政、单打独斗的局面，甚至在一些热点地区、热点项目上进行价格战，存在一哄而上等严重的恶性竞争情况。由于文化与环境的差异，部分企业在融入当地文化和环境的过程中不够积极主动，导致履行社会责任不足。部分企业不注重本地化发展，缺乏与当地社区的交流等，很容易引发当地的争议和不满，这些问题都是涉农跨国企业需高度重视的。

五　本章的简要结论

（一）全球农业发展的耕地和水资源充足，国际粮食市场的供给仍有潜力

世界粮食生产总体上呈现供过于求的状况，在国际粮食市场上的粮食贸易量占粮食总产量的比例较低，对中国的粮食进口需求能够做出有效反应。近年来我国国际地位不断提高，与各类国家建立了良好的外交关系；

具有充足的外汇支付能力,具有构建进口粮源保障体系的现实基础。但是,我国的粮食安全必须立足于国内解决。问题的关键在于平衡好国内产业安全和粮食进口需求之间的关系,促进境外农业资源利用与国内粮食生产协调、健康、可持续发展。

(二) 必须注意防范进口粮源保障体系建设中可能产生的各种风险

利用国际市场的风险包括政治风险、经济风险、法律风险、自然风险、危机事件风险、社会文化风险等。必须警惕某些粮食出口大国把粮食作为政治武器干涉内政的问题。中国作为拥有14亿人口的大国,粮食产量和消费量约占全球的25%,国际市场不可能为我国提供充足的粮源。在利用国际市场的过程中,要在科学评估的基础上,选择合适的境外农业资源利用方式,采取有效措施防范各种风险,特别是要避免对国际市场产生过度依赖,做到"适度进口",确保安全。

(三) 要尽快将进口粮源保障体系建设上升到国家战略实施顶层设计

建设进口粮源保障体系的核心任务在于提高我国对国际粮食市场的话语权和对进口粮源的掌控权。当前,国内利用境外农业资源的体制机制不能适应需要,政府部门的指导、规制、管理、协调、服务多重职能的条块分割不适应企业国际化、参与国际竞争的现实需求;缺乏进口粮源保障体系的顶层设计与总体规划;支持政策力度不够,"走出去"企业自身能力不足。迫切需要通过创新体制机制、完善总体战略规划、优化支持政策等措施,为建设进口粮源保障体系提供有力的体制支撑和相应的政策保障。

第七章　粮食进口国家利用境外农业资源的经验与警示

——以日本、韩国为例

资源稀缺国家为了保障本国粮食安全,在粮食生产、流通、储备及对外贸易等方面都结合本国国情采取了不同的政策措施。日本、韩国与中国均位于东亚地区,虽然在人口数量、经济基础、社会制度上有较大差别,但是日韩两国人多地少、农业资源不足的基本国情与我国有相似之处。"二战"后,市场化程度较高的日本和韩国,粮食自给率都在逐年降低。但 The EIU 于 2018 年发布的《全球粮食安全指数报告》显示,在全球 113 个国家的粮食安全排名中,日本居第 18,韩国居第 25,中国居第 46。尽管中国与日本、韩国在人口规模、经济发达程度、农业发展阶段以及农业制度上都存在不同,但由于都属于人多地少的国家,在境外农业资源利用的过程中会遇到一些类似的问题。粮食对外依存度较高的日本、韩国的粮食安全排名比中国更靠前,究其原因,主要在于这两个国家有效实施的境外农业资源开发与利用战略。本章在对日本、韩国利用境外农业资源的做法进行分析的基础上,分析其经验和教训,以期为我国进口粮源保障体系的构建提供借鉴。

一　日、韩两国高保护的农业政策及其面临的挑战

日本、韩国为了保障本国粮食安全和保护本国农业发展,均对其农业采取了高度保护措施。虽然参与了乌拉圭回合、多哈回合、东盟 EPA、TPP 等贸易自由化协定,但是日、韩两国都善于充分利用 WTO 相关条款以

及本国各种各样的习惯和规则，采取诸如关税配额、检验检疫制度等非关税贸易壁垒手段来严格控制进口以保护本国农业。一方面，在不同时期采取高额农业补贴、严格保护耕地资源等措施来提高粮食自给率；另一方面，多措并举，利用境外农业资源走出了一条既使本国农业得到有效保护，又开放式地利用海外农业资源来保障粮食安全的道路，积累了许多值得借鉴的经验。

（一）日本"有保有放"的双重粮食进口策略

作为发达国家的日本是世界上主要的粮食进口国之一。对日本来说，一方面面临着农村城市化的发展、农业人口的非农化转移和国人粮食消费结构的转变问题，另一方面又面临着农业劳动力不足、耕地面积持续减少的问题，这些问题加大了日本粮食供需的缺口，日本不得不采取一定的措施，加强对外合作，通过农产品贸易、农业对外投资以及农业对外援助来利用境外农业资源保障本国的粮食安全。在粮食进口上日本采取了"有保有放"的双重进口策略，即采用严格措施限制大米进口以稳定本国口粮市场，而对主要用于饲料的其他农产品则基本上放开进口。

1. 日本的农业资源概况

2016 年日本总人口为 1.2635 亿，耕地面积 4184000 公顷，人均耕地面积 0.03 公顷。20 世纪 80 年代中期以来，日本人口增长率呈下降趋势，但在 2007 年之前其人口在绝对量上是不断增加的；同时，随着工业化、城镇化的发展，日本耕地面积逐年下降，从 1987 年的 4814000 公顷下降至 2016 年的 4184000 公顷，人均耕地面积则由 1987 年的 0.04 公顷下降至 2016 年的 0.03 公顷（见表 7-1）。因为人多地少、农业资源有限，日本要维持国内较高水平的粮食自给率是非常困难的。1960 年以来，日本的综合粮食自给率总体上呈现下降趋势；截至 2015 年，日本以生产额计算的粮食自给率为 70%，以热量计算的自给率则不足 40%。

表 7-1　1987~2016 年日本人口和耕地面积变化情况

年份	总人口（百万人）	人口增长率（%）	耕地面积（公顷）	人均耕地面积（公顷）
1987	122.03	0.44	4814000	0.04
1988	122.55	0.43	4806000	0.04

续表

年份	总人口（百万人）	人口增长率（%）	耕地面积（公顷）	人均耕地面积（公顷）
1989	123.03	0.41	4792000	0.04
1990	123.44	0.34	4768000	0.04
1991	123.93	0.31	4740000	0.04
1992	124.37	0.25	4714000	0.04
1993	124.77	0.25	4685000	0.04
1994	125.12	0.34	4660000	0.04
1995	125.44	0.38	4630000	0.04
1996	125.71	0.26	4602000	0.04
1997	126.01	0.26	4569000	0.04
1998	126.35	0.25	4535000	0.04
1999	126.59	0.13	4503000	0.04
2000	126.83	0.17	4474000	0.04
2001	127.13	0.22	4445000	0.03
2002	127.4	0.23	4418000	0.03
2003	127.63	0.1	4397000	0.03
2004	127.73	0.1	4379000	0.03
2005	127.75	0.1	4360000	0.03
2006	127.75	-0.2	4343000	0.03
2007	127.76	0	4326000	0.03
2008	127.69	-0.1	4308000	0.03
2009	127.55	-0.1	4294000	0.03
2010	127.59	-0.1	4282000	0.03
2011	127.82	0.3	4254000	0.03
2012	127.33	-0.2	4246000	0.03
2013	127.34	-0.2	4237000	0.03
2014	127.06	-0.2	—	0.03
2015	126.73	-0.14	4201000	0.03
2016	126.35	-0.1	4184000	0.03

资料来源：前瞻数据库，http://d.qianzhan.com。

2. 基于高额关税保护本国稻米市场

从20世纪50年代开始，日本对本国农业长期实施高保护和高补贴政策。日本于1961年颁布了《粮食、农业及农村地区基本法》，一方面通过贸易壁垒和进口限制政策保护本国农业，另一方面对各类农产品采取提升自给率政策。日本政府实施了补贴政策鼓励农民增加农业生产资料的投入，补贴额度一般占总投入费用的50%左右；在价格支持上，对大米实行价格管制，对麦类、马铃薯等农产品实行最低价格支持政策。如果农产品价格下降到正常水平之下，政府或相关机构将予以收购。

而后，日本为了推迟稻米的关税化，通过承诺履行"最低进口义务"，在乌拉圭回合谈判中竭力维护其稻米贸易。1993年WTO《农业协议》的签署，使其高保护政策受到制约。1995年，日本执行GATT乌拉圭回合谈判决议，解除了对所有农产品的进口数量限制，对本国需要保护的主要农产品实行进口关税配额制，并对超出配额的部分征收高关税。1999年，由于WTO及其他国家政府的施压，日本放开了稻米市场，将原先的进口数量限制转化为关税配额制管理。稻米是日本重点保护的农产品，其配额为68.2万吨，配额外关税高达341日元/千克。过高的关税导致进口利润微薄，打击了稻米进口商的积极性。在这样的措施下，日本最重要的粮食作物——大米的自给率基本维持在95%。美国曾经指责日本歧视进口大米并偏袒国产大米的政策，并向WTO起诉日本的该类政策和相关做法。日本拟采用与稻米相同的关税配额制对大麦、小麦进行管理，配额外关税分别为55日元/千克和39日元/千克。但此举造成了1960年以来日本小麦自给率的一路下跌，1975年甚至降至4%，近5年则在10%左右的水平徘徊。

近年来，虽然日本根据WTO《农业协议》规则的要求，出台了《新粮食法（1995年）》，大幅度削减了扭曲贸易的"黄箱"政策，但是，逐步形成了以"绿箱"为主导、"黄箱"微量允许和"蓝箱"支持快速增长的国内支持政策体系，高支持、高保护的农业政策没有发生本质性的变化。

3. 基于国营体制垄断粮食进口管理

对大米、小麦这些基本口粮的进口，日本采取的是国营贸易政策，关税配额内大米进口特权由农林水产省粮食厅独享，小麦进口则由农林水产省食品局等部分机构垄断。在进口大米的管理上，关税配额内的部分由粮食厅确定进口供应商、进口量以及进口种类。进口大米在进口之后基本上进入政府库存，而且粮食厅也会限制这部分库存的流向，允许其主要销售给工业加工企业、饲料部门用于饲料加工，同时严禁其进入口粮市场销售。

4. 严格的进口农产品检验检疫制度

日本对进口农产品的检验检疫制度非常严格。2006 年 5 月开始实施的稻米检测项目多达 579 种，复杂严苛的检验检疫要求使绝大部分国外大米无法进入日本市场。另外，日本民众对于国产大米有很高的忠诚度和偏好，绝大多数日本家庭只吃国产的大米。严苛的检测项目和指标、民众的偏好以及大米身份认证制度的推行，也在一定程度上抑制了粮食的进口。

在这样的进口管制下，日本稻米的进口量比较稳定，且占谷物进口量的比重比较低。比如，2010 年日本谷物及谷物制品进口量约为 2661.5 万吨，其中，稻米进口量约为 66.4 万吨，只占 2.5%；2016 年日本谷物及谷物制品进口量约为 2442.2 万吨，其中，稻米进口量为 68.6 万吨（见表 7 - 2），虽有增长，但其占谷物总进口量的比重也只有 2.8%。总之，2010~2016 年，日本谷物进口量以及其中的稻米进口量均比较稳定。

表 7 - 2　2010~2016 年日本谷物、稻米进口量

单位：吨

年份	谷物及谷物制品进口量	稻米进口量
2010	26614831	663995
2011	26216228	741691
2012	25622319	627341
2013	25602131	690481
2014	24773463	667433
2015	24009678	688022
2016	24422139	685757

（二）韩国的粮食生产和粮食进口管理

1. 韩国的耕地资源概况

韩国国土面积 9.8992 万平方公里，属于现代化程度较高的新型工业化国家。20 世纪 80 年代以来，韩国人口增长率虽然呈下降趋势，但是总人口数量不断增长，1980 年为 3812 万人，2019 年则增长为 5152 万人，近 40

年间增长了35%。韩国的土地资源稀缺，近年来耕地面积逐年下降，1980年耕地面积为2195.8千公顷，2019年则下降为1580.96千公顷，人均耕地面积由1980年的0.05公顷下降到2019年的0.03公顷（见表7-3）。

表7-3 1980~2019年韩国人口和耕地面积变化情况

年份	总人口（百万人）	人口增长率（%）	耕地面积（千公顷）	人均耕地面积（公顷）
1980	38.12	1.56	2195.8	0.05
1981	38.72	1.56	2188.3	0.05
1982	39.33	1.55	2180.1	0.05
1983	39.91	1.47	2166.6	0.05
1984	40.41	1.24	2152.4	0.05
1985	40.81	0.99	2144.4	0.05
1986	41.21	0.92	2141	0.05
1987	41.62	0.94	2143.4	0.05
1988	42.03	0.96	2137.9	0.05
1989	42.45	0.96	2126.7	0.05
1990	42.87	1.15	2108.8	0.05
1991	43.3	0.93	2090.9	0.04
1992	43.75	0.91	2069.9	0.04
1993	44.2	0.9	2054.8	0.04
1994	44.64	0.9	2032.7	0.04
1995	45.09	1.43	1985.3	0.04
1996	45.53	0.95	1945.5	0.04
1997	45.95	0.94	1923.5	0.04
1998	46.29	0.72	1910.1	0.04
1999	46.62	0.71	1898.9	0.04
2000	47.01	0.84	1888.8	0.04
2001	47.36	0.73	1876.1	0.04
2002	47.62	0.55	1862.6	0.03
2003	47.86	0.49	1846	0.03
2004	48.04	0.49	1835.6	0.03
2005	48.14	0.44	1824	0.03
2006	48.3	0.33	1800.5	0.03

续表

年份	总人口 （百万人）	人口增长率 （%）	耕地面积 （千公顷）	人均耕地面积 （公顷）
2007	48.46	0.33	1781.6	0.03
2008	48.61	0.31	1758.8	0.03
2009	48.75	0.29	1736.8	0.03
2010	48.88	0.26	1715.3	0.03
2011	49.01	0.74	1698	0.03
2012	49.14	0.45	1730	0.03
2013	50.24	0.43	1711.4	0.03
2014	50.48	0.41	1691.1	0.03
2015	50.71	0.38	1679	0.03
2016	50.94	0.45	1643.6	0.03
2017	51.18	0.43	1620.8	0.03
2018	51.42	0.45	1595.61	0.03
2019	51.52	0.46	1580.96	0.03

资料来源：前瞻数据库，http://d.qianzhan.com。

2. 基于多项补贴的粮食生产支持政策

20世纪50~60年代，韩国实施的是以工业化为中心的发展战略，农业要服从和服务于这一战略。因此，农业政策的基点是提供价格低廉的食品。1950年，韩国颁布了《谷物管理法》，将农产品价格规定在一个较低的水平上。20世纪70年代，政策目标发生了较大的变化，由控制粮食价格转变为致力于农民增收和提供充足的食品。韩国的粮食政策可以概括为"捆住一头、放开一头"。所谓"捆住一头"，就是指全力保护本国稻米生产，避免国内稻米市场受到进口冲击。在韩国制定的《农业、农村发展基本计划》中，2015年、2020年设定的稻米自给率目标都是98%，这意味着稻米自给率战略将持续下去。所谓"放开一头"，就是指小麦、玉米等主要依靠进口满足需求。

韩国稻米基本自给战略的实现，则依靠高额的补贴来支持。一是大米补贴政策。1968年，韩国出台了购销倒挂的价格支持政策，政府用高价收购农民手中的大米，再低价向城镇居民销售，通过设立粮食管理基金支付所需要的补贴资金。二是生产资料购置补贴。从1972年起，韩国向农民提供低息贷款补贴，支持农业基础设施建设和农民购置农业机械。三是直接支付政策。从 2005 年开始，韩国政府为履行 WTO《农业协议》，废除了购销倒挂补贴制度，开始实施直接支付手段。乌拉圭回合谈判之后，强化了多项直接支付制度。数据显示，2019 年，韩国稻谷产量预测为 520 万吨，比前五年的平均产量 550 万吨约降低了 6%，但比 2018 年略有增长，增长了 0.1%；大麦和玉米的预测产量分别为 12.7 万吨和 7.6 万吨，均接近前五年的平均水平（见表 7-4）。

表 7-4　近年来韩国谷物产量情况

单位：千吨，%

项目	2014~2018 年平均水平	2018 年	2019 年	2019 年比 2018 年增长
大米（稻谷）	5503	5195	5200	0.1
大麦	124	126	127	0.8
玉米	77	75	76	1.3
其他	42	42	44	4.8
总计	5746	5438	5447	0.2

资料来源：FAO/GIEWS 国家谷物平衡表。

韩国实施的各项补贴政策对缓解劳动力向城市流动、提升农业机械化水平、提高粮食自给率发挥了重要作用。近年来，虽然韩国在具体的补贴方式上进行了调整，但相对于 WTO《农业协议》的要求来看，市场支持价格（MPS）水平仍然非常高。根据 OECD 的测算，2000 年韩国对大米的 MPS 占大米种植农户收入的比例为 83.9%，2007 年降为 65.5%；而中国这两个数据分别为 -4.9%（由于征收农业税，故为负值）、-0.9%。

随着城市化和工业化的发展，韩国的耕地面积持续减少，粮食自给率也一直在低位徘徊。从表 7-5 提供的数据可以看出，近年来韩国的粮食自给率总体上在波动中下降。除大米以外，消费量最大的小麦、玉米、大豆的自给率仅为 0.8%、0.8% 和 8.7%，75% 的粮食供应缺口只能依赖进口。2017 年，包括饲用粮食在内，该国粮食自给率已跌至 23.4%。2017 年韩国非饲用粮食自给率跌破 50% 大关，仅为 48.9%，而饲用粮食则高度依赖进口，进口率高达 97%。迫于粮食自给率持续下降的压力，韩国也不得不采取一定的措施来保障本国的粮食安全。

表7-5　2009~2018年韩国、日本粮食自给率变化情况

单位：%

年份		2009	2010	2011	2012	2013	2014	2015	2016	2017	2018
韩国	不包括饲料	56.2	54.1	45.2	45.7	47.5	49.7	50.2	50.8	48.9	—
	包括饲料	29.6	27.6	24.3	23.7	23.3	24	23.9	23.7	23.4	—
日本		40	39	39	39	39	39	39	38	38	37

3. 两度推迟实施的大米关税配额制度

韩国主要通过关税和配额制度对粮食进出口进行调控来保障粮食供给。对国内自给率较高的大米、蔬菜、水果和乳制品等，韩国实施的是进口高关税或配额政策；而对国内不生产或自给率较低的农产品，如玉米、小麦、大豆等，征收的关税非常低，通过鼓励进口满足国内需求。在关税税率上，谷物及其制品的最终约束税率平均高达179.7%，即使是最惠国执行税率也高达133.7%，并且92.7%的关税项目处于约束税率之下。除一般关税外，韩国对国内重要农产品还实施了弹性关税，即在基本关税的基础上附加征收调节关税，税率通常在30%~70%。

韩国为了保护本国水稻产业的安全，在对水稻实施高额补贴的同时，曾两度推迟大米关税化。韩国政府本应于1995年履行《农业协议》，但是，当时韩国提出到2005年才执行大米关税化，将大米关税化实施时间推迟了10年，按照承诺的最低数量进口大米。然而，在2004年的新一轮WTO谈判中，韩国为了继续保护国内市场，提出将大米关税化的时间再推迟到2014年，但进口大米的数量需翻一番。每次WTO部长会议上都能听到各成员国要求韩国开放农产品市场的呼声，但又总是遭到韩国农民甚至民众的坚决反对。由于韩国政府对粮食安全问题的担心和农民利益集团在韩国国内的重大影响力，韩国农业一直都享受较高程度的贸易保护。

（三）日、韩两国高保护的农业政策面临的挑战

1. 日、韩两国粮食自给率持续下降的原因

20世纪60年代初，日本、韩国的谷物自给率都在75%以上，但是半个多世纪以来，两国的谷物自给率大幅度下降，日本的谷物自给率由1961年的75.02%下降到2009年的23.62%，韩国同期则由90.54%下降到29.55%。两国形成如此现状的主要原因，一是在高速发展的工业化、城镇化背景下，耕地等生产要素从农业大量流向工业和其他产业；二是农产品

市场对外开放导致小麦、玉米进口大幅度增加,总体的谷物自给率迅速下降;三是随着国内经济的发展、生活水平的提高,居民的饮食结构出现了较大的变化,大米的消费数量大幅度下降,对畜牧产品的需求量持续增加;四是由于稻米受到高度保护,生产其他谷物品种的收益相对低下,小麦、玉米的生产能力迅速萎缩;五是在工农比较利益差异的驱动下,劳动力从农村流向城镇,加速了农村劳动力的老龄化、兼业化,出现了突出的弃耕问题。

2. 高度保护的农业政策成为利弊兼具的"双刃剑"

高度保护的农业政策让日、韩两国都已经付出代价。以日本为例,农业保护措施虽然为加快日本工业化进程做出了贡献,较为成功地解决了农村贫困问题,走出了一条利用境外农业资源保障粮食安全的路径。然而,并没有从根本上解决日本的粮食安全问题,也带来了诸多弊端。其一,高额的农业保护费用支出加重了政府的财政负担,甚至产生了高昂的社会成本。日本鉴于近年来稻米产量过剩和小麦、玉米高度依赖国际市场的情况,从 1965 年开始实行"生产调整政策",限制农户种植水稻,实行休耕等制度,采取补贴等措施,鼓励农民利用原来的稻田种植小麦等战略作物。其二,在保护无效率的小农经济的同时,也保护了相关的利益集团。这种做法既不利于农业规模经济发展进程的加快,又容易削弱本国农业发展的动力。日本农业陷入越保护越落后、越落后越保护的"怪圈",高水平的农业保护成为日本农业陷入困境的根源。其三,粮食自给率仍然处于低水平,大部分补贴政策收效不大。粮食安全问题成为日本政府和国民担心的问题。作为发达国家中食物自给率最低的国家,日本朝野的不安全感越来越重。其四,损害了日本的国际贸易形象,加剧了日本与贸易伙伴之间的贸易摩擦,重金扶持下的日本农业在国际贸易谈判中处于被动地位。

在韩国,农民因被认为是弱势群体而广受同情,韩国政府也给予农业和农民很多优惠措施和保护政策。其一,20 世纪 70 年代以来,韩国通过政府高额补贴和向农民提供低息贷款等方式,不断加大对农业的支持力度。然而,违背市场规律的过度行政干预也带来了地价高、劳动力成本高等问题,使得韩国粮食价格长期居高不下,国内大米价格远高于国际市场。其二,保护政策从制度上削弱了韩国农业自身发展的动力,尽管政府持续多年进行了巨大的投入,但规模化经营并未达到预期的成效,没有改变韩国农业竞争力长期低下的状况。其三,韩国是世界第五大谷物进口国。韩国粮食供给的稳定性和安全性受国际市场的影响较大。近年来全球气候变化导致气象异常、自然灾害频发,世界各地粮食减产也成为经常性事件。由于韩国主要粮食品种对外依存度很高,国际粮食市场供给一旦有变动,马上就会对韩国国内粮食市场造成很大的冲击,韩国国内粮食供给的稳定性就无法得到安全有效的保障,按照韩国人的说法就是"粮食无主权"。另外,粮食价格维持在高位,也使韩国民众的生活质量受到较为严重的影响。

二 日本资源导向型农业海外投资的主要做法

20世纪70年代后期,日本基于本国农业资源严重不足的现状,提出了"全球农业发展战略",明确了资源导向型的海外农业投资目标,并不断加大政策支持力度。

(一) 举措之一:积极实施海外农业投资战略

为保障粮食安全,日本把海外农业投资作为一项长期的国家战略,谋求多元化的海外粮食供应。1998年4月,日本改革《外汇法》,实行对外直接投资"事后报告制",并放宽金额限制。次年,日本政府颁布《粮食、农业与农村基本法》,提出通过国际合作,"促进发展中地区的农业及农村发展,以帮助提高世界粮食供需的长期稳定"。之后,日本发布《粮食、农业及农村地区基本规划》,提出向发展中国家提供技术和财政合作以及粮食援助等目标和任务。2009年,日本为了建立全球粮食供应网络,发布了《关于为粮食安全保障而促进海外投资的指南》,该指南对日本的海外战略进行了全新的规划。从而形成了一系列法律法规和与此相关的财政、金融、保险制度体系。

1. 官民一体的海外投资模式

目前,日本已经形成典型的"官民一体"海外农业投资模式。海外农业投资取得了巨大成就,农业对外投资规模逐年加大,2014年日本企业对外农业直接投资达16.14亿美元;其开发拓展的海外农场主要集中在中南美洲、中亚和东欧等发展潜力巨大的农业新兴地区,遍及巴西、阿根廷、俄罗斯、乌克兰、中国、印度尼西亚、新西兰、美国等地。日本采取"官民一体"的海外投资模式,其中,企业是主体,政府起到支持协助作用。"二战"后,日本政府积极参与海外农业开发,举办海外农业投资促进会,并将目光放远至农业潜力巨大的发展中国家,为日本国内农企进入这些国家奠定了基础。日本农业企业到海外进行农业投资的主要途径有以下几种。一是与合作国家签订订单生产合同,由日本企业提供资金、农业机械,并进行技术指导,由日本农协购买后再进口到日本国内。二是日本企业与东道国企业共同出资、联合经营。日本的海外农场大部分是联合经营的,主要是合资方式,例如,由当地政府提供土地,日本农企提供资金和技术。三是在全球各地收购农企。例如,日本的农业龙头企业"三井物产"主要控制农业产业链的上游,除了进行基本的农业生产外,还通过大货贸易直接在农业国建立长期稳定的供货基地。四是租赁东道国的土地和农场。日本的海外农场分布在美国、巴西、阿根廷、俄罗斯、乌克兰、中国、印度尼西亚、新西兰等地,其生产的农产品通过在日本的母公司出口到日本和其他国家。

2. 全方位的海外农业投资支持政策

其主要包括三个方面。一是贷款优惠政策。为鼓励、支持本国粮食企业进行海外投资,日本通过日本国际协力银行(JBIC)和进出口银行以海外投资贷款的形式为这些企业提供低息、长期的优惠贷款来进行资金支持。JBIC组建于1995年,是日本支持对外投资最主要的政策性银行,100%由政府出资。JBIC的资金来源主要是日本政府追加资本金以及政府借款和发行JBIC债券,特殊情况下,日本政府还可通过外汇基金特别账户贷款给JBIC,以支持日本企业的对外投资。二是财税优惠政策。日本设立了农业海外财政开发基金,通过财政支持鼓励企业进行海外投资。日本海外农业开发协会每年有一定的政府预算用于开发海外农场。对有海外投资意向的日本民间企业,国库负责提供其一半的投资环境调查费。此外,日本政府与相关投资对象国签订税收协定,以确保海外投资企业的利润。三是保险支持政策。为应对企业海外投资面临的各类风险,1950年日本就颁布了《贸易保险法》,1956年又建立了海外投资信用保险制度,1957年设立了海外投资利润保险。日本的海外投资保险以国家财政作为理赔后盾,主要包括收益及财产所有权和使用权被剥夺险、战争险、不可抗力险等,日本自然人、法人在国外投资时都可申请保险。日本有多个保险公司为企业的海外投资与开发提供保险。这些保险的理赔金额可以在很大程度上弥补各类风险给企业带来的损失,为实施海外农业投资的企业提供了保障。

3. 完善的海外投资服务体系

日本建立了比较完善的海外投资服务体系,为海外农业投资企业提供多方位的服务。第一,设立专门的海外农业投资服务机构,其目的是为海外的投资企业提供及时的信息和培训服务。为进行海外投资的中小微企业开展投资培训、提供信息咨询、给予法律援助等,帮助中小企业增加对投资对象国环境的了解,日本政府在通商产业省下设立了中小企业厅,出资建立了一批民间中小企业服务机构,还在一些国家建立了由双方政府和经济团体共同参与的投资促进机构。第二,制定海外投资支援制度。主要包括针对发展中国家提出的农业项目,组成调查团,研究投资项目的可行性;派遣调查团研究投资地的农业情况、投资环境、社会经济形势等,并提出农业合作的重点领域;组织专家和缺乏海外投资经验的企业一起进行海外投资调查等。第三,简化行政审批流程。为支持企业进行海外农业投资,日本持续推进对外投资审批制度改革,将对外投资进行分类管理(分为特许、事前申报、事后报告3类),大大简化了中小企业对外投资的行政审批流程。

4. 培养海外投资专业人才

日本采取积极措施大力培养海外投资企业所需要的专业人才。1965年,日本成立"青年海外协力队",并由政府出资对愿意在海外从事农业相关工作的青年人进行培训,提高他们的专业知识水平、海外经营能力以及应对各种事件的能力等。在接受培训期间,这些青年还会被派到国外参与日本的援助项目,类似于实习或社会实践活动。完成培训以后,具备条件和能力的青年人才会被派往海外投资企业,并成为企业的骨干力量。

(二)举措之二:多角度推动农业国际合作

近年来由于气候变化,极端天气增加,农产品已逐渐成为各国的战略性物资,因此,部分国家采取了限制农产品出口和外来投资者掌握本国土地的措施。日本为了使粮食进口来源更加多元化,实现海外农业投资的战略目标,同粮食出口国家建立了良好的全方位合作关系,以减轻对少数国家的进口依赖。

1. 对外开发援助

日本对外开发援助的根本目的在于使发展中国家今后的发展惠及日本

经济，为日本企业创造投资环境并进一步拓展该类国家市场。从20世纪50年代起，日本就开始对非洲、拉美、东欧等地区提供农业援助，主要是采用政府开发援助等形式。通过帮助东道国建设基础设施和民生工程，建立两国政府层面的互信机制，密切双边合作，取得东道国政府对日本投资企业的支持，建立同当地政府、农业组织及民众的友好合作关系。20世纪70年代以后，日本又依托经济合作与发展组织及其所属的开发援助委员会与发展中国家开展经济合作。20世纪70~80年代，日本将"综合国家安全"作为对外援助政策的重要目标。日本对外经济援助极大促进了受援助国的经济发展。以巴西为例，日本通过国际协力机构（JICA）援助巴西荒漠开发，不仅改善了巴西荒漠的土壤条件，还促进了巴西农业机械化水平的提高，而这些做法也为日企在巴西的其他投资提供了便利。2006年三井物产就已经在巴西成立合资公司，为当地农产品提供生产、仓储、加工和出口等一条龙服务，对日本国内的食品供应起到了极大的保障作用。

2. 建立多边经济合作机制

日本通过建立多边经济合作机制来推动海外农业投资。2009年，日本提出"负责任的农业投资原则"（RAI），其主旨是国际农业投资须透明；投资者应尊重关键利益相关者的权利；投资项目应与接受国的发展战略和环境政策相符；考虑接受国的粮食供需状况，不得加剧当地粮食不安全性等。为使 RAI 原则获得承认并得以具体实施，日本积极与世界银行、国际农业开发基金会、联合国粮食及农业组织、联合国贸易和发展会议等机构合作，并向世界银行等机构进行示范工程支援、向粮农组织进行投资。近年来，日本加大力度，通过双边农业协议、EPA/FTA 等合作机制，与主要农产品生产国合作，即通过与农产品生产国签订合作协议，结合农业援助，为日本农业企业在该地区的投资铺平道路。

3. 推进多边贸易战略

从 FTA（自由贸易协定）贸易覆盖率的增速来看，日本多边贸易战略的进展也非常显著。2012年日本 FTA 贸易覆盖率仅为19%，但随后日本仅用6年多的时间就实现了倍增式的发展。截至2019年6月，日本 FTA 贸易覆盖率达51.6%，超过美国、中国和欧盟，仅次于韩国。2018年12月，包括日本在内的11个国家签署的"全面与进步跨太平洋伙伴关系协定"（CPTPP）正式生效，CPTPP 覆盖4.98亿人口，签署国的国内生产总值之和占全球经济总量的13%。2019年2月,日本与欧盟的经济合作协定(EPA)正式生效,该协议覆盖6亿人口,其GDP占2017年世界总量的27.8%,其贸易量占2017年世界总量的36.9%。

4. 推行"开发—进口计划"

日本的"开发—进口计划"旨在通过与海外农业生产者签订合约来保障其对日本的农产品出口。日本选择了若干拥有大量未开发土地资源及高额税收补贴或政策支持的国家,如巴西、印度尼西亚等发展中国家实施该计划。20世纪70年代日本与巴西签订《日本—巴西农业开发合作计划书》,日本农业企业顺利进入巴西。1978~2001年,该计划开发土地约36万公顷,粮食年产量提高至57万吨,使巴西大豆占到日本总进口的15%,成为日本粮食进口的一条重要途径。之后,日本逐步将此类做法延伸到其他国家。

5. 成立国际农业屯田联盟,共同进行海外屯田

日本政府为进一步保证粮食的有效供给,于2009年谋划在海外投资建设自有粮库,确保主要农产品的供应。一是加大与中南美洲、东亚、中亚的合作,积极投资粮食出口必经道路、港湾的基础设施建设。二是通过与民间企业合作,加大日本在中南美洲的农业开发力度。为推动日本农业企业在海外投资收购农田和农场,日本还在原G8国家中极力推动《国际土地投资指南》。

三 韩国资源导向型农业海外投资的主要做法

鉴于本国农业资源严重不足的现状,韩国政府将开发和利用海外农业资源作为坚定不移的战略任务。20世纪70年代末在阿根廷开启了第一宗海外购买土地的项目,此后海外屯田迅速发展,分布在亚洲、欧洲、非洲、美洲、大洋洲五大洲。目前韩国国内口粮消费的3/4来自进口,在海外租种的耕地面积达243万公顷,是韩国国内耕地面积的1.3倍。

(一) 海外农业投资

韩国的粮食进口具有一个非常明显的特征——进口来源地过于集中,这必然会导致韩国在粮食进口上对特定进口国家(或地区)及其代理商的依赖性非常强。其玉米、小麦、大豆主要从美国、中国、澳大利亚、巴西

等国家进口,其中谷物进口量中的72.9%通过全球4大粮商和日本综合商社代理进口,这也是促使韩国进行海外农业投资的最大动因。2011年底,韩国在海外农地的有效租赁面积达4.23万公顷,遍布亚洲、欧洲、非洲、美洲和大洋洲,覆盖24个国家和地区,主要种植谷物作物,累计已生产17.1万吨大米、大豆和玉米。韩国在海外进行农业投资的具体做法主要有以下三个。

1. 制定海外农业开发战略,以法律法规建设为保障

韩国的粮食进口依赖于特定国家或少数代理商,一方面会增加粮食进口中间环节的费用,另一方面也容易出现受制于人的局面。因此,韩国政府将开发海外粮食生产资源作为战略性全局问题,在国外建立直接受韩国控制的农场,通过全球农业投资来保障国内粮食安全。2008年6月,韩国制定了《10年海外农业开发战略计划》,将发展目标确定为:到2018年海外耕地达到38.5万公顷,粮食产量达到180万吨。2011年韩国进一步充实了这一战略,计划从海外基地返销国内的粮食占粮食进口总量的20%,同时在合作国家建立农产品加工基地,改善粮食进口环境,形成稳定的进口粮源体系。韩国于20世纪60年代出台了《海外移居法》,启动了对南美洲地区的农业开发。2010年韩国正式推出《海外农业投资指南》,包括增加投资对象国农业生产力方案,主要投资对象国有关法规、制度介绍等,以推动韩国企业对海外农业的投资,帮助韩国与投资对象国实现双赢。2012年1月,韩国《海外农业开发合作法》正式生效,该法要求设立海外农业开发审议会,在第33条明确了将开发资源运回国内的命令条款,为开发对外农业合作项目提供了法律保障。

2. 设立专门的海外投资机构,建立服务支撑机制

设立专门的海外投资机构主要在三个方面发挥了重要作用。第一,设立海外农业开发服务中心(OADS)。该中心属于韩国农林水产部,拥有完整的海外投资服务体系,包括企业融资服务、投资目标国环境调查、农业及农村基础设施情况调查、企业技术支持、员工培训等,负责向海外投资企业提供信息培训等服务。第二,设立海外农业开发协会。该协会成立于2012年2月,负责收集和分析信息、调查研究、培养人才等业务,旨在促进企业之间的信息交流,为企业解决困难并保护企业在海外农业开发过程中的合法权益。第三,发挥农渔村公社的作用。农渔村公社向企业提供海外农业投资的相关信息服务，同时，对申请贷款并通过审核的企业提供贷款。

3. 制定海外农业投资优惠政策

韩国制定海外农业投资优惠政策。一是优惠贷款及其担保政策。在韩国，已形成以韩国进出口银行为核心、以韩国国际合作机构和中小企业振兴公团等机构为补充的金融机构，它们相互配合，为企业提供优惠贷款及贷款担保，支持企业开展海外农业投资。比如，韩国进出口银行的贷款金额最高可以达到企业所申请金额的80%（中小企业甚至可以达到90%），期限最长可达30年；为企业贷款提供的担保包括贷款本金与利息，期限直至债务到期日60天后。二是财政税收优惠政策。韩国政府设立了海外农业开发基金，主要支援韩国企业的海外农业开发项目。据统计，2007~2011年韩国政府已给予海外重点农业企业1.97亿美元的政府财政开发融资。在税收方面，韩国延长境外资源开发企业利润自留期限并增加了利润自留额度，允许加速折旧。三是海外投资保险制度。韩国专门制定了海外投资保险制度，并由韩国贸易保险公司来承担海外投资保险业务。

（二）加强国际合作

1. 借助对外农业援助拓宽海外垦田渠道

韩国政府对外农业援助所建立的国际友好合作关系，为本国企业进行海外投资、拓宽海外垦田渠道奠定了良好基础。1987年，韩国政府设立对外经济合作基金向发展中国家提供项目优惠贷款援助，利率为1%~2.5%，还款期限最长为40年，宽限期最长达15年。2008年，韩国以无偿援助的方式在蒙古国获得了27万公顷的土地。为扩大与非洲的合作，2012年，韩国政府又提出《韩国·非洲经济合作现状和发展方案》，主要目的是扩大对非洲的基金支援规模；同时，韩国政府还计划向南苏丹、尼日利亚、阿尔及利亚、利比亚等15个海外建筑重点合作对象国派遣收单支援团队，与这些国家签署基础设施建设合作谅解备忘录（MOU），加强"建筑外交"。

2. 推动自由贸易和经济合作

进出口贸易对韩国经济发展至关重要，推动自由贸易和多边经济合作是韩国未来经济发展的利益和需求所在。第一，完善双边自由贸易协定（FTA）网络。韩国先后与美国、欧盟、智利、东盟、中国、英国、以色列等签订了双边自由贸易协定。截至2019年6月，韩国FTA贸易覆盖率达

67.9%，超过日本、美国、中国和欧盟。第二，推动贸易多边化。为应对国际贸易挑战，韩国提出要推动贸易多边化，着重推动韩国与东盟国家的贸易往来。第三，推动双边与多边经济合作。2009年韩国成立了有12个成员国的"亚洲农产品技术合作体"（AFACI）。2011年，韩国在亚洲及非洲的10个国家设立海外农业技术开发中心（KOPIA），2013年又将KOPIA中心数量扩大到30个以上。2017年，韩国政府提出要推进"新北方政策"以促进包括贸易、投资在内的多领域交流与合作，并成立了专门负责落实具体事宜的北方经济合作委员会。

3. 与国际粮商加强合作

为减少美日粮食企业对韩国粮食进口的影响，并长期稳定粮食供应，韩国通过与国际粮商合作来实现进口粮源多元化，进而达到降低进口价格的效果。2010年，韩国海运公司联手日本伊藤忠商社计划同美国粮商邦吉共同出资在美国西海岸兴建全球规模最大的粮食出口基地。韩国海运公司又与日本伊藤忠商社在美国内陆的蒙大拿州合资建设3万个粮食收购点，以扩大粮食收购能力。2012年，韩国农业水产食品流通公社与欧洲粮食贸易商尼德拉公司、瑞士饲料用粮食企业永裕集团签署了关于战略伙伴关系的协议。根据该协议，欧洲供应商可向韩国市场供应玉米等主粮。

四 日、韩利用境外农业资源中不成功案例的警示

（一）要高度重视农业"走出去"之前的可行性研究

充分了解和掌握合作国家的资源、政治、经济、社会、文化、农业状况，是开发与利用海外农业资源的前提，日本和韩国都有过到东道国进行项目合作之前先期调查不够的教训。日本在印度尼西亚东部某地区的玉米开发计划，开发前仅进行了20天的现场调查和40天的试验调查就盲目垦荒，使得项目走了弯路。韩国也曾因缺乏对海外农业项目投入产出效果的预测评估而投资受挫。20世纪70年代开始韩国就赴海外垦荒，但多数企业在缺乏资金的情况下，事先未对东道国的土地状况、法律法规、社会文化、利用需求等进行系统调查，导致未能实现预期的投入产出目标，进而遭受了较大损失。中国企业应吸取日本、韩国进行海外农业投资的教训，对预开发的农业项目做好土地价值评估与投入产出效果预测。

（二）要高度关注东道国可能发生的政治风险

韩国通常选择在东南亚、南美洲、非洲等国家购买或租赁土地，而这些地区往往由于内战、宗教和种族冲突、自然灾害等不可抗力因素容易产生诸多的安全风险。例如，2008年11月，韩国大宇集团（DAEWOO）与马达加斯加签订了一宗100万公顷的土地租赁合同，由于马达加斯加政局发生动荡，2009年该项目被反对党过渡政权宣布取消。

（三）到国外租地种粮返销粮食要算经济账

受东道国项目地理区位与运输成本的约束，在海外经营农业需要特别重视成本和效益，算好经济账。在海外从事农业生产又将粮食返销国内，需要增加许多成本。其一，需要土地租金和农田基础设施建设支出。东道国常常出于自身利益或环境保护的考虑，将劣等土地租给国外企业。其二，海外农业投资的目标国家多数是发展中国家。这些国家的共性问题是农业基础设施欠账较多，道路、水电等设施不完善，初期投资成本高，投资回收期长。在一些"靠天吃饭"的国家，投资收益的不确定性更大。其三，粮食返销国内需要长途运输及关税成本，高昂的运输费用会进一步抬高返销国内的粮价。其四，从事境外农业投资的企业有时会要求政府在降低返销农产品关税等方面给予特殊的优惠政策。如果对返销农产品给予特惠政策，低价返销国内的农产品又会给国内市场带来冲击。其五，工作人员到东道国需要支出签证、交通等费用。各种费用加在一起，导致在经济上与在国内生产和直接进口粮食相比并不合算。韩国企业目前在海外生产的粮食一般出售给第三国或者东道国，返销本国的粮食不多。

（四）海外租地种粮易受"新殖民征地主义"舆论质疑

国内耕地资源的缺乏促使一些缺粮国家向境外寻求资源，或购买土地或租用土地来进行屯田种粮，以保障本国的粮食安全。日本和韩国早在20世纪70年代以后就开始出现海外屯田现象，2007年以来到海外租地种粮甚至形成一股热潮。比如，2008年，韩国在蒙古国获得了27万公顷的土地，并取得了马达加斯加130万公顷耕地99年的使用权。但是韩国的一些投资者，由于很少考虑东道国当地的经济利益，缺乏为当地解决粮食供应、就业和带动经济发展等社会问题的预案，也缺乏与合作国家"互利共赢"的战略目标，很容易引起东道国的当地民众与投资"屯田"国家的企业之间的矛盾和冲突,甚至可能会损害当地农民和穷人的利益。因此,有人把这种海外屯田种植现象称为"新殖民主义"。

五 日、韩经验对我国进口粮源保障体系建设的启示与借鉴

日本、韩国利用境外农业资源的做法确实取得了一定的成效,走出了一条不具备农业资源优势的国家保障粮食安全的道路,对我国利用境外农业资源保障粮食安全有一定的启示。

(一)"以我为主"是保障国家粮食安全的根本

粮食生产不具备"比较优势"的日本、韩国,在粮食进口上采取"有保有放"的策略,是基于本国国情和粮情做出的现实选择。然而,日、韩两国虽然竭尽全力利用境外农业资源,但是并没有从根本上解决本国粮食安全之隐忧。农产品自给率的持续下降引起了国民的深度不安,确保食品安全供应成为政府需要解决的重要问题。这种做法对于已经加入WTO的我国来说,不具备效仿的可能。作为一个拥有14亿人口的大国,出现如日、韩两国谷物自给率如此之低的问题,对我国和世界的影响都将是不敢想象的。因此,我国必须以"口粮绝对安全"为原则,高度重视稻谷、小麦的自给和供求平衡问题。日、韩两国的经验教训提醒我们,作为世界第一大人口国、第一大粮食进口国、第二大经济体的中国,决不能把粮食安全完全寄托于粮食进口,必须将"以我为主、立足国内、确保产能、适度进口、科技支撑"的粮食安全新战略落到实处,任何时候都要把强化自身粮食综合生产能力建设作为根本。

(二)进口粮源多元化是降低进口风险的必选策略

这方面日本曾经有过教训。日本与美国本为同盟关系,但是在1973年全球粮食减产的背景下,美国对大豆实施了2~3个月的出口禁令,导致日本发生所谓的"豆腐骚动"。近年来,日本采取了进口多元化策略,首先是进口品种多元化,除稻米之外,进口农产品还包括小麦、玉米、大豆、肉制品、乳制品、蔬菜等。其次是进口来源地多元化,尽管粮食进口受到美国的影响,但是日本将玉米、大豆的进口来源地拓展到了阿根廷、巴西、南非、中国等国家。为了稳定粮食进口来源,日本与诸多国家签订了

长期协议。日本在世界各地拥有1200万公顷农田,相当于日本国内农田面积的3倍左右。韩国海外农业开发分布在俄罗斯、蒙古、美国、巴西、澳大利亚等24个国家。在当前的中美关系下,中国将粮食进口地集中在美国等少数国家存在较大的风险。我国应借鉴日、韩两国经验,在全球范围内进行贸易布局,利用"一带一路"倡议的契机,积极拓展能够实现粮食进口多元化的国家和地区,为掌控国际进口粮源创造条件,将保障多元化的粮源供给作为长期战略目标。

(三) 政府支持是利用海外农业资源的前提

日本、韩国经验的共同点是政府对农业"走出去"给予了大力支持。韩国早期的海外农业投资主要依靠企业自身力量,由于不少民营企业势单力薄,资金和综合实力不足,绝大多数企业未能成功。韩国从2011年开始探索官民合作共同经营的海外农业开发模式,提升了项目的可持续性。从日、韩海外农业投资发展状况来看,政企分工十分明确。政府负责营造优良的投资环境,不断建立健全法律法规,加速推进境外农业资源利用的法治化进程。而企业则负责进行具体的海外农业投资活动。从日本海外农业投资开发战略可知,政府提供信息服务和金融税收支持,对企业进行引导扶持,而并不过多干预企业活动。反观中国,目前存在政府超越自身职能、过分干预市场的现象。另外,境外投资审批制度繁杂也阻碍了中国农企进行跨国投资。因此,实施海外农业资源利用的前提就是政府的支持,而且最重要的就是政府与投资对象国建立密切的合作关系。

(四) 科学的战略设计是利用海外农业资源的关键

利用境外农业资源是一个渐进的、长期的过程,需要国家确定一个总体战略规划和长远目标。日、韩两国的粮食战略可以概括为"确保稻米主粮自给+小麦、玉米等饲料粮进口依赖+海外农业拓展"。首先,强化粮食产业全球化布局。目前中国农业对外直接投资主要集中在生产环节,以在海外租地开展农产品种植为主,因此中国农业的海外投资应借鉴日本等国的发展经验,逐步向流通、农产品深加工和农产品海外销售等环节延伸,要加大仓储、码头等物流基础设施的建设。其次,对不同粮食品种制定不同的自给率目标,采取不同的进口调控手段。比如对作为国民主要口粮的水稻,日本尽量确保国内自给,但是对于其他农产品,日本基本是放开进口。韩国主要是通过关税和配额对粮食进出口进行调控,对自给率较高的大米实施的是进口高关税或配额政策,而对国内不生产或自给率较低的玉米、小麦、大豆等征收的关税非常低,并通过鼓励进口满足国内需求。

(五) 完善的服务体系是利用海外农业资源的保障

中国可以效仿日本和韩国尤其是日本的做法,建立完善的境外投资服务体系。一是设立专门的农业境外投资服务机构。为有意向进行海外投资的中国企业提供投资对象国的经济状况、相关法律管理程序、制度等相关信息,组织专家和缺乏海外投资经验的企业一起进行海外投资调查等,帮助企业掌握该国农业投资需求,了解农业生产、投资环境等。二是简化对外投资行政审批程序,为企业"走出去"创造更多便利。长期以来,中国对境内企业对外投资实行审批制和核准制管理,审批程序复杂烦琐且周期长,"走出去"企业在外汇管理、设备材料出口、人员出入境等方面十分不便,投资管理体制严重滞后于实际对外投资需求。三是为有意向进行海外投资的中小企业提供培训服务,提高中小企业"走出去"过程中应对风险的能力。四是加紧培养专业人才。农业投资成功归根结底取决于人才,中国要尽快建立培养海外人才的专门培训机构,为农业海外投资提供充足的人力保障。

(六) 多方面的优惠政策是推动企业"走出去"的动力

农业对外投资活动会直接或间接参与国际竞争,相关企业将面临更大的投资风险和经济压力。因此,为缓解企业压力,降低农业对外投资活动前期高昂的开发成本,日、韩等国均对农业涉外项目建立了资金补贴、金融手段支持以及优惠保险体系。这些做法值得中国借鉴,包括加大财政支持力度,强化金融支持政策,制定完善的海外投资保险制度;由政府对本国海外投资者在国外可能遇到的政治风险(如征用险、外汇险、战争险等)提供保险保障;规避海外农业投资的国际性风险,对海外农业投资的经营损失予以补偿。

(七) 与合作国家的友好关系是实施海外战略的基本条件

首先,要与粮食安全合作国家建立良好的合作关系,然后在此基础上稳步推进利用境外农业资源的工作。中国已与广大发展中国家建立良好的合作关系,应在这种良好合作关系的基础上,谋求解决世界及中国的粮食安全问题。其次,应尊重东道国的利益,坚持互惠互利原则,在帮助对方发展农业的同时,满足本国农业发展需要。在利用境外农业资源的过程中,应充分考虑投资对象国的需求。比如日本政府就与许多国家签订了农业合作协议和经贸协定,为农业"走出去"提供了支持。最后,建立国际农业"屯田"战略联盟。为开拓全球农业产业链资源,中国应积极与他国联手开展国际农业战略联盟。比如韩国与世界跨国粮商巨头ADM、邦吉、路易达孚等建立了农业发展战略联盟。

任何国家保障粮食安全的做法和经验都是基于本国特殊的资源禀赋、历史条件和经济社会基础。中国作为一个拥有14亿人口的大国,有自身与众不同的特殊国情,不可能照搬日本、韩国的做法。进口粮源保障体系的建设应结合本国实际,在借鉴国际经验的基础上提出符合本国国情的策略。而日、韩两国在海外农业资源利用与开发中走过的弯路,则为我国提供了有益的警示。

战略谋划篇

第八章　全球粮食安全治理体系变革与中国的角色定位

我国进口粮源保障体系建构的重要前提是要有良好的国际粮食安全环境。要超越以国家为中心的传统粮食安全观，构建以共同、综合、合作、可持续的新粮食安全观为基础的国际粮食安全治理体系。而长期以来在美国等少数西方发达国家主导下所形成的不公正、不合理的治理体系，使广大发展中国家的粮食安全面临巨大的风险，亟须全球粮食安全治理体系的变革。本章在对全球粮食安全治理体系基本理论问题进行梳理的基础上，探讨其面临的挑战和变革的方向，明确中国的角色定位。

一　文献综述

（一）全球治理的研究综述

1. 对国际话语权的研究

随着发展中国家的不断壮大，国际话语权的争夺日益加剧，传统的新自由主义治理理念正在受到挑战和冲击。中国要么在现有的机制内进一步提升自己在全球治理中的制度性话语权，要么提出新的中国治理方案。国外学者对话语权的研究主要从语言学角度出发，从话语背后隐藏的权利揭示统治者争夺话语权的本质。发达国家凭借其优势，利用话语权对发展中国家进行压制，导致发展中国家在国际秩序的构建中处于无言或失语的困境。国内学者在该方面或是集中于对气候、外交等某一领域的研究，或是集中于对内涵和整体性的研究。徐明棋（2015）指出制度性话语权主要是指拥有发表观点的权利和在全球经济治理制度改革和重构问题上具有一定的影响力。陆燕（2015）则认为，制度性话语权主要侧重于在全球重大事务中与各种规章制度制定及设计等方面具有的建设力和影响力。李圭（2019）从话语主体、话语内容、话语对象、话语平台和话语反馈五方面研究国际话语权的组成要素，指出在实践中国际话语权已经由资源模式发展到知识模式并向规则模式递进。黄薇（2016）通过分析国际货币基金组织（IMF）投票权的分配方案，认为中国等新兴经济体的权利要得到提升。

2. 对全球治理观的研究

国内较早提出全球治理观的学者是王永贵等（2008），他们从全球治理观的宗旨出发，指出全球治理就是规则、程序和机制的综合体。赵晨（2012）则认为全球治理观是一系列有关全球治理的看法和主张，治理主体应从自身客观需求和实践角度考虑自己参与全球治理的规则和机制。康晓（2016）从价值观的角度对全球治理观进行了界定，认为中国在全球气候治理上与美国形成了多元共生的全球治理观。曲星（2013）和张彪（2015）认为，中国的全球治理观就是构建"人类命运共同体"。欧阳向英等（2019）认为，中国的全球治理观集中反映在中国对全球经济治理体系的改革上。

3. 对中国参与全球治理的研究

金灿荣（2016）认为，中国在全球治理中更加关注发展议题，是"以联合国为中心"的治理思路。毕海东（2019）指出，中国的全球治理观主张国家中心治理，在实证层面对全球治理的实现形式进行了丰富。隋广军等（2018）从全球治理的困境入手，指出中国在"一带一路"倡议下开展全球治理的框架和实践。王丽莎（2018）、陈东晓等（2017）、程永林等（2018）、荆林波等（2017）、徐秀军（2017）分别从全球经济治理的历史演进及存在的问题、困难和挑战，全球化趋势不可逆转等方面对全球经济治理进行了研究，都从不同角度提出了中国参与全球经济治理的角色定位和参与路径。

（二）对粮食安全治理的研究

全球粮食安全治理是全球治理的一个重要方面，但是饥饿、粮价波动、各种环境威胁等也显示出全球粮食安全治理体系的脆弱性和功能失灵。因此，现有粮食治理体系越来越不均衡，FAO呼吁加强国际粮食安全治理。李曼（2009）对粮食安全治理的目的和职责进行了界定，认为粮食安全治理就是一系列的职责和操作体系。但是粮食安全治理中涉及的治理主体众多，需要关注各类参与者之间的利益及关联方式对全球粮食安全治理产生的影响。张蛟龙（2019）从制度层面出发研究了全球粮食安全治理的困境和应对方法，认为金砖国家要通过合作共建人类命运共同体来维护金砖国家的粮食安全。余莹等（2010）指出，美国通过跨国集团垄断世界粮食贸易，主导了世界粮食贸易规则。肖卫东等（2018）、李怡萌（2018）分别指出，中国在加强与国际治理机构和平台合作交流的同时，要加强与共建"一带一路"国家的农业合作，对粮食自给率低的共建国家开展粮食援助，积极推动全球农业贸易向更加公平有序的方向发展，提升中国的大国形象和影响力。于浩淼等（2019）指出，中国参与全球农业治理是以"一带一路"倡议为核心的，以人类命运共同体作为全新的治理设想，重点关注全球农业的发展问题，需要农业科技和农业创新提供技术支撑。中国正通过签订多边农业合作协议、开展对外援助、加大农业科技创新、鼓励企业等私营部门参与全球农业治理等途径积极实践中国特色的全球农业治理。

（三）对国际粮食贸易秩序的研究

吴朝阳（2014）从粮食贸易角度，分析了国际粮食市场格局的中长期演化趋势，指出 ABCD、嘉能可、丸红以及新兴的 NOW（来宝—Noble、奥兰国际—Olam、丰益国际—Wilmar）等跨国粮企对全球粮食市场的垄断将进一步增强。中国作为世界第一大粮食生产和消费大国，应该积极参与 WTO、联合国粮农组织等粮食安全领域的多层次国际合作，加强区域国际粮食合作。何予平（2008）对市场定价、政府统筹定价和宏观调控定价三种国际粮食定价机制进行了解读，指出美国是市场定价机制的代表国家，其期货价格成为世界农产品市场价格的参考标准。刘恩东（2014）指出美国把粮食安全作为维护美国全球统治地位的战略武器，其粮食战略就是跨国公司化，国际粮食市场的 80% 是由四大跨国粮商控制的，其中阿丹姆、邦吉和嘉吉公司都是美国投资的。美国已经通过 WTO 自由贸易体制对众多国家粮食产业链的重要环节进行控制。余莹等（2010）指出"霸权稳定"论否定了国际规则本身的独立性，没有对 WTO 多哈回合谈判中发展中国家的作用做出全面解释。"霸权稳定"论认为霸权国家的意志可以决定国际贸易规则以及规则的变迁。发展中国家既想获得全球化带来的各种利益，又不想向美国妥协，这是多哈农业谈判多次失败的原因。美国主导下的粮食贸易规则会影响发展中国家的粮食安全，中国要积极对外签订区域和双边协议，稳定粮食进口来源。吴书画（2019）认为，农产品贸易自由化程度滞后，欧美之间农产品贸易争端不断，加剧了贸易保护主义的盛行，指出在世界多极化发展和全球贸易自由化的大背景下，互惠互利式的"人类命运共同体"才是未来世界发展的正确方向。刘建芳（2017）指出，美国贸易保护主义的实施，对中国贸易的机遇大于挑战，中国采取的贸易救济措施可能会对美国一些大宗农产品产生较大影响。

（四）对农业国际合作的研究

中国在国际合作方面始终坚持合作共赢的理念，努力实现与世界各国在资源禀赋、技术优势、产业结构、产品市场等方面的互补，以负责任的大国形象积极参与全球治理，维护全球粮食安全。王永春等（2018）通过分析中国改革开放40年来粮食安全国际合作过程中遇到的困难和挑战，指出中国今后国际粮食安全合作的思路是推进人类命运共同体建设，充分利用国际组织平台加强与第三方的合作，鼓励企业"走出去"，加强民间合作。井华和张宇佳（2018）指出，中国可以从加强战略对接、加快机制建设和政策对话、强化农业科技交流合作、优化农产品贸易合作、深化农业投资合作、提升国际援助水平和加强农业交流合作七个方面与共建"一带一路"国家开展农业产能合作。李怡萌（2018）从维护国家粮食安全和周边地区经济社会环境稳定的角度出发，建议通过在"一带一路"沿线建设农业园区、开拓海外市场等方式加强与周边国家的农业合作。崔海宁（2013）建议在加强东南亚粮食安全合作的过程中，中国应从战略高度认识和看待地区粮食安全合作，通过粮食安全合作加强东南亚地区间的政治互信，加强地区制度建设投入。与美国建立有效的对话机制，共同出资支持东盟粮食安全并加强生物能源的研发。张蛟龙（2018）则研究了金砖国家在粮食安全合作的合作动力、合作机制和合作领域等方面面临的挑战，指出金砖国家间的合作应寻求共同认知和共同行动。徐玉波（2018）指出，发展中国家主要通过"G77"参与全球粮食安全治理，中国与G77的合作是战略性和建设性的伙伴关系，中国在与G77合作过程中应注意结合亚非拉和近东等区域在消除饥饿和贫困等方面的倡议适时进行项目设计和安排。

(五) 对现有研究的述评

学者对全球经济治理的研究主要从话语权、全球经济治理观和中国参与全球治理三大方面出发。对话语权的研究主要集中在话语权的本质、内涵、现状以及提升等方面。对全球经济治理观的研究以概念为主。对中国参与全球治理的研究主要集中在中国参与全球治理的思路、态度、遇到的困境及挑战、参与全球治理的路径等方面。以往对粮食安全治理的研究包括粮食安全治理的特点、内涵、行为主体、困境和应对方法等方面。国际粮食贸易秩序方面的研究以美国的贸易保护主义和霸权地位为主，认为美国把粮食安全作为维护霸权统治地位的手段。在农业国际合作的研究方面，主要从中国参与国际合作的领域、方式、面临的困境和取得的成效等方面进行研究，也有少量学者对国际粮食合作中中国的角色进行简单描述。以上研究从不同角度为本课题的研究提供了有价值的参考。然而，对全球粮食安全治理体系的内涵、全球粮食安全治理体系变革的内容、中国参与全球粮食安全治理应遵循的原则和基本定位等问题的系统性研究不够，本项研究试图在这些方面进行一些探索。

二 全球粮食安全治理体系的内涵和特征

(一) 全球粮食安全治理体系的内涵

学术界对全球安全治理的内涵有多种界定。陈伟光等（2017）认为，全球经济治理最主要的目标是处理好各治理主体之间的关系，指出全球经济治理就是世界银行、G20、世界贸易组织（WTO）、OMF等国际经济组织，通过创立更高效的体制机制，更好地权衡主体任务和权责，使公共产品的供给能够更好地保障国际经济平稳健康运转，最终实现合法有效的共治网络。苏宁等（2018）认为，全球经济治理就是联合国秘书长在联大报告中说的"多边机构和进程在塑造全球经济政策与规章制度方面发挥的作用"。

联合国粮食及农业组织曾两次对全球粮食治理进行定义，第一次是2009年，认为全球粮食安全治理是一个改善全球粮食安全、区域和国家粮食安全的机制；第二次是2011年，强调了国家责任，认为粮食安全治理涉及正式和非正式的规则和程序，通过这些规则和程序阐明利益，并代表社会成员制定、实施和执行国家粮食安全有关规定。联合国全球粮食安全危机高级别工作组则认为，粮食安全治理就是各国政府利用计划、项目和资金优先考虑解决人的温饱、营养不良和粮食不安全问题，主要的方式包括国家、双边或多边的人道主义以及发展援助。粮食安全治理是指公共实体之间或私人实体之间，在各个规模级别上正式和非正式的互动，随着时间的推移，其最终目的是实现粮食供应、粮食获取和粮食利用机制的稳定性。

粮食安全治理是全球治理中一个重要而复杂的领域。一方面，少数发达国家将此作为争夺全球霸权的一个重要工具；另一方面，广大发展中国家把它作为维护自身主权的一方重要阵地，是全球治理不可或缺的重要组成部分。综上所述，笔者认为，全球粮食安全治理体系是包括世界各主权国家等在内的各种行为主体，以相关国际机构、有关区域合作组织等为依托，通过谈判、协商等方式，对全球农业和粮食安全事务进行规则制定与实施，以实现对各种国际农业和粮食安全活动的有效管理。其宗旨是在全球范围内逐步实现粮食安全，核心目标是减少贫困、消除饥饿和营养不良。

全球粮食安全治理体系包括以下维度。一是设定粮食安全治理目标。粮食安全要解决的问题包括食物与营养、消除贫困、小农生计、可持续农业等重要的发展性议题。根据FAO成员国谈判达成的较为一致的共识，粮食安全包括四个方面的目标：粮食供给方面，国内生产、进口和库存能够提供足够数量和合格质量的粮食供给；粮食获取方面，个人拥有足够的资源得到适当和有营养的食物；获得粮食的稳定性方面，不受政治、经济、气候、价格、灾害等较大的影响；粮食利用方面，包括食品安全和质量、清洁用水、卫生与公共健康标准、充分利用食物的能力、营养需求达标情况等。二是全球粮食安全治理的组织结构。从联合国组织、世界贸易组织（WTO）、各区域合作组织到非正式组织以及相关的机构、团体、企业等所构成的多元化、多主体、多层次的组织系统，各层次组织的治理行为均是由国家推动的。三是全球粮食安全治理的方式。主要是通过立场协调、合作、知识分享、政策交流等，在权衡各行为主体的任务和权责的基础上来实现。四是全球粮食安全治理的工具。主要是由一系列的规范、规则、程序、原则等组成，通过这些规则和程序，有效规制国家等行为体的涉农涉粮行为，促进世界粮食供需结构合理化，保障国际粮食秩序的良好运转。

(二) 全球粮食安全治理体系的特征

1. 全球粮食安全治理体系内部矛盾的复杂性

全球粮食安全治理体系内部具有包容性与排斥性共存的特点。粮食安全涉及政治、外交等国家主权安全，具有高度的复杂性，涉及世界各个国家，既有发达国家，也有发展中国家。不同国家的政治制度、资源禀赋、国土面积、贫富程度、文化传统等存在较大的差异，导致对粮食安全问题的认知不同，全球粮食安全治理体系注定是一个包容与排斥并存的矛盾体。一方面，现有的全球粮食安全治理的相关制度主要是由西方发达国家制定的，主要体现发达国家的意志和利益。农业资源富裕的少数发达国家希望通过推行新自由主义，实行受限制的市场准入政策以及扭曲市场的贸易补贴政策，持续拓展发展中国家的粮食市场。另一方面，发展中国家希望参与国际粮食安全治理体系，反映自身在粮食安全全球治理方面的正当利益诉求，确保本国粮食安全的政治性和主权性。粮食出口国希望扩大在进口国的市场占有率，同时又希望限制外国粮食向本国的大量进口；资本和技术充足的国家希望扩大对外投资，拥有先进技术的国家希望通过技术输出开展合作，技术落后的国家却担心在技术上受制于人。农业作为各国国民经济的基础产业较为敏感，各国既希望通过合作获得粮食安全收益，又担心过度依赖丧失粮食主权，因此对一些合作议题如"投资便利化"等，难以达成共识，国家之间的协调成本较高，面临着较难达成共同认知的问题，更难采取共同行动。

2. 全球粮食安全治理行为主体的多层次性

目前，全球粮食安全治理的主体有多个层次，包括涉农涉粮的国际组织、区域合作组织、以美国为代表的霸权国家、大型跨国粮商等多个行为主体。

(1) 以联合国和世贸组织为核心的国际组织

这类组织包括联合国（UN）及其设立的涉农涉粮国际组织、世界贸易组织（WTO）等，这类组织属于常设秘书处支持的传统政府间组织。联合国三大机构——联合国粮农组织（FAO）、国际农业发展基金会（IFAD）、世界粮食计划署（WFP），一直在为保障世界粮食安全共同努力。这三个机构的工作内容各有侧重，具有联合国机构、世界农业智库、国际金融组织三重属性。FAO 在全球粮食安全治理中的目标有五个，包括消除饥饿，帮助成员国在农业、林业、渔业以及其他自然资源开发利用方面提高效率，帮助成员国减轻农村地区的贫困，在全球框架内帮助成员国强化和提升粮食安全治理能力，帮助成员国减轻自然灾害对农业的影响，提升应对自然灾害的能力。在决策机制上，FAO 等实行一国一票制。

1995 年 1 月，世界贸易组织（WTO）成立，作为全球唯一的独立于联合国的永久性国际贸易组织，WTO 在国际粮食安全治理中发挥着重要作用。其前身是 1947 年的关税和贸易总协定（GATT）。涉农涉粮的国际组织还有联合国开发计划署（UNDP）、世界动物卫生组织（OIE）、国际植物保护公约组织（IPPC）、国际农业研究磋商组织（CGIAR）。表 8-1 列出了主要涉粮涉农国际组织及其主要职能。

表 8-1 主要的涉粮涉农国际组织

国际组织名称	职能及开展的主要工作
世界粮食安全委员会（CFS）	设在 FAO 内的一个政府间机构，是对所有粮食和营养安全利益相关者最具包容性的国际和政府间平台，旨在为各国政府、各区域组织、各国际组织和机构、非政府组织、民间社会组织、粮食生产者组织、私营部门组织、慈善组织和其他有关利益相关方提供一个进行讨论和协调的全球平台以加强合作。制定关于粮食安全和营养的各项国际战略和自愿准则，现有 126 个成员国
联合国粮农组织（FAO）	主要讨论粮食和农业问题的国际性组织，FAO 的职能比较综合，是一个信息中心、开发机构、咨询机构、国际讲坛、制定粮食与农业国际标准的中心。其主要宗旨是消除粮食不安全，提高营养水平，使人类免于饥饿
国际农业发展基金会（IFAD）	专门致力于农业发展、粮食安全和农村减贫的多边金融机构，对发展中的成员国家提供优惠贷款，逐步消除贫困
世界粮食计划署（WFP）	负责多边粮食紧急援助的专门机构，帮助受援国缓解战乱、严重自然灾害、艾滋病等引发的人道主义危机，实现生产自救和粮食自给。WFP 的资金主要来自成员国政府、私营企业、个人的捐赠
世界贸易组织（WTO）	负责制定国际贸易规则，推进自由贸易，解决成员国之间的贸易争端。将包括农产品、纺织品和劳务在内的国际贸易全面纳入"以规则为基础"的多边贸易体制。在决策机制上，WTO 基于成员国之间的共识进行决策
世界卫生组织（WHO）	联合国下属的一个专门机构。涉及粮食安全的主要工作由国际食品法典委员会开展，国际食品法典委员会是以保障消费者的健康和确保食品贸易公平为宗旨的政府间组织，食品法典汇集了国际上已经采用的全部食品标准

续表

国际组织名称	职能及开展的主要工作
联合国儿童基金会（UNICEF）	全球范围内保护儿童权利的主要人道主义发展机构，其目标是为儿童建立积极的、有利于发展的家庭和学校环境。儿童营养与健康发育是该组织参与全球粮食安全治理的侧重点
世界银行集团（WB）	一个由185个国家组成的财团，主要向发展中国家提供财政和技术援助，专注于投资农业和农村发展以提升粮食产量和营养，成员国根据出资额度不同享有不同的投票权
国际货币基金组织（IMF）	通过制定金融政策影响发展中国家粮食安全的目标和计划，根据成员国出资额度不同具有不同的投票权
国际农业研究与磋商组织（CGIAR）	由国际及区域组织、国家、私人基金会组成。其宗旨是通过在农业、畜牧业、林业、渔业、政策及自然资源管理等领域开展科研以及相关活动，帮助发展中国家实现可持续粮食保障和减少贫困人口的目标。在世界各地资助了15个研究中心，其中13个在发展中国家
世界知识产权组织（WIPO）	该组织与粮食安全有关的主要机构是2000年成立的"政府间遗传资源、传统知识和民间文学艺术委员会"
国际植物新品种保护联盟（UPOV）	一个政府间国际组织，职责是以造福社会、鼓励植物新品种开发为目的，建立一个有效的植物新品种保护体系
联合国系统营养问题常设委员会（UNSC）	通过联合国经济和社会理事会向联合国行政协调委员会负责，其任务是提供营养方面的全球战略指导和宣传，促进联合国机构之间的联合营养行动

（2）发达国家和发展中国家共同参与的多边合作机制

这类组织属于跨政府组织，通过制定会议声明或谅解备忘录追求共同治理，没有永久性的常设性制度基础，但它们会对全球粮食安全治理产生重要的影响。以二十国集团（G20）、亚太经合组织（APEC）、经济合作与发展组织（OECD）为代表的区域和多边体系在全球粮食安全治理中扮演着重要的角色。

七国集团（G7）是传统的发达国家的集合体，主要就世界经济和金融等问题在发达国家内部进行协调。在全球粮食安全方面，该集团2008年曾经发表"全球粮食安全声明"，2009年发布"拉奎拉粮食安全倡议"。近年来，其作用减弱，逐渐被G20取代。

二十国集团（G20）于1999年6月在七国集团财长会议上倡议成立，成员国有中国、美国、俄罗斯、欧盟、日本、德国、法国、澳大利亚、阿根廷、巴西、英国、印度、加拿大、印度尼西亚、韩国、墨西哥、意大利、沙特阿拉伯、南非、土耳其等。其成员既包括传统发达国家，也包括新兴经济体和发展中国家。其人口占全球的 2/3，成员国的 GDP 总额占全球的 90%，贸易额占全球的 75%。其主要目的是稳定国际金融和货币体系，防止亚洲金融风暴等事件的再次出现。2009 年以来，由于其成员具有广泛的代表性和包容性，20 国集团在政策和行动方案制定等方面已经取代 7 国集团成为一个重要的多边合作论坛和全球综合性治理平台。2011 年，G20 轮值主席国法国将粮食安全作为工作重点，还首次将其列入 G20 峰会议程。近年来，粮食安全相关工作已经成为 G20 农业部长、财政部长会议的重要议题，先后发布了《G20 粮食安全和营养框架》《关于粮食价格波动与农业的行动计划（2011 年）》《G20 粮食安全与可持续行动计划（2015 年）》《走向粮食和水安全：促进可持续发展，推进创新宣言和行动计划（2017 年）》；通过实施"亚的斯亚贝巴行动议程"、南北合作和南南合作等，为发展中国家提供相应的资源和技术帮助。

亚太经合组织（APEC）是当前世界上最大的区域合作组织，因其成员构成和地缘政治因素，成为全球经济治理格局中一支重要的力量。其成员国人口占全球总人口的 40%，GDP 约占全球总量的 60%，贸易额约占全球的 48%。APEC 先后通过了《APEC 2014 领导人北京宣言》《APEC 面向 2020 年粮食安全路线图》《增强 APEC 粮食质量安全与标准互通行动计划》和《APEC 减少粮食损失和浪费行动计划》等与粮食安全相关的一系列文件，为区域粮食安全及粮食经济的稳定发展提供了纲领性指南。

经济合作与发展组织（OECD）是由 38 个市场经济体制的国家组成的政府性质的国际经济合作组织，旨在联合应对全球化带来的各种挑战，并且通过与 FAO 联合开展粮食监测预警，及时发布年度《农业展望报告》和《全球粮食安全报告》，帮助成员国制定和协调相关粮食政策。

（3）新兴市场国家和发展中国家组成的区域合作组织

构建各种层次和规模的非传统安全共同体是应对包括粮食不安全在内的非传统安全威胁的可能路径。近年来，区域粮食安全治理机制日益成为全球粮食安全治理的重要力量。新兴市场国家和广大发展中国家、欠发达国家开始积极作为，希望尽快融入全球粮食安全治理体系中，以金砖国家组织、上合组织为基础的多边合作机制正在形成。

以金砖国家为代表的发展中国家的崛起是当今世界的重大变化之一，

顺应了发展中国家和新兴经济体在全球事务中承担更大责任、发出更有力声音的需要。金砖国家在参与全球粮食安全治理方面不断取得进展，设立了粮食安全合作工作组，每年召开农业部长级会议，定期举办农业经贸投资论坛，制定一系列行动计划，例如2012~2016年、2017~2020年的《金砖国家农业合作行动计划》。金砖国家开发银行（NDB）、亚洲基础设施投资银行（AIIB）等国际性农业经济组织及一些非农组织也发挥了积极的作用。上海合作组织2003年发布了《上海合作组织多边经贸合作纲要》，把农业领域的合作作为优先发展方向。非洲联盟虽然是世界粮食安全等级最低的政府间联合组织，但是其早在2003年就制定了《非洲农业综合发展计划》（CAADP），2015年又制定并通过了《2063年议程》。非洲联盟一直致力于推动区域甚至全球粮食的安全治理以及粮食经济发展。

（4）在全球粮食安全治理中居于垄断地位的霸权国家

长期以来，美国一直将粮食作为武器称霸世界。美国主要通过跨国垄断集团及其掌控的转基因技术控制粮食的育种、生产、销售全过程，主导WTO的粮食贸易规则，限制发展中国家粮食进口关税和贸易管制政策，并以贸易优惠措施引导发展中国家转种经济作物，进而使其对西方粮食和转基因技术产生依赖。美国作为联合国粮食及农业组织（FAO）和粮食计划署（WFP）的最大援助国，20世纪50年代开始实施"粮食换和平计划"；2016年，美国出台首个《全球粮食安全法案2016》，并制定了新的全球粮食安全战略（US Government Global Food Security Strategy），出台了《粮食援助和粮食安全战略（2016~2025)》，将孟加拉国、埃塞俄比亚、加纳、危地马拉、洪都拉斯、肯尼亚、塞内加尔、乌干达等国列为重点援助对象，意图通过对该类国家进行长期投资为自身开辟新的农业投资渠道和农贸市场。美国国际开发署公开的粮食援助报告（USAID Food Assistance Overview）明确显示：美国政府每年将不低于20亿美元的费用用于海外粮食援助，这是美国典型的用粮食换和平的计划。2011~2016年美国平均每年资助50个国家，资助人数达到5100万。2017年美国采用现金和粮食券的形式对53个国家进行了援助，受益人数达到7000万。然而，近年来，以美国为代表的世界主要经济体不再对参与全球治理和公共产品援助感兴趣，逐渐退出相应平台，治理赤字、和平赤字、发展赤字和信任赤字等问题有愈发严重的趋势。

(5) 将产业链延伸至世界各地的大型跨国粮商

跨国企业在全球治理规模和实践的议程设置上具有重要的影响力。跨国公司既可以与本国政府在某些领域达成协议，也可以以私人主体的形式参与到政策制定和实施的过程中。美国的 ADM、邦吉、嘉吉、孟山都，法国的路易·达孚，日本的丸红，瑞士的先正达等都是具有这种能力的企业。近年来，在发达国家跨国粮商向全球各国的强力渗透下，农业投入品销售、产品营销和食品销售越来越集中在少数大型跨国公司手中。以 ABCD 为代表的四大跨国粮商控制着世界谷物市场 80% 的份额。它们从种子、饲料、化肥，到生产、加工、物流、销售实施全产业链经营，左右着国际粮食贸易的价格。值得注意的是，在跨国公司影响力日益增强的过程中，这些企业越来越不受监管。在缺乏全球监管和负责任国家治理的情况下，私营公司几乎拥有不受限制地实现其目标的能力，进而对弱势国家的粮食安全和群体的公民权益造成负面影响。

3. 全球粮食安全治理手段的综合性

在全球粮食安全治理中，国际组织、区域组织、主权国家等所采取的治理手段是多样的、综合的。既通过各种会议分享经验、表达主张、研究问题、达成协议，也制定和发布各方共同遵循的规则、标准；既制定提高粮食安全保障水平的行动路线，又通过粮食援助、贸易争端解决机制等解决相关问题。

(1) 国际性会议和论坛为全球粮食安全治理提供平台

粮食安全涉及营养、农业生产与贸易、食品安全、人权、气候变化、知识产权、生物多样性等领域，一个国家需要在不同的国际论坛上参与有关粮食安全治理的安排。FAO 多次召开世界粮食安全首脑会议，各类多边协议组织的峰会议题十分丰富。G20 领导人峰会将粮食安全与营养问题作为重点议题，G20 自 2015 年开始启动农业部长会议，围绕国际农业领域的重点问题展开讨论，达成共识后发布《G20 农业部长会议公报》。G20 的农业副手会、农业科学家大会、农业企业家论坛等有专门的研究议题。APEC 领导人峰会、金砖组织领导人峰会、上合组织领导人峰会、东盟与中日韩农林部长会、上合组织农业部长会等形成了机制化的合作方式。各类会议围绕政策、贸易、投资、技术、培训等议题开展广泛讨论，将达成的共识形成会议成果，成为常态化的治理机制。

（2）国际或区域协定为全球粮食安全治理提供基本规范

制定并实施国际或区域规则、规范是全球粮食安全治理的重要内容。全球粮食安全治理体系涉及多个部门与领域，包含多样的行为体。表8-2列示了WTO、FAO等国际组织发布的涉农涉粮的一部分协议、公约等基本的制度规范。

（3）战略和行动计划为实现粮食安全规划路径

国际粮食安全治理都是通过一定的战略来确定治理的目标，并通过一定的行动计划加以实现。FAO制定的《全球粮食安全和营养框架》为各国制定粮食安全战略提供了指导；APEC先后通过了《APEC 2014领导人北京宣言》《APEC面向2020年粮食安全路线图》《增强APEC粮食质量安全与标准互通行动计划》和《APEC减少粮食损失和浪费行动计划》等与粮食安全相关的一系列文件，为区域粮食安全及粮食经济的稳定发展提供了纲领性指南。20国集团在政策、体制和科技方面的创新主要体现在"G20粮食安全和营养框架"和"G20粮食安全与可持续行动计划"中。非洲联盟于2003年制定并通过了《非洲农业综合发展计划（CAADP）》，2015年制定并通过了《2063年议程》。各类行动计划包括构建国际或区域合作的机制、农业贸易与投资、农业发展援助等方面内容。

表8-2 WTO和联合国部分涉农涉粮的国际协议和公约

协定（公约）名称	主要内容	特殊和差别待遇
WTO《农业协议》	在WTO法律体系中具有特殊地位，从市场准入、出口补贴和国内支持三个方面约束WTO成员方。WTO规则反映在由成员国政府通过谈判所达成的各个协议中。入世意味着全面接受WTO的规则体系	对发展中国家出口给予优惠待遇；在多边纪律的执行上，对发展中国家更加灵活；发展中国家享有更长的过渡期。规定了对最不发达国家的特殊和差别待遇
《与贸易有关的投资措施协议》（TRIMs协议）	主要目标是避免投资措施扭曲影响自由贸易，对各成员方实施的投资措施提出了要求。其主要目标是促进投资自由化。这一协议不限制西方国家的跨国公司，对发展中国家不公平	对发展中国家实施较长的过渡期

续表

协定（公约）名称	主要内容	特殊和差别待遇
《与贸易有关的知识产权协议》（TRIPs）	为了推动 WTO 框架下的知识产权保护，制定了有关知识产权保护标准、有效执行措施、争端处理和过渡期安排等条款，对知识产权实施过程中的刑事、民事、行政程序和救济以及临时措施、边境措施等进行了详细的规定。农业领域的知识产权保护包括专利权、育种者权益和有关商业机密等。这一协议在一定程度上帮助了一些国家利用转基因技术的推广来实现其粮食战略	对发展中国家实施较长的过渡期
《粮食协助公约》（FAC）	其前身是《粮食援助公约》，2013 年 1 月 1 日签署，是关于粮食援助的唯一具有法律约束力的国际条约。其宗旨是挽救生命，减少饥饿，保障粮食安全，改善最弱势群体的营养状况	呼吁援助方式多元化，除满足粮食需求外，在紧急援助和恢复发展阶段采用现金、代金券等
《卫生和植物检疫措施协定》（SPS 协定）	该协定旨在防止人类和环境受动植物传播病虫害的影响和保证食品安全性，规定了卫生和动植物检疫时的基本准则和实施程序。成员如果要限制贸易往来必须建立在科学依据和风险评估的基础上，并且是以保护人类、动植物生命及健康为前提的。执行主体：WTO 卫生和动植物检疫委员会	各成员方提供技术帮助的对象是其他成员方，以发展中国家为主，援助形式应是双边形式或借助适当的国际组织。发展中国家为了满足发达国家出口的条件需要进行大量投资，发达国家应给予必要的技术援助
《技术性贸易壁垒协议》（TBT）	属于 WTO 管辖，是一项多边贸易协议。适用于工农业所有产品，但涉及卫生与植物卫生措施的除外。对技术标准、检验方法和提供证明文件的程序等进行了规定。无明显的特殊和差别待遇	
《国际植物新品种保护公约》	《国际植物新品种保护公约》（1991 年文本）由国际组织在 1991 年 7 月 1 日于日内瓦签订。该条约规定了缔约方的义务、受保护的植物属和种、国民待遇、授予育种者权利的条件、申请育种者权利、育种者权利等内容。无明显的特殊和差别待遇	
《粮食和农业植物遗传资源国际条约》（ITPGR）	2001 年 11 月在 FAO 主持下通过，于 2004 年 6 月 29 日正式生效。通过与 FAO 的《生物多样性公约》的密切联系实现。无明显的特殊和差别待遇	
《补贴与反补贴措施协议》（ASCM）	WTO 管辖的一项多边贸易协议。制定了实施补贴措施的规则、反补贴调查及反补贴措施的实施标准和程序。协议规定反补贴的救济措施可采用 WTO 争端解决机制和征收反补贴税的双轨制来进行救济。无明显的特殊和差别待遇	

减贫和粮食援助就是通过各种行动计划来实现的。1977 年以来，IFAD

通过农业发展和农村减贫项目向发展中国家提供了 1000 多个项目,涉及 120 多个国家的粮食援助。WFP 通过紧急救济、快速开发和正常开发项目 3 种模式,平均每年向 80 多个国家开展粮食援助,帮助受援国逐步实现了粮食自给。中国自 1996 年以来实施了 23 个南南合作项目,向世界各地的 28 个发展中国家派遣了近 1100 名专家和技术人员。

(4) 贸易争端解决机制是国际粮食安全治理的基本保障

规则重在落实和遵守。全球或者区域粮食安全治理机制是由众多在政治制度、经济发展、文化信仰等方面存在巨大差异的主权国家共同建立的,在合作过程中出现各种争端是必然的。因此,在运行过程中,必须通过建立有效的争端解决机制来保障预定目标的实现。贸易和投资争端解决机制对于全球粮食安全治理体系的运行起着重要的维护和促进作用。在国际层面、跨区域层面都有约束力不同的争端解决机制。

WTO 具有成熟的贸易争端解决机制。争端解决机构做出的裁决对当事方具有强制约束力。这一机制明确规定了解决贸易争端的原则、机构、程序和时限要求,为处理成员之间的贸易纠纷提供了一个有效框架,为保证多边贸易体系的稳定运行创造了条件。农产品贸易涉及的争端包括关税、配额、卫生检疫和安全性技术标准、反倾销和反补贴、国家贸易制度等内容。遗憾的是,近年来由于美国与其他成员在许多重要问题上存在分歧,美国无端阻碍上诉机构补充新成员,导致上诉机构于 2019 年 10 月因成员到期离任又不能够及时增补而陷于"停摆",无法继续受理上诉案件,WTO 争端解决机制陷入危机。如果任凭这种情况持续下去,多边贸易体制会面临瓦解的风险。

许多区域合作组织的争端解决机制都在借鉴国际通行原则的基础上,结合了自身特点。例如,中国—东盟的争端解决机制在设计上就借鉴了 WTO 解决争端的价值取向、争端解决方式等。由于东盟相对比较松散,而中国—东盟自由贸易区是在东盟的基础上建立起来的,因此中国—东盟自贸区的贸易争端解决机制有明显的"软法"特征。在 2005 年之前,《中国—东盟全面经济合作框架协议》对争端解决机制并没有实体性的规定。《中国—东盟全面经济合作框架协议争端解决机制》于 2005 年 1 月 1 日开始生效,明确了受案范围和争端双方的平等性、贸易规则的制定、仲裁制度的采用方式和具体的执行程序,为有效解决争端奠定了制度基础。应该说,

《中国—东盟全面经济合作框架协议争端解决机制》是实施《中国—东盟全面经济合作框架协议》的核心机制之一。它的生效使中国与东盟之间的全面经济合作进一步规范化和制度化。但这一机制在争端解决机制主体的范围、仲裁人员的组成、仲裁庭设置及其表决方式、复核程序和执行程序等方面还需要进一步完善。

（5）智库与信息服务为全球粮食安全治理提供支撑

联合国三大涉农涉粮机构集聚了世界各地权威的农业政策专家、技术专家和投资专家。FAO本身就具有信息中心和咨询机构的职能，定期发布《世界粮食安全和营养报告》，每年发布《农业展望报告》和《全球粮食安全报告》，提供政策咨询和智力支持。IFAD通过研究制定贷款国国别发展策略、设计实施贷赠款项目，积累投资和减贫经验。从2004年起，WFP与国际食物政策研究所（IFPRI）联合开展包括儿童在内的全球粮食安全和营养问题研究，双方合作出版的《2014~2015年全球粮食安全政策报告》，对解决中等收入国家的粮食安全和营养问题提供了权威的政策指导。

全球粮食安全和营养问题高级别专家组（HLTF）由联合国秘书长担任主席，FAO总干事担任副主席，汇集了联合国各专门机构、联合国秘书处、世界银行、国际货币基金组织、经合组织、世贸组织等机构，世界粮食安全委员会（CWFS）所提出的许多政策建议的基本依据就来自粮食安全和营养问题高级别专家组提出的以科学证据为基础的报告。国际农业研究磋商组织（CGIAR）的主要使命就是在农业等多个领域开展科学研究，该组织在世界各地资助了15个研究中心，为解决粮食问题提供了技术支撑。

G20注重在农业科技创新方面的成果共享，成立由"三驾马车"（上一届、本届、下一届农业部长会东道国）国家牵头的工作组，设立G20首席科学家会议专门网站，促进成果共享。金砖国家在2015年的第四届农业部长会议上通过了《金砖国家基本农业信息交流系统的修改草案》，2016年这一系统正式运行，成为金砖国家定期交换农业、农产品贸易、风险评估信息的重要平台。

4. 全球粮食安全治理合作的有限性

尽管全球粮食安全治理已经形成一个庞大的体系，但是其发挥作用的领域和强度是有限的。以联合国粮农三机构（FAO、WFP、IFAD）为代表的国际组织在实践中几乎仅停留在国际农业发展议题、倡议及相关报告"起草人"的角色上。在实践中，农业领域议题存在实际动力不足或滞后等矛盾。发展议程更像是一种装饰性议题，有逐渐被边缘化的趋势。G20以倡议和自愿合作为主，缺乏约束性，因此农业部长会议达成的成果在应用和可持续性上存在不足。金砖国家目前基本是以部长级会议、工作组会议、领导人峰会为协调机构，以各类经贸论坛为补充、以各类双边协定为基础的合作机制，在全球粮食安全治理机制中的制度性协商不足。合作领域有待深化，并未深入农业可持续发展、农业贸易投资便利化、农业产能合作等关键领域。

全球粮食安全治理规则的碎片化问题导致了执行力的严重不足。二战以来，全球各个层次的机构制定了众多的粮食安全国际规则，但是这些制度的授权与任务、管辖权限等是分布在各种不同的国际组织中的，更增加了全球粮食安全治理的复杂性并且具有明显的碎片化特征。由于全球粮食安全治理需要跨部门协调各级粮食安全问题，碎片化的规则在解决全球粮食安全问题上不具有足够的权威性，导致了执行力的严重不足。

三　全球粮食安全治理体系变革的必要性

近年来，新自由主义的发展导致西方发达国家内部的民族主义势力不断抬头，英国脱欧、美国民粹主义代表特朗普的上台表现出对新自由主义的不满，导致逆全球化进程加快。同时，新自由主义发展观忽视南北发展的差距，对广大发展中国家的关切不够，不能反映发展中国家，特别是欠发达国家在全球治理中的呼声。因此，迫切需要对全球粮食安全治理体系进行变革。

（一）提高全球粮食安全水平的迫切需要

由于未能在消除世界饥饿方面取得重大进展，全球粮食安全制度的有效性并不令人满意。由联合国粮农组织等多家机构联合发布的《2017年全球粮食危机》报告可知，由于地区冲突、食品价格高涨、气候等，全球仍然面临着严重的粮食不安全问题。目前掌控全球粮食运销的仍是以ABCD为代表的跨国粮商，这四家粮商控制着全球80%的粮食交易量。现有全球粮食安全治理体系中的广大发展中国家缺失话语权。一方面是一大批贫穷国家严重的粮食短缺，另一方面是跨国大粮商的掌控，这种国家间的发展不平衡及其实力对比的改变正在冲击着旧的粮食安全治理体制和治理秩序。世界正处在难以抉择的十字路口，有迷茫、有困惑。随着贸易自由主义的退潮，全球粮食安全治理的基调开始发生变化，而造成贸易摩擦的根本原因是全球治理体系结构性改革的滞后，各国在货币政策上大力放水，在国际贸易中加强了对国际市场的争夺与切割，导致了国际规则的碎片化。因此，要提高全球的粮食安全水平，必须对现有的全球粮食安全治理体系进行变革，必须体现广大发展中国家的利益，必须摒弃贸易保护、民粹主义等做法，走粮食安全全球共治的道路。

值得注意的是，一些国家在全球粮食领域表现为粮食安全过度的国家化，个别发达国家通过法律对农业进行保护，通过贸易政策禁止粮食出口，通过人道主义援助对相对贫穷的国家进行政治限制，通过补贴加大生物燃料作物的种植面积和区域，将粮食安全过度国家化，造成全球欠发达地区的粮食安全隐患，进而加剧了全球粮食的不安全风险。这种过度的粮食安全国家化将会导致世界粮食贸易低迷、增速减缓，甚至面临停滞的风险。世界农业的持续稳定发展亟须全球粮食安全治理体系的变革。

（二）落实《2030年可持续发展议程》的需要

联合国可持续发展峰会于2015年9月发布的《2030年可持续发展议程》已于2016年1月1日正式启动生效。该议程涉及自然环境、社会经济、和平正义以及高校科研机构等相关内容，是全球未来15年发展的指导性总纲。该议程呼吁各国在2030年之前实现消除贫困及饥饿等17项可持续发展目标。现有的全球粮食治理机制和治理理念与《2030年可持续发展议程》的总纲领是背道而驰的。因此，要全面贯彻落实《2030年可持续发展议程》，必须对现有的全球粮食安全治理体系进行变革。

（三）解决现有不合理的粮食安全治理机制的需要

发达国家主导下的全球粮食治理机制与当前的全球粮食贸易格局极不协调，不能充分体现不发达国家、发展中国家、新兴经济体的利益，严重制约着全球粮食安全治理的公平性和公正性。

发达国家实行受限制的市场准入政策和扭曲市场的贸易补贴规则，并通过WTO《农业协议》等将农业和粮食议题纳入世界贸易组织的治理范围，形成了不合理、不公正的粮食安全治理规则。在国内支持政策方面，

WTO《农业协议》根据国内支持政策对贸易的扭曲程度,将支持政策分为"绿箱"、"黄箱"和"蓝箱"。而这一分类管理规则事实上在发达国家和发展中国家之间设置了双重标准,它为发达国家保留了充足的政策空间,而发展中国家却无法利用"黄箱"和"蓝箱"的支持,也无财力去填充"绿箱",因此缺少保障本国粮食安全的充足政策空间。在市场准入规则方面,发达国家通过肮脏化的关税、选择性的关税削减、弱化最低限度的市场准入、战略性的使用特殊保障措施等手段,极力规避市场准入义务,反而使发展中国家的市场更加开放,严重削弱了关税在保障粮食安全中的作用。在出口竞争规则方面,WTO《农业协议》只要求发达国家对出口补贴进行适当削减,允许发达国家继续在国际市场上进行粮食倾销,从而造成了发达国家与发展中国家的不平等竞争合法化。美国等西方国家正是借助WTO《农业协议》的偏袒政策,一方面维持对农产品生产的高保护政策,另一方面利用出口补贴、食品援助、出口信贷以及信贷担保等直接和间接手段扩大出口。因此,发达国家的农业政策继续成为扭曲国际贸易格局的主要因素。现行的WTO规则很难有效保障发展中国家的粮食安全。

(四)提高发展中国家参与全球粮食安全治理能力的需要

发展中国家与发达国家在全球粮食安全治理中的力量失衡和利益失调,是未来全球粮食安全治理体系变革的关键问题。例如,金砖国家作为新兴经济体的代表,在经济发展和参与权益上具有较为一致的诉求。中国是世界第一产粮大国,更是世界第一粮食进口大国。中国等金砖国家国土面积占世界总面积的29.6%,耕地面积占世界耕地面积的36%,人口总量占世界人口总量的42.7%,农村人口占世界农村人口的47.1%。2017年中国等金砖五国的国内生产总值占全球的23.3%。截至2016年,发达国家农产品出口份额下降了近10个百分点,目前为61.09%,而中国等金砖国家的市场份额则提高了近5个百分点,达到12.78%。在农产品进口总额方面,经济合作与发展组织的市场份额也在下降,从73%下降到61%,金砖国家的市场份额则由6.52%升至13.4%。中国等发展中国家在世界农产品市场中的作用与其在全球粮食安全治理体系中的地位并不相称。全球粮食安全治理体系急需新兴经济体和发展中国家贡献更多的治理智慧,发挥治理作用,推动粮食安全治理体系向更加公平公正、更具包容性的方向发展。

(五) 构建人类命运共同体的客观要求

经济全球化已经成为当前不可逆转的发展趋势,当今世界正在各个领域经历着新一轮的大发展、大变革和大调整。随着经济全球化的推进,世界各国的经济联系日益密切,全球治理体系和国际秩序的变革也在加速进行。但是在世界经济深刻调整的同时,大量不稳定、不确定因素依然存在,世界各国在各领域的合作均面临着不断加剧的风险。2013年3月,习近平同志提出构建人类命运共同体的重要思想,提出必须通过全球治理体系的变革和治理秩序的改变来解决世界经济持续低迷、贫富差距不断扩大和南北问题愈加突出等问题。作为负责任的发展中大国,中国借助"一带一路"倡议,积极为世界各国深化经贸合作创造条件,积极援助沿线国家加强基础设施建设。中国始终坚持多边贸易体制、推动自由贸易,致力于建设开放型世界经济,支持经济全球化。在全球粮食安全治理方面,将构建"粮食安全共同体"作为开展国际农业和粮食领域合作的新理念,将共同利益、共同命运、共同责任等核心思想融入全球粮食安全治理变革的实践中,建立合作共赢、可持续发展的全球粮食安全治理体系。

四 全球粮食安全治理体系变革面临的挑战

(一) 美国将控制全球粮食市场作为国际政治的战略武器

现有的粮食安全治理体系中,美国仍然具有极强的霸权地位。美国从政治、经济、外交等各方面,都将粮食和石油作为战略武器,千方百计谋取在全球的控制力。首先,美国从20世纪30年代起就开始通过各种法案,采用直接支付、反周期支付、销售支持贷款和贷款差额补贴等国内农业支持政策以及出口补贴等手段,向其他国家出口甚至倾销粮食,着力提高在世界粮食市场上的市场占有率。其次,采取一系列法律和反垄断豁免政策支持国内农业垄断集团发展,通过与多个国家签订自由化双边投资条约和区域多边投资条约,鼓励本国大型粮商进行海外投资,致力于控制全球粮食产业链。再次,投入大量财政补贴发展转基因生物技术,支持孟山都、杜邦等公司在粮食品种、农药研发等方面取得技术优势,在通过国际贸易推销转基因品种的同时,不断完善与转基因产品知识产权相关的法律,从源头上控制全球粮食产业链。最后,通过实施粮食援助战略控制发展中国家的粮食生产。20世纪40年代通过创建世界粮食计划署（WFP）和粮食援助公约（FAC）来主导多边粮食援助机制。无论早期把粮食援助作为外交工具，还是冷战之后将其作为促进出口的手段，都有其显著的政治和外交意图。总之，美国将粮食作为大国外交的战略武器，致力于推行霸权主义与强权政治，在全球粮食安全治理中时刻以维护西方发达国家的利益为主，试图在国际粮食安全治理中长期拥有一票否决权，这是全球粮食安全治理体系变革的主要障碍。

（二）国际粮食贸易规则的主导权由少数发达国家掌控

近年来，金砖国家等新兴经济体经济实力迅速提高，全球粮食贸易发生了明显变化，新兴市场国家和发展中国家在国际农产品市场上所占的份额不断提升（见图8-1）。从近年来全球治理实践来看，新兴市场国家的崛起改变了全球治理的整体格局。中国在2015年12月世贸组织的第十届内罗毕部长级会议上积极参与磋商，与各成员共同努力，在农业领域通过了《关于出口竞争的部长决定》，全面取消了农产品出口补贴，并对农业领域的出口融资以及棉花和国际粮食援助等方面的议题达成了新的多边协定。但是，全球粮食安全治理格局并没有发生实质性的改变，仍然由美国等西方国家霸占主导地位，以体现西方发达国家的意志为主，主要为西方发达国家的利益服务。

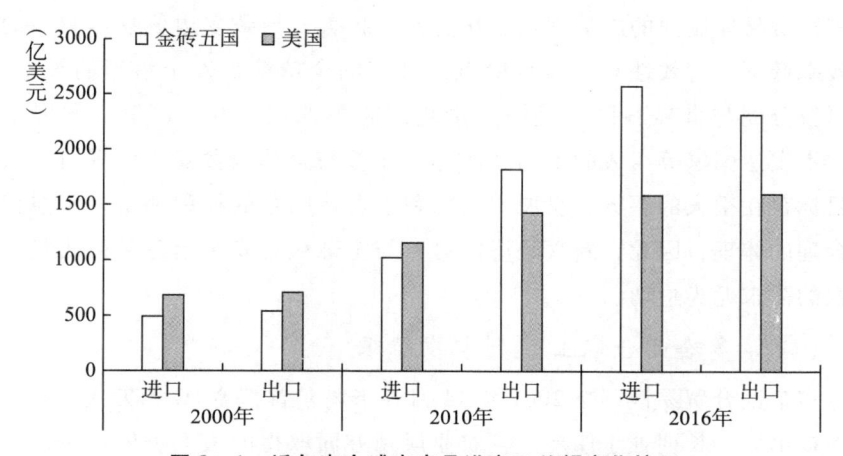

图8-1　近年来全球农产品进出口总额变化情况

当前全球治理的主要问题可以归纳为两个方面，即"参与赤字"和"责任赤字"，全球治理一方面难以体现广大发展中国家的利益诉求，全球社会组织、非政府间国际组织由于能力、合法性的制约对全球公共事务的影响力有限；另一方面缺失提供和管理全球公共物品的意愿和行动。但是，世界上的强大国家反对对粮食安全治理安排进行根本性改革，它们的利益倾向于维持现状。其原因在于诸如 WTO《农业协议》等规则是在美国等西方发达国家主导下形成的，这些规则不利于发展中国家维护自身的粮食安全。

（三）各国利益诉求各不相同，深度融合有难度

全球粮食安全治理体系的构建涉及世界各国，由于在农业资源的比较优势、经济发展阶段、经济实力、市场结构等方面存在巨大差别，各国开展国际粮食合作的利益诉求不尽一致。以美国为代表的国家认为，自由贸易和市场导向是实现粮食安全的主要路径。以欧盟、日本为代表的农业保护主义势力则主张充分考虑粮食安全的需要。非洲等贫穷国家关心如何解决自身贫困问题；一些农业资源丰富但农业生产力落后的国家关心的是引进先进的农业技术，以提高自身的粮食生产能力；发达粮食出口大国希望在国际粮食市场上占有更高的市场份额；即使同是粮食出口国，在国际粮食市场的占有份额、大国关系的平衡等问题上，也存在不同程度的竞争和冲突。各种利益诉求的差异直接影响各国构建全球粮食安全治理体系的基本立场和战略取向，影响粮食安全合作的深入开展。利益格局的多元化使得多边贸易体制内的成员观点分化、差异扩大，导致多边贸易体制内的谈判效率低下，有效性和协调性降低。现有的全球粮食安全治理的投票权、话语权分配与世界各国的经济力量越来越不匹配。发达国家、发展中国家、不发达国家等组成的不同经济体，在参与全球粮食安全治理时，其治理目标存在很大的差异，发展中国家和不发达国家的权利和正常利益得不到合理的体现，因此，新兴经济体对参与全球粮食安全治理的话语权、投票权的需求尤为迫切。

（四）多哈回合农业谈判举步维艰

多哈回合贸易谈判自 2001 年 11 月在卡塔尔首都 WTO 第四次部长级会议中提出后，长期处于僵局。在农业谈判方面取得的最大进展就是内罗毕宣言，在内罗毕召开的第十次部长级会议取消了对农产品的出口补贴，并且在安全机制措施和市场准入等方面对发展中国家给予了特殊的照顾。农业谈判是多哈回合谈判中最为关键的议题之一，但由于各成员国利益目标

的不一致,各成员政治、经济、体制等诸多因素的相互作用致使成员间的分歧仍然比较大。立场的分歧导致发达国家与发展中国家在谈判中僵持不下,几经周折,最终达成一项《农业谈判框架协议》。这一协议虽然在一定程度上平衡了发达国家和发展中国家的利益,但许多焦点问题被淡化或模糊化处理。一方面是西方发达国家把粮食作为控制其他国家的有力政治工具,企图通过最大限度地打开发展中国家和欠发达国家的农产品市场,操纵其粮食市场及其价格机制;另一方面是广大发展中国家和欠发达国家尚不具备全面开放农业市场的条件,如果按照谈判条件执行的话很容易使他们处于不利的地位。由于主要行为体之间的立场差异,多哈农业谈判能否取得实质性进展仍不确定。多哈回合谈判进展缓慢将助长贸易保护主义,导致贸易争端持续增加,将会给那些最为贫弱的国家、多边贸易体系和多边主义本身造成严重的伤害。多哈回合谈判进程如表8-3所示。

表8-3 多哈回合谈判进程一览

时间	谈判阶段	取得的进展
2000年3月至2001年3月	谈判提案提交阶段	126个成员提交3个技术性文件和45个建议
2001年3月至2002年2月	谈判磋商阶段	通过多哈部长宣言
2002年3月至2003年7月	模式准备阶段	两大利益集团在诸多焦点问题上存在重大分歧,未取得实质性进展
2003年8月至2004年8月	坎昆会议和模式框架阶段	欧美等发达国家和21国集团在市场准入、国内支持、出口补贴方面的立场差异明显,坎昆会议失败
2005年12月13~18日	香港部长会议	发达国家于2006年前取消棉花出口补贴,2010年前取消所有税目的关税和配额。2013年前,取消对农产品的出口补贴并对国内支持的相关规定进行规范
2013年12月	巴厘部长宣言	达成巴厘协定,主要涵盖贸易便利化、农业和粮食安全及发展等议题
2015年12月	内罗毕宣言	在以粮食安全为目标的公共储备、发展中国家的特殊保障措施、与棉花有关的措施、对最不发达国家的优惠贸易安排、取消出口补贴协定等方面均取得丰硕成果

（五）四大跨国粮食集团已经成为全球粮食产业链的垄断势力

全球粮食领域的话语权一直被欧美等掌握农业生物技术优势的强国掌控，目前国际粮食贸易基本被美国的阿丹米、邦吉、嘉吉和法国路易达孚四大国际粮商垄断。它们借助跨国公司，从控制优质粮食种子开始，业务范围涵盖粮食生产、粮食种植、粮食加工、粮食物流和粮食贸易等领域，企图垄断全球粮食生产全产业链。由于农业大国的跨国垄断，目前非洲、亚洲等部分欠发达地区忽视粮食生产，成为粮食净进口国，国际粮食已经逐步形成"西产东销、西出东进"的供需新格局。美国更是通过粮食战略形成"粮食美元"来达到其控制和影响世界市场与经济的目的。由于发达的农业强国加紧对粮食战略物资的控制，粮价上涨趋势明显，这将使非洲、亚洲等依赖粮食进口的欠发达地区恩格尔系数提高，直接降低人们的生活质量，甚至还会造成社会矛盾、民族冲突、地区战争以及民粹主义在世界多国的兴起。发达国家的贸易保护和贸易垄断将加剧落后国家人民的苦难。

（六）逆全球化思潮是变革全球粮食安全治理体系的障碍

特朗普就任美国总统之后，在"美国优先"的战略指导下美国企图抛开WTO多边机制，使多边贸易体制边缘化，"回归"单边主义。同时，美国大量运用其国内法对中国等WTO成员实施贸易制裁，国际贸易法治面临"二战"以来的空前危机。这既反映了WTO体系未能与时俱进地更新法律规则以满足国际贸易关系的现实需求，又证明了WTO严重缺乏管控国际贸易危机的能力。"美国优先"战略和反全球化趋势日益明显，脆弱的全球粮食安全治理体系频繁受到美国一系列行为的挑战，现有的多边粮食援助机制和国际粮食贸易规则明显不能适应世界快速发展的需要。在新兴经济体国家综合实力提升的同时，一方面这些国家迫切希望通过全球制度权利结构的转型来反映其地位与格局的变化，另一方面中国等新兴经济体缺少与其国家地位相匹配的话语权，G20没有秘书处，其发布的宣言没有法律效力。发达国家推动的"中美贸易战""脱欧"等反全球化、贸易保护主义等逆全球化思潮成为全球粮食安全治理体系变革的主要障碍，但是，全球粮食安全治理格局的改革已是大势所趋。

五 全球粮食安全治理体系变革的主要内容

全球粮食安全治理体系改革的核心是寻找一个合理、有效地解决全球粮食安全问题的方案，目前呼声最高的是全球粮食安全治理的多边共治理论。随着世界各国经济的发展，尤其是广大发展中国家的迅速崛起，全球治理秩序应向一个没有霸权、力量相对均衡的趋势发展。笔者认为，新形势下国际粮食安全治理体系应从以下几个方面推进变革。

（一）以合作包容的全球粮食安全观为引领

包容性发展理念是人类进入21世纪之后，为了克服现代文明困境由一些国际组织提出来的新发展理念。一个开放的国际体系，需要接受政治体制、经济制度、发展道路、法律和文化存在巨大差异的成员。全球粮食安全治理体系的变革，应以世界各国的共同利益为基础，实现粮食共同安全的治理机制，确保世界各国人民的粮食安全。

一是要超越国家而关注全球粮食安全。要充分尊重各国的平等性和多样性。在全球粮食安全治理中，各国都有平等参与的权利，也都有维护粮食安全的责任。全球粮食安全治理应由不同区域、不同国家、不同阶层参与，治理的成果尤其要由贫穷和落后国家的人民分享，而不仅仅是关注单个国家粮食的绝对安全而造成巨大的负外部性。

二是充分尊重各国的粮食主权。粮食主权衡量了一国向其人民提供所需粮食的能力。一个国家的粮食对外贸易和对外投资要以不损害其他国家独立的粮食生产体系为前提。各国在合作中要尊重合作伙伴国家政府和人民的意愿。在政策选择上，不仅不能以邻为壑，而且要相互帮助，大国帮小国，富国帮穷国，使所有国家能享受全球粮食安全治理水平不断提高的成果。

三是坚持以协商谈判的方式推动治理机制转型。一个国际组织的成员在资源禀赋、社会制度、发展水平、价值观、法律法规、利益关注点等方面存在很大的差异，在全球粮食安全治理上必然会出现分歧。一方面，要通过坦诚深入的对话沟通，增进战略互信，减少相互猜疑，求同存异；另一方面，要努力把各成员的多样性和差异性转化为促进粮食安全合作的活力和动力，尊重各成员的自主选择。

四是强调以人为中心。实现粮食安全,必须超越以国家为中心、自助式的传统安排,承认人是安全的终极关怀。在合作包容的理念引领下,传统的以国家为中心的粮食安全治理目标应转向以人的安全为终极目标,且全球粮食安全治理要从惠及某些国家的人民扩大到惠及世界各国人民。中国提出的人类命运共同体理念和相应的举措,为包容性发展奠定了共识性和行动性的制度基础和实现机制。

(二)以多层次、多元化治理主体结构为基础

历史和现实证明,霸权独揽既不符合各国人民的基本利益和诉求,也不能有效解决全球粮食安全问题。粮食领域的全球治理应该秉承开放的态度,全球粮食安全治理中的问题和各项事务应由参与方行为主体共商共议来解决,形成多元协同治理机制。当然,对全球粮食安全治理体系的变革不是对已有体系的全盘否定,而是在尊重现有治理规则的基础上,建立新的治理机制。

1. 基于联合国和世贸组织维护国际粮食安全的多边共治机制

首先,发挥联合国(UN)和世界贸易组织(WTO)在全球粮食安全治理中的主导作用。

2008年粮食危机后,联合国对粮食安全委员会进行了改革,改革后的粮食安全委员会被认为是促进粮食安全政策一致性的重要平台,是全球粮食安全治理体系中最重要的国际和政府间机构。因此,有必要充分发挥粮食安全委员会各个委员在相关重要谈判议题上的协调作用,进一步强化联合国三大机构——联合国粮农组织(FAO)、国际农业发展基金会(IFAD)、世界粮食计划署(WFP)的主导作用。第一,利用"三大机构"的优势和庞大的组织系统,不断加强和其他国际组织的合作沟通,强化各涉农涉粮国际组织间的合作。第二,维护多边主义共识,在开放、透明、包容、非歧视等基本原则的基础上推动"三大机构"的结构性改革。第三,协调世界粮食安全行动。第四,积极推动全球创新合作,尤其是在技术创新的前沿领域,不断推动创新成果产出,促进全球经济增长。

其次,巩固以WTO为核心的全球多边贸易体制。在以往的多哈农业谈判中发达国家做出了一些让步,但发展中国家关于粮食安全的大部分关键诉求并没有被采纳,而发达国家的削减承诺很大程度上也只是停留在纸面上,目前比较一致的研判是,多哈农业谈判不可能从根本上考虑发展中

国家对于粮食安全的关注。但是，当前美国唱衰 WTO，美欧日等发达国家和地区试图通过 CPTPP（由日本牵头正式签署的跨太平洋伙伴关系协定）、EPA（日本与欧盟签署的"经济伙伴关系协定"）、TTIP（跨大西洋贸易与投资伙伴协议）、TISA（跨大西洋贸易与投资伙伴协议，即美欧双边自由贸易协定）等多个国家参与的大型贸易协定绕开 WTO 机制，并想方设法通过新的贸易规则取代 WTO 的地位与作用。鉴于这种情况，WTO 应努力推进以下四个方面的工作。其一，进一步强化各成员对 WTO 权威性的尊重。WTO 的改革进程应当以继续维护多边贸易体系为内核。中国已经于 2019 年 5 月 13 日向 WTO 提交了《中国关于世贸组织改革的建议文件》，在 2018 年文件的基础上，再次强调了 WTO 在全球经济治理中不可替代的作用。其二，积极推动 WTO 体制的改革进程。国际经济治理机制的改革要反映经济体量的变化，尤其是新兴经济体在现有国际组织中的话语权和决策权。要体现平等的原则，使各方的意见能够反映在议题的设置和政策的制定过程中。其三，推进诸边协定谈判与落实。WTO 的现有规则要求 164 个成员全部同意才能达成多边协议，难度很大，导致多边机制的效率低下。在 2017 年布宜诺斯艾利斯第 11 届部长级会议上欧盟提出建议，针对某个领域的规则能达成一致意见的成员可以签署诸边协定（Plurilateral Agreements）。因此，可以考虑先签署若干诸边协定，然后在此基础上通过不断扩充新成员，将诸边协定逐步推向多边，以渐进改革方式形成全球性制度安排。其四，尽快通过谈判推动 WTO 在规则制定、发展中国家地位及其特殊优惠待遇、WTO 的运行效率、争端解决机制等重点领域的改革。推动以市场准入、国内支持和出口竞争为支柱的农业谈判，持续推进与贸易有关的知识产权、规则等方面的谈判。

2. 提升新兴经济体在全球经济治理中的地位和影响力

当前，全球经济治理正由传统"西方治理"向"西方与非西方共治"转变，非正式制度和机制在全球治理中的作用越来越大。美国"退群"、英国脱欧、WTO 改革停滞等都说明正式制度的影响力在下降。而 G20、APEC 以及各种习俗、惯例等非正式制度对全球治理的影响力越来越大。

2008 年 11 月，首届 G20 领导人峰会在美国首都华盛顿召开；从 2011 年起，G20 每年举行一次峰会，其主要目的在于稳定全球金融市场，避免全球经济衰退，不断完善全球经济治理。其议题涉及的领域也在不断拓宽,从财政金融扩展到贸易、投资、发展、粮食、难民、气候变化等多个领域。G20部长级会议也进行了逐步扩展,包括财政部部长和中央银行行长会议、劳工就业部部长会议、贸易部部长会议、农业部部长会议、科技创新部部长会议、旅游部部长会议和能源部部长会议等。G20自身机制也从应对暂时性危机转向长效性的经济治理。

值得注意的是,随着近年来逆全球化、民粹主义、贸易保护主义等思潮的兴起,G20机制也面临新的挑战:G20各成员的治理理念和建设方案存在分歧,西方发达国家对G20的重视程度大幅度降低,美国、欧盟、日本等仅关注自身关心的议题。G20内部的G7、金砖国家、"MITKA"集团(墨西哥、印度尼西亚、土耳其、韩国、澳大利亚)三个组织之间既有权力不均衡的问题,也有凝聚力不够的问题。中国等发展中国家虽然是G20机制的参与者,但并不是这一机制的发起者,G7实际上仍在G20框架内发挥主导作用。G20机制面临领导力、执行力不足等诸多挑战。但是,G20作为全球经济治理的主要平台,必须义不容辞地将全球粮食安全治理作为一项重要责任和使命,推动全球粮食安全治理机制建设,共同维护人类粮食安全。G20在全球粮食安全治理体系的变革中应发挥以下作用。

首先,要使G20成为维护多边贸易体制的支柱。G20的大多数成员支持多边主义。G20在多年的运行中,始终坚定维护以WTO为核心的多边贸易体制。在当前贸易保护主义、单边主义抬头的形势下,G20各成员更应加强协调和合作,担当全球多边贸易体制的坚定维护者。具体可从多边贸易体制的谈判、贸易和投资的自由化与便利化等入手。

其次,要使G20成为与重要国际组织密切合作的桥梁。G20要在全球经济治理中处于主导和核心地位,就必须加强与联合国、WTO、国际货币基金组织、世界银行等国际组织的合作。G20在与国际货币基金组织、世界银行合作的同时,要积极推进与FAO等涉农涉粮国际组织的密切合作。此外,G20要注意与全球各区域经济组织之间保持良好的沟通关系,通过增强不同机构间的联动性,促使不同机构形成合力,共同应对全球粮食安全与发展问题。

再次,使G20成为发展中国家与西方发达国家对话的平台。要将G20作为新兴市场国家、发展中国家与发达国家协调宏观经济政策的重要平台,平衡发达国家与发展中国家的利益,为各方需求寻求最大公约数。通过加强各国间的协商和交流，努力争取新兴经济体在粮食安全治理体系中的话语权，敦促各粮食生产大国和全球粮食进出口大国积极挖掘自身的优势和潜能。在粮食安全领域，G20内部要实现发达国家与新兴市场国家和发展中国家间的务实合作，促使发达国家为发展中国家和欠发达国家提供必要的支持和帮助。

最后，使G20成为全球粮食安全治理体系变革的推动者。一个基本的思路是，在不彻底改变现有国际涉农涉粮制度的前提下，立足于国际粮食安全制度的边际创新，渐进推进对现有不合理国际规则的变革。G20内的新兴经济体和发展中国家要因势而谋、顺势而动，在全球经济治理体系变革中发挥更大作用，通过促进国际涉农涉粮组织或机构的改革，增强发展中国家和新兴经济发展主体在全球经济治理体系中的话语权，制定有利于发展中国家和新兴经济体的贸易规则，增加与国际粮食安全相关的公共产品的供给，促进全球粮食安全治理体系向着更加公平、合理的方向发展。

3. 基于新兴经济体和发展中国家构建区域粮食安全公共产品

从根本上说，要改变不合理的国际制度，必须依靠新兴经济体和发展中国家自身的力量。新兴市场国家和发展中国家对全球经济增长的贡献率已经达到80%，而当前的全球治理体系却未能反映这一新变化。短期看，既有的国际制度还没有做好充分接纳新兴力量的准备，制度内的守成力量也没有衰落到愿意接纳更多创新力量的地步。笔者认为，国际粮食安全治理体系的变革不能再单纯依赖美国等西方发达国家。这就要求新兴经济体、广大发展中国家和欠发达国家主动作为，尽快投入全球粮食安全治理体系的变革中。金砖国家、上合组织、非洲联盟等区域组织要努力提升以下五种能力。

一是基于互信机制持续提升成员的团结协作能力。新安全观的核心是互信、互利、平等、协作，既维护本国安全，又保证别国的安全，以互利合作寻求安全，达到促进人类共同安全的目标。以金砖国家为例，通过这一新兴经济体和发展中国家组成的区域合作组织，建立国家之间高层对话的平台，探讨不同国家发展战略的匹配度，帮助各国深化合作共识，增进政治互信，凝聚共识，打造更加紧密的利益共同体，形成推动全球粮食安全治理结构转型的合力。

二是不断强化发展中国家维护自身利益的能力。目前，全球经济治理体系存在的主要弊端在于：广大发展中国家的地位、权益和话语权没有得到充分体现和尊重。全球粮食安全问题的重点是广大发展中国家尤其是不发达国家人民的温饱与饮食安全问题。因此，新兴经济体和发展中国家所组成的区域合作组织更应该积极主动参与全球粮食安全的治理，贡献力量和智慧，为广大发展中国家争取利益和话语权，在不公平的世界贸易体系中为发展中国家争取更大的政策支持空间。

三是提升全球粮食安全治理变革的推动能力。金砖国家等区域合作组织的首要任务是继续充当全球治理体系变革的推动者。要以金砖国家组织、上合组织等为代表的跨区域合作机制提供的多边合作机制为基础，在国际粮食安全治理的重大问题上与不同发展水平的国家开展协商对话。国际粮食安全治理体系的变革要综合考量不同社会制度、不同资源禀赋、不同经济发展阶段国家对农业和粮食问题的多重诉求，积极消除国家间的政治纷争和利益局限，努力打破经济发展水平不同所形成的粮食安全治理断层。为了确保粮食安全治理的有效性，金砖国家应借助自身的影响力为南北合作和南南合作提供有效的对话平台；要与金砖国家国开行、亚投行等新兴国际金融机构建立积极紧密的关系，努力提高发展中国家和新兴经济体的地位和话语权，落实金融改革的各项措施，推动全球金融体系的稳定和创新。

四是基于全方位务实合作提升区域粮食安全保障能力。金砖国家、上合组织、非洲联盟等区域组织要持续加强合作，打造更加紧密的利益共同体；包容处理WTO与区域粮食安全治理的关系，进一步扩大区域合作高峰论坛的覆盖范围，为WTO与各区域的贸易合作提供长期有效的沟通交流平台；着眼长远合作与发展，重点针对有关国家政治动荡、地缘冲突等内部风险，建立粮食安全风险防控机制。

五是增强合作机制的自身治理能力。金砖国家、上合组织等也要根据需要推进本身的结构性改革，巩固和提升自身作为区域经济合作的主渠道地位，建议设立常设秘书处，从之前的以危机应对为主要目的逐步向建立粮食安全的长效治理机制转型，从注重短期政策逐步向放眼中长期政策转型。

（三）以推动建立公平的治理规则为手段

全球粮食安全治理体系的优化需要以公平的治理规则为基础。在当前面临百年未有之大变局的背景下,受国际战略博弈、国家利益分歧以及理念认同差异等多种复杂因素的影响,多哈回合谈判一直没有取得实质性进展,今后一个时期推进国际粮食安全治理体系建设的任务十分艰巨,需要在不公平的世界贸易体系中为发展中国家争取更大的政策支持空间,为贫困人口的粮食安全提供基本保障,努力修正发达国家和发展中国家之间不平等、不公正的贸易规则,解决发达国家和发展中国家存在的严重不平衡的问题。

一是应积极争取在WTO谈判中设置保障粮食进口国利益的条款。许多发展中国家是粮食进口国,长期以来,这些国家的粮食安全、农民就业和农业农村发展面临较大的压力,而在谈判中又处于弱势。在今后的农业协议谈判中,应积极争取设置保障粮食进口国利益的条款,比如,要求发达国家确定取消农业出口补贴的期限,减少国内支持,在大宗农产品方面通过特殊和差别待遇,给发展中国家提供更加有效的保护空间。为了避免进口激增对本国粮食生产造成的影响,应建立农产品特别保障机制(SSM),取代只适用于发达国家的特殊保障措施。为保护发展中国家的粮食生产和农民生计,应按照发展中国家的建议逐步终止"蓝箱",改革或移除"绿箱",并取消出口补贴。

二是推动降低特殊保障措施(SSM)的底线。根据2004年的框架协议和香港会议宣言,出于粮食安全、农民生计和农村发展的考虑,发展中国家可以根据三大标准自主指定何种产品受WTO《农业协议》的约束,在这些产品进口激增时,可以采取提高关税等特殊措施来保护本国农业免受严重冲击;允许发展中国家重新评估并调整关税水平,履行较低的削减义务。发展中国家在特殊保障措施的触发水平和适用税率上,还要尽力争取较低的触发水平和较高的适用税率,为保护比较脆弱的粮食生产和农民生计创造条件。这是只有发展中国家才能够享受的特殊保障机制,对于发达国家来说,应停止使用特殊保障措施。

三是推动建立严格约束成员实施出口限制的规则。从历史上看,在全球发生大面积粮食危机的时候,主要的粮食生产国常常会采取限制出口的措施。然而WTO对于粮食出口限制行为并没有实质性的约束机制,2004年的框架协议仅仅提出要加强出口限制的纪律,内容并不具体。在将来的农业谈判中,应增加对出口限制和透明度的要求,形成一套约束出口限制的规则,避免在发生粮食危机时,粮食出口国任意采取出口限制或禁止的措施。

四是完善多边贸易体制下的粮食援助规则。为了防止粮食援助国利用援助扩大粮食出口,甚至把援助变成隐形的出口补贴,需要对非紧急粮食援助进行必要性评估,对援助形式也要有更严格的规定。

五是对威胁粮食安全的生物能源生产进行必要的约束。鉴于美国等发达国家大力发展以粮食为原料的生物能源产业,给世界粮食安全带来了不可避免的威胁,应通过WTO推动粮食生产大国的生物能源产业尽量使用非粮食作物为原料。比如,适时出台一项有关可再生能源补贴的协议性文件,对《补贴与反补贴措施协定》和WTO《农业协议》中的补贴条款进行修改,明确可以实施的补贴项目和相应的限额,以粮食为原料的生物能源补贴不允许获得豁免。

(四) 以全方位的自由贸易区(FTA)建设为补充

以区域经济一体化为导向的自由贸易区(FTA)建设是对停滞不前的国际多边贸易机制的补充。近年来,在单边主义、贸易保护主义抬头的挑战下,WTO等国际组织成员数量不断增加,谈判效率却越来越低。在这种情况下,更多国家选择了加入效率更高的区域经济一体化组织。对广大的新兴经济体和发展中国家来说,在不彻底变革现有国际制度的前提下,立足外围和新兴国际制度建设,赋予新兴国际制度以权威和功能,以渐进方式对现有不合理国际制度进行替代,逐步促使现有的不合理国际制度边缘化,是较为可靠和可行的双轨制增量改进方式。

自由贸易区是指两个或两个以上的国家根据世贸组织的相关规则,达成的有关某些领域的区域性贸易安排。通过协商,在成员之间可以实现特定区域关税减免甚至取消部分市场的准入限制,商品在各成员之间实现部分或完全自由流动。近年来自由贸易区发展快、效率高。据WTO提供的数据,截至2018年底,全球向WTO通报生效的各类区域贸易协定数量达到了467个。

首先,要从战略高度认识自贸区建设的重要性。在当前逆全球化思潮泛滥的背景下,新兴经济体和发展中国家建设自贸区对于维护贸易多边主义、破解美国等发达国家对以中国为代表的新兴经济体的打压,具有重要的意义。在亚太地区,美国起初试图以《跨太平洋伙伴关系协定》(TPP)

为框架推动一体化进程。日本在美国退出 TPP 之后带领其他 11 个国家谈判签署《全面与进步跨太平洋伙伴关系协定》(CPTPP)。这些协定都把中国排除在外，其意图在于削弱中国在国际多边贸易规则体系中的话语权。新兴经济体和发展中国家需要另辟蹊径，通过签署贸易协议、建立自由贸易区、关税同盟、共同市场甚至经济联盟等方式，逐步强化国家之间的经贸合作关系，加快推进国家和地区之间经济一体化的进程，以此降低双边贸易成本，进而促进双边贸易的持续健康发展，深化区域内部的国际合作。区内成员之间取消各种贸易壁垒，实现商品自由流动，是实现进口农产品来源多元化的有效途径。截至目前，中国已经与新西兰（2008）、智利（2008）、新加坡（2008/2018）、巴基斯坦（2009）、秘鲁（2009）、哥斯达黎加（2010）、东盟9国（不含新加坡，2012/2015）、冰岛（2013）、韩国（2015）、澳大利亚（2015）、瑞士（2016）、马尔代夫（2017）、格鲁吉亚（2017）等签订了自贸协定（FTA），涉及24个国家和地区。还有正在谈判中的中日韩、中国—挪威等13个自贸协定。中国正努力谋求通过这些协定扩大与更多国家和地区的自由贸易协定谈判，以推动形成立足周边、辐射"一带一路"和面向全球的高标准的自由贸易网络。

其次，自贸区建设要致力于推进国家和区域之间的战略对接。对新兴经济体和发展中国家，在推进自贸区建设中要区别对待，有所侧重，对不同合作意向的合作伙伴采取差异化的合作策略。中国—东盟自贸区（CAFTA）是中国与东盟10国共同创设的自贸区。该自贸区成立以来，在双边贸易、相互投资、互联互通等方面取得了可喜的成就，但也面临诸多挑战。现在提出要打造自贸区"升级版"，一个重要途径就是要实施自贸区与"一带一路"建设的对接联动，尤其要注意与东盟提出的《区域全面经济伙伴关系协定》（RCEP）对接。2019年8月《升级议定书》生效，提出促进双方在数字经济、智慧城市、5G等新兴领域的快速发展，降低在贸易、投资等领域的门槛。要建设中国—俄罗斯自贸区，在两国经济规模相差较大、贸易层次不高、互联互通设施薄弱的情况下，需要遵循2015年5月中俄两国元首发表的《关于丝绸之路经济带和欧亚经济联盟建设对接合作的联合声明》，以推进"一带一盟"对接为途径，为建设中俄自贸区创造条件。

再次，自贸区建设要有清晰且有区分的战略定位。应根据不同自贸区的区域特色，有目标、有侧重、扬长避短地开展机制化合作。一要选择政治互信程度高的国家和地区。2008年之前，中国为建设东亚自贸区（东亚地区指的是东盟十国和日本、韩国等12个经济体）付出了很多努力，但这一目标并未实现，其中一个主要困难就是各国之间的政治共识不易达成，短期内很难完成东亚自贸区的建设。二要选择贸易和投资的重要伙伴国家和地区。2008年之后，中国转向支持亚太自贸区建设（亚太地区指APEC内除中国之外的20个经济体）。其主要原因是，中国与亚太地区之间有着庞大的贸易额，约占中国全球贸易的60%；2007年以来，来自亚太地区的外来投资大约占中国全部外来直接投资的59.4%，2014年达到了84.4%。亚太地区对于中国贸易和投资的重要性已经凸显，为中国主张建设亚太自贸区提供了动力。三要重视与周边国家和地区的合作。北美自贸区（NAFTA）、欧盟（EU）、中国—东盟自贸区（CAFTA）三个自贸区都是在接壤或距离较近的国家和地区之间建立的。建设自贸区是一项复杂的工程，需要在认真开展可行性研究的基础上，确定总体建设目标，更要认真研究核心问题。可采取先易后难的原则，对条件不太成熟的国家和地区，应当在做好长期规划的基础上，先尝试建立较低水平的自贸区，循序渐进，逐步提高合作水平。

最后，推进自贸区建设与国际接轨。自贸区协定所做的安排一般包括货物贸易、服务贸易、投资、政府采购、知识产权保护、环境保护、标准化等多个领域。新兴经济体和发展中国家要通过自贸区建设倒逼自身改革的深化，在政治、经济、法律、监管等各领域与国际运行规则接轨，加速经济转型升级的步伐，要做好开放相关产业市场的准备，与合作伙伴寻求相同的利益结合点。主动学习发达国家建设自贸区的经验，提高相关行业管理水平，推进自贸区建设的深度一体化，在降低关税配额的基础上采取更广泛的政策促进区域内市场的进一步整合。中国应不断深化和升级签署的自由贸易协定，同时注意完善国内贸易环境，提高贸易便利化水平，通过深度一体化实现自贸区的动态效应。

（五）以伙伴关系型的粮食援助为保障

粮食援助是世界粮食计划署的主要宗旨，并通过开展援助使受援国达到生产自救和粮食自给的目的。美国是联合国粮农组织和世界粮食计划署最大的捐助国，从20世纪50年代实施的"粮食换和平计划"到2010年的

"未来粮食保障计划"都是美国扩大国内剩余粮食出口，控制发展中国家包括粮食种子、生产、销售在内的全产业链的幌子，甚至控制了不发达国家的粮食消费结构。美国试图通过对发展中国家的各种补贴推广其粮食及转基因粮食品种和技术，大力推广经济作物，借以摧毁发展中国家传统的农业种植结构，降低发展中国家的粮食自给能力。2016年美国又出台了首个《全球粮食安全法案（2016）》，并制定了新的粮食安全战略，通过粮食领域的对外投资和援助，进一步巩固了美国在粮食领域的全球领导力。同时制定出台了《粮食援助和粮食安全战略（2016~2025）》，将孟加拉国等12个发展中国家纳入其重点支持范围来达到其确保新战略顺利实施的目的，为美国开辟了新的农业投资和贸易市场。近年来，美国、欧盟开始调整粮食援助政策，其目标由处理剩余农产品转变为解决发展中国家粮食不安全的问题，并以现金捐赠为主要方式。世界粮食计划署开始由粮食援助向粮食协助转变。

新的全球粮食安全治理体系要以伙伴关系型的粮食援助为保障。首先，对双边粮食援助的透明度不高、渠道不稳定、接受国际社会监督有困难的问题，要积极支持并维护以联合国为核心的多边机构在国际粮食援助中发挥主导作用，以确保广大发展中国家的利益为主，积极推动发挥全球发展合作论坛及联合国开发计划署的作用。其次，增加实物援助的比例。除了进行粮食援助外，还要采用现金、代金券等多种手段。在援助的方式上，除了紧急援助外，可以采用粮食促和平、采购促发展、学校供膳、当地采购等新型粮食援助工具。

六 中国在全球粮食安全治理体系中的角色定位

随着综合国力的不断增强，中国已经有条件与世界上主要粮食出口国开展对话，主动参与国际粮食贸易规则的制定和修订，为全球粮食安全治理体系变革做出贡献。在当前新兴市场国家承担的国际责任与其在国际制度中享受的权利存在不平衡，新兴市场国家在国际经济中的影响力与其在国际经济制度中的代表权存在不平衡的背景下，中国的基本定位包括以下六个方面。

（一）人类命运共同体理念的引领者

国家主席习近平提出了"构建人类命运共同体"的理念，该理念一经提出，就得到众多国家的认同，并被写入联合国的相关决议，这是中国对全球治理做出的巨大贡献。习近平主席指出："世上没有绝对安全的世外桃源，一国的安全不能建立在别国的动荡之上，他国的威胁也可能成为本国的挑战。邻居出了问题，不能光想着扎好自家篱笆，而应该去帮一把。"可以用平等包容、共享共惠、担当精神、长期复杂来阐释以人类命运共同体理念引领的国际粮食安全治理体系变革的思路。

一是以平等包容的思维推进全球粮食安全治理体系的变革。要站在人类命运共同体的高度，重新审视人的安全、国家安全与国际安全之间的关系。发达国家与发展中国家同处于国际粮食安全体系之内。尽管各国在粮食生产自然条件、生产力水平和技术水平等方面存在差异，但都是国际粮食安全治理体系的平等参与者，所有国家对全球粮食安全问题负有共同的责任。既包括发展中国家的责任，也包括发达国家的责任；既包括粮食比较富裕的出口国家的责任，也包括粮食不能自给的进口国家的责任。应当把各个国家都看作粮食安全治理的主体，充分尊重各国在粮食安全上的核心利益。

二是以共享共惠的共同利益观牵引全球粮食安全治理体系的变革。共识、共建、共治的基础是利益。全球粮食安全治理体系是一个彼此相互依存、利益有机融合的系统，每个国家都希望在这一体系内获得应得的利益，但是任何国家利益的获得都不能以损害其他国家的利益为代价。人类命运共同体的思想体现在国际粮食安全治理体系上，就是要在建立平等的新型伙伴关系的基础上通过平等协商解决粮食安全问题。面对已经形成的不平等、不合理的国际规则，作为粮食进口大国，中国应做好顶层设计，促进发达国家与发展中国家、粮食出口国家与进口国家在合作中实现各自国家粮食安全战略的对接和协同。注重寻求世界各国之间的共同利益、共同追求和共同发展，构建人类命运共同体，真正实现在竞争中合作，在合作中共赢，积极主动将中国经验、中国技术和中国方法切实推广到粮食不安全的国家和地区。

三是以担当精神引领国际粮食安全治理体系变革。当前，面对经济逆全球化带来的挑战，中国已经成为推动构建人类命运共同体的引领者，这就要求中国站在国际道义制高点推动国际粮食安全机制改革。中国应顺应大势，主动作为，通过与广大的新兴经济体和发展中国家合作来应对挑战，打破垄断，共建全球粮食安全治理新秩序，搭建有效的全球粮食安全治理结构，增加发展中国家和新兴市场国家话语权，确保各国在全球粮食安全治理中的权利与机会平等。

四是考虑国际粮食安全治理体系变革的复杂性。目前世界经济缺乏增长动力，金融危机阴霾不散，两极化发展愈加严重，局部战争从未停歇，强权政治阴魂不散，恐怖主义、难民危机和气候变化等威胁持续蔓延，这些热点问题都是对人类的挑战。中国尤其需要对国际粮食安全治理体系变革的长期性、复杂性有足够的准备。世界银行、国际货币基金组织、世贸组织等仍由美欧主导；中美贸易摩擦的长期性也将影响国际体系的改革。国际体系未来将长期陷于"斗而不破"的摩擦新常态，必须做好打"持久战"的准备。

（二）全球粮食安全治理变革的推动者

现行全球经济治理体系由主要西方大国在"二战"后主导建立，其基本特征是霸权主导下的大国共治与政策协调。综合实力不断增强的新兴经济体在现行经济治理体系中的话语权并未同步调整。中国已经成为全球治理的重要参与者和治理机制变革的重要推动者。在国际粮食安全治理体系的变革中，应努力争取获得与国家地位相匹配的话语权和影响力。

首先，中国应进一步加强与国际组织的合作，与 FAO、WFP、IFAD 等国际组织加强战略合作。推动国际粮食安全治理体系变革，并不意味着要对现行治理体系推倒重建，而是要对其中不合理的内容进行变革。在 WTO 体制内，努力构建常设性协调机构，加强与发达国家之间的沟通协调，促进 WTO 成员之间的相互了解；通过建立世贸组织协商机制，在农业标准和农产品认证互认、农产品市场开放等问题上达成最大限度的共识，积极推动世界贸易组织谈判，推动"多哈回合"谈判取得实质性成果。

其次，在 G20 框架内，注意团结和协调新兴经济体和发展中国家共同发声，提高发展中经济体和发展中国家的影响力。借助金砖银行、亚投行、上合组织等多边组织的力量，加强与新兴经济体在国际经济与金融治理中的协调与协作，扩大我国在全球经济治理中的影响力，将 G20 作为我国展示形象与主张的传播平台。

最后，通过多种途径和方式参与全球粮食安全治理。中国通过发起或主办亚太经合组织农业和粮食部长会议、G20 农业部长会议、金砖国家农业部长会议、中国—中东欧国家农业部长会议、世界农业展望大会等重要国际会议，积极融入国际粮食安全治理体系。通过推动粮食安全治理体系的变革，助力更广泛的国家参与到全球粮食安全多边治理的格局中来，维护国际粮食安全治理的新秩序。

（三）国际粮食安全规则变革的主要推动者

中国作为最大的发展中国家，要在全球粮食安全治理体系演进和变化的过程中，积极发挥主要建设者的作用，这不仅是以中国为代表的新兴经济体在国际粮食安全治理领域争夺话语权的重要举措，也是国际社会对中国发挥更大建设作用的期待。

基于发达国家在全球粮食安全治理体系中占据主导地位的现状，中国必须与广大发展中国家加强协调，同频共振，在全球粮食安全治理规则的变革中占据有利地位。特别要加强与FAO、WTO、世界知识产权组织等国际组织、金砖国家机制、中国—东盟合作机制的协调与合作，努力使全球粮食安全治理规则向发展中国家的意愿和利益倾斜，推动规则向公平、公正、有效的方向变革。在具体实施过程中要遵循先易后难的原则，对于WTO改革需要研究的议题排出优先次序。争端解决机制、WTO上诉机构制度的改革、可持续发展等与我方立场比较一致、多数国家已经形成初步共识的领域可以作为改革的着力点先行推进。

（四）发展中国家权益的坚定维护者

中国不仅是最大的发展中国家，更是全球最大的粮食进口国，还是仅次于欧盟、美国和巴西，位居世界第四的农产品出口国。中国始终积极坚定地维护广大发展中国家的利益，保护不发达国家在全球粮食安全治理体系中的利益不受侵害。

目前在多哈回合谈判中仍未解决的农业谈判议题包括新"蓝箱"措施、敏感产品指定、关税上限、新增关税配额、关税简化等。在新"蓝箱"措施方面，发达国家和发展中国家存在严重不平衡，导致了国际农产品贸易的严重不平衡；在敏感产品指定方面，美国、日本、加拿大等国家不同意敏感产品的数量限制，甚至提出发达国家要指定更高比例的关税税目作为敏感产品；在关税上限方面，主要涉及对发达国家设置例外以及对特定成员授予例外的适当性问题的决议。对新增关税配额的分歧主要集中在灵活性实施的"透明度"和执行标准方面。在各类问题的谈判中，中国应始终以负责任大国的形象，积极呼吁并极力维护广大发展中国家的利益，使全球粮食安全治理体系更加平衡地反映大多数国家的意愿和利益，为推动全球粮食安全治理体系的加速变革做出贡献。

（五）全球粮食安全公共产品的提供者

由于旧体系的主导者和受益者不会自动退出历史舞台，迫切需要新的全球经济治理公共品弥补现有治理体系的缺陷和不足，中国在这方面已经进行了积极探索。

近年来，中国提供了包括"一带一路"倡议、亚洲基础设施投资银行、丝路基金、金砖银行等在内的多项世界公共产品，为密切国家之间的经贸往来和抵御全球化风险提供了更强大的战略依托。"一带一路"倡议在构建人类命运共同体的思想引领下依托已有的多边、双边合作机制，着力打造以政治互信、经济相融、文化互鉴、思想包容为核心的利益、责任与命运共同体，得到了五大洲多个国家的参与和支持。截至2018年底，中国累计与122个国家、29个国际组织签署了170份政府间合作文件。"一带一路"倡议给新兴经济体和发展中国家提供了新的发展机会。借助亚洲基础设施投资银行（AIIB）、丝路基金等，推进了基础设施建设，促进了沿线国家的互联互通。2015年6月29日签署的《亚洲基础设施投资银行协定》，从金融方面支持了亚洲地区的基础设施建设，为促进互联互通和经济一体化进程提供了金融保障。到2019年4月22日，亚投行的成员总数达到了97个，到2019年6月已为亚洲40个国家的发展项目提供总额为80.3亿美元的融资，有效弥补了现有国际金融机构支持发展中国家能力不足的缺陷。下一步要积极开拓粮食安全合作项目，在将已有项目做好做实的同时，积极开拓新项目，引入更多的国家参与共建，以项目合作带动地区发展。在巩固利益共同体的同时，更要深化"一带一路"利益共享和风险共担体制机制建设，朝着命运共同体迈出坚实的步伐。

（六）"以我为主"粮食安全战略的坚定践行者

中国是世界第一人口大国和第一粮食进口大国，作为发展中国家的代表参与国际粮食安全治理的前提是必须保障本国粮食安全。必须全面贯彻"以我为主、立足国内、确保产能、适度进口、科技支撑"的国家粮食安全新战略，切实做到依靠国内生产确保"谷物基本自给、口粮绝对安全"。这就要求持续强化粮食综合生产能力建设，严格保护耕地特别是基本农田，不断提高粮食生产科技创新能力，优化粮食品种结构，提高粮食产量和粮食质量。一是积极引进国外先进的粮食种植和加工技术。要将农业技术的自主研发和国外先进农业技术的引进结合起来，提高农业科技贡献率和成果转化率，大力引进与提高粮食单产、改进粮食品质相关的农业科学技术。通过国际技术合作、技术转让等途径，结合各地区粮食种植的实际情况引进绿色科技，改善生态环境，促进我国粮食种植、粮食加工的绿色发展。二是积极引进国外资本和先进管理经验。通过项目合作的方式充分利用国外资金优势，积极学习国外先进农业管理经验，利用外资积极发展外向型农业。带动农民就业，增加农民收入。单纯依靠国内农业种植去开拓国际市场，缺点是对国际市场的把握不够深入。利用外资开展农业项目合作，有利于更为精准地瞄准国际市场需求，确保产品适销对路。同时，统筹好国内国际两个市场两种资源，使全球粮食安全治理与国家粮食安全治理形成双向互动。目前中国许多粮食企业已经实现"走出去"，但整体创新能力依然不足，在国际经济竞争中仍在低端价值链徘徊，在国际市场竞争中长期处于被动地位，在收益分配中也处于弱势。因此，在全球化发展过程中，要想获得相应的话语权，就需要实现跨国企业在全球网络供应链和价值链中由低端向中高端的跃升。要不断深化其国内粮食安全治理的体制和机制改革，实现粮食生产、加工、销售全链条可追溯，并不断总结自身治理经验，有效推动全球粮食安全治理变革。

第九章 粮食安全视阈下"一带一路"框架下的区域粮食合作

2013年国家主席习近平出访中亚四国和印度尼西亚时先后提出了"丝绸之路经济带"和"21世纪海上丝绸之路"（简称"一带一路"）的倡议，并被写入党的十八届三中全会通过的《中共中央关于全面深化改革若干重大问题的决定》，是涉及经济贸易、政治外交、人文交流等诸多领域的国际合作。2015年3月国家发改委、外交部、商务部联合发布了《推动共建丝绸之路经济带和21世纪海上丝绸之路的愿景与行动》，旨在促进经济要素有序自由流动、资源高效配置和市场深度融合，推动沿线各国实现经济政策协调，共同打造开放、包容、均衡、普惠的经济合作架构。粮食安全是中国和"一带一路"沿线国家都十分关注的战略问题。本章在分析"一带一路"沿线国家开展粮食合作的机遇、存在的风险等问题的基础上，基于构建进口粮源保障体系，提出区域粮食合作的原则和分区域的推进策略。

一 问题的提出

长期以来，国际大宗粮食产品的主导权掌握在少数西方国家手里。国际粮食市场实际上由少数国际粮商及其支配的跨国公司体系垄断。近年来，跨国粮食巨头在横向和纵向两个方面的垄断程度都在加深。随着人口增加和工业化、城镇化进程加快，在国内农业资源和生态环境的承载能力已经达到极限的情况下，粮食贸易依存度势必进一步提高。而"一带一路"沿线既有拥有丰富农业资源的国家，又有农业资源贫乏的国家，许多国家与中国在粮食产业领域存在高度的互补性，良好的外交关系为合作开辟了广阔的空间。"一带一路"建设以政策沟通、道路联通、贸易畅通、货币流通和民心相通（以下简称"五通"）为主要合作内容。"五通"将政治、经贸、交通、货币、民心等结合起来，打造政治互信、经济融合、文化包容的利益共同体、责任共同体和命运共同体，为推进区域粮食合作创造了条件。2017年，农业部、国家发改委、商务部、外交部四部门联合发布《共同推进"一带一路"建设农业合作的愿景与行动》，提出了农业合作的基本原则、框架思路、合作重点和合作机制，对我国在"一带一路"框架下开展农业合作进行了顶层设计。以"一带一路"倡议的实施为契机，开展涵盖粮食生产、粮食加工、粮食物流等跨国产业链的区域粮食合作，既是作为世界第一人口大国的中国保障国家粮食安全的需要，又是"一带一路"沿线各国构建"利益共同体"和"命运共同体"的最佳结合点之一。

二　文献综述

关于中国"走出去"参与国际粮食合作的研究，是近年来学术界和实务工作者关注的一个热点。程国强（2005）提出要把农业国际合作置于国家粮食安全战略框架之下，构建持续、稳定、安全的全球农产品供应链及农产品供应网络，要从全球维度、国家维度、家庭维度规划国家粮食安全。粮食安全要结合农业资源的跨国流动和跨国政治来进行研究。中国的国际政治研究要将重点放在避免美国再次将粮食贸易作为对华政策的工具上。许多学者提出，粮食进口不能过度依赖少数国家，要通过分散来降低进口的风险（袁平，2013）。粮食安全的国际合作不仅是必然的选择，而且是唯一的选择，应从战略和全局高度看待农业国际合作，创新农业国际合作中的投资体制，利用境外农业资源构建国家粮食安全的综合保障体系，建立利用国际市场和国际资源的国家战略，创造中外粮食合作新模式，积极参加国际粮食安全协调机制。邹文涛（2012）提出中国利用境外农业资源的重点区域包括南美洲、中东欧、中亚和东南亚。上述研究多从经济、贸易和技术的角度展开讨论，较少研究合作中可能遇到的政治、社会、法律等风险问题。

第九章 粮食安全视阈下"一带一路"框架下的区域粮食合作

近年来,学术界围绕区域农产品贸易和区域粮食合作问题进行了多方面研究。在与俄罗斯合作方面,邱玉泉等(2014)认为,俄罗斯农业资源丰富,开发潜力巨大,对俄罗斯农业的投资可采用建设境外农业种植基地、境外养殖业生产基地、境外农副产品加工基地等方式。钟建平(2013)从粮食安全的视角分析了中俄区域农业合作存在的问题,对重复征税、境外农业种植结构、口岸粮食物流基础设施建设等重点问题提出了解决的对策。也有学者认为,中俄农业合作要求两国共同构建一个动态而稳定的农业合作框架,可以选择资源开发型、农业科技型、合资共建型等多种合作模式。在与东亚粮食安全合作方面,崔海宁(2013)分析了东亚粮食安全合作的特点和面临的障碍,认为应从国家战略和外交的高度,加强制度建设,开展务实合作。王凤阳(2016)从"量"和"质"两个方面分析了中国、日本、韩国三国粮食生产、贸易的历史和现状,提出了中日韩三国粮食安全合作的空间和战略。在与中亚国家的合作方面,有学者分析了中国与中亚五国农产品贸易存在的互补性,通过研究中亚各国的外资政策、投资环境和投资风险,提出了中国在中亚国家的农业投资战略。有学者提出,中国与中亚地区农业经贸合作可采取多种模式,如农产品出口加工基地、合作共建、企业+基地、农业合作示范、国际集聚型合作、合同进入、农业跨国公司、国际农贸批发市场、国际农业专业合作社等。在与西亚国家合作方面,柳思思(2014)提出,当前中国与西亚地区的合作领域较窄,主要集中在能源领域,双方在农业领域的合作相对滞后,应努力拓宽合作领域。韩永辉、邹建华(2014)提出应加快与西亚地区海路交通设施的互联互通建设。在与中东欧国家合作方面,有学者提出应将中东欧地区作为实现中国市场多元化和实施"走出去"战略的重点地区,制定《布加勒斯特纲要》,选定标志性投资项目,增加从中东欧国家的进口。有学者建议优先考虑在波兰、罗马尼亚、塞尔维亚等国家开展农业投资合作。在与非洲国家的合作上,安春英(2017)提出,中国应基于《非洲农业综合发展规划》,把保障非洲国家的粮食安全作为中非农业合作的重点。

"一带一路"倡议构想提出以来,国内学术界围绕"一带一路"倡议的定位(田惠敏等,2015)、"一带一路"沿线国家的主要特点(马岩,2015)、"一带一路"对中国农业的影响(程国强,2015)、建设"一带一路"需要处理的若干关系(李向阳,2011)、"一带一路"的地缘政治问题

(王义桅，2015；王志民，2015)、"一带一路"倡议下企业"走出去"的机遇、"一带一路"背景下对外开放的路径（王志民，2015)、中国与"一带一路"沿线国家开展粮食合作的机遇（李怡萌，2018）等问题进行了多角度研究，为研究"一带一路"框架下我国参与区域粮食合作的方式和途径提供了有益指导。也有学者研究了"一带一路"倡议下中国农业开展国际合作的策略，提出应优先开展亚洲农业合作，将重点发展与全面拓展相结合。张芸、张斌（2016）则从产业战略、投资战略角度提出应突出重点领域，郭百红（2019）从农业贸易、对外直接投资、农业示范区建设等方面研究了"一带一路"倡议下农业合作的利益共享机制。贾琨（2019）等研究了共建"一带一路"国家粮食生产的地域差异和空间格局。龚斌磊（2019）建立了地理和经济双维度的全球农业生产函数，通过测算107个国家的农业生产溢出效应提出了共建"一带一路"国家开展农业合作的途径。董玉溪（2019）通过建立风险评价模型研究了在"一带一路"倡议下粮油企业"走出去"的风险评价问题。

然而，现有对"一带一路"的研究主要集中在宏观层面的区域协调、对外开放、产能输出、资本输出、能源安全、基础设施建设等方面，如何以"一带一路"建设为契机，加快区域粮食合作的进程，推进中国转变国际农业资源利用方式的进程，亟待进行更为深入的研究。本章拟在分析"一带一路"建设对于推进区域粮食合作意义的基础上，研究"一带一路"框架下中国参与区域粮食合作的机遇以及可能遇到的障碍，并提出相应的推进策略。

三 "一带一路"框架下我国参与区域粮食合作的机遇

"一带一路"建设的规划和实施，为中国在共建"一带一路"国家中发展粮食贸易创造了必要的主客观条件，也为中国利用境外农业资源、建立国际大宗农商品生产和交易新体系提供了良好契机。

（一）"一带一路"沿线国家丰富的农业资源开辟了合作空间

长期以来，中国粮食进口来源国比较集中。2014年进口大豆7139.91万吨，其中95.2%来源于巴西、美国和阿根廷。2014年进口小麦297.2万吨，其中89.66%来源于澳大利亚、美国和加拿大。相比较而言，玉米进口来源地较分散，但在2014年中国进口的259.92万吨玉米中，从美国进口的比例达39.52%。中国的稻谷进口多年来由泰国、越南、巴基斯坦"三分天下"，这样的市场格局并未得到根本改变。有关监测数据显示，2015年1~3月，进口稻谷来源于泰国、越南、巴基斯坦的比例分别为38%、34%和16%，三者合计占88%。粮食进口来源地集中度较高的格局势必伴随一定的粮食贸易风险，亟待寻求丰富粮食进口来源地的途径。

"一带一路"沿线的许多国家拥有丰富的农业资源，与中国在粮食生产领域存在高度的互补性，且有良好的外交关系。许多国家与中国在陆上接壤，有条件成为新的粮食进口来源地（见表9-1）。比如，中亚地区地广人稀，农业发展条件优越，农产品特别是畜牧业比较优势明显。而东南亚地区是世界重要的水稻、热带水果出口地。中东欧国家土地资源禀赋好，拥有较为完备的农业基础设施。据FAO统计，在欧盟耕地面积排名前10的国家中，中东欧地区的波兰、罗马尼亚、匈牙利、保加利亚、捷克就名列其中。以往中国主要通过沿海海路进口粮食，进口来源国家和运输通道相对比较集中。中国西南几省区的粮食缺口为2500万吨，和这几个省区接壤的国家粮食生产潜力可以达到2000万吨。如果将该区域的农业生产和贸易问题解决，西南地区的粮食区域平衡就可以实现。"一带一路"为亚洲周边地区优质农产品进入中国创造了条件，有利于满足国内日益增长的多样化食品需求，为促进中国西部广阔的腹地与中国以西的产粮大国实现对接开辟了广阔的合作空间。

表9-1 "一带一路"沿线部分国家和地区粮食生产优势

国家或地区	粮食生产优势
俄罗斯	拥有世界上面积最大的黑土带，大量土地未开垦，粮食增产潜力巨大；土地和能源价格低廉；是世界第三大小麦出口国
中亚国家	除土库曼斯坦、塔吉克斯坦可耕地较少以外，其他国家土地资源丰富；总体上水资源比较丰富；盛产小麦、玉米、稻谷、棉花等。哈萨克斯坦是世界粮食生产和小麦出口大国，乌兹别克斯坦和土库曼斯坦是世界棉花出口大国
独联体其他国家	白俄罗斯、乌克兰农业资源丰富，土地肥沃，是农业生产大国
中东欧国家	土地资源禀赋好，农业基础设施比较完备，劳动力充足，长期向欧盟出口粮食

(二)"一带一路"沿线国家的需求提供了良好的合作机遇

中国具有悠久的农业文明历史,积累了在各种气候条件下从事种植、养殖的先进技术,既有帮助其他国家解决粮食安全问题的技术和经验,也有解决自己粮食问题的需求。

许多"一带一路"沿线国家产业结构比较单一,基础设施薄弱,这为中国农业"走出去"提供了广阔的发展空间。"一带一路"沿线国家在粮食合作上的需求总体上可以分为四类:一是农业投资需求,二是粮食生产与流通技术需求,三是粮食物流基础设施建设需求,四是粮食贸易需求(见表9-2)。一些国家农业资源丰富、劳动力不足,对国外投资持欢迎态度。俄罗斯加入 WTO 以后表现出了参加国际农业合作的积极性,俄罗斯现行法律允许将土地长期租给外国人。又以西亚地区的伊朗为例,该国虽然是长期的粮食进口国,但是拥有能生产小麦、稻谷、大麦、玉米等农产品的多样化的地理和气候条件,该国可耕地面积约为3200万公顷,但现在只耕种了1500万公顷,需要解决农场设备陈旧、农业科技薄弱、资金投入和基础设施不足等问题。中亚地区存在着农业生产效率低、劳动力不足、经营方式粗放等问题。以农业机械化水平为例,中亚五国2002年的农业不动产构成中农机所占比重分别为哈萨克斯坦3%,吉尔吉斯斯坦8%,塔吉克斯坦3%,土库曼斯坦3%,乌兹别克斯坦4%。

表9-2 部分"一带一路"沿线国家和地区在粮食生产和流通方面的需求

国家或地区	粮食生产和流通需要解决的问题
俄罗斯	农田基础设施老化严重,物流、仓储和运输设施发展滞后,劳动力短缺,技术和设备不足
中亚国家	农业物质技术基础薄弱,农业灌溉面积小;农业机械化水平普遍不高,农业基础设施年久失修;一些国家农产品加工、储存和运输设备缺乏维护、工艺陈旧、效率不高;化肥、农药等农业生产资料供应不足
东南亚国家	一些国家农业机械化水平不高,劳动力短缺;农机、化肥、食品储藏等产业起步晚;铁路、公路等基础设施建设滞后
独联体其他国家	白俄罗斯、乌克兰农业人口少,劳动力不足,农业生产效率低;农产品和食品加工业发展水平不高
中东欧国家	港口、铁路、公路等基础设施建设有较大需求
西亚北非国家	一些国家大量可耕地未开发利用,种植技术落后,机械化程度低,农机具大量依赖进口,农产品加工技术落后。中国与该地区有关国家在农业科技、水产养殖、防止土地沙漠化等领域合作潜力大

哈萨克斯坦农业机械平均已经使用13~14年，正常情况下农机寿命为7~10年，目前，70%的农机是1991年以前制造的。

相当一部分"一带一路"沿线国家粮食流通基础设施比较落后。首先，粮食储运技术陈旧、设施简陋，粮仓主要是老式的房式仓、罩棚仓，保温隔热效果差，储粮极易发生虫害和霉变，储粮品质极易产生劣变。其次，物流和储运设施老化现象严重，港口、码头、铁路等基础设施建设薄弱。最后，粮食加工厂设施设备陈旧老化，精深加工、综合利用技术缺乏，加工的综合效益低下。近年来，中国一些企业已经与有关国家开展积极合作。中国和哈萨克斯坦于2014年开始实施的粮油加工农业合作项目已经取得成效。西安爱菊集团将哈萨克斯坦的小麦、油菜籽等资源作为原料，在当地建设面粉加工厂和油料加工厂，利用我国粮食加工技术和成套设备，就地加工成小麦粉、菜籽油后，通过班列运回国内，弥补国内小麦粉、食用油的供需缺口。

"一带一路"倡议的实施加强了中国与有关国家的粮食产业合作，在更大范围内实现了粮食产业链的优化和整合，从而为中国更有效地利用国际粮食资源创造了条件。中国的粮食产业存在着较为严重的产能过剩问题。以粮食加工业为例，2013年全国规模以上稻谷加工企业生产能力为33234万吨，当年产能利用率为43.6%；同年全国规模以上小麦加工生产能力为21726万吨，产能利用率为61.1%。然而，产能"过剩"并不意味着产能"落后"。"一带一路"沿线国家在粮食生产、粮食流通、粮食加工等方面仍存在着较大的潜在需求，有可能成为我国实现产能输出的目的地和突破口。"一带一路"倡议的实施将中国部分过剩产能转移到这些国家，既可以带动中国国内经济的转型升级，也为"一带一路"沿线国家提供了发展机遇。

（三）"一带一路"的合作内容为区域粮食合作创造了条件

开展区域粮食合作需要主观和客观两方面条件。客观条件是外交关系稳定、要素跨国流动、金融保险业健全、交通和通信设施完善和东道国有需求等，主观条件是要有足够的资本作保障。"一带一路"建设以政策沟通、设施联通、贸易畅通、资金融通和民心相通为主要合作内容。"政策沟通"以达成区域粮食合作的新共识为目标，通过构建多层次的政府间宏观政策沟通交流机制，不断深化政府间的利益融合，促进政治互信。"设施联通"通过基础设施建设,加强亚洲各次区域以及亚欧非之间的基础设施网络连接,为构建跨国粮食现代物流体系创造条件。"贸易畅通"主要致力于改善各国的营商环境,加快促进投资贸易便利化的实现。"资金融通"致力于深化金融合作,推进各国在经常项目和资本项目下实现本币兑换和结算,降低流通成本,增强抵御金融风险的能力。"民心相通"则通过传承和弘扬丝绸之路友好合作精神,为深化双边和多边合作奠定坚实的民意基础,带动各民族、宗教间的沟通交流,增强彼此之间的理解、包容、融合,消除各民族、宗教间的各种隔阂和误解。

由于中国与"一带一路"沿线国家之间存在资源互补,可以通过农业合作,实现利益共享。"五通"则创新性地将政治、经贸、交通、货币、民心等有机结合起来,打造政治互信、经济融合、文化包容的利益共同体、责任共同体和命运共同体,为推进区域粮食合作创造了条件。在"一带一路"架构下参与区域粮食合作,为探索中国粮食进口来源多元化提供了新途径,有利于减弱部分粮食出口大国粮食贸易政策突然调整带来的负面影响,从而保障了粮食进口的粮源稳定和整体的粮食安全。

(四)"一带一路"的基础设施建设将夯实区域粮食合作的物质基础

"一带一路"建设的优先领域是沿线各国基础设施的互联互通。基础设施的互联互通首先要进行统一规划,要与各国的技术标准体系相对接;其次是重点推进骨干通道的建设,抓住口岸和港口以及信息基础设施的建设,掌握水路运输的主动权,为铁水多式联运创造便利条件,逐步形成我国连接亚洲各次区域以及亚非欧地区的便捷的公铁水基础设施网络。为实现国际运输便利化,要大力推进统一的全程运输协调机制的建设,实现国际通关、直接换装、多式联运等的有机衔接。

"一带一路"沿线国家多为发展中国家,有些国家的公路、铁路、港口以及农田水利设施还是比较落后的。把基础设施互联互通作为"一带一路"建设的优先领域,将为大型农业投资项目和粮食现代物流提供优良的基础设施,形成连接亚洲各区域以及亚非欧地区的交通运输网络,为降低粮食物流成本创造条件,也为打造跨国农业企业和国际粮商提供基础。

"一带一路"倡议为沿线各国开展区域粮食合作提供了良好的历史机遇。这就要求把区域粮食合作作为"一带一路"建设的重要内容之一,以转变国际农业资源利用方式的理念为引领,通过参与"一带一路"框架下的区域粮食合作,从被动地处于国际粮食产业链的末端向主动布局全球粮食产业链转变,从在国际粮食市场中处于被动支配地位向具有一定话语权的大国主体地位转变,提高国际市场竞争能力和对国际市场粮源的掌控能力。

四 "一带一路"框架下区域粮食合作的风险和障碍

农业和粮食领域的跨国合作是一个敏感领域。我国试图通过区域合作获得境外资源,必然会面临国际政治、经济、外交、法律法规等多个领域的挑战。"一带一路"框架下我国开展区域粮食合作是建立在各国政治、经济、自然、法律、社会、文化等国家差别基础上的,不管是进行粮食直接贸易,还是农业"走出去",推进粮食产业跨国合作的战略定位、思维方式、管理过程等都会面临诸多新问题。东道国国内的环境变化会带来影响,国际大环境的变化同样也会带来影响。

(一) 政治风险分析

国际上的跨国粮食合作和粮食贸易具有较强的政治导向性,通常会出现与常规经济活动规律相背离的情况。影响两国之间经济合作的政治因素通常包括东道国的政治稳定性、政府干预外国企业情况、东道国的国际关系等。"一带一路"沿线国家的政治风险已经成为推进"一带一路"框架下区域粮食合作的最大风险。

首先,政体和政党体系。政体和政党体系是决定一国政治气候和政府结构的基本因素。"一带一路"沿线国家的国内政局稳定性直接影响着"一带一路"进程的推进。在一些中东欧国家,政治生态处于多党执政发展的初期,存在政治制度设计不够完善等问题,执政党缺乏经验,容易导致政权更迭频繁,而政权的更迭常常导致政策的多变。

其次,政治和政局的稳定性。一个国家的政治和社会稳定有序,是开展区域粮食合作的前提。泰国的"黄衫军"和"红衫军"之间持续的尖锐对立,导致其国内局势动荡不安;伊拉克内部"伊斯兰国"强势崛起,不时发生恐怖主义袭击,甚至以战争形式爆发,这些都是深化经贸合作的主要风险和障碍。

再次，民族主义和外部势力影响。民族主义以本民族的利益为思考问题的出发点，容易发展成为狭隘地反对和敌视一切外民族的倾向。西亚地区由于民族矛盾深厚，宗教矛盾突出，加之大国介入，存在很多安全隐患。南亚巴基斯坦"基地"组织恐怖活动频繁，民族宗教生态复杂，安全形势具有不确定性。东南亚缅甸则存在军政府与民主派、中央政府与少数民族地方武装、佛教徒和穆斯林之间持久的政治和军事对抗，大国介入对中国形成了排挤之势。中亚地区地处欧亚大陆的"十字路口"，地缘政治和民族宗教问题也较为复杂。

最后，国家关系与国际政治氛围。开展区域粮食合作既受到国家间关系的影响，又受到国际政治氛围的影响。中国与菲律宾、越南等国家在南海等问题上存在着不同程度的领海争议，美国"重返亚太"增加了问题的复杂性。乌克兰虽然在传统上拥有富饶的农业，曾被称为"苏联的面包篮"，然而近年来，美国、欧盟与俄罗斯之间的激烈博弈加深了乌克兰东西部之间的矛盾，政局始终处于动荡之中。

由于"一带一路"沿线的许多国家存在民主政治转型、民族冲突等多重矛盾，在"一带一路"沿线国家开展粮食合作时，必须对其政治风险进行分析与评估。同时，东道国稳定的国际关系也是开展区域粮食合作的必要条件。"一带一路"沿线部分国家可能出现的政治和外交风险如表9-3所示。

表9-3 "一带一路"沿线部分国家可能出现的政治和外交风险

国家	可能出现的政治和外交风险
越南、菲律宾	在东海和南海等问题上，与我国存在不同程度的领海争议，美国"重返亚太"增加了问题的复杂性
泰国	"黄衫军"和"红衫军"之间持续的尖锐对立，导致局势动荡不安
缅甸	军政府与民主派、中央政府与少数民族地方武装、佛教徒和穆斯林之间存在持久的政治和军事对抗，大国介入对我国形成排挤之势
巴基斯坦	"基地"组织恐怖活动频繁，民族宗教生态复杂，安全形势具有不确定性
吉尔吉斯斯坦	国内政治对立严重，20世纪90年代以来政权更迭频繁
乌克兰	美国、欧盟与俄罗斯之间的激烈博弈加深了东西部之间的矛盾，政局始终处于动荡之中
伊拉克	"伊斯兰国"强势崛起，民族和教派之间的对立和冲突根深蒂固，逊尼派和库尔德人的武装割据，逊尼派与什叶派的矛盾激烈

续表

国家	可能出现的政治和外交风险
阿富汗	塔利班保持强大影响力,联合政府存在不确定性,国内政局动荡
印度	印度对中国在南亚地区影响力上升有疑虑,中印双边关系敏感,存在边界纠纷、水资源争端等问题;政治互信不足
中东欧国家	部分国家处于多党执政发展的初期;政权更迭比较频繁;民众对中国了解少,有偏见

(二) 经济环境及经济风险分析

在"一带一路"框架下开展区域粮食合作,必然会改变当前世界粮食市场的供求格局,也会影响一些国际粮商垄断国际粮食市场的现状,从而带来某些困难。对经济环境的分析建立在两个层面上。其一,世界粮食供求格局。从大的方面来说,开展跨国粮食合作涉及当前的国际经济格局、国际分工状况、国家之间的经济关系等环境因素,而世界粮食市场供求形势及格局是影响"一带一路"框架下区域粮食合作的直接因素,本章仅对这方面的影响加以分析。其二,"一带一路"主要国家的经济环境。对各国经济环境的分析包括经济体制、经济结构、财政收入状况、农业资源现状、经济发展所处的阶段、基础设施建设情况、通货膨胀率、外来投资、政府的经济政策等。

1. 改变世界粮食市场的供求格局会引起发达国家的干预

世界粮食市场总体上呈现"北供南需"格局。我们综合考虑不同国家和地区的农业资源状况、经济发展水平、农业生产技术水平、粮食生产和贸易状况等因素,将当前世界各国分为四类国家。第一类国家农业资源丰富,具有进一步开发的潜力,农业先进,机械化程度和劳动生产率高,是世界粮食出口大国,包括美国、欧盟、澳大利亚等国家和地区,农业产值在国民经济中比重小。目前这类国家是中国粮食进口的主要来源地,但存在较高的进入壁垒,"一带一路"沿线国家均不在此列。第二类国家农业资源丰富,属于世界粮食主要出口国,但是不同国家农业机械化、专业化和规模化水平有差距,包括北美的巴西、阿根廷,东南亚的泰国、越南,中东欧的波兰、罗马尼亚、匈牙利等国。第三类国家是农业资源丰富,农业机械化、专业化水平不高,农业开发潜力较大的国家,包括俄罗斯和中亚的哈萨克斯坦、乌克兰,东南亚的缅甸、老挝和柬埔寨,南亚的印度、巴基斯坦，西亚北非的土耳其，独联体的白俄罗斯以及非洲等发展中国家。这类国家的农业处于半机械化和手工操作阶段，农业占国民经济的比重较大。第四类国家是农业资源相对贫乏、粮食进口量较大，而不同国家农业机械化、专业化和规模化水平有较大差距。比如东亚的中国、日本、韩国，东南亚的印度尼西亚、马来西亚、菲律宾等，西亚的沙特阿拉伯、伊朗、伊拉克、埃及等，中亚的土库曼斯坦、塔吉克斯坦、阿富汗以及中东欧的部分国家等。

长期以来，中国的粮食进口主要来源于第一类国家和部分第二类国家。如果中国在"一带一路"沿线发展新的粮食合作伙伴，可能影响大国和大国集团的利益，会导致域外国家和组织的干预。例如，中东欧的农业大国波兰、匈牙利、保加利亚、罗马尼亚、捷克等已经是欧盟成员国，受到欧盟的控制，这些国家的农业活动可得到欧盟大额的资金与技术援助，包括直接的生产补贴和帮助农场或加工厂技术改进。没有加入欧盟的阿尔巴尼亚、波黑、塞尔维亚、马其顿、黑山等国，一方面在积极申请加入欧盟，另一方面已经通过与欧盟签署自由贸易协定等形式与欧盟保持较为密切的联系，其产品可以零关税自由出口至欧盟成员国。欧盟既不愿意看到其成员"亲中疏欧"，更不愿意看到非欧盟成员"选中弃欧"。中国要与这些国家发展更深层次的合作关系，存在较大的困难，还需要充分考虑欧盟的需求。在西亚北非地区，作为中东地区最大小麦生产国的土耳其，尽管目前还不是欧盟成员国，但已经是欧盟的联系成员，正在争取加入欧盟，与欧盟之间存在贸易优惠项目。

地处欧亚大陆"十字路口"的中亚国家，是中国、美国、俄罗斯三国战略利益的汇集之地。俄罗斯在中亚具有许多战略意义，对中亚国家持有"后院意识"，并在大力推进欧亚经济联盟建设。因此，与这些国家开展合作需要重视俄罗斯的态度，以实际行动证明中国并不谋求在中亚的主导地位。

2. "一带一路"沿线国家的经济环境

经济环境包括市场机制的完善程度、国家经济状况和发展趋势、自然资源以及基础设施建设情况等。

从市场机制完善程度来看，一些国家的市场发育程度、金融体制、利润汇出方式等存在一些需要注意的问题。中亚国家多处于转型期，市场化程度不高，农业政策与外贸政策未与国际接轨，增加了合作的难度。一些尚未加入欧盟的中东欧国家，市场经营环境比较复杂，贸易信用体系不健全，缺失仲裁和争端解决机制，海关规则不透明，检验检疫措施不完善，投融资环境有待完善。面对欧盟对中国农产品的规定不断更新且缓冲期短的挑战，企业难以做出调整，增加了与那些已经加入欧盟的中东欧国家合作的难度。

从国家经济状况和发展趋势来看，依据国民总收入（GNI）水平的不同，可将"一带一路"沿线国家分为四类，其中高收入国家（GNI＞12746美元）18个，中高收入国家（12746美元＞GNI＞4125美元）20个，中低收入国家（4125美元＞GNI＞1045美元）17个，低收入国家（1045美元＞GNI）6个。可以看出，"一带一路"沿线国家之间收入水平差距如此之大，必然导致各国有不同的需求，从而使同一层次的合作面临较大的障碍。此外，有些"一带一路"沿线国家经济结构比较单一，整体经济环境不稳定，不同程度地存在债务负担。以乌克兰经济为例，该国一直处于慢性危机中，经济结构不合理，体制和政策不稳定。部分"一带一路"沿线国家和地区可能出现的经济风险如表9-4所示。

表9-4　部分"一带一路"沿线国家和地区可能出现的经济风险

国家	可能出现的经济风险
俄罗斯	经济发展模式单一，主要依靠石油等资源支撑。粮食收购和交易市场比较混乱，大销售网络控制该国15%以上的份额
中亚地区国家	一些国家处于转型期，市场化程度不高，农业政策与外贸政策未与国际接轨。一些国家存在结算难、利润返还难等问题；合作伙伴履约率不高，缺乏贸易纠纷解决机制；农业信贷和保险体制不健全，有的国家外汇短缺，利率和汇率不稳
南亚国家	中国和印度贸易摩擦较多，经贸合作领域互信不够，中印在知识产权等方面存在分歧。中国和巴基斯坦贸易不平衡问题突出，中巴经济合作与投资层次不高
西亚北非国家	市场规范化程度不高，经济法规不健全，信用体系比较薄弱，部分地区沿用宗教裁判、口头契约的方式进行贸易往来
中东欧国家	市场经营环境复杂，贸易信用体系不健全，海关规则不透明，检验检疫措施不完善；投融资环境有待完善
独联体其他国家	乌克兰经济一直处于慢性危机中，经济结构不合理，体制和政策不稳定

从基础设施建设情况来看，许多"一带一路"沿线国家的交通、通

信、电网等基础设施建设欠账较多,中亚、东南亚、非洲国家的基础设施不完善,中东欧一些国家基础设施老化严重,制约了"一带一路"沿线国家的深化合作。中国在对某国进行投资之前,应较为详细地了解其外来投资尤其是农业投资现状,将其作为评估投资环境的标准之一。

(三) 法律与政府行政效率的限制

法律环境指的是开展区域粮食合作时所涉及的有关法律的影响。一些国家的法律法规体系不健全,市场开放程度不高,会给区域粮食合作带来不确定性。例如,在国外租地种粮常常会在许多国家遇到较大的阻力。土库曼斯坦《土地法》规定,外国公民和法人只能在该国租赁土地,且必须经总统批准,出租的土地只能用于建筑和其他非农业需要。乌兹别克斯坦规定外国投资者使用该国土地,需办理土地使用许可。该国禁止出口的商品,包括小麦、黑麦、大麦、燕麦、大米、玉米和荞麦等。中东欧国家虽然欢迎中国的农业投资,但在涉及租地等问题时,不希望国有企业介入。总体上来说,中亚国家和南亚国家在这方面所面临的风险较高。"一带一路"沿线国家中除新加坡、土耳其、波兰、匈牙利、泰国等国以外,大多数国家的司法体系和执行效率低下且政治干预严重。

政府行政效率和政策的连续性也直接影响合作的效率。一些中东欧国家的行政审批手续比较烦琐,贸易便利化水平不高,市场准入标准高,人员准入条件苛刻,一些国家在通关、运输、物流等方面存在较多的贸易壁垒。部分中亚国家的优惠政策常常停留在表面,落实起来经常遇到阻力。在民族主义和贸易保护主义的压迫下,东道国政府政策的连续性受到影响,有时会采取提高外资企业的社会义务、提高企业的环保标准等措施损害外国投资者的权益,甚至会通过修改法律、提高税率、重新审查项目等措施收回一些优惠办法(见表9-5)。

需要指出的是,开展区域粮食合作,不仅要熟悉东道国的有关法律法规,还必须了解各国的法律体系、世贸组织的规则、国际管理与各国的法制观念等。

表9-5 部分"一带一路"沿线国家和地区可能出现的法律和政策限制

国家	有关法律和政策限制
俄罗斯	农产品进口的相关法律法规繁杂且多变

续表

国家	有关法律和政策限制
哈萨克斯坦	对外国劳务数量实行控制，外国企业只能租用土地，且期限不能超过10年
塔吉克斯坦	土地不许买卖，只许租赁，土地使用期最长可达10年
土库曼斯坦	《土地法》规定，外国公民和法人只能在该国租赁土地，且必须经总统批准，出租的土地只能用于建筑和其他非农业需要
乌兹别克斯坦	外国公民来乌超过3个月时，需办理劳动许可签证。外国投资者使用该国土地时，需办理土地使用许可。该国禁止出口的商品，包括小麦、黑麦、大麦、燕麦、大米、玉米和荞麦等
西亚部分国家	法律禁止进口不符合伊斯兰教规定的产品和酒精类饮料、酿酒设备、肉类产品
中东欧国家	市场准入标准高，人员准入条件苛刻，政府效率不高，行政审批手续繁复

（四）外部势力的介入和合作伙伴的疑虑分析

中美之间在诸多方面存在不同程度的竞争，有些方面是矛盾的，其中一些矛盾甚至是结构性的。"一带一路"沿线的许多国家先后加入域内国家之间、域内国家和域外国家之间的多个多边和双边区域合作组织，多重合作机制相互交叉、关系复杂，会在一定程度上削弱有关国家对"一带一路"建设的依赖程度。

长期以来，为了牵制中国，美国在中东欧国家不断制造反中舆论，在东南亚、南亚、中亚给中国主导的合作项目制造障碍，指责项目存在环境保护等方面的隐忧，中国与东盟的合作受到来自美国的干扰。在2015年8月闭幕的第48届东盟外长及系列会议上，美国和菲律宾再借东盟会议炒作南海问题，试图把南海问题国际化。同时美国核潜艇又在敏感时刻访问菲律宾的苏比克湾，试图向中国施压。

值得注意的是，一些"一带一路"沿线国家对中国倡议的战略意图有所怀疑。印度一直将中国视为最主要的竞争对手，对中国在南亚地区地位的不断上升有所疑虑。一些大国对伙伴国施加压力，印度、缅甸等国对中国开展的公路、铁路建设存有疑虑。中国与巴基斯坦、斯里兰卡等国家开展的海上与港口基础设施建设的合作，也被赋予政治甚至军事含义。一些媒体蓄意诋毁我国形象，散布中国抢占资源的谣言。

五 推进"一带一路"框架下中国参与区域粮食合作的路径

(一) 基于"一带一路"建设开展区域粮食合作行动

"一带一路"倡议在恪守联合国宪章的宗旨与和平共处五项原则的同时,提出要坚持"和平合作、开放包容、市场运作、互利共赢"的原则。"和平合作"强调共建"一带一路"的国家不限地域范围,各国和地区组织均可参与,让共建成果惠及更广泛的区域。"开放包容"强调不同文明之间的对话,求同存异、兼收并蓄、和平共处、共生共荣。"市场运作"强调遵循市场规律和国际通行规则,充分发挥市场在资源配置中的决定性作用。"互利共赢"强调兼顾各方利益,寻求利益契合点和合作的最大公约数,把各方优势和潜力充分发挥出来。遵循"一带一路"的建设原则开展区域粮食合作,就要坚持古丝绸之路的开放包容精神,以自主、平等为基础,以尊重和维护各参与国家的利益为前提,谋求沿线各国在粮食生产、加工、储备、贸易等方面的"互利共赢",超越传统的单纯"谋利"心理。通过参与区域粮食合作,支持其他发展中国家提高农业生产能力,重塑有利于国内农业发展的国际农业规则,创造互利共赢的国际农业发展环境。

与"一带一路"沿线国家相比,中国在粮食生产、加工、储备等方面具有技术优势。通过开展粮食合作,以对外投资带动技术输出,帮助发展中国家提高技术水平和粮食生产能力,增加东道国的农产品供给,树立中国负责任大国的形象,营造和平的粮食安全国际环境。应从长期收益的角度看待政策的有效性,克服短期内的"谋利"心理。建议成立"一带一路"区域粮食合作专家委员会,对农业与粮食合作的目标、方式与途径等进行顶层设计,提出总体规划并进行指导。

(二) 基于"亲、诚、惠、容"的理念确立区域粮食合作目标

由于"一带一路"沿线各国的社会制度、经济基础、文化风俗等存在较大差异,且缺乏长期合作的相互信任机制,资源整合存在困难,协同发展能力有待考验,加之存在区域保护倾向,要达成一致的合作需要长期的沟通和努力。笔者认为,应坚持以"睦邻、安邻、富邻"为宗旨,以"亲、诚、惠、容"的理念引领国际粮食合作。"亲",就是要始终坚持睦邻友好,在区域粮食合作中多做得人心、暖人心的事,通过粮食合作使有关国家与我国的关系更友善、更亲近,这是合作可持续发展的基础。"诚",就是要在合作过程中诚心诚意对待沿线各国,化解有些国家的疑虑,争取更多的合作伙伴;用自己的真诚付出,赢得周边国家的尊重、信任和支持。"惠",就是要本着互惠互利的原则同周边国家开展粮食合作,建立更加紧密的跨国粮食产业利益网络,使合作各方的利益融合到一个更高的层次。"容",就是在粮食合作中倡导包容思想,以更加开放的胸襟和更加积极的态度促进地区合作,更加主动、更加积极地回应周边国家的期待,共享资源,共迎挑战,共创繁荣。

在"亲、诚、惠、容"的理念引领下,我国参与"一带一路"区域粮食合作的总目标是,通过开展广泛的区域粮食合作,与"一带一路"沿线国家建立可持续发展的战略性粮食合作机制,推进中国粮食进口来源多元化,化解和防范粮食进口来源地集中可能带来的风险;通过参与国际竞争,增强中国粮食产业的国际竞争力;通过开展区域粮食产能合作,提高沿线发展中国家的粮食综合生产能力,为世界粮食安全做出贡献。

(三) 基于灵活多样的途径创新区域粮食合作方式

"一带一路"沿线国家的区域粮食合作应遵循由易到难、循序渐进的原则,充分考虑当地资源优势,结合国际市场和国内市场的需求,采取灵活机动的合作方式。

其一,支持企业在风险较小的国家租赁或购买土地,建立海外农产品生产基地。一方面,开辟新的粮食进口来源地;另一方面,支持发展中国家提高粮食生产能力。比如,在俄罗斯、哈萨克斯坦、吉尔吉斯斯坦等国生产小麦和玉米,在泰国、巴基斯坦、柬埔寨、越南生产水稻。其二,建立东道国企业参与的粮食产业战略联盟。为了减少政治风险,应在东道国积极寻求合作者,可以与当地企业共同投资、共同管理,与东道国或者第三国的加工企业、物流企业、远洋运输企业、铁路运输企业等建立战略联盟,或将部分业务外包给当地企业,这样可以利用当地资源,跨越文化障碍,疏通各种渠道,在使东道国政府和企业在合作中受益的同时,也使我国能够获得稳定可靠的进口粮源。其三,支持国内企业通过合资、并购、参股等方式,嵌入跨国粮商全球粮食供应链的某一个或几个环节。这样可以在一定程度上降低合作中可能遇到的阻力，分散经营风险。通过与国际大粮商开展合作，将国内粮食产业链延伸至国外，形成跨国商流、物流、资金流、信息流有机结合的粮食现代物流体系。其四，通过政府间的外交协调、关税谈判、签订协议等方式，与"一带一路"沿线有关产粮国家建立长期、稳定的粮食贸易关系，增加中长期粮食贸易合同的比例，发展跨境粮食电子商务。其五，开展广泛的农业科技合作。在农作物遗传育种、优良品种选育、粮食规模化生产、高产栽培技术、病虫害防治、农产品储藏与加工技术等方面开展广泛合作。

（四）基于整合国内资源的目标建立政策支持体系

建议设立区域粮食合作专项基金，支持粮食企业"走出去"。对于企业"走出去"建立基地从事农业生产，并将粮食返销国内的项目，应给予重点支持，保障大宗粮食返销国内的配额指标；建立健全粮食产业对外投资的金融服务机制，完善对外直接投资保险政策，国家进出口银行、国家开发银行、出口信用保险公司等应对有发展前景的对外粮食合作项目提供信贷和保险支持，形成风险分担机制。各类商业银行在提供贷款方面应降低门槛，提供便利。对于民营企业"走出去"，应有一定的激励措施。

要重视完善"一带一路"沿线重要合作伙伴国家之间的跨国粮食物流体系。将打造跨国粮食现代物流通道纳入"一带一路"交通基础设施互联互通的网络建设规划中，规划好沿线有关国家陆路、水路和陆水联运通道的粮食储运网络布局，推进粮食和大宗农产品国际运输便利化。政府要加强对投资方向、投资方式、投资规模的引导。建议在亚洲基础设施投资银行、丝路基金下设置粮食合作专项投资计划，做好项目的投融资工作。同时引导国内民间资本投资共建"一带一路"国家的仓储、物流、铁路、港口、通信和金融等基础设施，开通更多类似"渝新欧"的中欧铁路货运专列，增加海运运能，提高货物立体运输效率和能力，降低物流成本。

六 基于多边合作机制推进"一带一路"区域粮食合作的对策

"一带一路"建设涉及中亚、东南亚、南亚、中东欧、西亚北非、独联体其他国家等，地域分布辽阔，国情和粮情不尽相同，各国均有自己的利益诉求。由于缺乏相互信任机制，资源整合难度大，协同发展的能力有待考验，加之存在区域保护倾向，要达成合作需要长期的沟通与努力。这就要求坚持古丝绸之路的开放包容精神，以自主、平等为基础，以尊重和维护各参与国家的利益为前提，超越传统的单纯"谋利"心理。通过开展广泛的国际粮食合作，使中国与"一带一路"沿线国家建立战略性粮食合作机制，有效化解和防范粮食进口来源地集中可能带来的风险，在增强中国粮食产业国际竞争力的同时，提高发展中国家的粮食综合生产能力，为世界粮食安全做出贡献。

中国是多个多边组织的成员国，与有关地区性国际组织和国家签订了一系列合作协议，这些协议有利于中国与有关国家达成更加优惠的开展区域粮食合作的协定，缓解某些沿线国家对"一带一路"倡议的疑虑，也便于应对潜在的不稳定因素。因此，推进"一带一路"框架下的区域粮食合作，需要充分发挥现有区域内多边和双边合作机制的作用，遵循着眼长远、循序渐进、分区施策、突出重点的原则，对不同的区域实施不同的策略。

（一）以南亚区域合作联盟为基础开展与南亚国家的合作

中国与南亚许多国家保持良好的外交关系。与南亚地区的孟加拉国、巴基斯坦、斯里兰卡、尼泊尔、马尔代夫等国相比，中国的经济和科技水平具有明显的优势，双方的合作具有互补性。2005年中国就成为南亚区域合作联盟的观察员国。南亚的多数国家都同意加入中国关于"一带一路"的倡议。中国在这一区域合作中的主要障碍来自印度，由于印度对中国在南亚地区扩大影响力存有疑虑，中印之间政治互信不足，还存在边界纠纷、水资源争端、贸易摩擦、知识产权分歧等问题。为此，我国需采取以下措施进行应对。

其一，寻求中印在南亚地区合作政策的对接。印度是南亚地区的主要粮食生产国之一，在南亚地区"一带一路"建设中的作用至关重要。当前的主要问题是要化解印度对"一带一路"倡议的疑虑。可以利用已经实施的"孟中印缅经济走廊"，与印度主导的"季风计划""香料之路"相对接，开展互利共赢的项目合作，使印度在合作中有利可图，增进彼此的互信程度，为深入合作奠定基础。与此同时，建立中印之间多层次的官方对话机制，增进彼此之间的战略互信。其二，推动建立非正式的双边磋商机制。目前中国与南亚国家的多边磋商机制比较薄弱，农业和粮食合作多边对话机制更为缺乏。在中国尚未加入南亚区域合作联盟的情况下，应积极推动建立中国与南亚各国非正式的双边磋商机制，通过多层次对话，寻求彼此利益的契合点，推动扶贫合作、救灾减灾合作、农业技术合作、粮食贸易等。利用"中巴经济走廊"，加强与巴基斯坦的合作。其三，推动基础设施的互联互通。南亚地处"一带一路"辐射的范围内，地缘战略位置尤为重要。从地缘政治层面以及港口自身条件出发，有可能成为中国出海口的有巴基斯坦的瓜达尔港、孟加拉国的吉大港、缅甸的仰光港以及正在规划中的缅甸若干港。中国应积极参加南亚各国的基础设施建设，为中国深化与南亚地区各国的贸易与投资创造条件。例如，向巴基斯坦等粮油资源丰富的国家，输出我国先进的粮食储藏、（精深）加工、物流和品质控制等技术，通过"技术—资源贸易"方式，实现粮食资源与粮食科技的优势互补。

（二）以《布加勒斯特纲要》为基础加强与中东欧国家的合作

中东欧国家位于欧陆中心地带，由波兰、匈牙利、塞尔维亚等16国组成。2014年形成的《中国—中东欧国家合作布加勒斯特纲要》，明确了双方在农业、工业、投资、贸易、金融、能源、旅游、教育和基础设施互联互通等方面开展合作的方向和工作重点，建立了涵盖国家首脑级、部长级、协调员级、地方政府级的多层次的交流与合作平台。2006年至今，中国已经与中东欧国家举办九届农业经贸合作论坛，该论坛成为推动双方农业合作的重要机制。中国还与该地区的波兰、匈牙利等国建立了联委会交流机制，为开展深入合作奠定了基础。国内一些企业、科研院所已经与中东欧国家开展卓有成效的合作。近年来，我国与捷克开展了粮食储藏技术方面的合作，成功进行了捷克捕食螨的实验室饲养和其对主要储粮害虫捕食能力的测试，为我国储粮害虫的防治找到了新的生物防治方法。

中国与中东欧国家的粮食合作可以从以下几方面来展开。其一，推进设立有关农业和粮食合作的专门委员会。以高层会晤为基础，增强主管部门在工作层面的磋商；密切政府、智库、行业之间的交流与合作，为深化双方在这一领域的合作创造条件。其二，开展次区域农业和粮食合作。由于中东欧16国各自的国情和粮情存在较大差异，可以采用次区域合作方式"分区施策"。目前，中东欧地区已经存在的地中海联盟、东南欧合作进程、维谢格拉德集团、波罗的海国家理事会、黑海经济合作组织等都有不同的利益诉求,可以与这些组织开展有针对性的务实合作。其三,建立由东道国企业参与的粮食产业战略联盟。为了减少政治风险,应在东道国积极寻求合作者,与东道国或者第三国的加工企业、物流企业、远洋运输企业、铁路运输企业等建立战略联盟,共同投资,共同管理;或将部分业务外包给当地企业,利用当地合作者的关系和影响力,跨越文化障碍,疏通各种渠道,增加从中东欧国家的农产品进口,使东道国政府和企业在合作中受益。其四,为了消除欧盟主要成员国对"一带一路"倡议的疑虑,中国与中东欧国家的粮食合作需要寻求与欧盟的利益结合点,营造"利益互补"的合作氛围。

（三）基于中国—阿拉伯国家合作论坛开展与西亚北非国家的合作

中国在西亚的主要贸易伙伴一般是经济发展水平较高、石油资源丰富和城市基础设施需求增长较快的国家。在与中国的双边贸易规模上,沙特阿拉伯、阿联酋、伊朗和阿曼基本上在前四位。中国—阿拉伯国家合作论坛于2004年1月成立,并于当年签订了《经济、贸易、投资和技术合作的框架协议》,之后每两年召开一次部长级会议。中国—海合会自贸区谈判也始于2004年,经过多轮谈判,在货物贸易和服务贸易的许多领域都达成了共识。今后要在发挥中国与西亚北非国家成立的经贸组织作用的基础上,做好以下几方面工作。

其一,建立中国与西亚北非国家农业和粮食合作的协商对话机制。目前中国与西亚北非国家之间的合作重点在能源领域,双方在农业和粮食领域的合作相对滞后。有必要建立农业和粮食合作平台和沟通渠道,积极与有关国家政府协商,签订有关农业合作方面的协议,疏通与西亚北非地区有合作意向的国家在粮食生产和流通技术方面的多层次协调渠道。

其二,加强农业生产和流通技术合作。鉴于该地区有些国家农业机械化程度不高,农产品加工技术落后,应加强在农业技术、农业机械和专业技术人才等领域的交流,重视在农业节水灌溉技术、良种技术、小型机械化耕作技术等领域的合作;帮助一些国家解决在农产品品质、检验检疫手段、产品存储和加工等方面存在的技术问题;与东道国合作创办农业科技园区。合作应突出中国在技术上的不可替代性,在东道国仅从事某类专门技术的合作,强调这种技术对东道国的特殊贡献,帮助其实现粮食自给。

其三，加强海路交通基础设施的互联互通建设。推动基础设施建设是开展区域粮食合作的题中应有之义。在规划中国与西亚北非的国际海运线路和推进多式联运及港口建设的过程中，应考虑粮食现代物流的要求进行规划与设计。

除了上述合作以外，还应基于上海合作组织机制加强与俄罗斯以及中亚五国的合作，基于"中国—东盟自贸区"机制加强与东盟国家的合作，这方面的内容将在第十二章进行研究。下一步要重点加强"一带一路"常态化的组织机制建设，增强"一带一路"规划的规则构建功能。与"一带一路"沿线友好国家共同推动形成由理事会、秘书处、领导人非正式会议、部长级会议等常设性机制构成的组织基本框架。

第十章 粮食安全视阈下我国进口粮源保障体系的战略构成

将进口粮源保障体系提升到战略的高度加以研究，有助于把握人多地少的人口大国利用境外资源在国家粮食安全保障体系中的战略地位，明确建构进口粮源保障体系的目标、战略重点和实施对策，对于统筹利用两个市场两种资源，提升我国在国际市场上的话语权具有重要意义。笔者认为，进口粮源保障体系战略属于对经济、社会发展具有重要意义的发展战略，其战略构成包括战略目标、战略方针、战略核心、战略支撑、实现机制五个部分（见图10-1）。

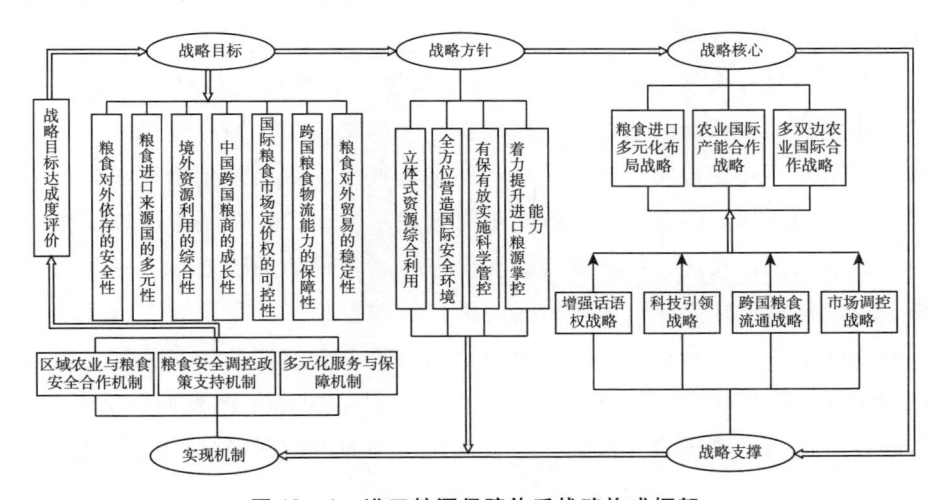

图10-1 进口粮源保障体系战略构成框架

一 建设进口粮源保障体系的战略目标

战略目标是进口粮源保障体系在一个较长的时期内预期达到的建设水平，决定了进口粮源保障体系的建设方向。它着眼于统筹利用两个市场、两种资源的全局，是在对国际政治经济形势、本国国情粮情进行综合研判的基础上确定的开发和利用境外农业资源所要达到的目标。战略目标既要定性，有质的规定，又要定量，要有可以标示其发展规模、程度、速度等量的规定。战略目标决定着战略重点的确定、战略阶段的划分、战略途径的选择和战略决策的制定。

从定性目标来看，建设进口粮源保障体系的战略目标是，通过粮食进口多元化和国际农业产能合作，在全球布局进口粮源、物流、贸易、加工、销售的全产业链，降低对少数粮食出口大国的依赖；通过推进区域和国际粮食合作，增强中国在国际粮食市场的话语权和对进口粮价的掌控能力，打破垄断资本对世界粮食市场的战略操控；通过控制"适度进口"规模和节奏，防范粮食进口激增对国内粮食产业和市场的冲击，建立持续、稳定、安全的全球粮食供应网络，为保障国家粮食安全提供良好的国际环境和有效的进口支撑。

从定量目标来看，有多个指标可以衡量进口粮源保障体系的建设水平，本项研究在指标的选择上遵循以下三个原则：一是综合性原则，进口粮源保障体系建设涉及粮食贸易、对外直接投资、跨国粮食物流等多个方面，指标的选择要能够全面有效地衡量建设水平；二是重要性原则，为了避免面面俱到，仅选择反映进口粮源保障体系建设的关键指标；三是可得性原则，指标选择要充分考虑指标的可得性和量化性。本章在广泛征求专家意见的基础上，筛选出七个方面的指标：粮食对外依存的安全性、粮食进口来源国的多元性、境外资源利用的综合性、中国跨国粮商的成长性、国际粮食市场定价权的可控性、跨国粮食物流能力的保障性、粮食对外贸易的稳定性。

（一）粮食对外依存的安全性

数量安全是保障粮食进口安全的先决条件，粮食对外贸易依存度则是衡量数量安全的重要指标之一。粮食对外贸易依存度是指一国的粮食消费依赖于对外贸易的程度,其定量表现是粮食净进口量与国内粮食消费总量之比。按照"以我为主,立足国内,确保产能,适度进口,科技支撑"的粮食安全新战略的要求,切实做到"谷物基本自给、口粮绝对安全",即要实现稻米、小麦、玉米的基本自给,保证稻米、小麦供给绝对安全。这里用两个指标反映我国粮食对外依存的安全性。

$$谷物对外依存度 = 谷物净进口量/粮食消费总量 \times 100\%$$

$$口粮对外依存度 = 口粮净进口量/口粮消费总量 \times 100\%$$

根据 2019 年发布的《中国的粮食安全》白皮书提供的数据,目前我国谷物自给率超过 95%。稻谷和小麦在国家粮食安全战略中处于核心地位,在 2001~2018 年年均进口的粮食总量中,稻谷和小麦两大品种合计占比不足 6%,进口大米仅占我国大米消费的 1%。

(二) 粮食进口来源国的多元性

进口来源国的多元性用以下两个指标来表达。

(1) 进口粮食来源国集中度。这一指标反映了我国进口粮食规模最大的前三个国家(或前五个国家)进口到我国的粮食数量(万吨)占我国粮食进口总量的比例。这一比例越小,进口来源多元化水平就越高,可用以下公式来表达。

$$进口粮食来源国集中度 = 进口粮食规模前三位(或前五位)的国家进口到我国的粮食数量(万吨)/同期我国粮食进口总量(万吨)$$

上式需要按照大豆、稻米、小麦、玉米等分别计算。

(2) 粮食进口来源国覆盖率。这一指标从进口来源国覆盖面的角度测度了我国进口来源国的数量占当年世界粮食出口国数量的比例,覆盖率越高,进口来源国分布就越多元化。

$$粮食进口来源国覆盖率 = (当年世界主要粮食出口国数量 - 同年本国进口来源国数量)/当年世界粮食出口国数量 \times 100\%$$

(三) 境外资源利用的综合性

综合性强调利用境外农业资源手段的多重性,将基于进口多元化的粮食贸易、农业"走出去"、援助发展中国家、参与国际治理和区域粮食合作等作为一个整体,综合运用多种手段,协调推动进口粮源保障体系建设。其用以下几个指标来衡量。

（1）农业对外直接投资存量增长率＝当年农业对外直接投资增量/当年农业对外直接投资总存量×100%

（2）国际规则（标准）制定的参与率＝中国参与国际规则、国际标准制定的数量占当年全球发布的国际规则、国际标准的比例

（3）农业对外援助项目金额增长率＝（当年农业对外援助项目金额－上一年农业对外援助项目金额）/上一年农业对外援助项目金额×100%

（4）国际粮食合作水平＝国际粮食合作实际投资额/国际粮食合作合同投资金额×100%

对相关专家进行咨询，分别对上述指标设置权重，通过加权平均形成境外资源利用综合性增长指数，如下式所示。

$$\begin{aligned}境外资源利用综合性增长指数＝[&农业对外直接投资存量增长率×0.30＋\\&国际规则（标准）制定的参与率×0.30＋\\&农业对外援助项目金额增长率×0.15＋\\&国际粮食合作水平×0.25]×100\%\end{aligned}$$

境外资源利用综合性增长指数越大，说明我国境外资源利用的综合性水平越高。

（四）中国跨国粮商的成长性

加快培育一批具有国际竞争力的大粮商，是提升我国在国际粮食市场上影响力和话语权的关键。尤其是建设若干个在国际上有影响力的千万吨级的跨国粮商和农业企业集团，在农产品加工、仓储、码头等产业链关键环节上进行战略布局。可以考虑采用以下几个指标。

（1）中国龙头跨国粮商在世界500强企业中排名和企业数量的变化。

（2）中国前三位跨国粮商营业收入、实现利润、资产规模增长率。

（3）中国跨国粮商农产品贸易总量增长率、农产品贸易额增长率。

（4）中国跨国粮商海外粮食加工能力、增长率。

（五）国际粮食市场定价权的可控性

对于粮食进口大国来说，在国际市场上粮食定价中的话语权至关重要，可以采用以下两方面指标来表示。

（1）价格竞争指数。将同一种粮食的我国进口价格与世界其他国家进口价格比较，可以采用以下公式表达。

价格竞争指数＝中国从 A 国进口某粮食品种的离岸价格/其他国家从 A 国进口某粮食品种的最低离岸价格×100%

（2）国内期货市场发育程度。长期以来，位于美国的国际粮食定价中心（如芝加哥期货交易中心等）以期货定价的方式掌控着全球的粮食价格走向，中国要提高在国际市场上粮食定价的话语权，就需要加强国内期货市场建设，逐步形成国际粮食基准价格。可采用以下两个指标来表示。

①中国粮食期货交易规模增长率。

②农产品期货交易额占全球比重增长率。

（六）跨国粮食物流能力的保障性

粮食对外贸易以跨国家、长距离、大规模、高效率的现代粮食物流设施为基础，要求加强进口粮源物流通道和节点建设。跨国粮食物流能力保障指标可以用铁路货运指标、海运货运指标和海铁联运货运指标来表示。

（1）铁路货运。用货物周转量和国际班列的开行情况（目前主要是中欧班列）来表示。

①货物周转量。货物周转量是指一定时期内，运输部门实际运送的货物吨数和它的运输距离的乘积。计算单位为吨公里（海运为吨海里，1 海里＝1.852 公里），计算公式是：货物周转量＝实际运送货物吨数×货物平均运距。

②国际铁路班列。国际铁路班列是指按照固定车次、线路等条件开行，来往于中国与世界各国的集装箱国际铁路联运班列。中欧班列的开行使中国与"一带一路"沿线国家的产能合作更加便捷、高效。截至 2018 年底，中欧班列已经联通亚欧大陆 16 个国家的 108 个城市，累计开行 1.3 万列，降低了物流成本，有效支持了"一带一路"沿线国家之间的产能合作。该指标可用中欧班列运力增长率来体现。

（2）海运货运。主要取决于港口吞吐量。港口吞吐量是衡量港口规模最重要的指标。计量单位为"吨"或"标准箱（TEU）"，一个 20 英尺的集装箱为一个标准箱。

（3）海铁联运。海铁联运包括经过海关申报的进港和出港的联运集装箱数量。一般用标箱表示。

（七）粮食对外贸易的稳定性

（1）长期合同签约率。粮食进口安全的一个重要方面是要在长期内保持合作伙伴的稳定性。如果双方是战略伙伴关系,在法律层面上需要通过长期合同加以约束。从粮食进口国方面来看,如果得不到粮食出口国的长期合同,粮食进口在中长期就存在某种不确定性。与具有战略伙伴关系的产粮国家签订长期粮食贸易合同,可以为我国粮食进口开辟稳定的供应渠道。

$$长期合同签约率 = 与我国签订长期粮食出口合同国家的数量/同期向我国进口粮食的国家数量 \times 100\%$$

(2)粮食进口依存度波动系数。受国际国内粮食生产以及气候、政治、经济等因素的影响,粮食进口依存度在年度之间往往呈现出一定的波动性,波动幅度在一定程度上反映了粮食进口的稳定性,可以用粮食进口依存度波动系数来表达。

$$粮食进口依存度波动系数 = (本期粮食进口依存度 - 基准粮食进口依存度)/基准粮食进口依存度$$

式中,"基准粮食进口依存度"是按照"适度进口"的要求,根据不同粮食品种的重要性所确定的保障粮食安全"进口依存度"的参考标准。粮食进口量偏离基准数据越远,稳定性就越差;反之亦然。因此,要把握好进口规模和节奏,控制好进口的时间与空间,处理好"进多少、怎样进、何时进"等问题。

二 建设进口粮源保障体系的战略方针

建设进口粮源保障体系的战略方针是以粮食安全新战略为指导,在科学研判国际国内经济社会发展和粮食供需形势的基础上,所确定的在研究、制定、实施进口粮源保障体系战略过程中必须遵循的指导原则。战略方针是在充分把握中国国情、粮情以及国际粮食市场供需形势的基础上提出的,是对既往粮食进口国家利用境外资源保障粮食安全经验教训的科学总结,对进口粮源保障体系的建设具有重要的指导作用。笔者认为,进口粮源保障体系建设的战略方针包括以下四个方面。

(一)基于组合式策略实现资源的综合利用

从进口粮食来源的途径而言,一是通过对外贸易实现粮食直接进口,二是通过农业国际产能合作将粮食返销国内。实现立体式资源利用要求将这两种方式与国家的外交战略、对外援助战略等结合起来、相互促进。

粮食直接进口可以灵活高效地调节国内供需，是一种间接利用国外农业资源的模式。通过粮食进口，可以获得质优价廉的粮食，弥补国内需求缺口，还可以降低本国粮食供给成本，缓解资源短缺的压力。但是，从长期来看，仅凭农产品贸易难以保障粮食安全和产业安全。随着全球化的深入，国与国之间粮食市场的联系日渐紧密，国际粮价波动加剧、各国政策变数增强等因素增加了通过国际市场进口粮食的不确定性和风险性，一旦政治经济局势出现动荡，极易危及国家粮食安全。

农业国际产能合作通过"走出去"直接利用国外资源，涉及技术、种子、劳动力、种植、加工、物流等方面的输出，是一种高层次的国际粮食合作。这一路径在充分利用两个市场的基础上实现了资源共享，有利于东道国的经济发展，有利于提升我国农业的国际竞争力。但是，也会面临"走出去"的政治、经济、法律、文化等风险问题。

对我国来说，要统筹协调粮食直接进口和农业国际产能合作两种资源利用方式。利用境外资源保障粮食安全的理想模式应该是在粮食适量进口的基础上，通过农业"走出去"实施国际产能合作，在农业综合开发、农产品加工、仓储运输、市场营销、国际贸易等方面完善全球供应网络。

（二）基于全方位合作构建国际安全环境

构建进口粮源保障体系并不仅仅是为了保障本国的粮食安全。中国作为一个成熟的、负责任的大国，应着眼于建设人类命运共同体的大目标，充分挖掘多边和双边合作潜力，加强与各类国际组织、区域组织、企业以及各国政府和非政府组织的合作，全方位构建以点带面、从线到片、相互依存、互利共赢、平等合作、安全高效的新型农业国际合作关系，促进全球粮食安全治理体系变革，为构建人类命运共同体提供坚实的制度和规则保障。同时，要加强自贸区谈判，推动粮食生产大国把自贸区粮食战略作为国际农业合作的共识。通过充分发挥自身优势，帮助发展中国家提高粮食自给和农产品供给水平，增强发展中国家应对粮食危机、保障粮食安全的能力，为稳定全球粮食市场、消除贫困，建立全球粮食与农业发展新秩序做出贡献。

(三) 基于"有保有放"实施科学管控

我国多数农业经营主体规模小、市场竞争力不足，加强对农业的合理保护尤为重要。为了避免出现粮食进口和"高库存"的矛盾，需要在合理利用国际资源的前提下，实现供需均衡、库存适中。要借鉴日本、韩国"确保本国大米基本自给、其他粮食品种和部分农产品供给主要依赖进口"的"有保有放"经验，完善粮食市场调控机制，进一步提高农产品市场开放条件下的风险管控能力，完善粮食进口配额管理制度，强化进口与储备的衔接和联动。要积极运用反倾销、反补贴等保障措施，建立国内产业的"防护墙"，为国内农业生产、农民就业和增收提供公平合理的环境，形成确保国内产业安全的进口防御体系，确保将饭碗牢牢端在自己手上。

(四) 基于强化实力提升进口粮源掌控能力

建设进口粮源保障体系的根本是提高我国对国际粮源的掌控能力。而农产品定价大国需要具备两种条件：一是要有足够大的贸易份额，二是在国际市场上具有权威性。就第一种条件来说，中国虽然在粮食进口规模上居世界第一位，但长期以来，拥有较强市场势力的是粮食出口国。由于美国等发达国家长期垄断着国际粮食市场，进口国一直处于被动地位，中国虽有较大的进口份额，但缺少与大国地位相适应的话语权。就第二种条件来说，中国虽然正逐步增强在各类国际组织中的发言权，但当前有影响力的国际组织基本上由美国等少数发达国家把控，加之中国自身在粮食生产、粮食加工、农产品期货市场的发育程度等方面一直处于劣势，因此，我国在国际粮农治理体系中的影响力仍然有限。要改变这种被动局面，必须以强大的综合实力为保障。这里的实力包括两个方面：一是国家在政治、经济、军事、外交等方面的综合实力，二是在农业和粮食产业上具有较强的国际竞争力。因此，我国要进一步增强国际贸易与投资规则和标准制定的参与度，积极推动 WTO 框架下的多边贸易谈判，进一步拓宽贸易渠道、培育具有核心竞争力的国际大粮商，努力争取与贸易大国地位相适应的贸易主导权。

三 建设进口粮源保障体系的战略核心

笔者认为，建设进口粮源保障体系的战略核心包括三个方面：一是基于"一带一路"倡议实施粮食进口来源的全球化布局，二是基于"走出去"战略对农业国际产能合作提质升级,三是开展基于宏观、中观、微观立体式的多双边农业国际合作。要根据国家粮食安全新战略的总体要求,从战略高度对进口粮源保障体系进行全局谋划和部署。

(一) 基于"一带一路"实施粮食进口来源全球化布局

进口粮源多元化是《国家粮食安全中长期规划纲要（2008~2020年）》提出的具体要求。所谓农产品进口多元化,是指通过多渠道、多区域、多品种的方式进口所需农产品。2014年中央一号文件、2016年中央一号文件、《国民经济和社会发展第十三个五年规划纲要》都强调了农产品进口来源多元化。

1. 我国粮食进口来源多元化的意义

（1）粮食进口来源多元化是保障国家粮食安全的客观要求。通过多个国家、多种渠道进行多元化进口,可以分散进口风险,是保障国家粮食安全、稳定粮食进口规模的客观要求。粮食进口规模除了受国内因素影响外,还受出口国粮食产量、气候、运费、外交政策等诸多因素的影响。在特定的时间、价格等条件下,可进口的粮食规模不仅是有限的,而且充满不确定性。2018年初开始的中美贸易争端,也波及大豆等粮食产品。我国大豆进口来自不同国家,对美国大豆的依赖程度相对较低,这样即使从美国进口的大豆减少,对国内市场的影响也相对较小。实施大豆进口多元化,为我国应对中美贸易争端争取了战略迂回的空间。

（2）粮食进口来源多元化是化解国内、国际粮食市场风险的有效举措。过去,中国粮食进口依赖太平洋地区的一元贸易体系,在地缘政治上存在较大风险。当国内粮食供应不足时,从国际市场上进口粮食,可以弥补需求缺口。当国际粮价较低时,从国际市场购进粮食,可以节约国内资源。单独从一、两个国家购进粮食,进口依赖度较高,被索取高价、"剪羊毛"的风险会急剧增加。从多个国家进口粮食,可以分散高价进口风险,在经济效益上也是合算的。随着我国改革开放的深入和全球化进程的加快,国内粮食市场和国际粮食市场的互动机制逐渐建立起来。当前我国的国际粮食话语权不足,实施粮食进口来源多元化战略,既可以稳定粮食进口规模和价格,又可以规避国际粮食市场的风险,降低进口冲击。

（3）粮食进口来源多元化是维护国内社会稳定的基础。俗语讲"兵马未动,粮草先行",充分显示了粮食在军事中的重要作用。粮食供给不足、供给过剩，粮食价格大幅波动，都会影响国内社会稳定。粮食价格是物价的重要基础，保持粮食价格基本稳定是粮食宏观调控的重要任务之一。尽管粮食价格在 CPI 中的权重较低，但社会影响较大。实现国际、国内粮食市场互动，既有积极影响，也有消极影响。在国际粮价大幅上涨的背景下进口粮食，可能输入通货膨胀，导致国内粮价进入上行区间。在国际粮价大幅下跌的背景下进口粮食，可能输入通货紧缩，导致国内粮价进入下行区间。实施粮食进口多元化战略，有利于粮食进口在数量和价格上的稳定，对于维护国内经济秩序具有重要的意义。

2. 我国粮食进口来源多元化的实践

本节使用市场集中度（CR_n）这一指标来度量我国粮食进口多元化的水平，n 代表国家个数。

（1）大豆进口粮源多元化实践。改革开放以来，尤其是 2001 年加入世界贸易组织后，我国大豆进口呈现快速上升趋势。2001 年，我国大豆进口量为 1394 万吨，2016 年为 8391 万吨，2017 年为 9554 万吨。

表 10-1   2001 年我国大豆进口来源

单位：万吨，%

进口来源国	进口量	占比
美国	573	41.1
阿根廷	502	36.0
巴西	316	22.7
加拿大	1.70	0.1
俄罗斯	1.52	0.1
韩国	0.01	0
进口年度总计	1394	100

资料来源：联合国商品贸易数据库（UN Comtrade Database）。

从表 10-1 可以看出，2001 年中国的大豆进口国就已经出现严重的集中现象，从美国、阿根廷和巴西进口的大豆占到了 99.8%，大豆进口来源高度集中。我国从前五个国家的进口来源集中度（CR5）几乎为 100%。

近年来，我国通过实施粮食进口来源多元化战略，进口来源国过于集中的格局有所变化。从表 10-2 可以看出，2016 年巴西、美国和阿根廷是中国大豆进口的主要来源国，大豆进口来源地仍然高度集中。我国前五个国家的进口来源集中度（CR5）将近100%。

表10-2　2016年我国大豆进口来源

单位：万吨，%

进口来源国	进口量	占比
巴西	3821	45.5
美国	3417	40.7
阿根廷	801	9.6
乌拉圭	166	2.0
加拿大	146	1.7
俄罗斯	40	0.5
乌克兰	0.35	0
埃塞俄比亚	0.02	0
进口量年度总计	8391	100.0%

资料来源：联合国商品贸易数据库（UN Comtrade Database）。

总的来看，我国大豆进口集中度偏高，CR3高达90%以上。美国、巴西、阿根廷等国家是我国主要的大豆进口来源国。从全球大豆出口格局看，美国、巴西、阿根廷等国家在全球大豆出口市场中占据垄断优势。我国作为大豆进口大国，大豆进口来源反映了这一市场格局。

（2）稻米进口粮源多元化实践。近年来，我国稻米进口呈现增长态势。2001年我国稻米进口量将近27万吨，2016年我国稻米进口量为353万吨，2017年为403万吨。

从表10-3可以看出，2001年，我国稻米主要从泰国进口。这一时期，泰国稻米竞争优势明显。

表10-3　2001年我国稻米进口来源

单位：万吨，%

进口来源国	进口量	占比
泰国	26.85	99.8
老挝	0.03	0.1
美国	0.02	0.1
年度总计	26.91	100

资料来源：联合国商品贸易数据库（UN Comtrade Database）。

从表 10-4 可以看出，2016 年，我国主要从越南、泰国、巴基斯坦等国进口稻米。我国从前三个国家进口大米的集中度为 92.0%，从前五个国家进口稻米的集中度为 97.9%。总的来看，我国稻米主要从越南、泰国、巴基斯坦等东南亚和南亚国家进口。

表 10-4 2016 年我国稻米进口来源

单位：万吨，%

国家	进口量	占比
越南	161.84	45.8
泰国	92.84	26.3
巴基斯坦	70.38	19.9
柬埔寨	12.19	3.5
缅甸	8.84	2.5
老挝	6.69	1.9
俄罗斯	0.52	0.1
年度进口总计	353.30	100.0

资料来源：联合国商品贸易数据库（UN Comtrade Database）。

（3）玉米进口粮源多元化实践。2000 年，我国玉米进口量不足 1 万吨，2016 年为 337 万吨，2017 年为 283 万吨。

从表 10-5 可以看出，2000 年，我国玉米进口主要来自澳大利亚和美国。我国从前三位国家进口玉米的集中度为 94.0%。

表 10-5 2000 年我国玉米进口来源

单位：吨，%

进口来源国	进口量	占比
澳大利亚	140	45.5
美国	140	45.5
法国	9	2.9
阿根廷	9	2.9
德国	7	2.3
其他国家合计	3	0.9
年度总计	308	100

资料来源：联合国商品贸易数据库（UN Comtrade Database）。

从表 10-6 可以看出，2016 年，我国玉米进口主要来自澳大利亚、美国、加拿大。从前三个国家进口玉米的集中度为 91.7%。与 2000 年相比，我国从前三个国家进口玉米的集中度有所下降，但仍在 90% 以上。

表 10-6　2016 年我国玉米进口来源

单位：万吨，%

进口来源国	进口量	占比
澳大利亚	136.91	40.6
美国	86.24	25.6
加拿大	85.88	25.5
哈萨克斯坦	28.40	8.3
年度总计	337.43	100

资料来源：联合国商品贸易数据库（UN Comtrade Database）。

（4）小麦进口粮源多元化实践。2001 年，我国小麦进口量为 69 万吨，2016 年为 337 万吨，2017 年为 442 万吨。

从表 10-7 可以看出，2001 年，我国小麦进口主要来自加拿大、美国和澳大利亚。从前三个国家进口小麦的集中度为 98.7%。

表 10-7　2001 年我国小麦进口来源

单位：万吨，%

进口来源国	进口量	占比
加拿大	40.59	58.8
美国	22.57	32.7
澳大利亚	4.97	7.2
英国	0.88	1.3
年度总计	69.01	100.0

资料来源：联合国商品贸易数据库（UN Comtrade Database）。

从表 10-8 可以看出，2016 年，我国小麦进口主要来自澳大利亚、美国、加拿大和哈萨克斯坦。从前三个国家进口小麦的集中度为 91.6%。与 2001 年相比，我国小麦进口集中度有所下降，但仍在 90% 以上。

表 10 – 8　2016 年我国小麦进口来源

单位：万吨，%

进口来源国	进口量	占比
澳大利亚	136.91	40.6
美国	86.24	25.6
加拿大	85.88	25.4
哈萨克斯坦	28.40	8.4
年度总计	337.43	100

资料来源：联合国商品贸易数据库（UN Comtrade Database）。

3. 我国深入推进粮食进口来源多元化的对策

从前述分析可以看到，我国大豆、稻米、玉米、小麦均存在进口来源过于集中的现象，我国从前三位国家进口粮食的集中度达 90% 以上。这表明，我国粮食进口市场集中度过高，进口粮源多元化建设任重道远。俄罗斯、乌克兰、埃塞俄比亚等"一带一路"沿线国家在我国大豆进口中占的比重较低，这些国家还有较大的出口潜力。柬埔寨、缅甸、俄罗斯等国家在我国稻米进口中所占的份额较低，还有较大的调整空间。

（1）继续稳定美国、加拿大、欧盟等发达国家和地区的传统粮源市场。美国、加拿大、澳大利亚、欧盟等发达国家和地区是全球重要的粮食出口地区。从发达国家和地区进口粮食，要着眼全球粮食贸易大局和我国粮食进口多元化的战略布局，更要着眼我国和发达国家的政治、经济关系，但要避免高度依赖发达国家和地区的粮食市场。

以我国与美国的合作为例，我国有巨大的大豆等粮食消费市场，美国有巨大的粮食生产能力和出口能力。中美粮食贸易具有较强的互补性，发展潜力巨大。中美双方努力维护稳定、合作的双边关系，符合双方的经济利益。改革开放以来，中美经贸合作给双方带来了巨大的贸易利益。此外，中美关系也影响中国与加拿大、澳大利亚、欧盟等国家和地区的关系。中美关系稳定，中国与加拿大、澳大利亚、欧盟等国家和地区的关系就比较稳定。中美关系不稳定，中国与加拿大、澳大利亚、欧盟等国家和地区的关系就比较难处，中国与这些国家和地区的粮食贸易也容易受到影响。2018 年以来，特朗普政府不断针对我国制造贸易摩擦，甚至运用关税手段挑起"贸易战"，伤害了中美经济贸易关系，中美大豆贸易也受到显著影响。这进一步说明,合作是中美关系的重要基石,是中美粮食贸易的重要基石。从我国进口粮源保障体系建设的长远利益出发,要坚持稳定我国在美国、澳大利亚、欧盟等发达国家和地区粮食出口市场上的份额。

中美关系是影响我国进口粮源保障体系的重要因素。近年来,我国从美国进口的大豆数量占我国大豆进口总量的 40% 左右,中国进口大豆占美国大豆出口总量的 50% 以上,中美互为重要的大豆贸易伙伴。因此,中美关系正常化、中美经贸合作化对于促进中美大豆贸易具有重要的影响。改革开放 40 多年来,中美关系合作多于摩擦,稳定多于波动。当中美关系处于合作、稳定阶段,中美经贸增长迅速,中国从美国进口的粮食数量就大幅上升。当中美关系处在摩擦、波动的阶段,中美经贸容易出现萎缩,中美粮食贸易就容易受到冲击。

在发达国家粮食市场上我国要保持适度、稳定的进口份额。从市场份额上讲,并不是我国从发达国家进口粮食越多越好,要有一个"度",必须坚持"适度进口"的原则。站在我国进口粮源多元化的战略角度,要将从发达国家进口粮食的规模控制在适当、合理、稳定的水平。这个适当的水平,一是要考虑我国粮食进口的需求数量。在综合考虑全球粮食进口规模的基础上,结合我国粮食进口需求,将从发达国家进口的粮食控制在适当的水平,而不是任由其自然增长、快速增长。二是要考虑发达国家粮食出口能力。由于全球粮食出口受气候、石油价格、政治经济关系等多种因素影响,要将我国从单个国家进口的粮食规模控制在较低的水平,分散风险。最基本的安全底线就是,从发达国家进口粮食的数量,要既能够满足我国粮食消费的一部分需求,又能够在从发达国家进口粮食遇到障碍时,找到替代的进口粮源,避免受制于人。

(2)积极建设巴西、阿根廷等南美洲粮源市场。南美洲是全球重要的大豆、玉米等粮食作物生产基地。南美洲大豆、玉米产量较高,出口量和出口潜力都较大。我国与南美洲国家外交关系比较稳定,有悠久的贸易往来。考虑到南美洲在大豆、玉米等粮食生产和出口方面的巨大能力和巨大潜力,我国需要积极建设南美洲进口粮源市场。

南美洲是我国重要的大豆进口来源市场。从地缘政治的角度看,南美洲地区是我国重要的粮食贸易缓冲和后备市场。在我国与发达国家粮食贸易萎缩甚至中断的情况下,南美洲地区是我国粮食进口可以选择的重要的替代市场。至少从目前来看,"一带一路"沿线地区的粮食出口能力还无法和南美洲地区相媲美。从长远发展角度考虑,我国在建设进口粮源保障体系的过程中,要高度重视并积极建设南美洲粮食来源市场。从改革开放40多年的发展实践看,巴西、阿根廷等南美洲国家是我国重要的大豆进口来源市场。近年来,巴西在我国大豆进口中的份额为45%左右,名列第一。

积极建设巴西、阿根廷等南美洲大豆进口来源市场,要从政治、经济等多方面入手。一是积极维护中国与巴西、阿根廷的外交关系,巩固政治基础,建立双边互信,为经贸合作奠定政治基础。二是大力推进中国与巴西、阿根廷的经贸往来,巩固经济基础,构建共同利益基础,为双方粮食贸易建立经贸基础。扩大我国向巴西、阿根廷出口商品的规模,扩大我国从巴西、阿根廷的进口规模,深化双边经贸关系。三是积极推进中国与巴西、阿根廷的粮食贸易合作,从战略高度提高双方经贸合作的层次和质量。积极建设中国与巴西、阿根廷的粮食物流通道,降低粮食物流成本和风险。积极规避中国与巴西、阿根廷开展粮食贸易的汇率波动风险,提高以人民币结算的比重。

值得注意的是,由于历史上南美洲曾经是美国的"后院",我国在南美洲的经贸活动要考虑到美国的影响。多数南美洲国家在政治经济上曾经对美国有较强的"依附性",我国与南美洲国家合作时,要认真考虑这一因素,并注意防范可能出现的政治、经济风险。

(3)积极开拓东南亚、南亚粮源市场。东南亚、南亚地区是全球重要的稻米生产基地和稻米出口市场。东南亚地区在稻米生产和出口上在全球占据重要地位,也是我国重要的稻米进口来源。东南亚地区稻米产量较高,在价格、质量等方面都有一定优势。我国虽然稻米产量高,但消费量大,东南亚稻米是我国稻米消费的有益补充。进口稻米满足了国内消费者对稻米的多样化需求。

与国内稻米相比,泰国稻米在质量上有明显优势,越南、巴基斯坦等国家稻米在价格上有一定优势。这些稻米在国内有广泛的市场需求,我国稻米消费形成了高端、中端、低端大米消费并存的格局。越南、泰国、巴基斯坦等国家,在地域上与我国比较接近,可以显著节约物流成本和降低运输风险,这也有助于我国降低粮食进口成本。近些年我国汇率持续升值,也有利于粮食进口。越南、泰国、巴基斯坦等国已经成为我国重要的稻米进口来源市场。2001年前后，泰国占据我国稻米进口市场90%以上的份额。近年来，越南稻米占我国稻米进口40%以上的份额，泰国稻米占我国稻米进口25%左右的份额，巴基斯坦稻米占我国稻米进口20%左右的份额。因此，在我国进口粮源保障体系的建设中，必须维护好东南亚、南亚稻米粮源市场，确保稻米进口来源稳定。

依托中国—东盟自贸区建设东南亚稻米进口市场。中国—东盟自贸区是我国与东南亚地区开展合作的重要平台，也是全球人口最多、由发展中国家组成的自由贸易区。中国—东盟自贸区建设极大促进了双方的经贸往来，深化了区域国际合作。今后要进一步依托中国—东盟自贸区，积极建设东南亚稻米进口市场。一是积极构建东南亚稻米进口专用通道，通过贸易便利化降低贸易成本。依托中国—东盟自贸区优势，积极提高通关效率，降低贸易成本，构建东南亚稻米进口专用通道。同时，适当增加从南亚地区巴基斯坦进口的稻米量。近年来中巴经济走廊建设进展良好，巴基斯坦也希望向我国增加大米出口。二是把握好从东南亚国家进口稻米的节奏和规模。坚决打击进口大米走私行为，防止扰乱我国正常的稻米流通市场。适当把握好从东南亚国家进口大米的节奏和规模，尽量减少对国内稻米市场的冲击。短期内进口稻米过多，容易对国内稻米市场的价格造成冲击。三是加强监测，把控好进口稻米的质量。进口稻米的质量控制关系食品的质量安全，关系国计民生，不容忽视。我国从东南亚进口的稻米数量大，要把好质量关，防止出现以次充好的情形，积极保护消费者利益。

（4）努力开拓"一带一路"沿线国家潜在粮源市场。"一带一路"沿线国家和地区中，俄罗斯、中亚、东南亚、中东欧、独联体等国家和地区是我国进口粮源保障体系建设的重点，要充分挖掘其合作潜力。

俄罗斯、乌克兰、哈萨克斯坦等"一带一路"沿线国家，是全球重要的粮食出口国。我国从这些国家进口粮食的规模还非常有限，但潜力巨大。这是因为，一是我国与这些国家的政治、经济关系比较稳定、牢固，粮食来源风险比较小。我国与俄罗斯、乌克兰、哈萨克斯坦等国家在历史上长期友好相处。"一带一路"倡议进一步强化了我国与俄罗斯、乌克兰、哈萨克斯坦等"一带一路"沿线国家的经贸合作。这为我国与这些国家建立粮食贸易关系奠定了坚实基础。二是俄罗斯、乌克兰、哈萨克斯坦等国家粮食生产潜力大，出口前景好。这些国家耕地资源丰富，闲置耕地较多。近年来，我国从俄罗斯、乌克兰等国家进口粮食的规模呈现上升趋势。2016年，我国从俄罗斯、乌克兰进口的大豆、玉米占我国进口的1%左右，扩大进口的空间非常大。三是我国与俄罗斯、乌克兰、哈萨克斯坦等国家邻近，运输成本较低，有利于降低贸易成本。与海洋运输相比，内陆运输成本高，是制约内陆国际贸易发展的重要因素。地域上的邻近，降低了我国与这些国家的贸易运输成本，扩大了粮食贸易的活动空间。

鉴于长期以来我国小麦进口主要集中在美国、加拿大、澳大利亚，要积极扩大来自俄罗斯、哈萨克斯坦、乌克兰等国家的小麦进口。俄罗斯、乌克兰等国家是"一带一路"沿线国家中重要的粮食生产大国和粮食出口大国。我国与俄罗斯、哈萨克斯坦、乌克兰等国家政治关系稳定，贸易环境良好。这有利于国内粮油企业积极参与粮食进口业务，提高市场主体的积极性，提升我国与这些国家开展粮食贸易的潜力，积极开展国际粮食合作。在粮食贸易、闲置耕地开发、耕地租种等方面，要与俄罗斯、哈萨克斯坦和乌克兰等国开展国际合作，建立稳定的进口粮源基地，保障和扩大粮食进口，积极提升俄罗斯、乌克兰等国家在我国粮食进口中的比重。

稳步发展中亚、中东欧市场。玉米进口方面，可以考虑扩大从匈牙利、塞尔维亚等国家进口玉米的数量。2016年，匈牙利、塞尔维亚玉米出口占全世界玉米出口的比重分别为3.1%、2.6%。小麦进口方面，可以考虑扩大从保加利亚、波兰等国家进口小麦的数量。2016年，保加利亚、波兰小麦出口量分别占全世界小麦出口量的3.0%、2.9%。要充分发挥欧亚班列的运输功能，为中欧粮食贸易奠定坚实的物流基础。中国东部到欧洲东部横向跨度较大，铁路运输是高效的内陆运输方式。欧亚班列将我国的武汉、郑州、苏州、长沙、义乌、重庆、乌鲁木齐等节点城市，与欧洲的汉堡、马德里等城市联结在一起，形成了一个大的经济走廊。这为我国与东欧国家开展粮食贸易打下了基础。

（5）适度实施进口品种多元化措施。农产品进口多元化包括进口品种多元化。适度增加农产品加工品进口减少原粮进口，比如增加肉类及其制品进口，就可以减少饲料粮进口；适度增加油菜籽、花生、大豆油、菜籽油、花生油等油脂油料进口，就可以降低大豆进口规模。也可以增加替代性产品进口，增加大麦、高粱、玉米酒糟粕（DDGS）和木薯等的进口，也可以减少饲料粮进口。进口品种多元化也可以促进进口来源地的多元化，例如，为了缓解大豆进口量过大的压力，可以考虑从部分中东欧国家（波兰等）、其他欧洲国家（比利时、乌克兰等）进口菜籽油；通过增加从东南亚国家（马来西亚等）、赤道国家（尼日利亚、哥伦比亚等）的棕榈油进口，实行部分进口替代。

（二）基于对"走出去"提质升级的农业国际产能合作

国际产能合作是我国在"一带一路"建设实践中提出的新概念，是指两个存在意愿和需要的国家或地区之间跨国或者跨地区进行产能供求配置的联合行动，是一种国际产业转移与对外直接投资相结合的国际经济合作新模式。国际产能合作既包括产品输出，也包括产业输出，以及随之产生的资金、技术、人才、管理经验等各方面要素的输出。农业国际产能合作是指区域间物质投入品、资金和科技等生产要素优势互补，产业链环节高端、中端、低端耦合联动，以助推全球农业产业结构升级。通过农业国际产能合作，可以帮助目标国提高农业生产能力，将产品、资金和工程技术优势转化为产业优势，融入全球产业链与价值链。产能合作已经成为我国经济外交的新高地。以"一带一路"倡议和"走出去"战略为契机，以农业综合生产能力提升和全球产业链构建为依托，有助于实现生产要素互补和产业链合作，适应我国农业产业转型升级的要求，也有助于全球产业链的深度融合，推动新一轮全球农业可持续发展。

1. **推进农业国际产能合作的重要意义**

推进农业国际产能合作是对农业"走出去"的提质和升级，是一种产业能力建设。农业"走出去"，是我国改革开放持续推进、深入发展的客观要求。农业"走出去"，对于提高我国农业综合效益、促进农业现代化具有极其重要的意义。农业"走出去"在市场方面与进口粮源保障体系建设实现了深度融合。我国农业"走出去"的实践已经有几十年的历史，在海外市场上积累了丰富的经验。进口粮源保障体系建设可以此为基础，从中选择粮食生产条件较好的国家作为粮食合作生产基地。

（1）推进农业国际产能合作有利于统筹利用农业国内国际"两种资源两个市场"。首先，在利用国内国际"两种资源"方面，我国可以通过产能合作，将农业的优势产能输出到粮食生产能力较弱的发展中国家，不仅可以为输入国提供先进技术和装备，而且可以深层次融入东道国并获得当地资源，有助于实现全球农业资源的优化配置。其次，在统筹利用国内国际"两个市场"方面，有利于有效调节国内农产品供需关系，进口国内短缺的农产品，满足消费者需求。从长期看，实施农业国际产能合作有利于推动我国积极参与全球农业治理，提高农业产业的国际竞争力。

（2）推进农业国际产能合作是打造国际粮食安全共同体的有效途径。在农业国际产能合作中，总体上以我国向发展中国家转移产能为主，帮助更多的贫困人口实现脱贫。尤其是"一带一路"倡议为农业国际产能合作创造了新机遇。"一带一路"沿线国家受地理位置、气候、文化等因素影响，农业资源表现出丰富的多样性，对农产品需求也表现出多层次性。这就决定了我国农业国际产能合作在"一带一路"沿线国家存在较为广泛的市场基础。

（3）实施农业国际产能合作有利于打破少数发达国家对国际粮食市场的垄断。近年来，原有的全球治理框架不断受到挑战，我国面临较大的外部国际环境不确定性。2017年12月，美国在其国家安全战略报告中明确指出中国是其战略竞争者。随着中美之间的博弈进一步加剧，不排除美国会动用各种手段对中国国家安全进行干扰。TPP、TTIP等区域规则已经对WTO规则提出挑战，近年来"逆全球化"思潮来势凶猛，特朗普奉行"美国至上"，英国脱欧，国际上贸易保护主义抬头，全球多边合作机制不断受到以美国为首的西方国家的冲击，增加了全球粮食供应链风险。通过农业国际产能合作可以加强各国之间的战略联系，合作国家都可以共享跨国产业链上的资源，减少对美国等少数发达国家的依赖，有利于中国在农业领域的优势产能"走出去"，这不仅涉及项目合作，也涉及有关技术标准、投资规则、发展经验等方面的输出或合作，可以提高我国在国际上的话语权和影响力。

（4）实施国际产能合作有利于提高利用和掌控境外资源的能力。国际产能合作可以促进中间产品输出，也会带来大规模的资本流，是一种促进全球产业链上中下游发展进步的有效途径。实施农业国际产能合作是稳定进口渠道的重要保障，也是实施农业跨国经营、提高对国际粮源掌控能力的重要途径。当前我国农业发展处于转型升级的攻坚阶段，积极推动农业国际产能合作，是提高我国农业市场化水平、开放水平的重要途径。通过农业国际产能合作，可以发挥我国企业在技术、资金等方面的优势。围绕农产品精深加工、农产品储藏、农产品现代物流、生物制药等产后增值环节，形成产业链的带动作用，构建从田间到餐桌的产业链，形成全产业链的跨国农业产能合作，有利于实现中国农业产业向价值链中高端的持续提升，有效提高利用和掌控境外资源的能力。

2. 实施农业产能国际合作的有利条件

近年来，随着综合国力的提升及农业现代化水平的提高，我国农业"走出去"取得了显著的成效，我国企业已经开始渗入主要产粮国和全球主要粮食贸易网络，为保障进口粮食的稳定供应创造了条件。

（1）农业合作机制不断完善。我国当前的农业发展战略以及相应的政策优惠为利用境外资源保障粮食安全提供了政策优势。我国从20世纪80年代开始实施农业"走出去"战略。2007年，农业"走出去"战略被正式写入中央一号文件，随后国家又出台一系列相关政策文件推动农业"走出去"。党的十九大报告指出，要积极参与全球治理体系改革和建设。而农业"走出去"战略正是深入贯彻和落实党的十九大报告精神的重要举措，也是践行农业供给侧结构性改革的探索。国际农业资源能够为国内农业的可持续发展提供有力的安全保障支撑。在促进"农业、农村、农民"发展方面，国家的惠农富农政策日益完善并且对农业的财政支出也在逐年增长。在外交方面，中国积极在亚太经合组织、东盟地区论坛以及东亚峰会等地区性多边机制中发挥作用，不断与周边国家推进利益共同体建设。中国也不断拓宽与发展中国家在不同领域的合作，不断探寻最佳的合作方式，借助"中非合作论坛""中国与阿拉伯国家合作论坛""中拉合作论坛"等多边合作机制，努力提高合作效益，深化与发展中国家的合作。截至2019年9月，中国已与180个国家建立正式的外交关系。在投资政策方面，我国出台了一系列税收优惠政策，如双边税收体系。目前，我国已经与世界上100多个国家或地区签订双边税收协定，在一定程度上缓解了我国粮食海外投资过程中可能出现的国际重复征税问题；国家还制定了相关的境外投资法规政策来鼓励跨国投资，如《对外经济技术合作专项资金管理办法》《境外投资管理办法》等。这些优惠的境外投资政策大大加快了我国利用境外资源保障粮食安全的进程。为促进中国与世界各国、各国际组织的广泛合作发挥了推动和协调作用，促进了多项农业重大合作项目的实施。

（2）农业合作领域持续拓宽。从农业对外投资的行业看，我国农业对外投资主要集中在种植业和农林牧渔服务业。其中,2015年种植业对外直接投资为10.5亿元,占农业对外投资的28.8%。从产出看,2015年,我国企业对亚洲各国的农业投资主要是以水稻为主的粮食作物,投资总产量为69.1万吨,涉及越南、柬埔寨、老挝和缅甸等国。2015年,我国企业在非洲的投资以粮食作物为主。对非洲各国农业投资的粮食作物总产量为39.7万吨,其中小麦产量较高,主要分布在莫桑比克、赞比亚和津巴布韦等国。

从表10-9可以看到,2015年我国种植业企业在境外投资开发的粮食作物以玉米、水稻、小麦为主。分省份看,水稻主要是云南和四川的企业在境外投资生产,玉米主要是山东的企业在境外投资生产,小麦主要是山东和湖北的企业在境外投资生产。

表10-9 2015年中国对外投资粮食作物情况

单位:万吨

粮食作物	产量	出口数量
小麦	43.9	1.3
水稻	61.2	4.9
玉米	90.8	32.6
大麦	0.9	0
高粱	0.1	0.06

资料来源:农业部《中国对外农业投资合作分析报告》(2015)。

表10-10 2015年我国境外种植业投资情况

单位:家,亿元

地区	企业数	流量	存量
黑龙江农垦	8	2718.8	147090.5
天津	11	40137.1	68311.1
山东	33	5434.4	44549.0
云南	75	8316.6	43440.6
黑龙江	48	11446.8	34295.2
四川	19	577.1	12482.6
新疆	9	5907.1	9194.9
广东农垦	8	139.4	8804.9

续表

地区	企业数	流量	存量
江苏	18	3557.0	6412.8
湖北	10	2735.0	5230.0
广西	8	3167.3	3828.4
中农发	9	326.7	3763.7
安徽	10	740.6	3465.7
北京	9	200.0	600.0

资料来源：农业部《中国对外农业投资合作分析报告》（2015）。

从表10-10可以看出，2015年，黑龙江农垦对外投资存量最大，其后依次是天津、山东、云南、黑龙江等地区。

（3）探索了多种农业"走出去"方式。我国农业"走出去"的方式包括农产品出口、农业对外投资、建立境外农业生产基地等。涉农企业是农业"走出去"的市场主体，政府是农业"走出去"的引导者和支持者。目前，农业境外直接投资方式主要包括四种。一是海外屯田。我国企业向东道国购买或者租用土地，产出的农产品用于满足土地种植国的国内需求。2004年重庆市政府与老挝政府签订"中国重庆（老挝）农业综合园区项目"合作协议；2007年陕西农垦农工商总公司与喀麦隆政府签署为期90年的合作协议，租用该国耕地1万公顷，主要用于水稻和红薯生产加工；2011年，湖北万宝粮油有限公司到莫桑比克租种耕地333公顷，租种期限为50年。二是联合经营。我国企业通过与东道国当地企业共同出资的方式进行联合经营。一般情况下，由东道国提供土地，由投资国农业企业提供农业机械、相关技术、基础设施以及资本。雇员方面有两种情况：其一，农业工人由投资国派出，负责种植工作。其二，投资国派技术人员和管理人员进行指导，主要雇用东道国本地农民或工人。以上两种模式，也称为跨国种植。可以通过跨国种植发展农业种植园区，从而带动本国富余要素走出国门，并达到保障本国粮食安全的目的。三是订单生产。由我国企业与境外国家（或地区）的农民签订合约，通常还提供资金、农业机械及技术指导等，然后购买其生产的粮食，以确保本国的粮食供应。四是收购当地农业企业及设施。我国企业在境外（尤其是在美国等较为发达的国家）收购农业企业及设施，可以直接向东道国生产商购买粮食等农产品。

(4）农业对外援助打造了良好的国际声誉。作为世界上最大的发展中国家，中国在南南合作框架下向其他发展中国家提供了不少援助，与有关国家建立了良好的合作关系，为利用境外资源奠定了基础。据《改革开放40年中国人权事业的发展进步》白皮书介绍，1950年至今，中国累计实施各类援外项目5000多个，为发展中国家在华培训各类人员26万多名；2004年以来，中国累计提供国际人道主义援助300余次；2003~2017年，在"一带一路"沿线国家建设的经贸合作区，带动东道国就业超过20万人；截至2018年5月，中国累计派出维和军事人员3.7万余人次，维和警察2700余人次，参加了约30项联合国维和行动。迄今，中国已向160多个国家和国际组织提供了近4000亿元人民币的发展援助，派遣60多万援助人员。进入21世纪以来，我国对外援助的增长率和弹性都在持续提高且幅度较大，在全球对外援助国中与美国和日本的差距逐渐缩小并跃居成为世界第四大对外援助国。农业对外援助一直是中国整体外交的重要组成部分。中国为受援国提供基础设施、生产性项目等发展支持，也为中国企业"走出去"提供机遇。

(5）农业对外合作成效日益显现。从农业对外投资地域看，我国农业对外投资主要集中在亚洲地区，特别是东南亚地区，其次是大洋洲特别是澳大利亚。2015年，我国农业对亚洲直接投资25.6亿元，占中国企业对外农业投资的70%，主要分布在以色列、印度尼西亚、老挝和中国香港地区。分国别看，我国对外农业投资存量前十位的国家包括澳大利亚、新加坡、以色列、荷兰、印度尼西亚、俄罗斯、老挝、新西兰、泰国和柬埔寨。分区域组织看，2015年，我国对东盟的农业投资流量为8.9亿元，占我国对外农业投资流量总额的24.5%；对金砖国家的农业投资流量为3.1亿元，占总投资额的8.5%；对上海合作组织农业投资流量为3.5亿元，占总投资额的9.5%。

截至2015年7月，我国已经在海外60多个国家签订132个耕地投资项目，投资耕地面积超过400万公顷，其中主要集中在非洲、拉丁美洲和东南亚地区。目前，我国在海外投资的耕地项目更多，按照当前400万公顷测算，假如这些耕地均种植小麦，以2017年我国小麦单产水平5.13吨/公顷计算，海外耕地将提供2052万吨小麦，占2017年我国粮食进口总量的15.7%，是我国当年小麦进口量的4.64倍。农业"走出去"战略可以作为保障我国进口粮源的有力补充，有效确保了国内农产品供给。部分地区政府部门及越来越多的涉农企业都涌入海外耕地的投资潮流中，目前我国农业"走出去"已经取得初步成效，这些都为保障我国粮食安全提供了有利条件。

值得注意的是，虽然近年来中央粮食企业和一些地方企业都在积极谋划和实施农业"走出去"战略，农业境外投资不断取得进展，但总量和规模还比较小，区域分布还不够广泛，"走出去"的企业总体上还处于"散兵游勇"的状态。由于缺乏行业协调，企业常常追求自身利益最大化，开展农业对外合作时难以形成合力，甚至还出现自降身价的恶性竞争。许多地方对自身优势和潜力的研究不够深入，直接影响了农业"走出去"、农业国际合作的质量和效益，也影响了我国粮食企业的品牌和形象。

3. 创新农业国际产能合作的路径选择

面对当前国际形势的新变化，中国农业境外直接投资需要基于粮食安全新战略有所创新，不墨守成规，不拘泥于原有的惯性思维，形成有创新理念、创新方式、创新技术、创新机制的新局面。

（1）战略定位：着力增强对全球粮食产业链的掌控能力

在农业"走出去"早期，我国许多农业企业"走出去"以获取农业资源、将生产的粮食等农产品返销国内为目的。笔者认为，新时期我国推进农业产能国际合作的基本战略定位是着力增强对全球粮食产业链的掌控能力。

今后一个时期需要着力抓好以下几项工作。

其一，做好战略规划。基于构建全球农产品进口供应网络做好战略规划。以构建开放式农业资源供应链的全球思维为引领，在对国际市场供需状况、地缘政治和地缘经济进行深入调研的基础上，对农业国际产能合作进行战略布局，明确农业国际产能合作的目标、重点区域和重点项目。对粮食产业、经济作物产业、畜牧产业、农产品仓储物流业、农机装备产业、农业生产资料产业等分区域、分国别、分产业、分品种做好农业国际产能合作规划。

其二，转变工作思路。未来我国农业企业境外投资的思路要实现从求"鱼"到求"渔"的转变。大量事实证明，直接购买或租赁境外土地进行粮食生产，然后运回国内并非最优策略。一方面，这种单纯的功利主义的做法会导致一些国家指责中国粮食企业"走出去"是要进行"海外屯田"和"农业殖民";另一方面,在目标国发生自然灾害、粮食市场出现波动,或者世界粮食库存降低、粮价高涨时,东道国常常会禁止粮食出口。正确的选择是,通过与发展中国家实施农业产能合作,支持其提高农业科技水平,改善农田水利设施,提高粮食生产能力。聚焦增强发展中国家的粮食生产能力,改善国际粮食安全环境。除了在距离我国较近的国家进行销售之外,中国粮食企业"走出去"项目所生产的主要农产品还应在东道国及东道国周边市场销售,以发挥稳定东道国粮食供应的作用,进而为稳定国际粮食市场做出贡献。

其三,持续练好内功。中国粮食企业"走出去"的历史比较短,不管是在综合实力上,还是在参与国际竞争的经验上,都远不及发达国家的国际大粮商。发达国家的大粮商不会让中国的企业轻而易举地占领它们长期垄断的国际市场,近年来中国企业"走出去"的实践证明,在开展国际农业产能合作的进程中会有许多障碍。因此,在国际市场上,中国企业与"ABCD"等既是竞争对手,又要做合作伙伴。中粮集团仅在2010年从"ABCD"等采购的大豆就占总采购量的近60%。因此,要主动参与国际市场竞争,在与"ABCD"等国际粮商的合作中同强大的对手开展竞争,持续练好内功,增强自身实力,熟悉国际市场竞争规则,学会"与狼共舞",持续增强中国企业在国际市场上的核心竞争力,提升对国际粮源的掌控能力。

其四,努力提升全球农业资源配置能力。长期以来,中国农业"走出去"主要集中在农业生产环节。2017年中国对国外投资主要集中在附加值较低的种植环节,种植环节投资额占总投资额的63%;加工仓储环节投资额仅占总投资额的11%。发达国家的大粮商为了垄断农产品国际贸易,在从事全产业链经营的过程中,将投资的重点向附加值高的产业链两端集中。上游的育种环节基本上被孟山都、杜邦、先正达、先锋等大型种业公司控制;下游末端的农产品加工环节基本上被"ABCD"等大公司控制。我国应借鉴发达国家的经验,支持国内行业龙头企业将农业产业中技术含量高、增值幅度大、带动能力强的育种和农产品加工环节作为战略发展重点。通过加大研发投入和实施产业链整合等策略,加快形成向农业产业链两端延伸的国际竞争新优势。打造以我国为主、惠及多国的全球农产品供应链，有效提升中国在全球农业产业链、价值链分工中的地位，提升价值获取能力和农业资源配置能力。

（2）战略布局：立足"一带一路"实施全球农业战略

解决中国的粮食安全问题必须有全球视野，把中国的粮食供需问题放在全球背景下来谋划。而"一带一路"倡议为我国深化和拓展全球粮食安全合作创造了新的战略机遇。"一带一路"贯穿亚欧非大陆，一端连着农业发展历史悠久的东亚经济圈，另一端连着发达且现代农业优势明显的欧洲经济圈，中间则为农业资源丰富、发展潜力巨大的广袤腹地，区域之间、国家之间具有较强的互补性。"一带一路"形成了一个国际区域合作网络。进口粮源保障体系建设应以"一带一路"沿线国家为基础，优先对沿线重点国家进行战略布局。通过参与全球农业资源开发及合理利用国际市场，加快融入全球农业产业链、供应链和价值链的步伐，建构具有全球视野的开放型国家粮食安全保障体系。

今后一个时期应重点开展以下几方面工作，其一，健全粮食安全合作的多边和双边工作机制。建议成立"一带一路"农业合作联委会，建立联委会与东盟—中日韩（10+3）合作平台、南亚区域合作联盟等地区性合作组织的定期会晤机制，加强区域性政策磋商和政策沟通。

其二，在重点国家优先布局一批境外农业合作示范区或示范基地。相比大部分"一带一路"沿线国家，中国的农业技术具有领先优势，也适用于这些国家的农业大发展需要。农业合作示范区既可以是专项的，也可以是综合的。各类专项示范基地围绕东道国及其相邻国家和地区农业生产的产前、产中、产后所需的种子等农业生产资料和农产品加工业的需求进行布局，可以带动我国农业机械装备、建筑材料等产业"走出去"，在更大范围内推广我国农业产业的先进技术。综合的农业示范园区可以联合中外双方或多方的高等院校、科研院所、企业等单位，形成集农业技术研发、信息服务、示范推广、人才培养、技术转让、产品营销等为一体的示范中心，围绕种、养、环保、物流、食品安全等领域开展较大规模的联合研究，并在东道国和相关国家推广成熟技术，优化农业产业链条、形成产业集群服务，在合作中促进技术、产品、产业"走出去"。

其三，联手建立"一带一路"特色农业经济带。充分发挥中国有关省（区）的地缘优势，统筹考虑沿线各国的农业资源条件、农业基础设施现状、人力资源条件、物流设施条件等,按照农业规模化种植、产业化经营、精深度加工、集群式发展、现代化物流、国际化营销的全产业链构建要求,创造条件建立"一带一路"现代特色农业产业经济带。例如,中国西部省区与中亚国家合作建立旱作农业经济带,广西与东盟国家形成热带作物经济带,中国东南沿海地区与马来半岛形成战略农产品经济带,中国东北和新疆地区与俄罗斯、中亚五国形成粮食产业经济带等,形成分工合作、各具特色的农业国际合作新格局。

(3) 战略重点:着力打造全球农业产业链

我国涉农企业在"走出去"初期,多采取"单打独斗"的方式,且多集中在风险比较大、利润率比较低的农业生产环节,多个企业或者上下游企业协同发展的成果比较有限。作为世界粮食市场的后来者,面对发达国家的跨国粮商在主要粮食市场已经划分势力范围的情况,我国企业只能采取"见缝插针"的方式开展境外农业直接投资。经过多年的实践探索,我国企业在全球多个国家进行了各种"走出去"的尝试,具备了开展多层次、全方位合作的良好基础,可以通过开放式整合向"抱团联盟式"的跨国产业链发展。所谓开放式整合,是指对国内资源和国际资源进行重组,包括纵向、横向整合两个方面。纵向整合是产业链的深度拓展,旨在提升对产业链的控制力;横向整合则旨在提高企业的带动能力和扩展市场的全域布局。

全球产业链整合的基本思路,一是基于要素市场化优化产业链配套体系。应以开放性的发展理念为引领,建立跨行业、跨企业、跨国家的农业产业链整合机制,形成产业链、供应链、价值链的有机融合。中国企业和东道国企业以股份合作、设立共同基金、共建园区等方式开展合作,进行企业集群式投资。通过合资、合作、合并等形式,构建集农业生产者、流通企业、加工企业、销售企业为一体的产业联盟。通过跨国的协作投资,弱化以往境外农业投资由中国政府和国企主导的观念,形成中国企业与东道国企业和农民的利益联结机制。通过产业链配套体系建设,在农业科研、农资研发、生产、储存、加工、物流、销售等诸环节合理布点,提高对全产业链的掌控能力。

二是基于国际标准推进农业产业链由低端向高端的延伸。尽管中国的农业企业已经开始在国际市场上取得成效,但多数都处于产业链的低端,对资源的掌控能力比较有限。通过上下游骨干企业的联合与合作，可以形成具有产业配套能力和综合竞争力的粮食产业战略联盟。在实施步骤上，先建立松散的战略联盟，经过一段时间的磨合后再进行优化。这种模式的优点是操作相对比较容易；对资本要求低，有利于将企业资源集中在核心业务上；灵活性强，能根据市场需求的变化进行调整。重组后的粮食产业战略联盟可以实现粮食产业链各环节的协调，增强供应链上合作成员的协同。

三是基于"一带一路"构建区域性的农业产业集群。在共建"一带一路"的重点合作国家，可以以东道国农业优势资源为基础，整合若干个中国企业、东道国企业和科研院所等组织，围绕当地主导产业发展种植养殖、农产品加工、农产品物流与销售、农业生态环境改善等项目，形成具有集聚优势的区域产业生态链分工协作体系。在产业体系上，以当地农业主导产业为中心，建立起集优良品种培育、规模化生产、农产品加工、运输与物流、资源循环利用为一体的农业产业体系。在经营机制上，建立起包含中国企业、东道国政府、企业和农民的利益联结机制，形成互利共赢的利益共同体。在配套服务上，建立集投融资、科技推广与服务、信息化等于一体的全方位服务体系。在运行机制上，建立产业联盟，将涉农企业联合起来，对产业运营进行指导和监督，吸引资本、技术向集群内汇聚。

（4）战略推手：突出科技合作的先导地位

农业国际产能合作应突出科技合作的先导地位。这方面可以借鉴ADM等国际粮商以研发带动业务发展的经验。ADM公司与多国高等院校、科研院所开展一系列合作计划，在美国、加拿大、法国、荷兰、德国等地建立研究基地，拥有近300名科学家和工程师，其研究领域覆盖了生物燃料、农产品加工、动物营养、化妆品、淀粉、脂肪和油料等。

中国在农业生产、加工、储藏和物流方面为粮食境外投资提供了技术。在农业机械化技术方面，我国生产的农业机械、饲料加工机械、耕作与收割机械、灌溉设备、沼气等农村能源技术都深受发展中国家欢迎；在农田节水灌溉技术方面，我国耕地灌溉率达到全球平均水平的3倍，农田节水灌溉技术对提高非洲国家灌溉设施使用效率十分有效；在高新技术研究方面，我国在植物细胞和组织培养、单倍体育种及其应用、航天育种、杂交水稻和油菜的研究与利用以及基因疫苗、动物疫病、动植物的营养与代谢、粮食储藏、粮食加工等方面的研究都达到或接近国际先进水平。此外，我国中小规模的农垦开发模式也更适合大多数发展中国家。我国的农业生产技术虽在国际上不具备绝对优势，但相对于许多发展中国家来说，我国在农田水利开发管理、水稻、玉米、棉花等品种改良，农业生产组织的改革与管理方面的成功经验，有利于促进东道国传统农业生产方式的改进和农民生产管理水平的提高。具体来说，我国可以从以下几个方面做出努力。

一是共建合作研发的平台。鼓励和支持科研院所、高等院校与合作国家的科研院所建立联合实验室或研发中心，联合申报和研发国际合作项目；与国外科研机构和高校合作组建创新联盟，共同设立研发基金、技术创新中心、科技示范园区、成果推广站等，为高层次创新人才提供研发平台，围绕目标国所需要的关键技术、区域所需要的共性技术和国际农业前沿技术开展联合攻关。充分利用粮食生产、加工、储藏、物流等方面的优势，建立政府、科研机构和企业的联合体，通过联合研发、知识共享、技术转移和培训示范等方式，输出中国成熟的农业科技成果，加大对发展中国家的技术指导和援助，促进成果分享和技术出口。

二是支持我国科技人才"走出去"。通过与经济比较落后、农业科技水平不高的国家开展项目合作等方式，输出先进技术和科技人才，向技术水平落后的国家委派农业专家、专业技术人员或技术工作组，帮助这些国家和地区建设农业技术示范中心。还可以通过政策引导，鼓励我国科技专家到合作国家开展科技创业。利用 FAO、WFP、APEC、ACD 等国际合作机制，组织粮食科技专家和技术人员"走出去"参加有针对性的技术培训，举办面向"一带一路"沿线国家的粮食产后减损、供应链管理、加工增值技术培训。

三是广泛开展形式多样的学术交流和人才培养活动。利用 FAO 等国际组织提供的培训平台，引进符合国际标准的一系列课程，面向发展中国家开展专题培训。与此同时，设立"一带一路"农业合作培训基金，对人力资源培训给予资金支持。将粮食科技培训列入援外项目，设立国家奖学金，支持国内粮食专业高校开展面向"一带一路"沿线国家的粮食专业学历教育，帮助这些国家培养粮食科技高层次人才。牵头组织粮食科技"一带一路"合作论坛和国际合作专题研讨会；还可以通过举办农业技术短训班的方式开展专题培训；以项目为依托组织专家互访，建立包含专家信息、科技产品等内容的信息网络平台，推进互联互通、资源共享，建立人才培养和技术交流的长效机制，借助多种渠道与合作国家在知识分享、技术转移、信息沟通等方面开展交流与合作。

4. 中国开展国际产能合作的重点领域

对包括"一带一路"沿线国家在内的世界农业资源状况进行分析，可以看出中国开展农业国际产能合作的潜力主要集中在具有丰富粮油资源的国家和地区。这些国家大多数是发展中国家，既缺乏技术，又急需资金，虽然适宜进行农业开发，但经济比较落后，增加了开展合作的风险和建设成本。通过农业国际产业合作，帮助发展中国家增强自主保障粮食安全的能力。

（1）农业基础设施建设是许多国家粮食生产的短板。农业基础设施是降低国内农业生产成本、提高一国抵御自然灾害能力的重要条件，但这恰恰是一些农业资源大国的短板。俄罗斯是世界主要的小麦生产国和出口国。俄罗斯人均农业用地1.53公顷，是中国的4.02倍。2014年俄罗斯人均可再生内陆淡水资源量为30055.7立方米，中国为2061.9立方米。但俄罗斯的农业发展长期落后于世界其他农业大国，粮食单产低于世界平均水平。2014年俄罗斯小麦、玉米的单产分别仅相当于世界平均水平的75.9%和77.0%，这与其农田基础设施落后、机械化水平不高直接相关。俄罗斯大约有1400万公顷耕地处于荒废状态。尤其是远东地区自然环境恶劣，经济发展水平落后，农村劳动力严重不足，缺乏水利灌溉设施，土地大量闲置，基本靠天吃饭，这为中俄的农业产业合作提供了较大的空间。哈萨克斯坦、土库曼斯坦、塔吉克斯坦、乌兹别克斯坦、吉尔吉斯斯坦等中亚五国的人均耕地面积超过中国或与中国相当，但农业发展速度慢，缺水问题突出，农田灌溉设施薄弱，长期依赖世界银行等的援助改善灌溉体系。在世界大米出口市场占有重要地位的柬埔寨、老挝、缅甸三国的农业生产方式粗放，粮食单产水平低，2010年，三国的水稻平均亩产分别为198公斤、231公斤、275公斤，远低于我国437公斤的水平。巴基斯坦是"一带一路"建设中与我国有合作的重要国家，该国地处干旱、半干旱、超干旱地区，常年受不同程度干旱、洪涝及病虫害的影响，长期以来采取小农经济生产模式，农业耕作技术落后，抵御自然灾害的能力较弱。巴基斯坦也基本上是靠天吃饭，农业灌溉条件薄弱，一遇干旱就会减产。因此，中国在农业国际产能合作中，可以与东道国采用合资、独资等办法，兴建农业基础设施，改善农业生产条件。

（2）农业科技水平低是制约粮食综合生产能力提升的关键。育种技术、栽培技术、灌溉技术等对于提高单产具有重要的作用。与许多发展中国家相比，中国在农业科技等方面具有明显的优势。一是种质资源研发。2013年，俄罗斯在玉米生产中采用的国外种子占43%，在中俄合作中可以加强对新品种培育的研究。二是农作物栽培、农药化肥等生产技术和生产资料的研发应用。中储粮总公司在老挝进行的优质稻科技示范项目实验表明，采用优良品种和先进的种植技术对该国水稻进行改良，并将雨季种植改为雨季、旱季双季种植，可以大幅度提高水稻总产量。三是节水灌溉设备和技术，主要指小型农田水利设施改造和建设、节水灌溉技术。四是农业装备技术。哈萨克斯坦、土库曼斯坦、塔吉克斯坦、乌兹别克斯坦、吉尔吉斯斯坦等中亚五国的农业生产长期处于粗放经营状态，机械化水平低，农业机械在农业不动产中所占的比重仅为3%~4%。且现用的机械设备多数是严重老化的苏联时代的产品，90%的设备在超期使用。通过合作，可以促进合作国家农业产业技术的进步，帮助解决农业良种率低、规模化种植养殖技术水平低、加工层次低、市场化程度低、农业综合效益低的"五低"问题。

（3）提升仓储物流设施数量、技术水平的需求强烈。我国的粮食储藏技术、饲料加工技术等在国际上处于领先水平。"一带一路"沿线国家中种植小麦、稻谷的典型代表国家，基本自然气候条件优良，具备产量和出口优势，但是产后管理和技术比较落后。一是原粮及成品粮储运技术落后，设施简陋，粮食仓房主要是老式的房式仓、罩棚仓，保温隔热效果差，仓内温度高、湿度大，储粮极易发生虫害和霉变，储粮品质极易发生劣变。二是粮食流通基础设施薄弱，港口、码头、铁路运输等物流通道受到限制，粮食运输以包粮为主，运输效率低、成本高、损耗大。我国具有长距离跨省"北粮南运"和接卸进口粮食的高效成熟经验与配套物流设备与技术。我国经过"粮食安全保障工程"等建设项目的实施，粮食仓储物流基础设施条件达到国际中上游水平。同时，通过科研攻关、集成创新、引进消化吸收再创新，我国粮食储藏技术居国际领先水平，目前已经具备成套的粮食运输优势,特别是具有成熟的可转让的储粮技术及可落地的仓储工程,可以有效解决粮食仓储和加工企业储粮虫霉防治及保质储存问题。在未来的农业国际产能合作中,我国可对不同国家采取不同的措施,在巴西建设收储和仓储物流体系,在东南亚有关国家兴建粮食物流设施,在非洲有关国家参与农产品仓储、物流、码头等设施建设。

(4) 农产品加工技术设备老化问题普遍存在。"一带一路"沿线国家粮食精深加工技术不足,加工厂设施设备陈旧老化,加工水平较低,精深加工、综合利用技术缺乏,产品不够丰富。独联体国家对谷类深加工、粮食储运等技术的需求强烈,南亚、东南亚国家急需稻米深加工综合利用、棕榈油压榨和深加工等技术。中亚国家的设备已经使用多年,能耗高、工艺旧、成本高、效率低,每年都有相当数量的农产品因得不到及时加工而被浪费。以哈萨克斯坦为例,该国在粮食、蔬果、肉类生产中加工品所占的比例分别为29.4%、2.4%、24.2%。乌兹别克斯坦由于榨油设备陈旧,出油率仅有10%~15%(中国这一指标为23%)。乌兹别克斯坦、土库曼斯坦在本国建立了原料生产—成品生产—产品出口的一体化产业链,都为从中国引进先进的农产品加工技术进行了积极的商谈。巴基斯坦农业生产经营较为传统,加工业发展相对滞后,加之劳动力充裕、成本低廉,劳动密集型农产品加工业发展潜力较大。未来合作主要集中在粮食、畜产品、蔬菜等农产品初加工以及产品的多样化供给上,既可以满足人口增长和人们的多样化需求,又可以解决农业人口的就业问题。蒙古国则亟待提高饲料加工、畜产品精深加工水平,建设一批畜产品加工生产基地。

中国农产品加工业的技术水平可以满足包括"一带一路"沿线国家在内的合作国家的需求。2008年以来,我国粮食加工业产能过剩的问题日益突出,国内一些企业已经开始与有关国家开展产能合作。我国的面粉加工、饲料加工、大型榨油装备和仓储烘干设施在"一带一路"沿线国家具有广阔的推广前景。中粮工科无锡院有限公司已在白罗斯、俄罗斯、马来西亚等国合作建设面粉、饲料、油脂等加工厂,输出小麦淀粉发酵赖氨酸、棕榈油加工等技术。江苏丰尚智能科技集团在埃及建设饲料、养殖、油脂、仓储等工厂设施,在欧洲、北美洲设立研究院,形成了全球化研发格局,饲料设备出口至"一带一路"沿线大部分国家。在国际产能合作中,我国企业可以采用新建、参股或控股等方式投资农产品加工业。向乌克兰、巴基斯坦、印度尼西亚、菲律宾、埃及等粮油资源丰富的国家，输出我国先进的粮食储藏、（精深）加工、物流和品质控制等技术及工艺，建立我国海外粮食基地，通过"技术—资源贸易"方式，实现粮油资源与粮食科技的优势互补，互利共赢。在中俄农业合作中，加快发展粮食加工、饲料加工、肉产品加工等精深加工项目，建立农副产品加工基地，既可以在东道国销售，又可以返销中国国内，不仅可以绕过各种限制和关税壁垒，还可以享受俄罗斯在产品销售和设备进口方面对外资企业的优惠政策。

（5）改善交通和电力基础设施的任务相当繁重。交通和电力基础设施条件直接决定着投资活动的开展，发展中国家公共基础设施总体上比较薄弱。以印度为例，在交通方面，该国公路网总长度大约为469万千米。大约76%的国道为单向两车道或一车道，运输效率很低。虽然其铁路长度在世界上位列第四，但是铁路、铁道标志和车辆的老化都比较严重。在电力供应上，电厂燃料短缺，电力供应长期不足，仍有1/3的家庭没有用上电（2013年9月资料），其中农村居民中有45%的家庭没有通电，风能、太阳能等绿色能源成本高。中亚国家的交通基础设施老化严重，土库曼斯坦2006年开通的一条铁路，最快时速仅为60公里。哈萨克斯坦公路平整度低、路况差。吉尔吉斯斯坦境内无一级公路，二级公路仅占1.1%，多数为四、五级公路。蒙古国的交通设施也比较落后，国内20万千米的公路网，大部分为沙石路或土路，仅有1250千米为硬化路面。蒙古国内仅有乌兰巴托铁路和从乔巴山通往蒙俄边境口岸的铁路。蒙古国的煤炭资源虽然很丰富，然而电力供应却不能满足自身需求，电力基础设施落后，发电机组装置还是沿用苏联时期的设备，每年需要从俄罗斯、中国进口一部分电力。印度的公路、铁路、水路、港口设施也不健全。中国与俄罗斯、乌克兰、哈萨克斯坦等国在铁路轨距、边境换装能力等方面存在标准和承载能力不统一的问题，制约了贸易往来。

"一带一路"倡议提出的设施联通、贸易畅通等"五通"建设内容，为推进农业国际产能合作提供了条件。中国在"一带一路"倡议中提出了"六廊六路多国多港"的合作框架，"六路"是指铁路、公路、航运、航空、管道和空间综合信息网络，"多港"是指若干保障海上运输大通道安全畅通的合作港口，不仅有利于解决这些国家和地区的粮食安全问题，还能够增加全球粮食供给。未来可以通过加大对"一带一路"沿线国家基础设施的投资力度,推动粮食跨国物流的衔接与合作,构建与国内对接的进出口粮食物流通道。

(6) 开展多元化农产品贸易的前景广阔。农产品贸易一直是"一带一路"沿线国家合作的主要内容。从中国与俄罗斯的合作情况来看,近年来中俄两国平稳推进战略协作伙伴关系,持续在多个领域开展务实合作,应将外贸发展资金等政策性资金向对俄农业合作企业倾斜,针对龙头企业对俄农业合作的前期费用、劳务培训、粮食回运、贷款利息等给予补贴,保障玉米、大豆、水稻、小麦等的回运配额指标。支持企业在俄建立稳定的商品粮生产基地,并将劳务合作项下进口俄产大豆列入海关免税进口商品目录。在南亚地区,中国与巴基斯坦开展农产品贸易合作有较大空间。中国向巴基斯坦出口的主要农产品为蔬菜、饮品、糖及糖料、水果等,中国主要从巴基斯坦进口稻谷、水产品、饼粕等。未来中国蔬菜、水果出口的规模可以进一步提高,从巴基斯坦进口的谷物规模可适度增加。因此,应积极推动共建"一带一路"农产品贸易通道,与东道国及本地企业合作开展农产品运输、仓储等贸易基础设施的一体化建设,拓展贸易范围。

(三) 加强宏观、中观、微观立体式的多双边农业国际合作

建构进口粮源保障体系必须加强农业国际合作,与有关国家建立稳定的战略伙伴关系。全方位的多双边农业国际合作与进口来源多元化战略、农业国际产能合作战略相互协调、相互促进,统筹规划,综合施策,以最大限度地为保障国家粮食安全服务。开展农业国际合作应包括以下三个层面:在宏观层面建立国家间粮食合作机制,在中观层面建立产业和区域粮食合作机制,在微观层面建立粮油企业国际合作机制。

1. 宏观层面:建立多边和双边粮食合作机制

中国提出构建以合作共赢为核心的新型国际关系,致力于同各国、各地区组织建立不同形式的伙伴关系。从宏观层面建立国家间粮食合作机制,主要包括两个方面。

一是依托"一带一路"倡议加强多边国际粮食合作。历史上,我国就与"一带一路"沿线国家有着密切的经贸往来。当前在"一带一路"倡议的指导下,我国与沿线国家的往来更加密切。2018年7月,首届"一带一路"粮食安全高峰论坛在甘肃举行。阿塞拜疆、泰国、白俄罗斯、哈萨克

斯坦等国家粮食企业和我国粮食主产区的部分粮食企业参加了此次论坛，并签订了粮食购销意向协议。这次会议和活动充分说明，依托共建"一带一路"国家开展国际粮食合作和粮食贸易，发展前景广阔。当前，加强与共建"一带一路"国家的国际粮食合作，重点是理清各个国家的粮食需求，发挥各自在粮食领域的优势，实现优势互补、共同发展和合作共赢。

二是依托双边合作机制加强国际粮食合作。要与世界粮食生产大国建立长期、稳定的粮食合作机制。世界上有很多国家粮食产量较高，但出口量不大。这些国家闲置耕地面积较大，有耕地出租的基础和可能。我国可以通过租种土地、联合开发等模式，加强与这些国家的粮食合作，将我国的粮食种植技术、劳动力等优势和对方的闲置土地资源结合在一起，通过双边合作机制，与世界粮食出口大国建立长期、稳定的粮食合作关系，跨国生产粮食，形成新的粮源，确保我国获得价格合理、质量上乘的进口粮食。

2. 中观层面：建立区域内粮食产业合作机制

中观层面的重点是构建区域内粮食产业合作机制，依托合作双方在粮食产业和地域上的优势，开展国际粮食合作。

一是依托双方粮食产业优势促进国际粮食合作。充分把握双方粮食产业的互补性，是促成国际粮食合作的重要基础。在国际粮食合作中，拥有粮源是一个基础条件，能够开发粮源是另一个基础条件。这两个基础条件缺一不可，是国际粮食合作的前提条件。2016年5月，"中欧国际粮食产业合作联盟"在河北省秦皇岛市成立。这一实践，是从产业层面尝试国际粮食合作的有益探索。这一联盟由粮食商贸企业、银行、物流企业等12家单位发起。中欧国际粮食产业资源管理秦皇岛有限公司是联盟的发起者，该联盟主要依托俄罗斯远东地区的耕地，通过秦皇岛口岸进口粮食和农副产品。这一联盟的特点在于，其一，充分抓住了中俄双方的粮食产业优势。中方在粮食需求、粮食物流等方面优势显著，俄方土地资源丰富，粮食产能有保障。其二，双方在地域上交通便利，可以节约运输成本。俄罗斯远东地区到秦皇岛海洋运输成本较低；秦皇岛距离北京、天津等粮食主销区较近，销路便利。

二是依托区域优势促进国际粮食合作。区域优势也是国际粮食合作的重要形成条件。不同国家的粮食生产地和粮食消费市场距离接近，同样可以促成国际粮食合作。广东、广西、云南等地区从东南亚进口稻米，在地域上比其他省份更有优势。广东是全国粮食消费大省，从东南亚进口粮食可以节约更多成本。新疆、内蒙古、黑龙江等省份有条件加强与俄罗斯、哈萨克斯坦等国家的区域粮食合作，通过租地、粮食技术合作等方式加强合作，可以建立稳定的粮食进口来源基地。内蒙古、黑龙江等地区与俄罗斯接壤，要抓住这一区位优势，打造粮食合作平台。充分利用俄罗斯的闲置土地资源，提升粮食生产能力，稳定粮食进口来源，建设粮源保障体系。内蒙古距离北京较近，可以构建物流通道，将粮源从俄罗斯运到北京。北京人口众多，是我国重要的粮食消费地区，粮食消费需求旺盛。

3. **微观层面：建立粮油企业国际合作机制**

粮油企业是开展国际粮食合作的市场主体。在微观层面建立国际粮食合作机制，核心是调动粮油企业"走出去"的积极性，提升企业在国际市场上的核心竞争力，完善粮油企业参与国际粮食合作的体制机制。

一是积极推进我国粮油企业国际化发展的进程。这是构建我国进口粮源保障体系的微观基础。国内粮油企业要储备、培养国际化粮油经营人才，粮油企业要有国际粮食合作的意识和管理手段。国内粮油企业进行国际化运营，具有"干中学"的性质和特点。

二是完善粮油企业参与国际粮食合作的体制机制。完善粮油企业参与国际粮食合作的体制机制，关键在于完善支持体系和投资保护机制。首先，完善粮油企业参与国际粮食合作的支持体系，包括东道国粮食合作风险评估、东道国粮食合作效益评估、国内资源保障能力、企业参与国际粮食合作的绩效评估等。国际粮食合作的支持体系可以由国内企业、国内智库和东道国的企业、智库共同组成，尽量化解投资风险，实现共赢。其次，完善粮油企业参与国际粮食合作的投资保护机制，要逐步完善海外投资保险制度，为粮油企业进行海外投资提供必要的风险规避手段。海外投资很容易受到国际政治、经济等因素的影响，导致投资失败。海外投资保险制度可以在一定程度上为企业挽回损失。

四 建设进口粮源保障体系的战略支撑

实现进口粮源保障体系战略要以良好的国际贸易环境、中国在国际上话语权的增强和国内综合实力的提升为条件，从而以一系列的配套战略为支持。笔者认为，进口粮源保障体系建设需要以下四大配套战略加以支撑。

（一）提升国际影响力战略：做国际公平规则的维护者和建设者

中国应与世界贸易组织、联合国粮农组织、世界粮食计划署、国际农业发展基金会等国际和区域组织开展广泛的合作，加大对农业贸易领域谈判的影响力度。

积极推动 WTO 在市场准入、国内支持、出口竞争等领域的谈判进程，适时提出中国倡议，提高我国在多哈回合谈判中的主动性和影响力。WTO 关于国际贸易与投资的规则是维护国际经贸秩序的重要保障。2001 年以来，WTO 多哈回合农业谈判陷入僵局。作为综合国力不断增强的发展中大国和粮食进口大国，中国有条件推动 WTO 多哈回合谈判的进程，要用好参与制定国际规则的权利，积极参与并努力引领制定更加有利于发展中国家的国际规则，增加国际公共产品供给，为制定兼顾各方利益的公平公正的多边贸易体制发挥积极作用。积极推动对 WTO 现有体制的改革进程。例如，在维护发展中国家利益方面，更多地关注扶贫、农民生计、粮食安全等生存问题，争取为发展中国家提供实实在在的差别待遇；在维护粮食进口国的利益方面，努力为粮食进口国争取贸易救济措施；在针对拟加入 WTO 的新成员政策上，鉴于我国在加入 WTO 的谈判中已经做出巨大的让步，我国有理由在市场准入方面对新加入 WTO 的成员提出合理要求；在出口竞争方面，积极推动农业高保护的发达国家大幅度降低直至取消农产品出口补贴；在技术性贸易措施方面（TBT 和 SPS），积极参与国际技术标准和技术规则的制定，维护好本国产业和消费者的利益。为了有效维护我国的贸易利益，要建立健全解决农业贸易争端的专门机构，做好国外反倾销、反补贴应对工作，加强对农产品进口的跟踪，开展产业损害调查等工作。

（二）科技引领战略：打造双向开放的国际农业科技合作新高地

要聚焦"一带一路"倡议和统筹利用国际国内两个市场两种资源的要求，充分发挥科技创新在农业国际合作中的支撑和引领作用。建立"引进来"和"走出去"双向开放的国际农业科技合作体系，充分体现"多维"

和"开放"的有机结合。

一是适应农业全球战略的需要,实施农业科技全球布局。将先进的农业科技作为重要的战略资源和优质的外交资源,面向国际农业科技前沿,面向农业国际产能合作的主战场,深化合作层次,拓宽合作渠道,密切与世界知名高等院校和科研院所的联系,通过签订协议等方式建立长期稳定的合作关系,强化农业科技创新合作能力建设,不断缩小与先进国家在农业科技方面的差距。

二是通过"引进来"加大国际化协同创新平台建设,建设一批开放式农业科技研发中心。利用多种形式的多双边合作机制,健全支持政策,积极引进国外先进的粮食科学技术,整合中外科研院所、高等院校、跨国公司的优质科技资源,建设一批中外双方或多方协同的创新中心,与国外知名科研院所和高校建立联合实验室,将国内粮食科研结果和国外先进的粮食科学技术结合起来,聘请外国专家或优秀的专家团队来我国,引进优良的国外种质资源和先进的农业技术,以项目为抓手开展合作研究,解决我国当前农业领域亟待破解的难题。与此同时,积极开展政府间高水平农业科技合作,通过签订长期合作协议,确定优先合作领域,在生物技术、种质资源、农业资源环境管理、节水农业、农产品加工等领域开展深度合作,在引进的基础上消化、吸收和自主创新,使其最终成为适用于我国的技术,使之转化为生产力。

三是通过"走出去"推动国际化农业产业基地建设。充分发挥自身农业科技优势,主动融入全球农业科技创新网络,积极开展技术贸易,并以此为基础,与重要的合作伙伴建立农业产业跨国联盟,以海外农业产业基地为基础开展联合研发,以技术输出带动成套的装备走出去;加大对广大发展中国家的农业技术援助,搭建科技支撑农业国际产能合作的平台,积极促进粮食科研成果与粮食生产有效对接,以粮食科技促进粮食综合生产能力的提升。

(三)跨国物流保障战略:建设稳固的粮食现代物流大通道

强大的跨国物流能力是保障产业链控制战略成功的关键因素,跨国粮食物流体系是应对国际粮商寡头垄断和突发事件的必不可少的手段。没有完善的现代粮食物流体系作保障,粮食进口安全将缺乏基本的前提条件。

一是要努力构建自成体系的一体化跨国粮食物流与供应链。建设进口粮源保障体系需要通过构建跨越国界的粮食物流通道，将运输、储存、中转、装卸、加工、整理、配送、信息处理等环节进行一体化运作，为了保证对重要产粮国物流通道上的港口、铁路等有一定的控制能力，要切实加强跨国粮食流通基础设施建设，形成完整的跨国供应链体系。积极运用人工智能、大数据、云计算等前沿技术，依靠制度、管理、科技等手段，形成从国外产地到国内消费地的全程粮食流通监控，真正做到粮食品质全程可控、可追溯，确保粮食流通快捷、安全、高效。

二是建立跨国粮食现代物流合作网。进口粮食在运距上需要跨越两个以上的国家，运输距离长，不确定因素多，物流成本高。在进口粮源有保障的前提下，强化粮食物流合作网建设，确保跨越国界的粮食流通安全就显得尤为重要。要在重要粮食物流节点的存储、接运、中转、加工等设施的建设和利用上加强合作，在粮食集装箱运输、粮食"四散化"运输和粮食物流标准化等方面开展合作，向加工、物流、仓储等资本和技术密集型行业以及种业等关键领域投资，提升投资层次。在有关国家建立粮食物流合作网，既可以建立联合经营机构，如地区分销中心，也可以通过多种方式把部分业务包给当地企业，如代理销售、代理运输、代理库存等。在"一带一路"沿线的重要合作国家之间建立起稳定的产销合作关系。为了避免国际石油价格波动和粮食收获时间集中等因素对粮食运输成本带来的不确定影响，需要在主要合作伙伴国的产粮地建设粮食仓储设施，以掌握粮食物流的主动权。与此同时，通过期货对冲、外汇风险规避等途径，降低国际粮食流通成本。

（四）增强话语权战略：提升国际定价地位，相机协调"两个市场"

国际粮食市场是一个以价格为中心的市场。我国虽然是买入大宗农产品的"贸易大国"，但在农产品国际市场的定价权上处于非常不利的地位，导致我国在国际农产品贸易中不能获得应有的利益；同时，国际粮食价格波动会在一定程度上对国内粮食产业带来冲击，成为影响国内粮食安全的风险因素。

一是创造条件建立大宗农产品期货定价中心。绝大多数国际大宗商品采用期货定价方式，即以作为全球定价中心的国际期货市场的期货合约价格为基准来确定价格。国际上包括小麦、玉米、大豆等在内的大宗农产品定价权基本上掌握在美国手里,芝加哥期货交易所的粮食交易价格对全球粮食价格走势具有重要影响。要积极发展国际农产品交易中心,积极建立大宗农产品期货定价中心,提高中国农产品期货市场的国际化程度。首先,通过引进国外投资者加大期货市场的开放程度,改善农产品期货市场的投资者结构。一个只有本土投资者参与的市场是不可能成为全球定价中心的。只有引入国外投资者,才能提高中国农产品期货市场的国际影响力。以国际化视野建设农产品交易市场,打造进出口农产品集散地,增强农产品大范围集散、信息发布、价格形成、货款结算、融资等多方面的能力。提高国内期货市场在国际上的影响力,实现国内外现货和期货市场的融通。其次,持续进行产品创新,丰富农产品期货交易品种。在我国现有的郑州、大连两个商品交易所中,开展农产品期货业务的品种仅有9个。而在美国,农产品期货和期权品种达到了50多个。要创造条件丰富中国农产品期货市场的上市品种及交易方式,适时推出期权交易。最后,建立健全期货市场发展的规则和监管体系,建立规范的与国际规则接轨的期货交易制度,完善期货交易中心的价格发现、规避风险、稳定市场和信息搜集功能。同时,加强期货市场与现货市场的深度结合。

二是相机协调国际国内两个市场的价格波动。首先,以粮价为纽带构建国内、国际粮食市场的协调机制。为了缓解国际粮价波动对国内的影响,迫切需要构建国内、国际两个粮食市场的协调缓冲机制。由于我国人多、地少,粮食生产成本相对较高,粮食价格缺乏竞争力。粮食市场越开放受到的影响就会越大,必须建立国内、国际粮食市场的协调机制。当国际粮食价格降低时,我国可以根据需要适当增加粮食进口;同时,通过配额、关税及非关税措施限制过度进口,保护国内粮食市场,防止出现输入型通货紧缩。通过价格调节,充分发挥国际粮食市场对我国粮食市场的积极作用,限制其消极作用。其次,以市场为主要手段构建国内、国际粮食市场的缓冲机制。市场手段和行政手段互为补充,是调节市场运行的有效手段。在国内、国际粮食市场交互作用的过程中,要从宏观调控和粮食安全的角度出发,综合运用市场手段和行政手段及时调整和应对,但要以市场手段为主。在国际粮食市场价格上涨时,积极通过市场手段释放储备粮,平抑粮价,保持国内粮食供求稳定;在国际粮食市场价格下跌时,一方面适当增加粮食进口,另一方面适当回购粮食,促进粮食供需平衡,稳定粮食价格和市场。市场调节符合我国社会主义市场经济的发展方向和要求，也符合国际通行做法。

五 建设进口粮源保障体系的实现机制

"机制"一词通常是指一个系统内各个组成部分、各要素之间相互作用的过程和方式。从系统论的视角来看，进口粮源保障体系是一个系统。进口粮源保障体系建设的实现机制是在战略目标的引领下，以实现战略核心任务为主线，以强化战略支撑为保障，有效发挥系统各项功能的制度化的方式和方法。它要解决经过什么途径、采用什么方法、完善哪些政策、依据什么机理实现战略目标的问题。进口粮源保障体系建设的实现机制包括以下三个方面。

（一）区域农业与粮食安全合作机制

以合作促安全是建设进口粮源保障体系的基本宗旨。建设进口粮源保障体系必须充分利用国际组织平台，与各类国际组织、区域组织和各相关国家开展持续深入的合作，促进国际组织规则为我所用。尤其是在WTO"多哈发展议程"谈判遇到重重困难的情况下，我们要将推动区域多边或双边合作作为重点，通过合作，解决区域粮食安全的重大问题。同时，处理好本国与合作国家之间的粮食安全关系，通过加强与合作国家之间的愿景对接和政策对话，寻求农业合作利益契合点和最大公约数，围绕共同关切的重点领域进行顶层设计，消除多边和双边合作过程中的障碍，抵御少数发达国家对国际粮食市场的垄断，推动国际秩序和全球治理朝着更加公正合理的方向发展。

（二）粮食对外贸易调控与政策支持机制

境外农业资源利用的调控机制是政府以保障国家粮食安全为目标，以利用国内国际两个市场、两种资源为途径，通过制定关税、配额、境外农业投资等政策措施，调节和掌控国内农产品供求关系与价格的过程。

这方面需要着重解决以下四个问题。一是创新境外农业资源利用的体制机制，通过建立集中管理的宏观调控机构，形成统一的农业资源统筹利用协调机制，解决农产品进出口和境外农业资源利用工作中的多头管理问题，确保国内粮食生产与粮食进出口贸易相协调。二是优化粮食对外贸易的调控机制，通过完善关税、配额、境外农业投资等政策措施，有效利用国外市场和资源，不断提高我国在国际市场上的话语权；确保进口适度，防止过度进口对国内产业安全带来冲击。三是强化财政与金融政策的支持机制，统筹协调国内粮食贸易政策、对外直接投资及其他支持政策，包括设立专项资金、产业投资基金、税收优惠等。四是建立国际大粮商长效培育机制，树立全球化视野，支持有条件的企业加快推进跨国经营，在全球布局粮食生产基地和仓储物流设施，掌握第一手的粮源，从源头上打破少数垄断寡头操控国际粮价的被动局面。

（三）多元化服务与保障机制

多元化的服务与保障机制是建设各进口粮源保障体系的必要条件，主要包括以下五个方面。一是境外农业资源开发与利用信息服务体系，主要涉及农产品贸易和对外直接投资的企业信息、投资国市场环境信息、国别产业导向信息、风险和预警信息等。二是强有力的农业与粮食产业协会组织和协调机制。着力发展与国际接轨并在全球粮食行业有较大影响力的行业协会组织，强化行业协会在推动境外农业资源开发与利用中的作用，增强我国企业在海外的竞争力。三是健全的境外农业资源利用风险预警机制。针对越来越复杂的国际和合作国家的政治、经济、社会、文化风险，迫切需要建立粮食供应链风险预警系统，提高全球粮食供应链风险管理水平，完善风险预警机制，提升风险防控能力。四是完善的境外投资和贸易法律保障机制。通过不断完善关于进出口贸易、对外投资、税收管理、外汇管理、国有资产管理、海外投资保险等的立法，为保障粮食进口和农业国际产能合作各环节、各经济主体的切身利益提供法律依据。五是健全的高端智库与国际化人才培育机制。针对长期以来我国缺乏具有国际视野并通晓国际规则的复合型人才的问题，实施系列化的国际化人才培育计划。同时，深化国家间的智库合作，促进政策沟通，协商解决合作中的问题，实现国家间的政治互信、政策协调。

关于进口粮源保障体系建设实现机制的具体内容，本书将在第十二章、第十三章、第十四章进行研究。

对策建议篇

第十一章　粮食安全视阈下我国跨国粮食供应链体系的构建与实施

保障跨国粮食流通安全是构建进口粮源保障体系的重要内容。我国在粮食进口贸易中缺失话语权的一个重要原因是尚未建立起完善的跨国粮食供应链，粮食进口尚未形成一体化的链条。在粮食进口来源地比较集中、跨国粮食运输方式比较单一、贸易保护主义抬头的背景下，如何构建保障有力的跨国粮食供应链，成为亟待解决的问题。本章拟从中国跨国粮食供应链的内涵、影响因素、跨国粮食供应链的框架设计等方面进行研究。

一　建立我国跨国粮食供应链体系的意义

（一）降低粮食进口风险

粮食进口面临着进口来源国的贸易壁垒、政治动荡、供应中断、运输不畅、突发事件等各种不确定因素所导致的风险。由于粮食跨国运输时间较长，如果粮食物流效率低下，会造成粮食在长时间跨国流通过程中的损失，增加粮食在进口过程中的流通费用风险、产后损失风险、储存风险以及在装卸搬运与运输过程中的遗漏、中断、过度和粗放加工等导致损失的风险。构建中国可以自己掌控的跨国粮食供应链体系，建立起稳定、安全的国际粮食进口通道，扩大粮食进口来源，有利于防范和掌控进口粮源的供应风险。

（二）提高国际粮食市场话语权

随着粮食进口的持续增长，我国已成为粮食进口大国，但还没有形成粮食进口的国际地位，没有建立起有效利用国际农业资源和市场的战略机制，在国际粮食贸易中缺少话语权和定价权，只能被动地接受国际市场的价格，中美贸易战导致国内部分依赖进口的大豆加工企业处于停工状态，这是中国粮食进口缺少话语权的直接表现。目前我国进口农产品主要品种基本上来自少数农业发达的国家，进口来源国相对单一且进口渠道单纯依赖国际粮食供应链企业，中国没有自己可以掌控的稳定的渠道，更没有形成跨国粮食供应链，容易受到出口国政策变化和产量变化等的限制。因此，要提高中国在全球粮食贸易中的主动权和话语权，一方面，必须形成多元化的粮食进口战略；另一方面，要构建自己可以掌控的、稳定的粮食进口渠道。构建跨国粮食供应链体系就是要积极走出去参与国际竞争，有效整合国外优势农业资源，加强基础设施投入，鼓励国内大粮商建设稳定的海外粮食生产基地来确保中国粮食进口渠道的稳定性和多元化，积极参与粮食贸易规则制定，形成符合中国利益的国际粮农治理体系，提高我国在国际市场上的话语权和影响力。

（三）打造国际粮食合作新平台

2019年10月14日，国务院新闻办公室发布的《中国的粮食安全》白皮书在积极维护世界粮食安全部分，明确提出要持续深化与"一带一路"沿线国家和地区的粮食经贸合作关系，共同打造国际粮食合作新平台，并努力构建粮食对外开放新格局。联合国粮农组织也在同年10月16日"世界粮食日"从构建人类命运共同体的角度出发，提出要积极推动中国与"一带一路"沿线国家和地区以及世界的粮食合作，让更多人摆脱饥饿。农业合作是中国与"一带一路"沿线国家和地区开展经贸合作的重要内容之一，目前，中国与"一带一路"沿线国家和地区在双边和多边合作机制的推动下，合作主体和合作方式也日益多样化，这就需要构建跨国粮食物流大通道。构建完善的跨国粮食物流通道是构建跨国粮食供应链体系的前提和基础，只有这样，才能有效降低粮食进口过程中的物流风险。

（四）降低粮食进口物流成本

粮食进口物流成本主要是指为了完成粮食跨国贸易所需要的物流过程和物流活动中各环节费用的总和。影响粮食进口物流成本的因素包括物流的合理化程度、物流质量、物流效率及物流人才，其中，物流效率对粮食进口物流成本的影响最大。要提高跨国粮食物流效率就是要缩短物流周期，降低储存费用。物流周期的缩短主要体现在物流周转环节的减少和物流先进技术的使用上。目前中国的粮食进口主要是依赖美国ADM、美国邦吉、美国嘉吉和法国的路易达孚（以下简称"ABCD"）组建的跨国粮食供应链进行粮食的跨国贸易。ABCD四大国际粮商通过掌控粮食供应链，肆意抬高粮食价格，导致粮食进口成本过高，只有掌控粮食供应链，才能有效降低粮食进口物流成本。2017年世界500强国际粮商排名中，中粮集团的排名仅次于ADM，并且通过收购尼德拉、来宝农业，整合华粮、华孚、中纺等央企，围绕核心业务布局全球纵深产业链。因此，以中粮集团等国际粮商为核心企业构建跨国粮食供应链能够确保粮源的稳定供应和国际物流环节的减少并有利于散粮集装箱运输技术的实现。

二 跨国粮食供应链的内涵及结构模型

（一）跨国粮食供应链的内涵

国家标准《物流术语GB/T18354—2006》指出，供应链（Supply Chain）是指"生产和流通过程中，涉及将产品或服务提供给最终用户所形成的网链结构"。华中科技大学的马士华教授对供应链的定义是"围绕核心企业，通过对商流、物流、信息流和资金流的控制，将产品生产和流通中涉及的原材料供应商、生产商、分销商、零售商以及最终消费者连成一体的功能网链结构模式"，强调了核心企业和供应链战略伙伴关系的重要性。

可以将跨国粮食供应链体系的基本内涵概括如下：依靠先进的物流信息技术，围绕跨国粮食物流企业或大型跨国粮食加工企业等核心企业，通过对商流、物流、信息流、资金流的高效控制，有效整合、利用国内及主要粮食出口国的资源，把粮食采购、运输、储存、装卸搬运、包装、流通加工、配送及信息处理等物流活动有机结合起来，最终形成粮食生产者、贸易商、加工商、经销商及最终用户等上游与下游企业无缝连接的有机的网链结构模式。

跨国粮食供应链体系由参与供应链的所有节点企业构成，其中国内口岸的粮食物流中心或大型粮食加工企业为核心企业，各节点企业在信息充分共享的前提下，进行合理的分工与合作，以信息流、物流和资金流为依托，实现整个跨国粮食供应链的不断增值。在这个网链结构模式中，每个节点企业既是其下游客户的供应商，又是其上游供应商的客户。

跨国粮食供应链体系形成了围绕国内口岸粮食物流中心或大型粮食加工企业的网链式结构关系。口岸粮食物流中心或大型粮食加工企业与其上游供应商、供应商的供应商等形成前向的网链关系，口岸粮食物流中心或大型粮食加工企业及其下游的用户、用户的用户等形成后向的网链关系。任何供应链的构建都是复杂的、动态的，具有交叉性且面临着不可预测的风险，跨国粮食供应链的构建尤其如此。本项目主要研究粮食出口国生产商到收纳库再到国内口岸的前端供应链关系，这是造成我国粮食进口价格高、风险大且缺乏话语权的最关键环节。跨国粮食供应链构建完成后会与国内现有的八大粮食物流通道进行对接，形成一条完整的粮食供应链。

（二）跨国粮食供应链的结构模型

跨国粮食供应链涵盖粮食生产者、农场收纳库、粮食中转库、粮食集并库、粮食出口国的港口码头、海（陆）运通道、国内港口码头、国内口岸粮食物流中心或大型粮食加工企业及其与国内八大粮食物流通道相连接的下游用户及用户的用户（见图11-1）。跨国粮食供应链不仅是一条连接出口国粮食生产者和国内粮食及其加工品消费者的物流链、资金链、信息链，更是一条增值链。粮食在供应链上经过流通加工、包装、储存、运输、配送等物流活动产生价值的提升并使供应链上的口岸粮食物流中心或大型粮食加工企业及其上下游的节点企业获得经济效益。

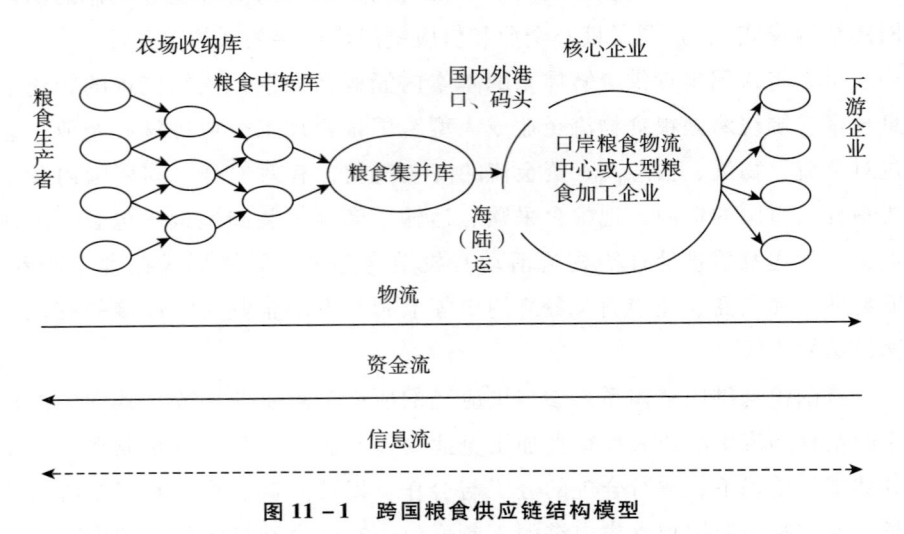

图11-1 跨国粮食供应链结构模型

跨国粮食供应链以国内粮食需求为起点，国内各粮食物流企业或粮食加工企业根据消费者的最终需求向口岸粮食物流中心或大型粮食加工企业发出采购订单和配送计划，口岸粮食物流中心或大型粮食加工企业根据下游的需求订单适时、适品、适量、适地在供应链节点企业所在国采购粮食，供应链上粮食出口国的收纳库、中转库、集并库根据订单要求适时、适品、适量、适地进行粮食的运输、储存、装卸搬运等物流活动并按照订单要求经出口国港口码头和国际海（陆）运通道到达国内港口码头，运抵口岸粮食物流中心或大型粮食加工企业，再由此通过国内八大粮食物流通道适时、适品、适量、适地完成粮食的转送、发货、配送等作业。整个供应链自下向上，围绕核心企业，在物流、信息流和资金流的支持下，获得社会效益和经济效益，使所有节点企业无缝连接形成一个整体的功能网链结构。

（三）跨国粮食供应链体系主要节点的功能设置

跨国粮食供应链体系相对于国内粮食供应链而言，功能更完善，但也更复杂。本项目主要研究粮食出口国生产商到收纳库再到国内口岸的前端供应链关系，这条供应链中的主要节点包括粮食出口国的粮食生产者、农场收纳库、中转库、集并库、出口国港口码头、海（陆）运通道和国内口岸粮食物流中心或大型粮食加工企业。各主要节点的功能如下。

1. **粮食生产者**

粮食生产者主要是指粮食出口国的农场主或在国外租用出口国当地土地的国内大型跨国粮食企业。这些粮食生产者按照进口国粮食进口的需求，对粮食进行标准化生产并将粮食出售给农场收纳库。

2. **农场收纳库**

农场收纳库主要负责在经济合理的范围内收购、储存农场主的粮食，具备较强的吸纳功能。可以由收纳库到田间地头进行收购，也可以由农场主使用运粮卡车加挂斗的形式自行将粮食运到收纳库。农场到收纳库一般通过公路运输就可以实现。

3. **出口中转库**

出口中转库主要负责接收和暂存内河或铁路转运的粮食，根据要求进行发运。首先，由操作人员对收纳库运送过来的粮食进行采样、定级，然后称重。其次，操作人员采用自动化粮食输送设备通过仓库顶部的分拣设备把粮食输入空仓或有对应等级粮食的粮仓，以备发往集并库统一出口。

从农场收纳库到出口中转库可以通过公路或铁路两种方式实现。

4. 集并库

集并库一般建在出口国的港口或码头附近，主要负责接收收纳库和中转库发运的粮食并进行配装。集并库具有较完备的配套设备，采用机械化、自动化作业的程度较高，便于粮食的散装散卸，并且具有完备的粮食物流信息系统，可以实现对粮食库存等环节的监控及运营管理的自动化。从出口中转库到集并库可以通过公路、铁路甚至内河运输或公铁、公水多式联运等方式实现。

5. 出口国的粮食港口及通道

出口国的粮食港口、码头及出口运输网络是确保中国粮食顺利进口的基础条件，其主要功能就是利用大型的机械化、自动化设备进行运粮船舶的装卸、调度、运输等，确保粮食能顺畅出口。出口国粮食港口基础设施建设的完备性及自主掌控性直接影响中国粮食进口的效率。中国在构建跨国粮食供应链时要在粮食港口基础设施匮乏的产粮大国有计划地进行基础设施方面的建设。

6. 国内粮食进口港口及粮食通道

国内粮食进口港口及通道的主要功能也是确保粮食进口的畅通。国内粮食进口港口利用先进的粮食装卸设备对运粮船舶进行高效率的装卸，负责铁水或公水多式联运并与国内八大粮食运输通道对接，将进口粮食分拨到全国各地的粮食进境口岸并按照需求发运到大型粮食加工企业。

7. 国内口岸粮食物流中心或大型粮食加工企业

国内口岸粮食物流中心或大型粮食加工企业作为跨国粮食供应链的核心企业主要负责粮食国际采购业务的接洽、定价、索赔等工作，负责接收国际海运的粮食，负责检验、卸船（车）、入库、保管等工作并根据下游企业的订单需求进行发货。

三 我国粮食进口通道的现状分析

近年来，我国小麦、玉米、大米和大豆等主要粮食来源国仍然比较集中。中国在 2017 年进口的 429.67 万吨小麦中，从澳大利亚、美国和加拿大这三个国家进口的粮食总量就占到了 92% 以上，且澳大利亚的进口占比一直都比较稳定,历年来均保持在40%以上;玉米2017年进口量为282.54万吨,其中96%以上的进口来源于乌克兰、美国和老挝,来源于乌克兰的进口占比虽有所降低,但仍保持在64.47%,来源于美国的玉米进口占比较2015年有了较大提升,由原来的不到10%提升到26.78%;大米2017年的进口量为399.25万吨,91%以上的大米进口来源于越南、泰国、巴基斯坦;大豆2017年的进口量为9552.98万吨,94.59%的进口量来源于巴西、美国和阿根廷(见表11-1)。巴拿马运河和马六甲海峡是连接西方市场和亚洲市场的关键通道,全球每年从美国和巴西进口的20%的大豆和33%的玉米需要经过巴拿马运河,超过25%的大豆和20%的大米需要通过马六甲海峡运往东亚和东南亚市场。

表11-1 2015~2017年我国主要粮食进口来源分布

单位:万吨,%

品种	2015年			2016年			2017年		
	国别	进口量	占比	国别	进口量	占比	国别	进口量	占比
小麦	澳大利亚	126	42.23	澳大利亚	137	40.57	澳大利亚	190	44.21
	加拿大	99	33.38	美国	86	25.56	美国	156	36.20
	美国	60	20.28	加拿大	86	25.45	加拿大	52	12.17
	合计	285	95.89	合计	309	91.58	合计	398	92.58
玉米	乌克兰	385	81.43	乌克兰	266	84.01	乌克兰	182	64.47
	美国	46	9.77	老挝	14	4.39	美国	76	26.78
	保加利亚	16	3.38	缅甸	8	2.44	老挝	15	5.33
	合计	447	94.58	合计	288	90.84	合计	273	96.58
大米	越南	179	53.56	越南	162	45.8	越南	226	56.72
	泰国	93	27.8	泰国	93	26.27	泰国	112	27.98
	巴基斯坦	44	13.21	巴基斯坦	70	19.92	巴基斯坦	27	6.83
	合计	317	94.57	合计	325	91.99	合计	365	91.53
大豆	巴西	4008	49.06	巴西	3821	45.53	巴西	5093	53.31
	美国	2841	34.78	美国	3417	40.72	美国	3285	34.39
	阿根廷	944	11.55	阿根廷	801	9.55	阿根廷	658	6.89
	合计	7793	95.39	合计	8039	95.8	合计	9036	94.59

资料来源:根据UN Comtrade Database 2015~2017年中国粮食(1001 - Wheat and meslin;1005 - Maize(corn);1006 - Rice;1201 - Soya beans;whether or not broken)进口数据整理。

(一) 我国粮食进口通道的现状

我国粮食进口的顺畅运行依赖于现有的全球网络性的运输系统,中国进口的小麦、玉米、大豆和大米等主要粮食来自生产国粮食产地的农场,借助生产国内陆的公、铁、水等物流基础设施,转运到该国或邻国的沿海港口,再由粮食专用港口或码头装船、发运,最后通过海峡和运河等海上物流通道运输到我国北部和南部主要的粮食进口港口。

1. 中国与美国的粮食物流通道

2017年中国从美国进口的小麦、玉米和大豆的量分别占我国粮食进口量的36.20%、26.78%和34.39%。中国从美国进口粮食,主要是从美国中西部粮食生产区域经密西西比河及其主要支流组成的内河航道以及密集的铁路公路网络到美国西雅图港装船,再通过北美大陆桥铁路横贯至美国东部大西洋的波士顿港、巴尔的摩等港口转海运,经大西洋,过马六甲海峡运输到我国沿海港口;或通过北美大陆桥铁路运至南部墨西哥湾的休斯敦、新奥尔良等港口转海运,过巴拿马运河经太平洋运输到我国沿海港口(因美国经太平洋海运到我国各个港口的运价是一样的,所以,美国出口到中国的粮食可以根据进口地就近选择合适的港口卸船)。

作为美国第二大集装箱枢纽港的西雅图港,其谷物码头全部实现了自动化,是美国距离远东最近的港口,是北美大陆桥西部的桥头堡,也是横贯美国东西向的主要干线北太平洋铁路的终点站。波士顿港属西欧航线,该港口出口货物以谷物及钢铁制品为主。巴尔的摩港属于北美东岸航线大西洋海岸的主要港口之一,主要出口货物为煤炭、粮食等,谷物每小时的装卸量为4000吨。

新奥尔良港是美国最大的河港,也是其最大的散货出口港,又是密西西比河流域的海上门户。由于该港处在墨西哥湾的入海口,起着墨西哥湾和中南美洲的中转港的作用。该港还是铁路交通的枢纽,一是南北干线的芝加哥至新奥尔良铁路的终点站,二是南太平洋铁路自洛杉矶至杰克逊维尔港的中途站。主要出口货物为粮食、原油、面粉等,谷物每小时可装3000吨。

密西西比河及其主要的支流经由多条运河与五大湖及其他水系相连,组成了美国国内干支流通航里程长达2.59万公里的水路网络。美国内河谷物货运总量的一半都是经由密西西比河转运的。美国的铁路运输网络承载着美国63%的小麦出口量和29%的全部粮食出口量。墨西哥湾沿岸港口是连接美国内河航道和铁路、公路运输系统的最重要的港口，承担了美国到全球各地一半的粮食出口重任。

2. 中国与巴西的粮食物流通道

巴西是我国主要的大豆进口来源国，巴西的农作物种植主要集中在中西部、北部和东北部，且北部区域是巴西未来主要的粮食生产集中区。巴西的农产品主要从巴西南部、东南部和东北部运往世界各地，且巴西南部、东南部和东北部的23个港口承担着巴西向全球出口大豆和玉米的主要任务。其中位于巴西南部和东南沿海的桑托斯港和巴拉那瓜港等港口担负着巴西境内70%的农产品出口重任，且桑托斯港口出口量占据巴西农产品出口40%的份额。受巴西大西洋海岸线的悬崖峭壁构成的自然屏障和国内运输基础设施的局限，北部农作物仅有15%流向东北部的圣塔伦港口。

中国从巴西进口大豆的物流通道主要是从巴西中西部的南马托格罗索州、巴西北部和东北部的大豆主产区，途经桑托斯港和巴拉那瓜港或里奥格兰德港，经大西洋，过马六甲海峡到达中国各港口。或经圣塔伦港，过巴拿马运河，穿越太平洋到达中国沿海港口。

桑托斯港位于巴西圣保罗州桑托斯市，处在巴西东南圣维森特岛的东北侧，是拉丁美洲最大的港口。里奥格兰德港位于巴西南端帕托斯湖湖口，是大西洋沿岸的港口。该港口有一个系缆桩泊位，可停靠长220米以上，吃水深度11.28米的散装谷物船只；一个谷物泊位，也可装卸散装植物油，吃水深度11.28米。巴拉那瓜是巴西南部城市和第二大咖啡输出港，位于大西洋巴拉瓜湾畔。港口优良，水深10米，主要输出咖啡、马黛茶、木材、黄豆、豆粕等。圣塔伦位于亚马孙河支流塔帕若斯河河口右岸，是农产品集散地。

3. 中国与加拿大的粮食物流通道

近年来，加拿大一直稳居我国小麦进口国前三位，小麦、大麦、玉米、饲料用草等是加拿大主要种植的作物。加拿大向中国出口的粮食以小麦为主。

中国与加拿大的主要粮食物流通道为，从加拿大温哥华港装船，经太平洋，到达中国的天津港，这是温哥华港到亚洲的最短航线。同时，加拿大境内的圣劳伦斯运河是世界最长的运河，船舶通航可从大西洋抵达五大湖水系。因此，还可以根据公司的实际需要，从加拿大小麦产地，经圣劳伦斯运河，在美国西雅图港装船，经大西洋，过马六甲海峡到达中国。

温哥华港是加拿大最大的港口，也是世界主要的小麦出口港之一，属北美西岸航线。

4. 中国与乌克兰、俄罗斯的粮食物流通道

乌克兰东连俄罗斯、南接黑海，地理位置非常重要，是欧洲联盟与独联体，特别是欧洲与俄罗斯地缘政治的交叉点。享有"欧洲粮仓"美誉的乌克兰是世界上第三大粮食出口国。近三年中国从乌克兰进口的玉米量占我国玉米总进口量的比例均保持在60%以上，乌克兰是我国目前最大的玉米进口国。

主要粮食物流通道为，从乌克兰和俄罗斯的粮食生产地，通过铁路运输到敖德萨港装船，经黑海过土耳其海峡到地中海，经苏伊士运河到达印度洋，过马六甲海峡，到达中国天津、青岛等各港口。敖德萨港是乌克兰最大的港口，属黑海航线，出口货物主要有粮谷等。

5. 中国与澳大利亚的粮食物流通道

澳大利亚是南半球经济最发达的国家，是全球第12大经济体，全球第4大农产品出口国。澳大利亚的农牧业非常发达，且具有丰富的自然资源，主要农作物有小麦、大麦、油菜籽、棉花、蔗糖和水果，主要集中在东南沿海地带。

粮食物流通道为，从澳大利亚东南部粮食主产区在墨尔本港或杰克森港装船，经太平洋到达中国东南部沿海各港口。

墨尔本港是澳大利亚最大的现代化港口，位于澳大利亚东南地区，以羊毛、肉类、水果及谷物的输出为主。杰克森港是太平洋小海湾，长19公里，面积为55平方公里，是世界优良的天然港湾之一。该港湾以羊毛、小麦、面粉、肉类、纺织品等的输出为主要业务。

6. 中国与越南、泰国、缅甸的粮食物流通道

越南北部与中国广西、云南接壤。湄公河是越南最大的河流。越南是传统农业国，粮食作物包括稻米、玉米、马铃薯、番薯和木薯等。越南是中国最大的大米进口国，主要的粮食物流通道为，从越南粮食主产区沿京泰河到达海防港，从中国南海进入国内各港口。

泰国是亚洲唯一的粮食净出口国，是世界五大农产品出口国之一，是

世界上最大的稻谷出口国。中国是泰国第一大出口目的地、第二大进口来源国。泰国交通运输以公路和航空运输为主。主要的粮食物流通道为，通过泰国到中国昆明、泰国曼谷到云南西双版纳、泰国到广西等农业物流专线将大米等农产品出口到中国，主要运输工具为汽车。或从曼谷港装船经印度洋，过马六甲海峡，到中国各港口。

缅甸是一个以农业为主的国家，农作物主要有稻谷、小麦、玉米、棉花、甘蔗和黄麻等。交通以水运为主。主要的粮食物流通道为，从缅甸仰光港装船进入安达曼海，经印度洋，过马六甲海峡到中国各港口。

海防港位于越南，是越南北方最大的海港。主要出口货物有铁、煤、大米、玉米等。曼谷港是泰国最大的港口，也是世界二十大集装箱港口之一，以大米、豆类出口为主。仰光港是缅甸最大的港口，也是世界主要的稻米输出港之一，位于该国中南部，伊洛瓦底江三角洲东侧、仰光河左岸，南距安达曼海莫塔马湾24海里，万吨级海轮可候潮入港。

（二）目前我国粮食物流进口通道存在的主要问题

从目前我国粮食进口的六大通道来看，现有的粮食物流通道在基础设施建设、运输环节、仓储环节、中转环节及信息化平台建设方面还存在众多问题，主要表现在以下方面。

1. 现有基础设施缺口大且陈旧

国际粮食运输的距离一般较长，因此，运输通道基础设施的建设就显得尤为重要，基础设施是构建粮食物流通道的基础。但中国主要进口来源国的基础设施普遍存在缺口大或设施严重老旧等现象。美国一半左右的谷物出口要经过密西西比河来完成，但目前密西西比河航道拥挤严重且水道面临着老化的风险，即将达到最高负荷的90%。美国的铁路也存在严重的投资缺口（见表11-2），美国29%的粮食出口是通过铁路运输的，通过铁路运输的出口小麦比例高达63%，且60%的铁路处于满负荷或超负荷运行状态。美国主要的粮食装运港口目前也都处于满负荷状态。巴西南部港口基础设施在全球134个国家中排名第114位，巴西的基础设施非常落后且70%以上处于满负荷运行状态。巴西国内的陆路交通设施严重制约着巴西农产品的出口，导致农产品出口的物流成本较高。巴西2/3的货物运输是通过公路进行的，但是巴西的柏油路占到巴西公路网总长的12.5%，仅有1万公里的高速运输里程。巴西的铁路运力居拉美国家之首，但35%的铁路历史超过了60年，巴西国内每千平方公里的国土面积仅有3.5公里长的铁路线，远远不能满足农产品出口物流的需求。黑海地区港口基础设施的投资不足，如乌克兰等国家的铁路及港口设施都出现了不同程度的陈旧和老化，不仅严重制约了粮食的顺利出口，而且高昂的运输费用以及拥堵造成的延误也严重削弱了农产品的出口竞争力。

表11-2 美国基础设施投资缺口预测

单位：美元

项目	2025年	2040年
内河水道和港口	158亿	430亿
陆路交通（公路、铁路、桥梁）	1.1万亿	4.3万亿

资料来源：US ASCE, 2016, "Failure to Act: Closing the Infrastructure Investment Gap for America's Economic Future", prepared by the Economic Development Research Group, Reston: American Society of Civil Engineers, http://www.infrastructurereportcard (accessed on 12 Oct. 2017)。

2. 运力不足且运输环节多、标准不统一

中国现有的粮食物流进口通道在运输方面存在的突出问题主要是运力不足或基础设施落后导致的拥堵，从而影响物流运输效率和整体的服务水平。中国和缅甸农产品贸易的主要通道是木姐—曼德勒公路，这条全长400多公里的公路仅有两车道，而且弯多坡陡。据缅甸商务部统计，在水稻收获季节，每天通过此公路从木姐运往云南的大米运输车可达到150~170辆，一旦遇到车辆故障或司机抢道现象就会出现拥堵，甚至全线瘫痪，这种情况在雨季来临时更为严重。哈萨克斯坦的粮食出口因为没有出海口，必须经过俄罗斯和乌克兰进行转运，但是哈萨克斯坦的铁路运力严重不足，运粮车短缺严重，导致其粮食出口运输经常中断，连续性得不到保障。在粮食物流国际运输过程中还存在环节过多、物流成本过高的问题，这主要是由各国的铁路轨距或集装箱尺寸不统一造成的。各国铁路的轨距各不相同，尽管多数国家采用的是1435毫米宽的标准轨距，但全球仍存在30多种不同的轨距。越南铁路采用窄轨，蒙古国、俄罗斯、哈萨克斯坦、吉尔吉斯斯坦、乌兹别克斯坦和塔吉克斯坦、巴基斯坦、印度等国家的铁路则采用的是宽轨，而中国的轨距是标准轨，这就使得中国在与这些国家进行铁路货物运输时，到边境必须进行换装，增加了物流环节，从而大大提高了运输成本。各国运输标准的不统一也是增加物流成本的关键因素。

比如哈萨克斯坦的运输规则主要参照欧洲标准执行,虽然中哈双方在国际汽车运输协议中规定了车辆限重是55吨,但哈方仍按38吨执行,导致中国运输车辆因自重大而减少了利润。

3. 仓储能力不足且条件落后

目前,中国主要的粮食进口国中,粮食仓储能力的不足主要表现在仓储基础设施落后、仓库数量不足、仓储技术跟不上等方面。缅甸的玉米要比我国云南地区提前一个月上市,中国一般在每年的8~12月从缅甸进口玉米。但是缅甸在这期间正处于雨水量比较充足的季节,导致进入云南的粮食普遍水分超标,如果储存不当或没有干燥处理的工艺设备,受潮的粮食极易发霉,尤其是玉米,极易因水分超标产生黄曲霉毒素,黄曲霉毒素是主要的致癌物质。中缅边境仓储基础设施的落后,不仅会使大量的粮食因变质而产生损失,处理不当的话,更会产生食品安全事件。中哈口岸地区存放粮食的大型仓库很少,也存在设备落后、技术不先进等问题。哈萨克斯坦的斯塔奈州粮食生产能力是仓储能力的2倍,50%的粮食因仓储设施不足无法及时入库,主要以露天堆场的方式进行存放,因偷盗、鼠鸟偷食等损失严重。

4. 粮食进口过分依赖海运

从2017年中国主要粮食进口数据来看,99%的粮食是通过海上运输进口到中国来的。中国粮食进口要经过马六甲海峡、巴拿马运河、苏伊士运河和土耳其海峡等海上咽喉要道且对这些关键节点的依赖程度在不断加强。中国粮食进口通道所涉及的海上关键节点的基本情况如表11-3所示。

表11-3 中国粮食进口通道涉及海上关键节点的基本情况

单位:公里

海上关键节点	沿海国家	连接的水域	最窄处宽度
巴拿马运河	巴拿马	太平洋——大西洋	0.3
直布罗陀海峡	西班牙、摩洛哥	大西洋——地中海	13
苏伊士运河	埃及	地中海——红海	0.2
土耳其海峡	土耳其	地中海——黑海	1
马六甲海峡	印度尼西亚、马来西亚、新加坡	印度洋——南中国海	2.5

5. 大型的粮食进口中转中心少且分布不均

目前的粮食物流中转一般借助当地大型的港口或粮食口岸来完成，但是这些港口或粮食口岸在基础设施等方面远远满足不了大量粮食出口或进口的需要，且大多分布集中。缅甸仅有四个大米批发中心，且分布相对集中，对大米的运输非常不利。缅甸缺乏稻米的加工、仓储或大型批发中心，每年造成的大米浪费达到近百万吨。粮食进口到中国后需要进行加工，但在中国北部口岸缺少大型的粮食加工企业，中国的大型粮食加工企业主要集中在东部沿海地区，导致中国西北部地区的粮食加工能力较弱，因此中国宁可从美国、澳大利亚等更远的地区进口粮食，也不愿意从与中国接壤的哈萨克斯坦等国进口粮食。

四 构建跨国粮食供应链的障碍或制约因素

跨国粮食供应链的构建不仅受到各节点国家政策法规、社会经济环境、贸易政策、自然环境等宏观因素的影响，还受到供应链节点国家的粮食物流基础设施、粮食物流先进技术水平、粮食供应质量、粮食物流的时间、成本控制情况等微观因素的影响。

（一）宏观影响因素

构建跨国粮食供应链的宏观影响因素主要是指单个涉农企业或供应链本身无法控制的因素，一般是国家的宏观政策、经济、法律、环境等，这些因素是不可控的，也是影响粮食跨国供应链构建的因素。

1. 政策法规

政策法规是为了确保国家粮食安全而制定的一套有效的机制，通过一系列有效的措施来提高粮食综合生产能力。美国的农业已经达到世界先进水平，其农业现代化和机械化水平很高，农业的专业化程度也很高。尽管美国已经成为世界最主要的粮食出口国，但是其对农业的保护仍然没有松懈。20世纪30年代，美国为了遏制农产品价格下跌和处理大量过剩的农产品，以及提高农民收入而出台了农业保护政策，此后一直演变，迄今已经形成一套完整的农业保护政策体系。欧盟在其所有的农产品市场都建立了严格的对外贸易政策，其目的就是保护其农业成员国和各类农产品市场。在共同农业政策的推动下，欧盟的粮食生产由短缺转变为过剩。但是

第十一章　粮食安全视阈下我国跨国粮食供应链体系的构建与实施

随着粮食生产的过剩，欧盟的共同农业政策也是与时俱进、不断调整的。印度是一个非常重视粮食安全的国家，通过制定粮食流通等方面的措施来保障其粮食安全。澳大利亚则以其"四散化"的粮食物流系统来确保其粮食流通的安全。加拿大则通过立法的方式来确保粮食物流的正常运行。事实证明，凡是粮食政策法规比较完善的国家，粮食产量都比较稳定，出口量也比较大。

2. 社会经济环境

社会经济环境是构建跨国粮食供应链的关键影响因素。目前美国的三大粮商通过在美国主要的粮食出口集散地和新奥尔良及墨西哥湾一带布局大型谷物仓库，掌控了美国70%的粮食出口份额，全球80%的农产品贸易也都掌控在四大粮商手中。在全美重要的粮食港口中转库中，嘉吉和ADM分别占到总仓容的41%和9%。巴西、阿根廷的粮食贸易和粮食运输大部分也是由ABCD四大跨国粮商运作和控制的。路易·达孚公司的全资子公司Coinbra也是通过在巴西主要粮食产地布局采购站的方式成为巴西境内最大的粮食出口商。因此，要构建跨国粮食供应链，首先要在这些主要的粮食出口国关键节点建立自己的粮食物流基础设施，掌握粮源和粮食物流通道。

3. 贸易政策

粮食出口国的贸易政策是影响跨国粮食供应链的主要政策因素。一个国家的粮食政策会对其他国家的农业经营者和粮食消费者产生连带影响。由于粮食出口控制在少数国家手中，这些国家的粮食出口政策对国际粮食市场的影响是非常明显的。美国农业部（USDA）定期公布主要粮食生产国和消费国的农业相关数据，以引导美国农民合理安排种植。当国际粮食市场出现紧张信号或粮食出口国粮食生产受灾减产时，粮食出口国就会限制或停止本国粮食出口，以此来保护当地消费者。美国农业部报告的粮食预测值与美国主要大型跨国粮食贸易商定期公布的粮食估计值的差异会影响粮食期货价格的波动，差异越大，波动幅度就越大。美国近年来加大了对玉米生产乙醇的补贴，使得其国内近30%的玉米用作原料进行乙醇生产，进而导致国际粮食市场的紧张形势。因此，要掌握粮食定价的主动权，仅依赖于主要粮食出口国贸易政策的稳定性显然是不现实的，也是不可能实现的。必须通过构建跨国粮食供应链，将粮源、粮食储存和粮食运输等环节牢牢掌握在自己手中，建立稳定的粮食供应渠道，才能真正掌握粮食价格的主动权，保障国家粮食安全。

4. 自然环境

地形地貌、气候、土地、水文、生物、矿藏资源等，都是自然资源。物流系统是受自然环境影响较大的系统，自然条件决定了粮食的主产区分布，影响着粮食出口国的出口政策。对于粮食种植来讲，频繁发生的极端气候，是影响国际粮食市场的重要因素。极端的干旱、暴风雪、洪涝灾害等气候的出现，直接导致粮食生产条件恶化，影响粮食产量，进而导致粮食出口国对粮食出口的限制，引起国际粮食市场贸易量和价格出现大幅度波动，影响粮食安全。2010年和2012年发生在美国、俄罗斯、澳大利亚等全球粮食出口大国的干旱等灾害天气，就直接导致国际粮食价格的大幅攀升和国际社会对粮食安全的担忧。因此，跨国粮食供应链的建设还要考虑节点国家的自然环境，保证粮食供应的稳定性。

（二）微观影响因素

微观影响因素是指单个涉农企业或供应链本身能够通过加大投入等方式进行改变的、可控的因素，具体包括粮食物流硬件设施、粮食物流先进技术水平、粮食物流质量、粮食物流的成本控制情况等。

1. 粮食物流硬件设施

粮食物流硬件设施是指保障粮食仓储、运输、装卸搬运、信息处理等正常运行的各种粮食物流设施与设备或公共粮食物流基础设施等。美国、澳大利亚和加拿大等发达国家的粮食物流基础设施一般比较完善。国内已经建立起健全的粮食物流体系，能够确保粮食仓储、运输等环节顺利运行。但是大多数粮食出口大国面临着严重的物流瓶颈，巴西的主要出口物流通道都集中在南部沿海，北部缺乏仓储等基础设施；哈萨克斯坦同样面临着仓储能力严重不足等问题；越南、泰国等邻国大多面临着运输通道狭窄、拥堵等问题；俄罗斯的仓储、运输等设施发展滞后，设备不足；中亚一些国家的储存、运输设备缺乏维护，设备陈旧、效率低下；东南亚国家的铁路、公路等基础设施建设滞后；中东欧国家对港口、铁路、公路等基础设施的建设有较大需求。还有一个值得关注的问题是不同国家之间粮食物流基础设施的标准化问题，如铁路的轨距等的标准化，这也是导致粮食物流成本过高的原因之一，不容忽视。

2. 粮食物流先进技术水平

粮食物流先进技术是指供应链节点国家或企业为了确保粮食物流的发

展而设计的现代物流信息技术、现代物流管理技术等，具体包括"四散化"技术、物流网技术、区块链技术等。粮食物流技术的使用能够极大地提高粮食物流效率并减少粮食的产后损耗。现代信息技术是实现粮食供应链信息集成的关键技术，能够解决信息滞后带来的"牛鞭效应"。信息流应置于跨国粮食供应链管理框架中的最高位置。目前，先进的管理技术已经成为威胁我国粮食安全的一个关键因素，也是四大跨国粮商冲击我国粮食市场的一个重要手段。

3. 粮食物流质量

粮食物流质量是粮食物流商品质量、服务质量和工作质量的总称。粮食物流质量主要从粮食物流时间、粮食物流成本和粮食物流效率三个方面来衡量。粮食物流的质量主要体现在粮食进口过程中是否使用了"四散化"运输，是否影响装卸搬运以及运输的效率；粮食物流时间是指在不同国家之间、不同运输方式之间的衔接是否高效；粮食物流的服务质量主要是指粮食在进口过程中粮源的可得性以及物流服务商对粮食进口订单的处理速度、快速反应能力以及误差处理能力等；而粮食物流效率的体现是对于整个粮食物流系统而言的。因此，在构建跨国粮食供应链时要考虑粮食物流质量，提高粮食物流质量，不仅要注重基础设施的无缝衔接，提高口岸的通关效率，还要注重物流服务能力和服务水平，更要重视进口粮源的可靠性。

4. 粮食物流的成本控制情况

从粮食供应链本身考虑，跨国粮食物流成本相比国内粮食物流成本而言，更具复杂性，包含完成跨国粮食物流活动的管理成本、信息处理成本、粮食跨区域集并成本、转运成本、租船订舱成本、跨国运输成本、报关报检成本、加工成本、配送成本等。发达国家的粮食物流费用一般不高于粮食价格的25%。构建跨国供应链在成本上的最大障碍就是物流节点之间的衔接成本，特别是口岸的衔接成本比较高。

五 跨国粮食供应链体系中各国粮食通道物流能力的实证研究

跨国粮食通道物流能力的评价系统是一个灰色系统。影响物流能力的因素有很多，在评价全球各国的物流能力时，限于时空和信息等，本研究仅选取影响跨国粮食物流能力的主要指标来进行分析。本研究所选取的跨国粮食物流能力评价指标的数据，有些是可以从现有的统计资料中获得的，而有些却是需要进一步调研来获得的，鉴于此，本文采用灰色系统理论对各国粮食通道物流能力进行评价。

（一）粮食通道物流能力评价指标的设计

为了客观、科学地评价各国粮食通道的物流能力，需要设计一套科学、完整且能够全方位、多角度反映各国物流能力的指标体系。本研究本着科学性、完整性、合理性的设计原则，对跨国粮食物流能力评价指标体系进行了设计。本研究选取了风险性、服务水平、基础设施和经济性4大类10个指标，这些指标能够较好地反映各国的粮食跨国运输能力，具体见图11-2。

中国粮食通道物流能力 G

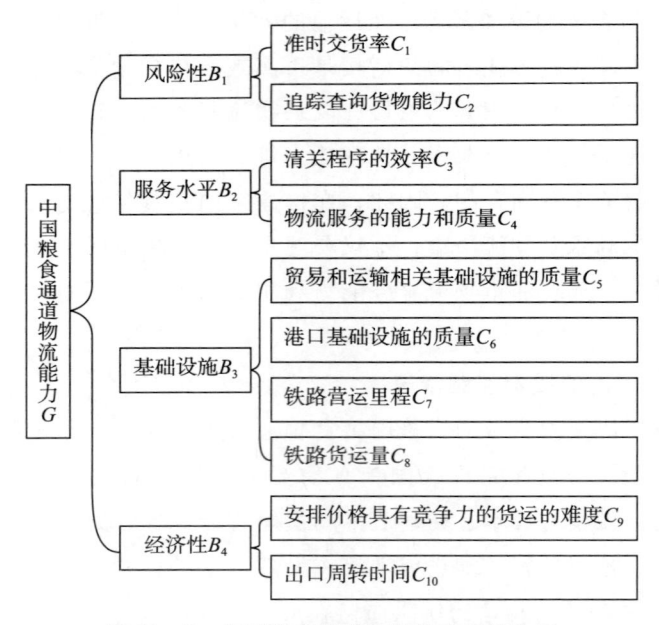

- 风险性 B_1
  - 准时交货率 C_1
  - 追踪查询货物能力 C_2
- 服务水平 B_2
  - 清关程序的效率 C_3
  - 物流服务的能力和质量 C_4
- 基础设施 B_3
  - 贸易和运输相关基础设施的质量 C_5
  - 港口基础设施的质量 C_6
  - 铁路营运里程 C_7
  - 铁路货运量 C_8
- 经济性 B_4
  - 安排价格具有竞争力的货运的难度 C_9
  - 出口周转时间 C_{10}

图11-2 各国粮食通道物流能力评价体系

（二）样本数据的获取

本研究根据近三年中国的小麦、玉米、大米和大豆四种主粮的主要进口来源国情况和联合国贸易数据库中近三年主要产粮国粮食生产量和出口量情况，选取26个国家2016年的数据作为样本，其中26个样本数据包括中国目前6个主要的粮食进口国和"一带一路"沿线年出口规模100万吨以上的 20 个粮食生产大国，具有一定的代表性，具体见表 11-4。

表 11-4 26 个样本国家 2016 年的原始数据

国家	B_1		B_2		B_3				B_4	
	C_1	C_2	C_3	C_4	C_5	C_6	C_7	C_8	C_9	C_{10}
美国	4.2505	4.2000	3.7525	4.0142	4.1520	5.7	228218	2547253	3.6503	3
巴西	3.3919	3.2802	2.7572	3.1226	3.1103	2.7	29817	267700	2.8989	3
阿根廷	3.4710	3.9087	2.6286	2.8252	2.8564	3.8	28527	12111	2.7596	2
加拿大	4.0094	4.1009	3.9521	3.8972	4.1416	5.5	52131	352535	3.5583	2
乌拉圭	3.4745	2.8429	2.7813	3.0093	2.7949	4.7	2993	284	2.9116	4
乌克兰	3.5119	2.9624	2.3037	2.5490	2.4948	3.2	21603	187557	2.5923	3
俄罗斯联邦	3.1537	2.6154	2.0064	2.7606	2.4295	3.9	85375	2342590	2.4505	5
越南	3.4984	2.8429	2.7506	2.8825	2.6952	3.9	2347	3190	3.1235	3
泰国	3.5599	3.2036	3.1051	3.1354	3.1237	4.5	5327	2455	3.3669	1
巴基斯坦	3.4821	2.9141	2.6616	2.8161	2.6973	4.1	9255	3301	2.9319	4
哈萨克斯坦	3.0633	2.8571	2.5163	2.5676	2.7619	2.9	15530	188159	2.7504	3
澳大利亚	4.0445	3.8717	3.5440	3.8717	3.8165	5.0	9674	59649	3.6336	1
印度	3.7381	3.5190	3.1744	3.3871	3.3372	4.2	66030	681696	3.3641	4
荷兰	4.4131	4.1718	4.1229	4.2152	4.2897	6.8	3016	4331	3.9440	3
保加利亚	3.3092	2.7195	2.4000	3.0574	2.3511	3.9	4029	2364	2.9300	1
比利时	4.4262	4.2244	3.8297	4.0706	4.0536	6.3	3602	5439	4.0510	2
德国	4.4534	4.2654	4.1231	4.2791	4.4394	5.6	33380	72913	3.8572	3
捷克	3.9448	3.8414	3.5804	3.6484	3.3571	3.6	9463	10949	3.6506	5
法国	4.2468	4.0206	3.7135	3.8152	4.0110	5.3	30013	33116	3.6419	1
匈牙利	3.8758	3.4022	3.0168	3.3549	3.4840	3.4	7749	447	3.4355	1
奥地利	4.3718	4.3558	3.7909	4.1819	4.0784	4.0	4917	16052	3.8501	2
斯洛伐克	3.8080	3.1216	3.2778	3.1216	3.2434	3.2	3626	7072	3.4050	2
罗马尼亚	3.2242	2.9455	3.0000	2.8205	2.8824	3.4	10766	8587	3.0588	3
波兰	3.8035	3.4560	3.2667	3.3880	3.1692	4.0	18429	28720	3.4383	1
拉脱维亚	3.6219	3.4226	3.1108	3.2922	3.2354	5.2	1860	11838	3.2778	1
立陶宛	4.1409	3.6816	3.4152	3.4922	3.5714	4.9	1911	13790	3.4922	2

资料来源：世界银行数据库。

（三）粮食通道物流能力评价步骤

评价基本思路：以选取样本中各国最佳值的各指标值作为参考数列 X_0 的实体 X_{0k}，被评价国家的各指标作为比较数列 X_i 的各实体 X_{ik}，求关联度 r_i。关联度越大，说明被评价国家与最佳值的国家越相似，其物流能力越强；反之，则物流能力越弱。具体评价步骤如下。

1. 指标值规范化处理

本研究采用 SPSS 软件对原始数据进行 0~1 规范化处理，规范化后的数据服从 0~1 正态分布，具体见表 11-5。

表 11-5 规范化后的指标值

	C_1	C_2	C_3	C_4	C_5	C_6	C_7	C_8	C_9	C_{10}
G_1	1.1153	1.2727	0.9880	1.2060	1.3137	1.2522	4.3602	3.4567	0.7868	0.4029
G_2	-0.9214	-0.3767	-0.7184	-0.4588	-0.3509	-1.5789	0.0712	0.0056	-0.9435	0.4029
G_3	-0.7338	0.7503	-0.9388	-1.0140	-0.7567	-0.5408	0.0433	-0.3814	-1.2642	-0.4029
G_4	0.5434	1.0950	1.3302	0.9875	1.2971	1.0635	0.5536	0.1340	0.5749	-0.4029
G_5	-0.7255	-1.1609	-0.6771	-0.6703	-0.8549	0.3085	-0.5087	-0.3993	-0.9142	1.2087
G_6	-0.6368	-0.9466	-1.4959	-1.5297	-1.3345	-1.1071	-0.1064	-0.1157	-1.6495	0.4029
G_7	-1.4865	-1.5689	-2.0056	-1.1347	-1.4389	-0.4465	1.2723	3.1469	-1.9760	2.0146
G_8	-0.6688	-1.1609	-0.7297	-0.9070	-1.0143	-0.4465	-0.5226	-0.3949	-0.4263	0.4029
G_9	-0.5229	-0.5141	-0.1219	-0.4349	-0.3295	0.1198	-0.4582	-0.3960	0.1342	-1.2087
G_{10}	-0.7075	-1.0332	-0.8823	-1.0310	-1.0109	-0.2577	-0.3733	-0.3947	-0.8675	1.2087
G_{11}	-1.7009	-1.1355	-1.1314	-1.4950	-0.9077	-1.3902	-0.2376	-0.1148	-1.2854	0.4029
G_{12}	0.6266	0.6840	0.6305	0.9399	0.7776	0.5916	-0.3642	-0.3094	0.7483	-1.2087
G_{13}	-0.1002	0.0515	-0.0031	0.0351	0.0117	-0.1633	0.8541	0.6324	0.1277	1.2087
G_{14}	1.5010	1.2221	1.6230	1.5813	1.5338	2.2903	-0.5082	-0.3931	1.4631	0.4029
G_{15}	-1.1176	-1.3822	-1.3308	-0.5805	-1.5641	-0.4465	-0.4863	-0.3961	-0.8719	-1.2087
G_{16}	1.5321	1.3165	1.1203	1.3113	1.1565	1.8185	-0.4955	-0.3915	1.7094	-0.4029
G_{17}	1.5966	1.3900	1.6234	1.7006	1.7730	1.1579	0.1482	-0.2893	1.2632	0.4029
G_{18}	0.3901	0.6297	0.6929	0.5230	0.0435	-0.7296	-0.3688	-0.3831	0.7875	2.0146
G_{19}	1.1065	0.9510	0.9211	0.8344	1.0884	0.8748	0.0755	-0.3496	0.7674	-1.2087
G_{20}	0.2265	-0.1580	-0.2733	-0.0250	0.2463	-0.9183	-0.4059	-0.3990	0.2922	-1.2087
G_{21}	1.4030	1.5521	1.0538	1.5191	1.1961	-0.3521	-0.4671	-0.3754	1.2468	-0.4029
G_{22}	0.0656	-0.6611	0.1742	-0.4606	-0.1382	-1.1071	-0.4950	-0.3890	0.2219	-0.4029

续表

	C_1	C_2	C_3	C_4	C_5	C_6	C_7	C_8	C_9	C_{10}
G_{23}	-1.3192	-0.9769	-0.3021	-1.0228	-0.7151	-0.9183	-0.3406	-0.3867	-0.5753	0.4029
G_{24}	0.0549	-0.0615	0.1551	0.0368	-0.2568	-0.3521	-0.1750	-0.3562	0.2986	-1.2087
G_{25}	-0.3758	-0.1214	-0.1122	-0.1421	-0.1510	0.7804	-0.5332	-0.3818	-0.0710	-1.2087
G_{26}	0.8553	0.3431	0.4097	0.2313	0.3859	0.4973	-0.5321	-0.3788	0.4227	-0.4029

注：G_i 代表评价国家，$i=1,2,\cdots,26$。

设：
$$X = (X_{ik})_{m \times n} = \begin{bmatrix} X_{11} & X_{12} & \cdots & X_{1n} \\ X_{21} & X_{22} & \cdots & X_{2n} \\ \vdots & \vdots & & \vdots \\ X_{m1} & X_{m2} & \cdots & X_{mn} \end{bmatrix}$$

$i=1,2,\cdots,26$；$k=1,2,\cdots,10$；$m=26$；$n=10$。

2. 选择参考数列

设：i 为第 i 个评价国家的序号，$i=1,2,\cdots,26$；k 为第 k 个评价指标的序号，$k=1,2,\cdots,10$；v_{ik} 为第 i 个评价国家的第 k 个指标的评价值。

取每个指标的最佳值 v_{0k} 为参考数列 V_0 的实体，于是有：

$$V_0 = (v_{01}, v_{02}, \cdots, v_{0k})$$
$$v_{0k} = \text{Optimum}(v_{ik}), i=1,2,\cdots,26; k=1,2,\cdots,10$$

在各国粮食通道物流能力评价中，除了指标 C_{10} 的数值是越小越好外，其余 9 个指标的数值都是越大越好，因此，可以得出参考数列：

$$V_0 = (1.5966, 1.5521, 1.6234, 1.7006, 1.7730, 2.2903, 4.3602,$$
$$3.4567, 1.7094, -1.2087)$$

3. 计算关联系数

把规范化后的数列 $X_0 = (x_{01}, x_{02}, \cdots, x_{010})$ 作为参考数列，$X_i = (x_{i1}, x_{i2}, \cdots, x_{i10})$（$i=1,2,\cdots,26$）作为比较数列，关联系数的计算公式为：

$$\xi_{ik} = \frac{\min_i \min_k |X_{0k} - X_{ik}| + \rho \max_i \max_k |X_{0k} - X_{ik}|}{|X_{0k} - X_{ik}| + \rho \max_i \max_k |X_{0k} - X_{ik}|}$$

$$i=1,2,\cdots,26; k=1,2,\cdots,10$$

式中 ρ 是分辨系数，$\rho \in [0, 1]$，一般取 $\rho = 0.5$；ξ_{ik} 为第 i 个评价国家第 k 个指标与 k 个最佳指标的关联系数。

根据公式计算关联系数 ξ_{ik}（$i = 1, 2, \cdots, 26$；$k = 1, 2, \cdots, 10$），得到表 11-6。

表 11-6 关联系数值

	ξ_{i1}	ξ_{i2}	ξ_{i3}	ξ_{i4}	ξ_{i5}	ξ_{i6}	ξ_{i7}	ξ_{i8}	ξ_{i9}	ξ_{i10}
G_1	0.774	0.848	0.741	0.766	0.784	0.651	1.000	1.000	0.666	0.500
G_2	0.396	0.447	0.437	0.428	0.440	0.333	0.363	0.358	0.410	0.500
G_3	0.414	0.661	0.415	0.373	0.397	0.406	0.362	0.334	0.383	0.667
G_4	0.610	0.773	0.861	0.694	0.778	0.612	0.391	0.367	0.619	0.667
G_5	0.415	0.365	0.441	0.405	0.388	0.494	0.334	0.333	0.413	0.400
G_6	0.425	0.384	0.368	0.333	0.349	0.363	0.354	0.351	0.354	0.500
G_7	0.348	0.333	0.333	0.363	0.342	0.414	0.442	0.862	0.333	0.333
G_8	0.421	0.365	0.435	0.382	0.374	0.414	0.334	0.334	0.463	0.500
G_9	0.438	0.430	0.510	0.431	0.442	0.471	0.337	0.334	0.539	1.000
G_{10}	0.417	0.376	0.420	0.372	0.375	0.432	0.341	0.334	0.417	0.400
G_{11}	0.333	0.367	0.397	0.336	0.384	0.345	0.347	0.351	0.381	0.500
G_{12}	0.630	0.643	0.646	0.680	0.626	0.532	0.341	0.339	0.657	1.000
G_{13}	0.493	0.510	0.527	0.492	0.486	0.441	0.411	0.406	0.538	0.400
G_{14}	0.945	0.825	1.000	0.931	0.875	1.000	0.334	0.334	0.882	0.500
G_{15}	0.378	0.347	0.381	0.415	0.333	0.414	0.335	0.334	0.417	1.000
G_{16}	0.962	0.869	0.783	0.806	0.730	0.804	0.335	0.334	1.000	0.667
G_{17}	1.000	0.906	1.000	1.000	1.000	0.631	0.367	0.340	0.805	0.500
G_{18}	0.577	0.628	0.661	0.578	0.491	0.390	0.341	0.334	0.667	0.333
G_{19}	0.771	0.722	0.721	0.651	0.709	0.577	0.363	0.336	0.662	1.000
G_{20}	0.546	0.477	0.489	0.483	0.522	0.376	0.339	0.333	0.565	1.000
G_{21}	0.895	1.000	0.761	0.899	0.743	0.423	0.336	0.335	0.799	0.667
G_{22}	0.519	0.414	0.556	0.428	0.466	0.363	0.335	0.334	0.553	0.667
G_{23}	0.361	0.382	0.485	0.372	0.401	0.376	0.342	0.334	0.446	0.500
G_{24}	0.517	0.492	0.553	0.493	0.451	0.423	0.350	0.336	0.566	1.000
G_{25}	0.455	0.483	0.511	0.467	0.464	0.562	0.333	0.334	0.509	1.000
G_{26}	0.690	0.563	0.599	0.524	0.546	0.519	0.333	0.335	0.589	0.667

以矩阵 E 表示各关联系数：

$$E = (\xi_{ik})_{m \times n} = \begin{bmatrix} \xi_{11} & \xi_{12} & \cdots & \xi_{1n} \\ \xi_{21} & \xi_{22} & \cdots & \xi_{2n} \\ \vdots & \vdots & & \vdots \\ \xi_{m1} & \xi_{m2} & \cdots & \xi_{mn} \end{bmatrix}$$

$i = 1, 2, \cdots, 26; k = 1, 2, \cdots, 10; m = 26; n = 10$。

4. 计算单层次的关联度

考虑到各指标的重要程度不一样，所以关联度采取权重乘以关联系数的方式进行计算。根据专家打分和算术平均数组合赋权法得到如下权重：

$$W_{GB} = (0.23, 0.25, 0.27, 0.25)$$

$$W_{B1C} = (0.57, 0.43)$$

$$W_{B2C} = (0.50, 0.50)$$

$$W_{B3C} = (0.2510, 0.2784, 0.2353, 0.2353)$$

$$W_{B4C} = (0.52, 0.48)$$

利用公式 $R = WE^T$ 可以得到 B 层各指标的关联度 R_{Bi}（$i = 1, 2, 3, 4$），$R_{Bi} = W_{BiC} \times E_{BiC}^T$。B 层各指标的关联度值见表 11 - 7。

进一步可求得最高层指标 G 的关联度。

$$R_G = (r_1, r_2, \cdots, r_{26}) = W_{AB}[R_{B_1}, R_{B_2}, R_{B_3}, R_{B_4}] = (0.7494, 0.4182, 0.4495,$$
$$0.6582, 0.4038, 0.3831, 0.3861, 0.4127, 0.5155, 0.3937, 0.3774, 0.6430,$$
$$0.4784, 0.7985, 0.4536, 0.7731, 0.7955, 0.5250, 0.6859, 0.5402, 0.7324,$$
$$0.4851, 0.4088, 0.5466, 0.5319, 0.5615)$$

表 11 - 7　*B* 层各指标的关联度

	R_{B1}	R_{B2}	R_{B3}	R_{B4}
G_1	0.806	0.753	0.849	0.587
G_2	0.418	0.432	0.373	0.453
G_3	0.520	0.394	0.377	0.519
G_4	0.680	0.777	0.544	0.642
G_5	0.394	0.423	0.392	0.407
G_6	0.407	0.351	0.354	0.424
G_7	0.342	0.348	0.508	0.333

续表

	R_{B1}	R_{B2}	R_{B3}	R_{B4}
G_8	0.397	0.409	0.366	0.481
G_9	0.434	0.470	0.400	0.760
G_{10}	0.400	0.396	0.373	0.409
G_{11}	0.348	0.366	0.356	0.438
G_{12}	0.635	0.663	0.465	0.822
G_{13}	0.500	0.510	0.437	0.472
G_{14}	0.894	0.965	0.655	0.699
G_{15}	0.365	0.398	0.356	0.697
G_{16}	0.922	0.794	0.564	0.840
G_{17}	0.960	1.000	0.593	0.659
G_{18}	0.599	0.620	0.391	0.507
G_{19}	0.750	0.686	0.503	0.824
G_{20}	0.516	0.486	0.394	0.774
G_{21}	0.940	0.830	0.462	0.736
G_{22}	0.473	0.492	0.375	0.608
G_{23}	0.370	0.429	0.365	0.472
G_{24}	0.506	0.523	0.392	0.775
G_{25}	0.467	0.489	0.430	0.744
G_{26}	0.635	0.561	0.439	0.626

5. 各国粮食通道物流能力排序

按 R_G 中关联度的大小得到跨国粮食通道物流能力强弱次序（见表 11-8）。

表 11-8 跨国粮食通道物流能力强弱次序

排序	国家	代码	关联度 R_G
1	荷兰	G_{14}	0.7985
2	德国	G_{17}	0.7955
3	比利时	G_{16}	0.7731
4	美国	G_1	0.7494
5	奥地利	G_{21}	0.7324

续表

排序	国家	代码	关联度 R_G
6	法国	G_{19}	0.6859
7	加拿大	G_4	0.6582
8	澳大利亚	G_{12}	0.6430
9	立陶宛	G_{26}	0.5615
10	波兰	G_{24}	0.5466
11	匈牙利	G_{20}	0.5402
12	拉脱维亚	G_{25}	0.5319
13	捷克	G_{18}	0.5250
14	泰国	G_9	0.5155
15	斯洛伐克	G_{22}	0.4851
16	印度	G_{13}	0.4784
17	保加利亚	G_{15}	0.4536
18	阿根廷	G_3	0.4495
19	巴西	G_2	0.4182
20	越南	G_8	0.4127
21	罗马尼亚	G_{23}	0.4088
22	乌拉圭	G_5	0.4038
23	巴基斯坦	G_{10}	0.3937
24	俄罗斯联邦	G_7	0.3861
25	乌克兰	G_6	0.3831
26	哈萨克斯坦	G_{11}	0.3774

6. 结论

经过分析，可以得出以下结论。第一，在四个一级指标中，基础设施占的权重为0.2700，是在跨国粮食通道物流能力评价中占比最大的一个指标，服务水平和经济性权重为0.2500，而服务水平和经济性又取决于基础设施的完善程度，表明基础设施建设是构建跨国粮食供应链通道要考虑的首要因素。在基础设施下属的4个二级指标中，港口基础设施的质量权重最大，为0.2784，表明港口基础设施的建设是构建跨国粮食供应链的重要抓手。

第二，从表11-8中可以看出，排名后16位的国家中，除了巴西、阿根廷和乌拉圭3个南美洲国家，其余13个国家全部是"一带一路"沿线国家。只有拉脱维亚港口基础设施的调查值是5.2，与国际标准7接近。因此，从上述分析中可以看出，大部分国家的基础设施存在严重老化或短缺现象，要构建跨国粮食物流供应链，良好的基础设施是基础。

第三，在四个一级指标中，风险性的权重为0.2300，说明构建跨国粮食供应链，信息平台的建设与完善也很重要。

六　构建跨国粮食供应链体系的目标及原则

构建跨国粮食物流供应链体系的指导思想是，以确保粮食进口安全为导向，以"睦邻、安邻、富邻"为宗旨，坚持"亲、诚、惠、容"理念，以大型跨国涉农企业为主体，充分统筹国内国外两个市场两种资源，突出跨国粮食基础设施建设这个重点，合理布局跨国战略装车（船）点，以"一带一路"沿线国家为重点，推进粮食物流基础设施的跨国联通，推动粮食跨国物流的衔接与合作，构建高效、快捷、畅通、便利、安全的跨国粮食现代供应链体系，降低粮食流通成本，减少粮食流通损失，提高粮食跨国流通效率，增强中国跨国粮食物流企业的国际竞争力，提高应对国际粮食市场波动的调控能力，保证国家粮食安全。

（一）构建跨国粮食供应链体系的目标

中国跨国粮食供应链体系的建设目标是，以提高跨国粮食物流效率和保障粮食贸易安全为目标，以规避粮食对外贸易路线中关键节点的流通风险为重点，以推进中国与重要粮食安全伙伴国之间的水路、港口、公路、铁路的互联互通为途径，以支持国内企业与国外企业相互参股、合作共建为手段，在逐步完善重要枢纽粮食物流基础设施的同时，逐步建成一批集仓储、加工、贸易等于一体的国际化现代粮食产业园区，形成内外联通的供应链体系，在保障安全的基础上，实现跨国粮食物流的系统化、网络化、散装化和信息化，为建设进口粮源保障体系提供重要的流通支撑。

（二）构建跨国粮食供应链体系的基本原则

1. 统一规划，合理布局

粮食是一种重要的战略物资，国家要统筹生产与消费、近期与远期、中央与地方、国内与国际等关系，与国家粮食物流业中长期发展规划、政策相衔接，与国内粮食加工企业战略相结合。突出重点合作国家，合理布局重要物流据点，体现跨国粮食供应链发展的可规划性和长远性。提高进口粮食物流信息化与标准化水平，切实提升粮食物流效率。

2. **政府引导，市场运作**

构建跨国粮食供应链体系要在政府统筹规划的前提下，按照政府的规划，在主要的跨国粮食供应链节点国家建立粮食现代物流据点。建设资金主要由具有国际竞争力的大型现代粮食物流企业自行筹措，投资风险由企业承担。政府要在政策、标准等方面给予引导扶持，共同促进跨国粮食供应链的快速构建。

3. **整合资源，创新驱动**

跨国粮食物流企业要充分利用粮食出口国的粮食流通基础设施，特别是粮食码头和中转库等，整合各类粮食物流资源。通过改造和适当新建，完善粮食码头和中转库等物流据点布局，若已有码头中转库库容不足，要优先考虑增加或改造中转库。鼓励大型粮食物流企业与出口国当地港口企业合作，让其以资本运作等方式参与到粮食码头的建设与经营中。跨国粮食供应链通道建设要广泛采用物流新理论、新技术，注重用绿色、生态技术改造粮食物流业，大力提高跨国粮食物流的科技含量。

4. **统筹协调，注重效益**

构建跨国粮食供应链通道要按照粮食物流系统化、规模化的要求，加强出口国与进口国之间、进出口国行业之间和企业之间的统筹协调，在粮食收购、加工、仓储、运输等环节与粮食的流出与流入地区之间形成系统，统筹铁路接轨站及专用线路改造建设，注意粮食运输过程中的集并和分拨，为发挥跨国粮食物流通道的整体效益创造条件。

七 构建跨国粮食供应链体系的主要任务

构建中国跨国粮食供应链体系要按照"优化布局、拓宽通道、提升功能、完善体系"的总体思路，突出三个重点：一是科学布局跨国粮食供应链，二是推进粮食物流基础设施的跨国联通，三是加强跨国战略装车（船）点的建设力度。

（一）科学布局跨国粮食供应链

构建中国跨国粮食供应链要全面整合生产、加工、仓储、贸易等环节的国内外资源，努力开辟新的通道，降低对单条路线的过分依赖，搭建起集订单农业、种植、农资、（精深）加工、仓储、运输、金融以及贸易为一体的跨国粮食供应链。根据全球粮食资源分布情况，在美洲地区，围绕具有比较优势的农产品进行生产、加工等农产品深加工中心的布局；在非洲和东南亚区域，围绕其优势农产品，布局收纳库、中转库、集并库和物流基础设施，开展优势农产品的出口；在亚洲和欧洲区域则开展以农产品加工和消费为主的网络布局；在中亚、俄罗斯等土地资源丰富的国家，可考虑农资、土地租赁、种植等的网点布局。

1. 生产环节布局

生产初期，在美洲、非洲、澳大利亚等区域、"一带一路"沿线区域通过提供金融服务等方式与农民签订合作协议，大型跨国粮食企业与中农、中化等大型农资企业跨界合作，为农民提供种子、化肥、农药乃至农机具（金融）等服务，至收获时再从农民手中以约定的价格来收购农产品，开展订单农业模式。同时，在中亚、俄罗斯等土地资源丰富的国家，通过土地租赁等方式，雇用当地居民进行标准化种植，为农户提供贷款与技术辅助服务。通过生产环节的布局，一方面可以获得稳定的粮食供应来源，另一方面可以掌控粮食价格。

2. 加工环节布局

在加工环节不仅要进行农业技术的研发，而且要利用现代化的加工设备，在美洲、欧洲及亚洲等区域布局大型农产品加工中心，对农业原料进行深加工，增加农产品的附加值。对农产品进行深加工，不仅可以延伸产业链，拓展供应链，还可以巩固农场到餐桌的中间环节，能够充分体现跨国供应链的优势，在提高农产品附加值的同时，满足消费者的市场需求。

3. 物流和贸易网络布局

在后端的物流和贸易网络布局方面，通过对仓储网络和运输等基础设施进行投资，与大型跨国物流企业合作或收购出口国当地物流企业等方式，获取船舶、铁路车皮、运输车辆等设备。通过建立大型跨国粮食信息平台，掌控跨国粮食流通和销售渠道，让跨国粮商直接接触粮食出口国的消费者，掌握第一手的粮食市场信息，并通过信息指导国外农场主安排生产。同时，根据获得的国内外市场一手客户的订单信息，通过生产定制化产品，满足客户个性化消费的需要，增强跨国客户黏性。

4. 产业链整合

一方面，通过生物技术等的突破，打通粮食与石油等战略物资的关联，实行粮油联动，将自己的粮食优势转化为能源优势；另一方面，与 ABCD 四大粮商及区域性竞争对手合作，实现产品扩张或产业链的加强。并与其他大型国际粮食贸易公司和加工企业进行广泛的信息交流和业务往来，与各国粮食行业协会进行深入的合作。

中国的大型跨国粮食企业应借鉴 ABCD 四大粮商构建全球供应链的经验，一是广泛参与全球农产品种植、农业管理、收购、仓储、运输、加工等各环节，以及种子、化肥、农药、饲料等农业生产资料领域，通过联盟建立起泛产业链优势，将供需内部化、成本内部化，多点联动以掌控行业话语权及产品定价权。二是与各国政府建立联系，游说粮食出口国家提高农业补贴、完善农业保险、增加政府服务，以确保在产业链各环节均有可观利润的同时，仍可取得廉价的粮食供应。三是通过农业金融、产地仓储、全球物流体系来控制粮食供应的节奏，通过生物能源计划调节外部的供需平衡，并利用期货等手段来操控粮价。四是通过农产品及食品加工业尤其是精细加工业，将产业链延伸至工业领域，攫取更高的溢价。如此，不仅可以实现对"地权"和"粮权"的掌控，还可以掌控产业链中大部分产品的定价权，从而打开巨大的利润空间，最终构建起中国的跨国粮食供应链（见图 11-3）。

（二）推进粮食物流基础设施的跨国联通

根据中国的"一带一路"倡议及构建全球命运共同体的理念，中国跨国粮食供应链建设可以以推进粮食基础设施的跨国联通为突破口。

通过上文第四部分的分析可以得出，中国的粮食进口之所以没有话语权，最主要的原因在于大粮商在美国、巴西等主要的产粮大国控制了部分关键的物流基础设施。构建跨国粮食供应链，就必须在世界粮食主产国拥有关键的物流基础设施，这也是保证跨国粮食供应链高效运作的物质载体。日本、韩国等国家有针对性地在国外粮食产地建设了生产基地、仓库，以及美国大贸易商与巴西大豆农场主的合作都证明了这一点。

物流基础设施建设可以有效提高我国的粮食进口效率，而且有助于我国进入当地粮食流通市场，形成自己的储存系统，掌控价格的形成机制，从而达到降低粮食进口成本的目的。

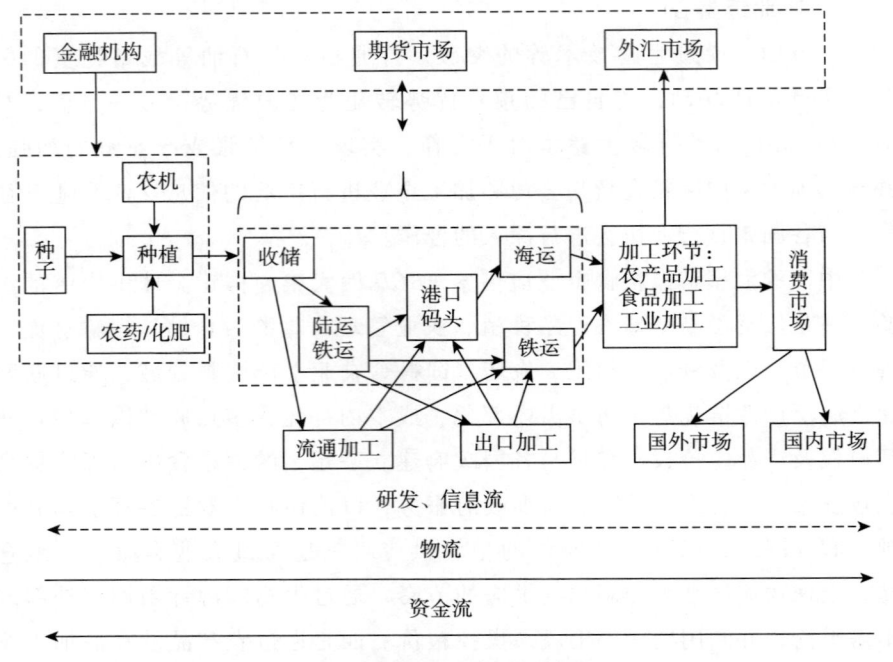

图 11-3　中国的跨国粮食供应链示意

1. 运输基础设施建设

跨国粮食供应链的集并库一般是建在出口国的港口、码头或铁路附近，物流基础设施是提高跨国粮食供应链效率的关键。粮食的主要运输方式为公路、海运和铁路等，根据合作国境内粮食运输设施设备的情况，中国政府或企业可以和合作国境内的第三方物流公司合作，通过将粮食运输业务外包给当地的第三方物流企业，达到降低物流成本，提高物流效率的目的。巴西 2/3 的货物运输是通过公路进行的，但是巴西的柏油路仅占到巴西公路网总长的 12.5%，仅有 1 万公里的高速运输里程。巴西的铁路运力居拉美国家之首，但 35% 的铁路历史超过了 60 年，巴西国内每千平方公里的国土面积仅有 3.5 公里长的铁路线。乌克兰等国家的铁路线及港口设施都出现了不同程度的陈旧和老化。东南亚地区铁路、公路等基础设施建设落后。中亚地区运输设备效率低下，运力严重不足。俄罗斯、哈萨克斯坦等国家的铁路建设发展缓慢，粮食运输成本较高。

2. 仓储基础设施建设

将出口国现有的仓储设施及物流资源作为构建跨国粮食供应链的突破

口。中国政府可以和主要粮食生产国或土地资源丰富国家的政府达成合作意向，由两国政府提供优惠的财政、税收政策，鼓励中国国内的企业采用租赁、投资、参股、控股等方式同合作国境内的农场主、农业合作社、企业合作，实现合作国境内粮食仓储物流设施资源的有效整合，使中国企业在其境内拥有关键粮食物流设施的控制权，以契约的形式在合作国境内建立物流设施联盟，通过和国内粮食物流中心信息平台连接，形成快速反应的虚拟物流系统。巴西的农产品，尤其是大豆产业集中在中西部，呈现出从南向北的发展趋势，北方的仓储设施建设缓慢，仓容缺口大；"一带一路"沿线国家，如俄罗斯、中亚国家和一些东南亚国家等仓储设施发展普遍落后且储存设施严重缺乏。哈萨克斯坦斯塔奈州的粮食生产能力是仓储能力的2倍，仓储能力远远满足不了需求。中国政府、企业可根据国内政策，在巴西中西部的马托格罗索州、巴拉那州、南里奥格兰德州、戈亚斯州等地，在俄罗斯西部的东欧平原和西南部顿河流域以及伏尔加河中上游地区，在中亚哈萨克斯坦、乌兹别克斯坦，东南亚的越南、老挝、缅甸等国，投资建设大型仓储设施或同当地农场主、农业合作社合作采用多种方式对其境内的粮食收纳库、中转库和集并库进行资源整合，提高其境内粮食的物流效率。

（三）加大跨国战略装车（船）点的建设力度

跨国粮食战略装车（船）点是指为了提高物流线路的通过能力，提高跨国粮食集散及装卸效率所选择的货源较大、流向集中或单位时间内粮食及其加工产品总运量较大的铁路/公路口岸、港口。可以考虑通过"一带一路"沿线国家、中欧班列途经国家、自由贸易区进境粮食口岸三条路径来布局跨国粮食供应链的战略装车（船）点。以"一带一路"沿线国家为重点，在合作国家的友好城市、自贸区或全球主要的粮食港口布局战略装车（船）点，根据不同节点的重要程度确定其功能定位，逐步形成跨国粮食产、购、销、储、运、加一体化的粮食现代物流体系。

1. 在"一带一路"沿线布局战略装车（船）点

"一带一路"沿线地区是世界最重要的谷类粮食产区，谷物产量占世界谷物总产量的40%以上，且潜在耕地居多。但"一带一路"沿线国家大部分属于农业落后国，由于农业技术落后、投资不足，有大量耕地尚未开发，现有粮食产量低下，如果进行农业帮助和基础设施建设，其粮食产量将会大量增加，不仅可以自足还可以大量出口。因此，在"一带一路"沿线布局跨国粮食供应链的战略装车（船）点具有可能性和必要性。

"一带一路"沿线国家粮食资源分布情况如表11-9所示。中国的跨国粮商或大型物流企业可以考虑在粮源分布集中的国家或地区布局战略装车（船）点。

表11-9 "一带一路"沿线国家粮食资源及战略装车（船）点布局一览

位置	粮食资源所在国家				战略装车（船）点布局
	小麦	玉米	稻谷	大豆	
中国，东亚的蒙古国，东盟10国		印度尼西亚、菲律宾	印度尼西亚、缅甸、菲律宾、泰国、柬埔寨、越南	印度尼西亚	布局农场收纳库若干，出口周转库10个左右，在印度尼西亚建设集并库1~2个
西亚18国	伊朗、土耳其				布局农场收纳库若干，出口中转库1~2个，在土耳其布局集并库1个
南亚8国	印度、巴基斯坦	印度	巴基斯坦、孟加拉国、印度	印度	布局农场收纳库若干，出口中转库3个左右，在巴基斯坦建立集并库1个
中亚5国	哈萨克斯坦				布局出口中转库5个，布局集并库1~2个
独联体7国	俄罗斯、乌克兰	乌克兰		俄罗斯、乌克兰	布局农场收纳库若干，出口中转库3~4个，在俄罗斯布局集并库2个，在乌克兰布局集并库1个
中东欧16国	波兰				布局集并库1个

资料来源：根据各国粮食出口量整理。

2. 在中欧班列途经国家布局战略装车（船）点

中欧班列是中国与欧洲及"一带一路"沿线各国的集装箱铁路联运班列，按照固定车次、线路等条件开行。截至2018年，运输网络已覆盖亚欧大陆的主要区域，2019年4月，运行线路已通达欧洲的15个国家44个城市。到2020年7月18日，中欧班列已开行每周"去程14班、回程10班"，但尚未涉及粮食跨国运输。粮食集装箱跨国运输，有利于粮食物流现代化及"四散化"的实现。通过改进粮食装卸流程、在集装箱内加塑料衬垫等方式,实现粮食集装箱运输散装散卸并实现粮食集装箱与其他产品集装箱的通用性,实现资源充分利用并增加返程货源。目前,中欧班列已形成稳定的由我国东南部沿海地区经满洲里(绥芬河)出境,由我国华北地区经二连浩特出境和由我国中西部经阿拉山口(霍尔果斯)出境的东、中、西三条主要通道。中欧班列途经国家主要粮食资源如表 11-10 所示。

表 11-10 中欧班列途经国家

途经国家	途经的主要粮食生产国				货源辐射国家
	小麦	玉米	稻谷	大豆	
哈萨克斯坦、乌兹别克斯坦、俄罗斯、白俄罗斯、波兰、德国、法国、西班牙等	哈萨克斯坦、法国、德国、意大利、波兰、俄罗斯、土耳其	法国	越南	俄罗斯	英国、意大利、波兰、挪威、捷克、斯洛伐克、阿富汗、拉脱维亚、越南等

3. 依托友好城市布局战略装车(船)点

友好城市是国际合作的良好基础。1973 年天津与日本神户市建立了第一对国际友好城市,至 2017 年 12 月 7 日,我国已经建立 2498 对友好城市关系。

首先,有针对性地发展不同国家友好城市之间的合作。例如,河南万邦供应链管理有限公司利用洛阳市与乌兹别克斯坦布哈拉州的友城关系,依托中国检验认证集团和万邦国际集团,积极响应政策精神,在"一带一路"沿线国家合理布局,建设集农副产品收购、种植、储存、冷链运输、深加工及配送于一体的现代农副产品示范园区,充分保障国内农产品供应,满足河南及周边地区的消费需求,并辐射安徽、江苏等省份,将乌兹别克斯坦打造成向我国出口高端农产品的海外基地。其次,在友城国家布局完善的物流基础设施。例如,中国和巴西作为东西两个半球上最大的发展中国家和金砖国家的重要成员国,有着良好的合作基础。中国可以针对巴西在港口基础设施方面和铁路基础设施方面的需求,及时布局物流基础设施。

4. 依托自贸区或全球主要的粮食港口布局战略装车(船)点

中国要充分利用全球已经建成的 1200 多个自由贸易区,在其区内港口布局战略装车(船)点和大型的加工中心。首先,跨国粮食企业或大型跨国粮食物流企业要对全球自由贸易区进行分析，剔除不能进行农产品贸易的自由贸易区。其次，对可以进行农产品贸易的自由贸易区的粮源、贸易条件、加工情况等进行分析，初步确定可设置战略装车（船）点或加工中心的区域。最后，结合政治、经济、技术、自然环境等因素分析风险，最终确定中国跨国粮食供应链在全球自贸区的战略装车（船）点或粮食加工中心。

5. 依托粮食进境口岸布局对接国内粮食通道战略装车（船）点

进境粮食指定口岸可以将国外的优质粮食通过铁路运输和海陆联运的方式引进过来，除了满足当地的需求以外，还可以辐射到周边区域。此外，还将拉动口岸所在地物流、加工等产业的发展。国内自贸区粮食进境口岸是无缝对接跨国粮食供应链的必要条件。

首先，进境粮食口岸应选在东部海港以及水路运输条件便利的地区或者是已经开行或准备开行中欧、中亚班列的城市，且布局城市需要具有GDP总量较大、经济发达、出口能力强等条件。其次，这些节点应当建立完备的检验、粮食接卸、查验、化验、处理、监管、保税、集装箱堆场等设施条件。各地政府可以结合当地实际，按照"一个口岸、多处查验"的思路，在合适的区域设立进境粮食查验口岸，助力中国粮食产业无缝衔接国际产业链。

八 构建跨国粮食供应链体系的保障措施

要确保跨国粮食供应链的顺利构建，需要从国家政策支持、期货平台和信息平台的建设等方面给予支持。

（一）加大国家政策的支持力度

第一，优化中国参与区域粮食合作的政策环境。在国家发改委、商务部、农业部、外交部、财政部等多部门协调一致的前提下，成立专门的区域粮食合作组织机构，确保双边农业合作机制得到充分利用。同时，积极促进友好城市和"一带一路"沿线国家加强区域农业合作，加强宏观指导。

第二，鼓励投资主体多元化。投资主体可以是国家，也可以是社会企业，并且应该鼓励社会企业参与跨国投资。在国家资本注入的同时，吸引社会资金加大投入，引导、支持、鼓励供应链投资主体多元化。给予供应链节点企业相应的财政、税收、金融、进出口等支持政策。

第三，设立国家专项财政基金，采用以奖代补等形式，支持内资涉农企业"走出去"，建立稳定可靠的进口粮源保障体系。可以通过运费抵扣，对仓库、铁路或港口等基础设施建设进行奖励等方式提供补贴，鼓励采用流动资金贴息贷款的方式，在不违反规定的前提下对跨国粮食相关企业提供双边贸易优惠补贴。

第四，加强专题培训并完善"走出去"服务平台。区域粮食合作组织机构要加强与农业、商务、外事以及海关等部门的沟通与协调，定期举办境外农产品贸易、安全管理、涉外法律法规、粮食检验检疫等专题培训。同时，加强对境外粮食种植企业的组织与协调，加强对粮食种植各环节的规范管理，对境外种植园区进行种植计划备案，定期开展田间有害生物监测和境外考察预检等工作，从粮食供应源头上确保跨国回运的粮食质量安全，保障跨国粮食的快速回运。

（二）建立大宗粮食期货交易平台

从国家层面组建跨国大宗粮食期货交易平台，鼓励大型涉农企业入市交易，增加粮食期货交易品种，通过培训增强涉农企业利用期货工具规避风险的能力。涉农跨国企业及其合作伙伴要熟练运用远期合约等方式进行套期保值，降低价格波动带来的跨国交易风险。熟练运用期货工具能够有效降低价格波动带来的风险，实现风险的有效转移，风险的转移必将提高跨国粮食贸易的活跃度，为跨国粮食贸易摆脱四大粮商的控制创造条件。

（三）完善信息系统平台

国家要加强对粮食产业及国际粮食贸易信息的搜集发布，推进中国企业与国际粮食主产国农场主、农业合作协会接洽，增进双方的了解。信息技术在美国大型农场和贸易商之间的无缝连接就是信息系统的成功运用。同时，要加快推进信息网络技术在跨国粮食供应链中的应用，以粮食储存、运输为主线，覆盖生产、采购、储存、海运、通关、装卸搬运、配送等多个环节。利用互联网、GPS、GIS技术，使供应链上下游节点企业之间可以实现双向、实时、快捷的沟通（见图11-4）。

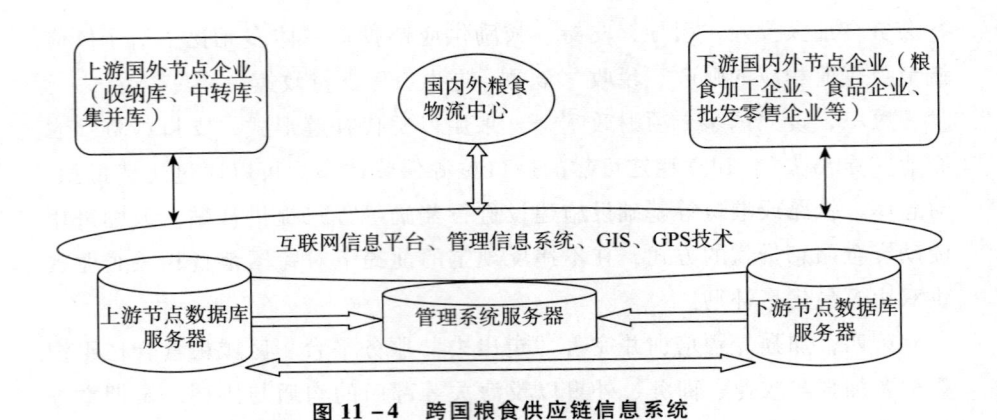

图 11-4 跨国粮食供应链信息系统

第十二章 基于进口粮源保障体系建构的区域农业与粮食安全合作机制

建设进口粮源保障体系的重要任务是创建良好的国际环境,这就要求持续完善国际和区域粮食安全合作机制。本章在分析区域农业与粮食安全合作机制的意义、目标定位的基础上,提出进一步完善区域粮食安全合作的重点任务,探讨中国与东盟、上海合作组织、金砖国家、中国与非洲国家等几个重点区域的农业与粮食安全合作问题。

一 完善区域农业与粮食安全合作机制的意义与目标

(一) 完善区域粮食安全合作机制的意义

1. 规避"多哈回合"谈判冲突的客观需求

世界贸易组织(WTO)在 2001 年开始了"多哈发展议程",但是该议程的谈判步履维艰,一方面,发展中国家为维护自身利益开始极力争夺话语权;另一方面,美国等发达国家则希望进一步打开发展中国家市场,双方出现了严重的对立和分歧。在各方利益严重冲突的情况下,拥有 150 多个成员的 WTO 要想达成各方都能接受的协议极为困难。这客观上要求我们调整策略,转为推动区域多边或双边合作。而区域框架下的合作机制相比于 WTO 的多边谈判更灵活、更可操作,易达成一致意见。

2. 顺应世界多极化发展的必然要求

当今世界在新兴市场国家和发展中国家群体性崛起的进程中,多极化发展方兴未艾。一大批发展中国家在国际事务中的影响力不断扩大、话语权持续提升。广大发展中国家希望通过推进世界多极化来解决和平赤字、发展赤字、治理赤字等问题。二十国集团作为近年来国际经济合作的重要平台，积极倡导全球经济治理变革，有效维护了广大发展中国家的利益。金砖国家创新性地提出"金砖+"理念，在"南南合作"基础上不断有新的作为。新兴市场国家和发展中国家可以通过加强区域粮食安全合作机制，共同抵御垄断国际粮食市场的霸权主义。

3. 保障国家粮食安全的现实需要

区域性的国际粮食合作机制是保障国内粮食安全的另一种途径。中国的粮食安全与世界粮食安全高度相关，中国人口占世界人口的19%左右，只有世界实现了粮食安全，中国才能实现粮食安全。2004年以来，我国农产品贸易连续多年出现赤字，我国农业对外依存度会长期持续提高，粮食进口量还会进一步增加。构建区域粮食安全合作机制，有利于解决区域粮食合作的重大问题，消除多边和双边合作过程中的障碍，加快我国与有关国家商签有关政府间、部门间合作协议的步伐，制定稳定统一、互利互惠的多边双边农业合作框架。

（二）完善区域粮食安全合作机制的目标

1. 维护区域和全球粮食市场稳定

在区域粮食安全合作机制的建设中，应致力于提升全球粮食供给增量，着力提高整个区域的粮食安全水平。通过密切区域粮食安全合作，推进区域内各国发挥粮食生产和流通的比较优势，促进区域内与粮食有关的要素合理流动。提高农业生产资源、加工资源、物流资源等各种资源跨越国界的配置效率，促进不同国别农产品市场的有效融合，最终实现各国的互利互惠。通过加大对发展中国家或地区特别是周边国家的农业发展援助、良种良法等技术援助，支持其发展农业，帮助其提高粮食生产能力和自给能力，增加全球粮食市场有效供应，改善全球粮食安全形势。

2. 增强欠发达国家和地区粮食自给能力

联合国粮农组织（FAO）等多家机构发布的《2017年全球粮食危机》报告指出，2015~2016年，全球面临严重粮食不安全的人口从8000万猛增至1.08亿，而且这一数据仍在持续上升中。全球共有37个国家需要外部粮食援助，其中29个分布在非洲，7个在亚洲，1个在拉丁美洲。历史和现实一再证明，在国际粮食市场被少数跨国粮商长期垄断的背景下，寄希望于发达国家解决发展中国家的粮食问题无异于饮鸩止渴，广大发展中国家只有增强自身的粮食供给能力,才能确保本国的粮食安全。2017年世界经济论坛上发布的《共担时代责任,共促全球发展》指出,人类命运息息相关,虽然地处不同的国家,但利益高度一致,一荣俱荣,一损俱损。

3. 展示我国负责任大国的良好形象

加强粮食安全领域的国际合作,是展示我国作为世界上负责任大国形象、提高我国国际影响力的重要途径之一,也是防范和排除少数别有用心的人有关"中国粮食威胁论"干扰的现实需要。作为负责任的发展中大国,中国在区域粮食安全合作中,要以人类命运共同体意识为引领,把中国经验、中国技术、中国方法推广到需要帮助的国家和地区,与合作国家携手,努力消除饥饿和减少贫困,提高地区粮食供给水平。

4. 加强进口粮源供给能力和供给体系建设

在我国地少水缺的资源禀赋条件下实现粮食安全,应从战略高度对我国未来全球农产品供应体系进行超前谋划。通过加强区域粮食安全合作、建设跨国农产品生产基地、发展拥有全产业链的国际粮商,逐步形成能够为我所控的国外粮源供给体系,为实现粮食进口国别、渠道、品种、通道多元化创造条件。

二 完善区域粮食安全合作机制的现实基础

(一) 我国在各类国际组织中的作用日益增强

中国解决14亿人吃饭问题的经验已经受到国际组织和众多国家的关注与重视。客观而言,中国完全有条件在自己的能力范围内担负起更多的责任与义务,为国际粮农治理体系建设增添"中国智慧",引导落后国家或地区走出饥饿困境。中国不断增加对世界粮食计划署的捐款,积极支持发展中国家解决粮食安全问题,向联合国粮农组织捐赠5000万美元开展农业南南合作。在打造人类命运共同体的理念引领下,中国正从全球治理参与者向引领者转变。中国积极参与联合国、二十国集团、亚太经合组织、上合组织等国际组织和平台,推动全球治理体系变革,构建以合作共赢为核心的新型国际关系,共同维护和平稳定的国际环境。中国在主动融入世界的同时,也在承担世界经济和社会发展的责任,发挥着日益重要和不可替代的作用。中国已经成为全球治理的重要参与者和治理机制变革的重要引导者。2008年国际金融危机爆发之后，中国经济增长表现格外亮眼，中国在世界经济中的地位持续提升，2020年中国实现全面脱贫。中国的大国姿态还受到了欧盟委员会前主席巴罗佐的赞誉，中国"走自己的路，让别人也有路可走"，这种全球治理模式不易遭到其他国家的排斥，更容易建立起不同国家之间的友好贸易伙伴关系。

（二）农业对外合作进入加快发展的新时期

近年来，农业对外合作机制不断健全，国务院批准建立以原农业部部长为总召集人、21个部级单位共同组成的"农业对外合作部际联席会议"制度，为农业对外合作提供了组织保障。1996年以来，中国和联合国粮农组织实施的多边南南合作项目共计超过20个；中国还向近30个位于亚洲和非洲、南太平洋以及加勒比地区等的国家和地区派遣粮农技术专家与技术员接近1100人，这一人数大约是联合国粮农组织南南合作项目派出总人数的3/5。此外，中国已同60多个国家和国际组织签署粮食和农业多边或双边合作协议120多份、进出口粮食检疫议定书60多份；与中国建立农业科技交流与经济合作关系的国家和地区超过了140个，同中国建立双边农业合作工作组的国家和地区有50多个。截至2016年，有50多个非洲发展中国家得到了中国的帮助，共计开展农业援助项目接近500个，具体有成套项目、物资项目和技术援助项目等，涉及农业种植、农田灌溉、粮食仓储、农产品加工以及农业机械等多个领域，取得了显著成效，受到了非洲广大发展中国家的欢迎。

（三）"一带一路"倡议提供了大好的合作机遇

"一带一路"倡议汲取全球多边、区域、双边国际经济和贸易合作框架的长处，成为促进共同发展、实现共同繁荣、通向世界可持续发展目标的合作共赢之路。截至2017年8月，我国已经与69个国家和国际组织签订"一带一路"合作协议。"一带一路"倡议与俄罗斯欧亚经济联盟、哈萨克斯坦光明之路、沙特阿拉伯2030愿景等战略加快对接。除了亚欧国家外，非洲、拉美和加勒比地区等国家也积极响应和参与建设，亚洲基础设施投资银行、金砖国家开发银行、上合组织开发银行等平台和各种基金的建立，为"一带一路"建设提供了资金支持。雅万高铁、中老铁路、瓜达尔港等标志性项目建设速度加快，亚吉铁路、蒙内铁路等已经建成投运。中欧班列累计开行突破4000列，通达欧洲12个国家、31个城市。原农业部等四部委发布了《共同推进"一带一路"建设农业合作的愿景与行动》等计划,农业对外合作与交流已经成为"一带一路"建设的重要领域,通过开展基础设施建设,实现了资源的互通有无,促进沿线各国取长补短,为"一带一路"沿线国家开展农业合作、实现农业产业效益最大化创造了良好的条件。

三 完善区域农业与粮食安全合作机制的基本原则

(一)"义利相兼、以义为先"的原则

长期以来,中国在对外合作中秉持的义利观讲求"义利相兼、以义为先、情义为重"。2015年12月4日,国家主席习近平在中非合作论坛约翰内斯堡峰会开幕式上发表的《开启中非合作共赢、共同发展的新时代》的致辞中指出,中国人讲究"义利相兼,以义为先"。这一原则应成为构建区域农业与粮食安全合作机制的重要原则。

对中国来说,通过区域农业和粮食安全合作机制与各成员国开展合作,首要的目的不仅是保障本国的粮食安全,更是促进其他国家和世界的粮食安全。作为负责任的发展中大国,中国在区域农业与粮食安全合作机制的构建过程中,将同一"地球村"上的人类视为命运共同体,通过团结合作消除饥饿,积极主动地让中国经验、中国技术、中国方法切实推广到粮食不安全的国家与地区。

(二)对内开放、相互包容的原则

在一个区域合作组织内,不同国家的历史传统、政治体制、经济发展水平、法律法规、宗教习俗等都有较大的差别,政治互信程度也参差不齐,因此要用包容的心态对待彼此的合作,按照对内开放、相互包容的原则行事。

所谓"对内开放",就是指在区域内成员国之间加强合作,提高开放度,寻求各个国家的利益共同点,并在此基础上,互利互助,实现共赢。要加强与不同区域组织、不同国家发展战略的对接,按照政治互信、经济融合、文化包容的要求,发挥各自的比较优势,构建区域合作与分工体系,促进价值链和产业链在整个区域的重构和延伸。所谓"相互包容",就是指将区域农业与粮食安全合作机制建设成具有包容性的发展平台,在承认各国差别的同时,做出一些让步,暂时放弃自己的一些利益。在各方

对彼此政治制度、发展道路、法律法规有充分了解的基础上，将对方作为可靠朋友和真诚伙伴，互相尊重对方自主选择的发展道路，在平等自愿的基础上开展农业与粮食安全政策的交流与合作，促进各成员国求同存异，同舟共济，实现共同发展。

（三）对外共同发声、努力提升话语权的原则

鉴于长期以来全球粮食安全治理机制一直由发达国家主导，发展中国家处于劣势地位，全球粮食安全治理体系具有先天的脆弱性与不合理性，新兴市场国家和发展中国家所建立的区域农业与粮食安全治理机制，应该成为全球粮食安全治理体系的重要组成部分。在合作组织内部，要充分协调和聚合共同的利益诉求，增强深度合作的动力，全力推动在重点领域的合作。在此基础上，对外发出共同的声音，支持发展中国家的合理诉求，提高区域合作组织中新兴市场国家和发展中国家的话语权，并促进其参与涉农涉粮国际规则、国际标准的制定，推动全球治理体系的变革，在横向与纵向上拓展，在全球治理共识和动力方面不断增强凝聚力，推动国际秩序以及全球治理更为公正、合理，落实联合国2030年可持续发展议程。

（四）先易后难、循序渐进的原则

推进区域粮食安全合作工作，不必在条件不成熟的时候寻求全方位的合作，而应本着先易后难、循序渐进的合作原则来推进彼此的合作。聚焦农业合作利益的契合点和最大公约数，围绕共同关切的重点领域，寻找各成员国都感兴趣的合作项目，然后将各个兴趣点连接起来，形成合作的线和面，最终达到全面升级的合作效果。在各方并未达成共识的时候，不必寻求在短期内达成统一的规则。在推进区域贸易协定谈判时，谈判对象应重点选择政治互信程度高、经贸关系密切、贸易互补程度高、市场规模大、有一定支持政策的国家或地区。在一国中央政府的主导下，和东道国共同制定统一的、利益一致的农业投资战略合作规划，寻求有内部稳定动机的双边农业合作机制。

四 "中国—东盟自贸区"粮食安全合作机制

东盟是一个以经济合作与发展为基础的区域合作组织，也是一个资源共享的区域性合作平台。东南亚自然资源丰富，具有与我国开展粮食安全

合作的地缘优势,该地区是世界重要的稻谷生产区,世界上最大的稻谷出口国也在这一地区。

(一) 东南亚国家的农业生产

目前,东盟的10个成员国分别为泰国、缅甸、印度尼西亚、老挝、马来西亚、菲律宾、文莱、柬埔寨、新加坡和越南,其观察员国为巴布亚新几内亚。东盟共有10个对话伙伴,分别为澳大利亚、中国、欧盟、印度、加拿大、日本、俄罗斯、韩国、美国和新西兰。泰国、越南、柬埔寨、缅甸、老挝等国都是稻米生产国,每年出口大米约占全球稻米出口量的70%,其中泰国、越南等都是我国重要的粮食贸易伙伴。

依据农业在其国民经济中的地位,可以将东南亚国家分为三种类型:一是新加坡、文莱,农业在其经济中占比很小;二是泰国、菲律宾、印度尼西亚、马来西亚,农业的地位比较重要;三是越南、柬埔寨、缅甸、老挝,属于传统的农业国家。东盟主要国家的农业资源概况如表12-1所示。

表12-1 东盟国家的农业资源概况

国名	国土面积	气候特点	农业资源优势	其他
新加坡	710平方公里	热带海洋性气候	农业资源匮乏,农业占GDP比重不足1%,粮食全部依靠进口	重视发展观赏鱼、观赏植物、花卉等高附加值农业
文莱	5765平方公里	热带雨林气候	耕地面积仅占国土面积的5%,主要农作物为水稻、蔬菜、水果;农业生产基础设施薄弱,农业总产值低,所需食品70%依赖进口	以石油和天然气开采业见长
菲律宾	30万平方公里	北部为热带季风气候/南部为热带雨林气候	农业资源丰富,粮食作物以稻米、玉米为主,经济作物有甘蔗、水果、蔬菜等,农业生产技术水平低	被称为"千岛之国"
马来西亚	33万平方公里	热带雨林气候	农业地位重要,水稻是主要的粮食作物,棕榈油、木材、橡胶是主要的出口农产品。粮食不能自给,每年要进口大量玉米、小麦、稻米、大豆等农产品	约有4/5国土是热带雨林

续表

国名	国土面积	气候特点	农业资源优势	其他
泰国	51.3万平方公里	热带气候	传统的农业国家，主要生产稻米、玉米、木薯、橡胶、水果等；是著名的稻米生产国和出口国，泰国稻米年产量近3000万吨，年出口量700万吨~1000万吨；稻米出口量占世界稻米贸易总量的25%~35%	渔业资源丰富
印度尼西亚	186万平方公里	热带雨林气候	农业是传统支柱产业。粮食作物主要有水稻、玉米、木薯、甘薯等；不适宜种小麦，小麦需进口。主要经济作物有橡胶、棕榈、咖啡、可可、茶叶、烟草等，林业和渔业资源丰富。农业生产技术总体落后	有"千岛之国"之称
越南	33万平方公里	热带季风气候	传统的农业国家，粮食作物有稻米、玉米、马铃薯、番薯、木薯等；每年大约出口稻米600万吨；经济作物主要有咖啡、橡胶、茶叶、花生、腰果、蚕丝等。水稻、玉米种植面积约占耕地面积的86%	多山，耕地和林地约占总面积的60%
柬埔寨	18万平方公里	热带季风气候	农业是第一大支柱产业，主要生产稻米、玉米、豆类、薯类等；水稻种植面积约占耕地面积的80%；经济作物主要有橡胶、棕榈、胡椒、糖、烟草、麻类、棉花等	内陆渔业资源丰富
老挝	23.68万平方公里	热带季风气候	以农业为主，主产的粮食作物有稻米、玉米和薯类等，也生产咖啡、大豆、果蔬与甘蔗等农产品，稻谷种植面积约占农作物面积的85%；咖啡是主要出口农产品	森林资源丰富
缅甸	67.66万平方公里	热带季风气候	农业处于主导地位，主产的农作物包括稻米、棉花、花生、玉米和小麦等，稻米、橡胶和水产品是其主要出口产品	渔业和森林资源丰富

资料来源：根据顾尧臣译著的《世界粮食生产、流通和消费》（中国财政经济出版社，2009）和中国国际问题研究所编写的《中国周边国家与合作组织》（人民出版社，2014）等资料汇总整理。

(二) 中国—东盟开展农业合作的优势

1. 地缘优势和历史交往为双方合作奠定了基础

中国与东南亚相邻的地缘优势为中国与东盟国家开展农业合作创造了先天条件。中国大部分地区地处温带,东盟国家地处热带。老挝、越南、缅甸与中国陆路相连,交通便利。菲律宾、马来西亚、印度尼西亚和文莱与中国的地缘关系十分重要。中国与东盟各国之间的交往源远流长,可以追溯到古代时期。东南亚地区是华侨聚集的地区,这种民族、血缘、文化上的紧密联系,成为双方合作的基础。

2. 日益密切的伙伴关系创造了合作的环境

新中国成立之后,中国与东盟于1991年开启了对话进程;1996年成为全面对话伙伴;自2003年中国与东盟建立"面向和平与繁荣的战略伙伴关系"以来,双方的农业合作经历了"黄金十年"。2010年,中国—东盟自贸区建设启动;2013年,国家主席习近平提出建设"中国—东盟命运共同体"的倡议和中国与东盟共同建设"21世纪海上丝绸之路"的战略构想,为双方的合作发展注入全新的动力。同时,中国与东盟各国建立了各种战略合作关系(见表12-2)。中国与东盟各国的高层次关系为双方深化农业合作奠定了坚实的基础。目前,中国已经与新加坡、缅甸、马来西亚等国签署政府间合作谅解备忘录,与老挝、柬埔寨签署了政府间双边合作规划。

表12-2 中国与东盟国家的合作关系

东盟国家	关系
东盟	战略伙伴
越南	全面战略合作伙伴关系
柬埔寨	全面战略合作伙伴关系
缅甸	全面战略合作伙伴关系
老挝	全面战略合作伙伴关系
泰国	全面战略合作伙伴关系
印度尼西亚	全面战略伙伴关系
马来西亚	全面战略伙伴关系
菲律宾	战略性合作关系
新加坡	全方位合作伙伴关系

资料来源:根据中国国际问题研究所编写的《中国周边国家与合作组织》(人民出版社,2014)等资料汇总整理。

3. 中国与东盟产业的互补性提供了合作空间

首先，中国与东盟各国之间存在一定的经济互补性。中国与新加坡具有较强的经济互补性，新加坡以高技术产业和服务业为主，基本上没有农业部门；中国各地正在进行产业转型升级，是农业生产大国。中国与印度尼西亚、老挝、柬埔寨、缅甸也具有较强的经济互补性。中国在供给侧结构性改革中，劳动密集型产业会逐渐减少，这将为东盟国家提供新的就业机会；而这些国家丰富的资源可以为中国提供原料，能够实现共赢。

其次，在农业资源方面，中国和东盟有较强的互补性。东盟国家基本上地处热带地区，高温多雨，稻米、玉米、橡胶以及咖啡等热带作物是其主产农作物。其中，缅甸、泰国和越南是世界上最重要的大米出口国；中国则气候多样，多数地区属于温带，是世界上的粮食生产大国，又是粮食第一进口大国。

最后，在农业生产和产后加工、储藏技术方面，中国的农业生产、农产品加工、农产品物流技术和管理水平有较大的提升，尤其是在超级稻技术等方面处于世界领先水平；而东盟国家除新加坡、泰国、马来西亚之外，农业科技水平整体不高，与农业和粮食相关的技术对发达国家有较强的依赖性，中国与东盟的合作有利于提高东盟国家的农业技术和管理水平。在粮食加工业上，中国粮食加工业产能严重过剩。2013年，中国的稻米、小麦、玉米加工业的产能利用率分别为44%、61%、46%，中国企业"走出去"与东盟国家合作有很大潜力。在粮食储藏技术方面，中国经过"粮食安全保障工程"等建设项目的实施，粮食储藏技术居国际领先水平，具备成套的现代粮食仓储设备输出优势。"中国—东盟自由贸易区"升级版启动以来，中国与东盟达成了一系列协议，大幅度放宽了东盟农产品的进口限制，为深化双边农业合作创造了条件。

4. 维护粮食安全的共同需要成为合作的动力

东南亚国家的稻米总产量约占世界的30%，稻米出口量占全球的50%以上。泰国有世界三大谷仓之一的美誉，也成为中国稻米的主要进口来源地。除了泰、缅、柬、越四国之外，其他东盟国家均需进口稻米。中国是粮食第一生产大国和第一进口大国，通过与东盟国家的农业合作，可以拓宽进口粮源渠道。同时，中国拥有的先进技术和粮食安全治理经验，有助于解决东盟国家的粮食安全问题。

5. "一带一路"倡议搭建了农业合作的新平台

中国在 2013 年提出的"一带一路"倡议为中国与东盟国家展开农业合作搭建了新桥梁。东盟是"海上丝绸之路"的首站,其地位尤为重要,成为中国农业"走出去"的首选之地。2017 年,中国政府发布的《共同推进"一带一路"建设农业合作的愿景与行动》,提供了沿线各国开展农业合作的顶层设计。"一带一路"倡议所提出的"政策沟通、设施联通、贸易畅通、资金融通、民心相通",和 2016 年东盟国家通过的《东盟互联互通总体规划 2025》比较一致,依据该规划,东盟国家之间将搭建起互相连通的交通运输以及港口系统等。"一带一路"倡议和这一规划形成了很好的对接。在"一带一路"倡议的推动下,中国与东盟国家实现了农业战略对接、政策有机融合、合作领域拓展,进而为构建更加紧密的"中国—东盟命运共同体"创造了新机遇,搭建了新平台。

(三)"中国—东盟自贸区"合作的发展

中国与东盟的农业合作由来已久,双方合作的发展历程如表 12-3 所示。

表 12-3 中国与东盟合作的发展历程

时间	主要事件
1991 年	中国同东盟启动对话合作机制
1996 年	中国首次出席东盟对话伙伴国会议
1997 年	中国与东南亚 10 国建立"10+1"合作机制,举行第一次"10+1"领导人会议,宣布建立中国—东盟睦邻互信伙伴关系
1999 年 7 月	签署了《中华人民共和国政府和菲律宾共和国政府关于农业及有关领域合作协定》
2001 年 11 月	中国—东盟第五次领导人会议决定在 10 年内成立中国—东盟自由贸易区,将农业确定为面向 21 世纪合作的重点领域之一
2002 年 11 月	签署了《中国与东盟全面经济合作框架协议》和《中国—东盟农业合作谅解备忘录》,分别和柬埔寨、印度尼西亚、老挝、缅甸、菲律宾、泰国、越南、马来西亚等国签订了农业合作协定或谅解备忘录
2003 年 10 月	宣布建立面向和平和繁荣的战略伙伴关系,制定《落实中国—东盟面向和平与繁荣的战略伙伴关系联合宣言的行动计划》
2004 年 11 月	签署《中国—东盟全面经济合作框架协议货物贸易协议》与《中国—东盟争端解决机制协议》,中国与东盟各国实现大部分农产品贸易零关税
2007 年	签署《中国—东盟自贸区服务贸易协议》

续表

时间	主要事件
2008 年	中国农业部正式启动了"中国—东盟农业合作中长期规划"
2009 年	签署了《中国—东盟全面经济合作框架协议相互投资协议》
2010 年 1 月	建立中国—东盟自由贸易区
2013 年	中国提出了与东盟国家共建"21 世纪海上丝绸之路",联袂构建关系更加密切的中国—东盟命运共同体
2014 年 9 月	"中国—东盟自贸区升级版"的首轮谈判正式开启。中国和东盟双方的农业合作领域已经拓展到种植业、畜禽业、水产品养殖业、农产品加工、动物疫病防治以及农村能源与生态等
2015 年	在中国-东盟国防部长非正式会议上,部长们探讨了实际合作的途径,并在现有的 ADMM-Plus 框架内建立更密切的联系
2016 年	召开首届中国—东盟农业合作论坛。中国与东盟缔结的区域贸易协议构建了敏感产品关税、保障措施和卫生检疫措施、技术贸易壁垒等多层保护体系
2017 年	通过了《关于在南海适用〈海上意外相遇准则〉的联合声明》和《东盟成员国外交部和中国应对海上突发事件热线沟通准则》
2018 年	中国—东盟峰会通过了《中国—东盟战略伙伴关系愿景2030》,为两国关系的长远发展描绘了蓝图。在"愿景2030"的指导下,双方应将"一带一路"倡议与"东盟互联互通 2025"总体规划相结合,巩固"3X"合作框架

资料来源:根据石译主编的《中国周边国家与合作组织》(人民出版社,2014 年)等资料汇总整理。

中国—东盟(10+1)合作平台的合作成果颇丰,在跨国投资、农业、信息、人力资源开发与湄公河流域开发等方面均有较大进展。合作机制不断完善,双方已建立 10 个以上部长级会议机制以及 20 个以上高官级工作层面的合作机制。

据调查,2017 年中国与东盟农产品贸易合作金额达 323.21 亿美元,同比增长 8.17%,占中国农产品贸易总额的 16.13%,居第一位,其中中国自东盟进口 164.98 亿美元,中国对东盟出口 158.23 亿美元。

(四)影响中国与东盟农业合作的主要因素

1. 缺乏健全的协调机制,农业合作合力不足

中国与东盟的农业合作机制包括两个方面,一是多边机制,包括中国与东盟"10+1"合作机制,东盟与中、日、韩"10+3"合作机制,大湄公河次区域(GMS)合作机制。其中"10+1"合作机制是最主要的合作机制。在"10+3"机制下,东盟主要通过农业部长会议与中、日、韩开展合作,但比较务虚,基本上停留在一般的对话交流上。二是利用双边机制开展合作。2008年底,中国与东盟8个国家签署了14个双边农业合作协议或谅解备忘录,建立了双边农业合作委员会(工作组),但有些工作会议不能正常召开,流于形式,效果不佳。总体来看,东盟内部对成员国的约束机制比较弱,尽管东盟高层的合作机制已经建立,但一些共同出台的政策常常采取"宣言""协议"等形式。东盟的组织机构联系比较松散,缺乏决策核心。各成员国基本上将本国的利益放在首位,使得中国在整体上难以同东盟进行实质性的协调与合作。同时,在农业合作领域的相关政策不够具体和完善。

2. 东盟各国经济文化差异显著,协调难度大

东盟各国的经济发展水平差距较大,各个国家的需求也不尽一致。近年来,大湄公河次区域合作机制进展比较顺利。中国与泰国、越南、印度尼西亚的贸易额增长较快。2017年,中国与上述三国的农产品贸易额达226.40亿美元,占比超过75%。但是,中国与东盟其他成员国的贸易额则很有限。柬埔寨、老挝和缅甸都是以农业为主的国家,目前与中国的农产品贸易额规模很小。地处海岛的几个东盟国家,虽然经济发展水平较高,但与中国的政治文化差异较大,缺乏有效的合作机制,会影响农业合作的深入开展。各国在政治、历史、文化上具有较大差异,与中国传统文化环境相差较大,在农业合作中的愿望也不相同,在有些问题上难以达成统一的意见,给农业合作增加了困难。

3. 一些国家政治局势不稳,合作的不确定性较大

东南亚各国基本有被西方国家殖民与统治的历史,直至"二战"后才建立起独立的民族国家。其中,泰国、菲律宾以及印度尼西亚等国的军事力量长期干预政治,政权更迭频繁,政策缺乏稳定性。例如,2007年,中国吉林和菲律宾农业部所签署的在菲律宾开垦100万公顷农田的协议,就受到菲律宾国内政治因素的影响,而被迫于同年9月"搁浅"。缅甸、越南也存在某些不稳定因素。另外,恐怖主义和宗教极端主义活动频繁,影响了社会稳定。

4. 各国贸易保护措施种类繁多,阻碍深度合作

东盟各国政府对农业的开放进程比较迟缓。2010年1月1日,中国—

东盟自贸区正式建成,在双方部分农产品逐渐实现零关税的情况下,部分东盟成员仍采用非关税壁垒措施。各国对农业保留了较多的限制性措施。比如菲律宾对稻米实行关税配额措施,对水果、蔬菜、活牲畜、肉及肉制品实行进口许可限制。泰国对包括稻米、玉米和大豆等在内的 23 种农产品实行了关税配额管理。此外,非关税壁垒如农业补贴、绿色壁垒以及农产品特殊保障机制等也十分普遍,如新加坡实行了稻米进口许可,柬埔寨则对农产品进口许可及标签提出了特殊要求等。根据《中国—东盟全面经济合作框架协议货物贸易协议》,除了"早期收获"产品外,将双方的产品划分为"正常产品"与"敏感产品"两大类。为了维护或者谋取更多的本国利益,一些成员国将部分农产品列为"敏感产品"或者"高度敏感产品",关税率很高。比如中国—东盟自贸协定曾将稻米列为高度敏感产品,直至 2015 年 1 月 1 日前稻米关税率才逐步下降到 50% 之下。2003 年以来,中国在与东盟的农产品贸易中,长期处于逆差状态,且贸易差额明显,也将影响双方的深度合作。另外,农产品质量检验检疫标准尚未统一,直接影响了农产品贸易的发展。

5. 中国与部分国家要素禀赋相似,存在竞争

首先,中国与东盟主要国家之间存在竞争。因为中国与东盟主要国家距离较近,且以农业资源为主,都采用鼓励出口、优化投资环境、吸引外来资本的政策发展本国经济,从而有利于吸引国际投资、占领国际和地区农产品出口市场,所以中国与东盟国家具有一定的竞争性。比如中国和文莱、马来西亚以及泰国的经济发展就有不少相似之处,都肩负产业升级、促进出口的压力,具有强烈的竞争关系。其次,东盟国家之间存在竞争。比如泰国、越南向中国出口热带水果等产品就存在竞争,需要平衡东盟成员国之间的利益关系。另外,中国与东盟农业合作的层次不深,彼此的相互投资十分有限。

6. 大国的政治博弈搅局,政治互信不足

区域农业合作必然会受到政治因素的影响。首先,大国的政治博弈导致东盟对中国心存疑虑。毋庸置疑,随着近年来亚洲经济的快速增长,亚洲地区逐渐成为大国关注的焦点,美日等大国也将其作为博弈的场所,从而加剧了东南亚地区的不稳定。日本为了实现其政治大国的地位,频繁干扰亚洲事务。加之日本身为"东盟 10 + 3"机制的成员国之一,其举动对

亚洲甚至东盟都会造成巨大的影响。中国和日本虽然都是亚洲地区不容小觑的大国，然而两者在亚洲远期的经济走向上没有形成一致的共识，日本意欲成为亚洲的主导者，但是东盟只是期望日本继续充当一个亚洲商人。显然，长远来看，中国、日本和东盟之间的关系存在较大的不确定性。其次，东南亚地区的领土争端长期存在。在领土权益上，南海问题争端涉及菲律宾、马来西亚、文莱与越南。有史以来，南沙群岛就是中国的领土，这早就被历史印证，然而部分东盟国家依然声称南沙群岛及周围海域的主权属于它们。最后，近年来，中国的综合实力和国际影响力都在快速增强，这一点也引起了一些东盟国家的疑虑和戒备，影响了农业的深度合作。中国与东盟国家的政治互信问题，会影响双方在农业领域的深入合作。

（五）"中国—东盟自贸区"合作的重点任务

当前双方在农业合作方面依然存在一些问题，无法回避，主要包括缺乏总体合作规划、农业合作项目不成规模、项目分散化、合作项目不具有较强的可持续发展能力。今后一个时期应重点开展以下几方面工作。

1. 求同存异，打造区域命运共同体

鉴于东盟内部各国之间政治、经济、文化、宗教等方面的差异和中国与东盟之间的差异，要深入推进农业领域的合作，必须贯彻求同存异的原则，充分尊重各国文化的多样性，以打造区域命运共同体为目标，从长计议。今后中国和东盟合作的核心问题是建立更为紧密的中国—东盟命运共同体，双方应在发挥各自优势的基础上，重点加强"一带一路"建设与《东盟共同体愿景2025》的对接，夯实双方关系发展的民意和社会基础，提升中国—东盟"10＋1"自由贸易框架下的粮食安全务实合作水平。

2. 健全制度和政策协调机制

首先，要充分利用现有的合作机制。充分利用中国与东盟已经建立的"10＋1"机制、"10＋3"机制、"10＋8"东亚峰会机制以及五个层面的对话合作机制与部长会议机制，建立多渠道与多层面的政府间宏观政策沟通的交流机制与民间交流机制。在这些多样化的交流机制的作用下，促使中国与东盟在农业政策、发展战略和中长期合作规划方面进行充分的交流。"10＋1"合作机制是中国与东盟之间开展农业合作的最主要多边机制，利用这一机制，可以在农业技术交流和合作研发、农产品贸易与投资、人力资源培训等方面进行广泛合作。"10+3"合作机制有利于中国在与东盟的合作基础上加强与日本、韩国的合作,应将"10+3"农林部长会和农业高官会继续坚持下去。大湄公河次区域合作是由亚洲开发银行牵头的,合作的重点内容是减贫。其次,促进构建中国与东盟的农业合作协调机构。为了解决目前中国与东盟之间协调机制较弱的问题,建议建立中国—东盟农业部长理事会,通过这一机制,使各国的农业部长定期会晤,并成立专门的办事机构,分析合作意向与合作方案等。在部长理事会之下,设置农业种植、农产品物流、农产品加工等专项工作组。

3. 精准定位,制定差异化的国别合作方案

总体来说,中国可以增加从东盟国家进口农产品的数量,这既是进口粮源多元化的要求,也是推进中国与东盟互利共赢的要求。今后中国与东盟的合作应根据各国农业资源和经济发展水平,按照"一国一策"的原则,制定差别化的合作方案。

总体可分为以下三种类型。一是以贸易合作为主的国家。新加坡、文莱两国的农业资源有限,经济发展和消费水平较高,农产品靠本国生产不能满足需求,与这两个国家的合作应以贸易为主,重点在于扩大对其水果和蔬菜类农产品的出口。二是投资与贸易并重的国家。这类国家既有农业经济较发达的泰国、马来西亚,也有经济相对比较落后的菲律宾、印度尼西亚、越南等国家,这些国家的农业基础设施、农业科技水平总体上都不高,中国企业既可以到这些国家进行直接投资,也可以与其发展农产品进出口贸易。三是需要帮助其发展经济、减少贫困的国家。柬埔寨、老挝、缅甸等属于欠发达国家,拥有丰富的农业资源,三国都向中国出口稻米,发展经济和消除贫困是其重要任务。中国与这些国家开展农业合作具有很大的潜力。中国开展对外农业合作的重点在于帮助欠发达国家提高其经济发展的速度与质量,作为负责任大国帮助其提升区域粮食安全水平,与其开展深入的农业技术合作,可以适当增加从三国进口的稻米量,这既是中国粮食进口多元化的需要,也是帮助其发展经济的要求。

4. 以战略节点国家为重点,建设跨国现代物流体系

针对东盟地区物流基础设施落后等问题,应从三个层面构建中国—东盟跨国粮食现代物流体系。

首先,推动粮食跨国物流的衔接与合作。在广西、云南建立农产品国

第十二章 基于进口粮源保障体系建构的区域农业与粮食安全合作机制

际物流中心,加强仓储、包装、运输等基础物流设施建设,在南宁、防城港等地规划建设"国际农产品现代物流园区";同时,加强中国与东盟国家的设施联通建设,按照通道网络完善通畅、枢纽功能优化提升、运输组织集约高效、信息资源开放共享的要求,新建一批重要的跨国粮食物流节点以及粮食口岸,畅通与国内粮食通道对接的跨国粮食物流通道。加快疏通粮食物流主通道和重要节点,将中国大西南地区的交通运输网络与东盟国家对接。

其次,与东盟国家合作建设国际粮食大通道。英国的查塔姆国际事务研究所发布的研究报告表明,马六甲海峡承担了平均每年25%以上的全球大豆运输,土耳其海峡则承担了20%的全球小麦运输的重任。马来西亚、新加坡、印度尼西亚(马六甲海峡)地处"21世纪海上丝绸之路"的战略支撑点。缅甸、越南、泰国是中国与东盟国家铁路网的重要枢纽。目前,东盟国家的基础设施整体上比较薄弱,中国可以合理选择物流据点,加强与这些国家在基础设施建设方面的合作。对于海上通道节点国家,应稳步推进物流基础设施建设方面的合作,疏通国际大动脉,防止"阻塞"。

最后,在交通便利的半岛节点国家建立农业科技园。促进中国企业加入东盟国家和粮食产业相关的基础设施建设中,与东盟国家共同建立一批各具特色的跨国粮食产业园区,与此同时,推动边境经济合作区与跨境经济合作区搭建,联手塑造完善的跨境粮食产业链条。例如,天津聚龙集团作为中国棕榈油贸易领域中市场份额最大的国内企业,已在印度尼西亚建设棕榈种植园,总面积共计10万公顷,这是中国企业在海外建立的第一个棕榈油压榨工厂,该工厂依托海外原料资源和国内市场需求,开展加工贸易。中国可以充分利用两个抓手——亚洲基础设施投资银行和海上丝绸之路,来持续增强与东南亚各国的粮食安全国际合作,促进区域粮食安全水平的提升,打造稳定与良好的周边国际环境。支持高等院校、科研院所和企业之间开展产学研合作,联合建立农业和粮食产业合作园区,实现全产业链的合作。优先与印度尼西亚、菲律宾等粮油资源丰富的国家对接需求,输出我国先进的粮食储藏、(精深)加工、物流和品质控制等技术及工艺,建立我国的海外粮食基地,通过"技术—资源贸易"方式,实现粮油资源与粮食科技的优势互补,互利共赢。

5. 提升合作层次，构建跨国农产品供应链

长期以来，中国与东盟双边贸易以大宗初级产品为主，在研发、生产、加工环节的合作不足。可以通过中国大型农产品加工企业积极"走出去"，对接东盟国家来壮大粮食产业，实行前向一体化和后向一体化战略，将上游农业生产资料企业和农产品生产企业、中游粮食流通企业、下游粮食销售和进出口企业进行合并，形成贯通整条产业链的大型企业集团，增强国际竞争力。

稳步加强中国和东盟相关国家在租地种粮等方面的合作，和马来西亚、印度尼西亚合作发展棕榈产业，加大与泰国、越南、缅甸、老挝、柬埔寨等国在稻谷生产方面的合作。特别是柬埔寨、老挝和缅甸三国大约2.7亿亩的耕地面积并未被耕种，单产提高的潜力效果十分明显，故需积极创造条件来推动进一步合作。将东盟、马来西亚和印度尼西亚等典型代表地区和国家作为稻谷、棕榈、小麦的重点合作区域，在地缘便利、政局稳定、营商环境良好的国家，优先建立粮食产业园区，开展稻谷、小麦、棕榈的仓储、加工、物流等"技术—产品贸易"。"产学研"打包"走出去"，依托高等院校、科研院所与粮机企业，输出粮食科技，实现粮食运输"四散化"、加工"精密化"；依托粮食企业从共建国家进口原粮，出口加工制品，促进经济往来与交流，实现粮食行业的"高铁换大米"。

五　上海合作组织的粮食安全合作机制

（一）上海合作组织的发展历程

1996～1997年，中国、俄罗斯、哈萨克斯坦、吉尔吉斯斯坦、塔吉克斯坦五国领导人先后在上海、莫斯科举行会晤，就在边境地区加强军事信任签订了有关协定。之后每年召开一次会议，会晤的内容逐步扩大到五国在政治、安全、外交、经贸等领域的互利合作。2001年6月，成员国元首和乌兹别克斯坦总统在上海会晤，决定在"上海五国"机制的基础上成立"上海合作组织"，并发表了《上海合作组织成立宣言》；2007年，成功签署了《长期睦邻友好合作条约》。截至2013年初，上海合作组织（以下简称"上合组织"）共有6个成员国（中国、俄罗斯、哈萨克斯坦、塔吉克斯坦、吉尔吉斯斯坦、乌兹别克斯坦）、5个观察员国（蒙古、伊朗、巴基斯坦、印度、阿富汗)、3个对话伙伴国(白俄罗斯、斯里兰卡、土耳其)等国家。通过各成员国的努力,上合组织进入全面推进务实合作发展的快车道。

(二) 上海合作组织成员国的农业生产

上合组织成员国基本位于世界上的粮食主产区,国土辽阔,生物资源丰富,四季产量丰富。

在自然资源方面,上合组织成员国农业资源禀赋各有特点。俄罗斯拥有丰富的土地、水、草地、植物资源和渔业资源,耕地面积约为1.34亿公顷,约占世界耕地面积的8%,其中约1/4耕地处于闲置状态。哈萨克斯坦水土和草场资源丰富,是中亚五国中土地资源最丰富的国家,耕地面积达2400万公顷。乌兹别克斯坦的土地和水资源并不富裕,但绿洲比较发达。塔吉克斯坦、吉尔吉斯斯坦多山地,拥有良好的高山牧场,水资源比较丰富。中国水土资源紧张,市场规模大。据2012年经合组织和联合国粮农组织估计,黑河和里海沿岸的独联体国家未来十年的小麦出口将占全球的35%,会成为全球最大的出口地区;俄罗斯可能会超过美国成为全球小麦第一出口大国。

在农业生产方面,俄罗斯是粮食生产大国,主要生产小麦、大麦和玉米等;哈萨克斯坦是粮食生产大国,其产粮的80%以上为小麦,近年来还种植大麦和油料作物;土耳其、巴基斯坦、伊朗等国是玉米主产区;除哈萨克斯坦之外的其他中亚四国注重粮食自给自足,是世界上重要的棉花产区之一。

在农产品贸易方面,小麦的出口以俄罗斯和哈萨克斯坦为主;同时,哈萨克斯坦还有棉花的出口;吉尔吉斯斯坦和塔吉克斯坦粮食短缺,每年需要从俄罗斯和哈萨克斯坦进口一部分小麦和面粉;中亚国家的水果、蔬菜产量不能满足其需求,长期依赖进口。中国在劳动密集型和技术密集型农产品生产方面具有相对优势,可以进口中亚和俄罗斯的谷物以及棉花等土地密集型农产品,而蔬菜、花卉和水果等劳动密集型与资本技术密集型农产品可以向中亚出口,以此带动化肥、农药和农业机械等农业生产资料的出口。

(三) 上合组织的农业合作

上合组织成员国在地理位置上具有得天独厚的优势:彼此接壤,土地资源也颇为丰富,农业互补性比较明显,开展粮食合作具有先天的地缘优势，相互之间也具有很大的内在需求。2001年6月，六个上合组织成员国元首于上海签署《上海合作组织成立宣言》，提出成员国之间双边和多边合作的发展方向。2013年9月，上合组织成员国在乌鲁木齐召开了"上合组织粮食安全研讨会"，会上决定把粮食安全合作纳入上合组织农业合作的重点领域，注重以下四个方面的交流与合作：一是构建上合组织的粮食安全合作框架，促进政策交流以及立场协调；二是增进成员国之间的农业信息共享，推进粮农信息系统建设；三是推动农业科技交流与合作；四是推动企业参与合作。近些年，上合组织成员国已经形成和谐的农业合作关系，在农业技术和农业机械、人员培训以及跨境动物疫病防控等方面展开了卓有成效的合作（见表12-4）。

表12-4 上合组织合作历程和主要合作进展一览

时间	会议名称	会议地点	合作文件
2001年6月	上合组织六个成员国元首会议	中国上海	签署了《上海合作组织成立宣言》，提出成员国之间双边和多边合作的发展方向
2001年9月	上合组织成员国政府总理首次会晤	哈萨克斯坦阿拉木图	签署了《关于开展多边经济合作的基本方向及贸易投资便利化进程的备忘录》，规定了开展区域经济合作的基本目标、实现贸易和投资便利化的途径及其合作的重点领域
2002年6月	成员国元首第二次会晤	俄罗斯圣彼得堡	通过了《上海合作组织宪章》，作为指导组织发展的纲领性文件
2003年9月	成员国政府总理第二次会晤	中国北京	通过了《上海合作组织成员国多边经贸合作纲要》，规定了上合组织未来发展的基本目标、任务、合作的重点领域
2004年9月	成员国政府总理第三次会晤	吉尔吉斯斯坦比什凯克	签署了《多边经贸合作纲要》实施措施计划，确定了包括农业在内的11个重要领域的127个具体项目、课题和合作方向。其中"农业领域合作"有六个合作项目
2005年10月	成员国政府总理第四次会晤	俄罗斯莫斯科	签署了《多边经贸合作纲要》实施机制
2006年7月	第五次元首峰会	中国上海	把农业确定为优先合作的领域之一
2010年6月	成员国元首理事会第十次会议	乌兹别克斯坦塔什干	签署了《成员国政府间农业合作协定》，明确了开展农业合作的主要领域等相关问题。同年10月，在北京召开了首届上合组织农业部长会议，审议通过了《上合组织成员国常设农业工作组工作条例》

第十二章　基于进口粮源保障体系建构的区域农业与粮食安全合作机制

续表

时间	会议名称	会议地点	合作文件
2010年10月	上合组织成员国首届农业部长会议	中国北京	批准了《上海合作组织成员国常设农业工作组工作条例》，为上合组织各成员国间的农业合作建立了长效机制
2011年8月	上合组织农业经济合作研讨会	中国乌鲁木齐	加强上合组织成员国在农业发展、农业投资和农产品贸易方面的相关法律、法规、政策及相关标准，还有农业经济合作需求状况等的相互交流，为各方农业企业构建投资合作和贸易洽谈、信息与技术交流平台，继续扩大各国农业投资合作领域并促进贸易往来
2012年1月	第二届上合组织农业部长会议	哈萨克斯坦阿斯塔纳	签署了《农业部长会议纪要》并通过了《〈上海合作组织政府间农业合作协定〉2013~2014年农业合作计划》
2012年6月	成员国元首理事会会议	中国北京	签署了《上海合作组织中期发展战略规划》，确定了今后十年的七大基本行动方向
2013年9月	上合组织粮食安全研讨会	中国乌鲁木齐	将粮食安全合作作为上合组织农业合作的重点领域之一：一是推动搭建上合组织粮食安全的合作框架，加强政策交流和立场协调；二是促进成员国农业信息共享，推进粮农信息系统建设；三是推动农业科技交流与合作；四是推动企业参与合作
2013年11月	上合组织成员国政府首脑（总理）理事会会议	乌兹别克斯坦塔什干	签署了《联合公报》，提出加强农业领域相互合作，责成农业部长落实相关共识和商定项目
2014年9月	元首理事会第十四次会议	塔吉克斯坦杜尚别	就睦邻友好关系的长期性、地区安全的维护、务实合作的加强以及当前重大国际和地区问题进行了意见的交换。成员国元首签署并发表了《杜尚别宣言》，签署《上海合作组织成员国政府间国际道路运输便利化协定》等
2015年7月	成员国元首理事会第十五次会议	俄罗斯乌法	对合作组织的未来发展进行规划，并就成员国合作的加强及当前重大国际和地区问题进行协调，确立了各方的立场
2016年6月	成员国元首理事会第十六次会议	乌兹别克斯坦塔什干	与会各方就携手应对地区和国际新挑战、全面提升上合组织各领域合作水平以及上合组织未来发展等问题深入交换意见。批准《〈上海合作组织至2025年发展战略〉2016~2020年落实行动计划》等文件

· 307 ·

续表

时间	会议名称	会议地点	合作文件
2017年6月	成员国元首理事会第十七次会议	哈萨克斯坦阿斯塔纳	与会各方围绕上合组织发展现状、任务和前景,以及国际和地区重大问题等交换意见,达成广泛共识
2018年6月	成员国元首理事会第十八次会议	中国青岛	制定《上海合作组织成员国长期睦邻友好合作条约》的未来5年实施纲要,签署批准一系列涉及安全、环境保护、经贸与人文等领域的决议及合作文件,推动成员国参与"一带一路"建设,促进上合组织全方位发展
2018年11月	政府首脑(总理)理事会第十七次会议	塔吉克斯坦杜尚别	发表《上海合作组织成员国政府首脑(总理)理事会第十七次会议联合公报》
2019年6月	比什凯克峰会	吉尔吉斯斯坦比什凯克	讨论了2018年青岛峰会成果落实情况和当前世界政治经济形势下上合组织发展的首要任务

资料来源:根据张宁、杨正周、阳军编著《上海合作组织农业合作与中国粮食安全》(社会科学文献出版社,2015)等资料汇总整理。

(四)影响上合组织深化粮食安全合作的因素

上合组织经过多年来的发展,有效解决了一些各国关注的问题,但仍有一些比较棘手的问题,可能会成为深化粮食安全合作的难点。

1. 区域内不同合作机制的利益协调问题

上合组织合作的重点一直是中亚地区。中国和俄罗斯在与中亚国家的合作中有不同的侧重点,中国主要通过上合组织推进与中亚国家的合作,而俄罗斯则通过欧亚经济共同体、欧亚经济联盟和集体安全条约组织推动与中亚国家的合作,后者的协调统一程度超过上合组织。实际上中国和俄罗斯仍然主要通过两国间的战略合作机制开展合作。而且俄罗斯一直希望通过扩员来扩大合作范围,不同的成员国、观察员国看法不一致,如何协调不同合作机制之间的利益,有一定的难度。

2. 地区和部分成员国的稳定问题增加了合作风险

总体上看,上合组织具有良好的合作环境,中国与各成员国均建立了"战略伙伴关系",在各自核心利益问题上相互尊重与支持,在众多国际问题上立场和观点一致。然而,还存在一些可能使地区不稳定的因素。一是在部分成员国领导人的更迭过程中,各种政治力量重新"洗牌",影响了国内稳定,容易造成投资环境的不确定。二是近年来,受国际经济形势影响,各成员国大体上出现了经济增速放缓,保增长、抗通胀、扩内需、调结构成为各成员国亟待解决的问题。一些中亚国家国内不同地区、不同行业以及个人之间的收入差距扩大,政府与民众之间的距离加大,加之本土居民与外来移民之间的矛盾,容易引发社会动荡。三是区域内"三股势力"依然活跃。中亚国家穆斯林数量大,近年来宗教激进主义愈演愈烈,有些成员国国内的极端组织不仅威胁了国内政权的稳定,而且影响了成员国之间的合作。四是美国等西方国家的干扰。以美国为首的少数西方国家,以保护人权与完善多党制为托辞,干扰他国内政,热衷于支持上合组织成员国内的非政府组织与反对派,成为造成这些国家政局不稳定的重要因素之一。

3. "中国威胁论"可能产生的影响

以俄罗斯为例,一些人担心中国通过对俄罗斯实行人口扩张的形式,和平夺回在沙俄时期被掠夺的领土;也有一些人忧虑中国人侵占当地人的工作岗位,加重其失业问题;还有人认为中国人犯罪率高,威胁了当地安全;等等。"中国威胁论"产生的主要原因在于,一是美国等少数西方国家不愿意看到中国综合实力和国际影响力不断增强,企图通过炒作"中国威胁论"污蔑中国,对俄罗斯和中亚国家也有影响。中亚国家的一些反对派和民族主义者也煽动"中国威胁论",给中国与中亚国家的合作增加了障碍。二是有些国家的政府、大型农业跨国公司有意渲染和推动的结果。有些跨国粮商担心中国企业抢夺其市场份额,有些成员国的地方政府借打击"中国移民问题"向中央政府伸手要钱,中央政府也假借民意实施符合其意志的对华政策。三是一些"走出去"的中国企业确实存在不当甚至违法行为。有些企业为了尽快收回投资而加快开发,有些人为了逃避检查而行贿等。俄罗斯远东发展部部长维克多·伊沙耶夫曾表示,一些中国承租人超过土地的承受限度掠夺性地开发俄罗斯的土地资源。纵使这些土地被归还,也无法用于农业生产。因此,俄罗斯不再将土地租给一些曾经合作的中国承租人。

4. **贸易和投资壁垒的影响**

上合组织粮食安全合作壁垒主要表现为以下几个方面。一是对外国劳工的许可证制度。上合组织成员国家之中,劳动力供需存在互补性,劳动力供给主要来源于中国和塔吉克斯坦以及吉尔吉斯斯坦，劳动力的需求主要来源于俄罗斯与哈萨克斯坦。上合组织的《多边经贸合作纲要》提出要"逐步达到货物、资本、服务以及技术的自由流动"，目前暂未涉及劳动力的自由流动。俄罗斯和中亚国家严格控制对劳动力的使用，采用配额、许可证与担保抵押金制度聘用外国劳工，通过这些举措来严控外籍劳工数量。许可证有效期通常与劳动合同期限一致。哈萨克斯坦、土库曼斯坦、乌兹别克斯坦等国对外国劳工的许可证制度也十分严格。

二是贸易壁垒与限制措施。俄罗斯有关农产品进口的法律法规复杂而多变，对不同的商品采用了不同的认证手续。为了保护本国农业，俄罗斯采用了特殊进口关税、专门的保护措施和反倾销手段来控制农产品进口。乌兹别克斯坦早在1997年就制定了包括小麦、大麦、燕麦、大米、玉米等在内的禁止出口商品清单。

三是商品检验检疫政策。中国和俄罗斯两国在动植物检验检疫标准上存在不同，且在动物流行病和作物化学物质含量等检测标准方面存在较大差异。俄罗斯法律规定，只有加工、处理、储藏设施经俄联邦兽医和植物卫生监督局检查并准许的出口企业生产的肉类产品才能向俄罗斯出口。塔吉克斯坦规定，进出口种子、植物及植物加工品必须办理植物检疫证书。

四是土地制度。哈萨克斯坦《土地法》规定，外国个人和企业只能租用土地，且期限不能超过10年。吉尔吉斯斯坦法律规定，外国人只能取得土地使用权，无权取得土地所有权。塔吉克斯坦规定，外国投资者可以在一定期限内使用（包括租赁）土地，最长使用期10年。按照土库曼斯坦《土地法》的规定，外国公民和法人在该国租赁土地必须经总统批准，且只能用于建筑和其他非农业需要。

（五）上合组织粮食安全合作机制的重点工作

未来上合组织粮食安全合作应充分利用已有的合作机制和农业政策对话平台，推进从政府到民间、从中央到地方的多层次合作，进一步提高合作水平。在合作内容上，可重点从以下几方面展开。

1. 进一步加强制度协调和合作机制建设

要进一步强化贸易谈判和国际标准制定的参与力度，协调农业法规和管理制度，推进区域一体化发展；制定区域农业合作与战略规划；在全球农业领域协调立场；尝试规划成员国农业生产分工，利用各自的优势，形成不同的专业化分工体系，如小麦产区、大豆产区、蔬菜产区、水果产区等。与此同时，继续巩固中国和上合组织间的粮食合作机制，分析与制定利益一致的合作项目，优化成员国之间的粮食生产环境，提升粮食综合生产水平；谨慎推进在俄罗斯、哈萨克斯坦和乌兹别克斯坦等国开展的租地种粮进程，增加来自这些国家的粮食进口。中国在和中亚相关国家开展合作时，需要注意消除俄罗斯的忧虑，增强"丝绸之路经济带"建设项目和俄罗斯主导下的欧亚经济联盟项目的匹配度，不寻求在中亚国家中取得主导地位，而是平等、友好协商，积极推进建立"欧亚经济联盟+1（中国）"的合作框架。目前中国与中亚五国尚未签订有关减免关税的协定，应当在上海合作组织框架内，尽快达成区域内的关税优惠协定，与中亚国家协商消除彼此的关税壁垒，加强上合组织内部多边粮食合作对话平台的建设。

2. 注重中俄、中哈之间的双边合作

中国应重视与俄罗斯和哈萨克斯坦在粮食合作上保持重要的合作伙伴关系。

首先，俄罗斯是我国开展粮食安全国际合作的重点国家之一。目前，中俄之间有着稳定的战略合作关系，因为中俄两国不仅有地缘优势，在农业资源条件、农业生产潜力、农产品品种以及市场需求等方面也存在显著的互补性。"中蒙俄经济走廊"加深了中俄两国之间的区域经济合作程度。中国的境外农业遍及俄罗斯远东滨海边疆区以及阿穆尔州等8个州（区、共和国）。

其次，哈萨克斯坦农业资源丰富，政局与经济形势比较稳定，与中国建立了全面的战略伙伴关系。早在2013年，中国就已成为哈萨克斯坦的第一大贸易伙伴国与第三大投资来源国，中哈巴克图—巴克特农产品绿色通道、"渝新欧"国际货运班列以及连云港物流场站等项目顺利开启。2014年，中哈两国达成了"中哈产能合作框架协议"，为深化合作打下了良好的基础。例如新疆企业和哈萨克斯坦的合作领域颇为广泛，包括农产品贸易和农产品加工、化肥和农机生产、农业技术培训以及农业金融合作等。中国可以通过政府之间的积极磋商，加强同俄罗斯和哈萨克斯坦之间的战略沟通与交流，带动中国东北振兴；签署粮食合作长期协议；确定优惠政策，积极争取合作项目；增加从俄罗斯和哈萨克斯坦进口的大豆与小麦数量；进一步拓展互联互通建设，促成国家与企业层面全方位与多层次的粮食合作，坚持互利双赢，争取将中俄与中哈的粮食合作发展为国际粮食合作的典范。

3. 推动成员国粮食产业的信息共享

通过大数据、人工智能平台建设，加强粮食生产、粮食加工、粮食物流的信息交流，推进产销衔接；可在上合组织秘书处网站上开设专门的窗口，提供成员国农业生产、需求等信息；通过举办农产品交易会、专题研讨会等增强信息交流；增加动植物疫病疫情通报与疫病防控经验方面的交流，分享动植物疫病防控等信息。

4. 加强粮食科技的交流合作

在成员国之间开展人力资源及农业和农产品加工领域的科研与新技术的培训、交流与合作。在农业技术方面，俄罗斯在农作物遗传育种、植物免疫、国家资源库储备等方面经验丰富，中亚国家在灌溉农业、棉花育种等方面有技术专长。

5. 持续推动企业参与多元化合作

要结合"一带一路"倡议稳步推进中国企业"走出去"，拓展贸易途径；鼓励农业企业投资农业，联合建设农产品生产、加工基地。比如建设粮食生产、粮食加工、粮食现代物流体系和农业示范基地，加强农业技术合作、农业机械进出口以及农产品贸易等。由于一些中亚国家的投融资环境不佳，中国企业在实践农业"走出去"策略时，应尽可能保持子公司在某些关键节点对母公司的依附性，降低子公司被东道国接管的不确定性。

六 金砖国家的粮食安全合作机制

金砖国家国土广袤，人口众多，处于工业化和城市化快速发展的关键阶段，五国国土涉及四大洲，总人口达 30 多亿，占到全球总人口的 42%，金砖国家之间的政治互信度比较高，经济互补性强，在发展中面临着相似的机遇和挑战，在国际和地区重大问题上具有共同的利益和立场，为开展务实合作奠定了坚实的基础。

（一）金砖国家合作机制的发展历程

金砖国家的合作是在 2007~2011 年全球粮食危机爆发的时候开始的，

当时的粮食危机推进了粮食安全合作的进程。金砖国家坚持开放包容与合作共赢的"金砖精神",以领导人会晤为主导,以安全事务高级代表会议以及外长会晤等部长级会议为支柱,不断拓宽合作领域,开展讲求实效的全方位合作架构(见表12-5)。

表12-5 金砖国家合作机制发展历程一览

时间	地点	主题或议题	主要成果
2001年	美国的吉姆·奥尼尔首次提出"金砖四国"这一概念,将巴西、俄罗斯、印度和中国命名为"金砖四国"			
2006年9月	金砖国家外长举行首次非正式会晤,开启金砖国家合作的序幕			
2008年5月	金砖四国外长在俄罗斯的叶卡捷琳堡举行首次会晤,金砖四国正式亮相世界舞台			
2009年6月	俄罗斯叶卡捷琳堡	金砖四国领导人第一次会晤	探讨国际形势、国际金融改革、粮食和能源安全、气候变化、金砖国家合作等问题;发表了《金砖国家领导人叶卡捷琳堡会晤联合声明》,核准了《金砖国家关于全球粮食安全的联合声明》
2010年4月	巴西巴西利亚	金砖国家领导人第二次会晤	探讨国际金融危机、二十国集团、气候变化等议题,正式确定金砖四国领导人会晤常态化机制;发表《金砖国家领导人第二次正式会晤联合声明》;同年12月,将南非纳入金砖国家机制,"金砖四国"变成"金砖五国",并更名为"金砖国家"
2011年4月	中国三亚	金砖国家领导人第三次会晤,主要议题:国际形势、国际金融、发展、金砖国家合作	发表了《三亚宣言》及其行动计划,决定深化在金融、智库、工商界、科技和能源等领域的交流合作;五国开发银行共同签署了《金砖国家银行合作机制金融合作框架协议》
2012年3月	印度新德里	金砖国家领导人第四次会晤,主题:金砖国家致力于全球稳定、安全和繁荣的伙伴关系	发表了《德里宣言》及其行动计划,签署《金砖国家银行合作机制多边本币授信总协议》和《多边信用证保兑服务协议》
2013年3月	南非德班	金砖国家领导人第五次会晤,主题:金砖国家与非洲	发表了《德班宣言》及其行动计划,五国在科技、人文等近20个领域达成多项合作计划并签署合作文件,同意成立新开发银行和应急储备安排,宣布成立工商理事会和智库理事会

续表

时间	地点	主题或议题	主要成果
2014年7月	巴西福塔莱萨	金砖国家领导人第六次会晤,主题:包容性增长的可持续解决方案	发表了《福塔莱萨宣言》及其行动计划,签署了《成立新开发银行的协议》《技术合作谅解备忘录》《金砖国家银行合作机制创新协议》
2015年7月	俄罗斯乌法	金砖国家领导人第七次会晤,主题:金砖国家伙伴关系——全球发展的强有力因素	发表了《乌法宣言》及其行动计划,签署了《金砖国家银行合作机制与金砖国家新开发银行开展合作的谅解备忘录》《金砖国家应急储备安排中央银行间协议》,通过了《金砖国家经济伙伴战略》等合作文件
2016年10月	印度果阿	金砖国家领导人第八次会晤,主题:打造有效、包容、共同的解决方案	发表了《果阿宣言》,签署多项合作文件,在共同打击国际恐怖主义和避税、洗钱等经济犯罪方面达成共识
2017年9月	中国厦门	金砖国家领导人第九次会晤,主题:深化金砖伙伴关系,开辟更加光明的未来	发表了《厦门宣言》,通过了《新兴市场国家与发展中国家对话会主席声明》,决定共同打造金砖国家合作第二个"金色十年"
2018年7月	南非约翰内斯堡	金砖国家领导人第十次会晤,主题为金砖国家在非洲:在第四次工业革命中共谋包容增长和共同繁荣	发表了《约翰内斯堡宣言》,就维护多边主义、反对保护主义发出明确信号,启动金砖国家新工业革命伙伴关系,深化在经贸金融、政治安全、人文交流等领域的合作
2019年11月	巴西巴西利亚	金砖国家领导人第十一次会晤,主题:经济增长打造创新未来	发表了《巴西利亚宣言》,宣言包括加强和改革多边体系、经济财金合作、地区热点问题、金砖务实合作等内容

资料来源:根据复旦大学金砖国家研究中心编著《全球发展中的金砖伙伴关系》(上海人民出版社,2015)等资料汇总整理。

近20年来,金砖国家通过举办首脑峰会、部长级论坛、专业论坛、成立金砖国家开发银行和设立工商理事会等常设机构的方式取得了快速发展。中国也从金砖合作机制中获益,目前已是巴西、俄罗斯、印度、南非的第一大贸易伙伴。当前,金砖国家对世界经济增长的贡献率达50%,经济总量占全球经济的比重上升至23%。金砖国家是新兴国家和发展中国家的排头兵,其合作机制也正在由全球治理的参与者向先行者转变。

(二)金砖国家开展粮食安全合作的基础条件

金砖国家分布在美洲、欧洲、亚洲、非洲四大洲,均为农产品生产大国，各自具有不同的比较优势，对全球农业发展有着举足轻重的影响。英国风险分析公司Maplecroft发布的《2011年粮食安全风险指数报告》提供的数据表明，印度粮食安全水平属于高风险，中国、俄罗斯、巴西、南非属于中等风险。金砖国家各自拥有的农业资源、农业生产基础、彼此的贸易往来等，构成了开展粮食安全合作的基础条件，从而促进了五国在粮食安全领域的合作不断深化。

1. 印度的农业生产和中印农产品贸易

印度的谷物产量位于全球前列，印度小麦与稻米生产量也较大，仅次于中国，印度粗粮生产位居全球第4。印度土地资源非常丰富，耕地面积是1.43亿公顷，居亚洲第一位，而人均耕地是0.16公顷，大约是我国的2倍。此外，印度是世界第三大米出口国、世界第七小麦出口国；棉花产量居世界第1位，茶叶、水果和蔬菜产量居第2位，烟草居第3位，天然橡胶居第4位。

印度在农业发展中遇到的主要问题：一是农业生产效率比较低。印度农业由传统的小村庄农场组成，单位面积产量只能达到世界平均水平的2/3，农业基础设施比较落后，全国60%的种植土地基本上依赖自然浇灌。二是现代基础设施不足。印度能源供给不足，道路、市场、仓库、加工设备和水利灌溉等基础设施建设薄弱。储藏和加工设施匮乏导致谷物、水果和蔬菜收获后损失大增。印度的农产品加工率为2%，远低于国际水平，农民难以通过提高农产品附加值的方式增加收入。三是制粉工业不发达。印度的小麦经过磨粉机加工的仅占15%，其余的全部以原麦的形式出售给需求者。四是关于印度农业政策的争论。长期以来，印度采取了对谷物提供最低支持价格的政策，农民在比较最低支持价格与市场价格之后，决定在市场上销售或卖给食品公司，因而给政府造成了巨额的补贴账单，增加了政府补贴成本，最终形成大量的谷物库存，甚至出现谷物出口造成严重的价格扭曲现象。据美国农业部估计，印度平均每年对谷物的补贴高达120亿美元。印度有大量的贫困人口，70%的人住在农村，无地人口占农业人口的近40%。印度有关部门的统计数据表明，农村失业率在1983年是7.96%，1994年为5.61%，2000年上升到7.21%。很多印度农民由农村迁移到城市居住，形成了城市贫民窟。现在，印度生活在贫民窟的人口多达4300万，近一半人是文盲。

印度在中国的农产品主要出口国中居于次要地位，中国对印度农产品的出口增长更为缓慢。中国和印度在农业生产上资源禀赋差异不大，双方既存在竞争，又是重要的贸易伙伴。近年来，中印之间的农产品贸易增长速度较快，但印度曾经数次对中国发起贸易救济调查，成为双方贸易往来的障碍。2013年5月，中印双方共同发表了《联合声明》，签署了包括农业在内的8个合作协议，推进了双方的农产品贸易合作。

2. 巴西的农业生产和中巴农产品贸易

巴西拥有大规模且发达的农业。巴西大豆产量居全球第2位，大豆出口也居全球第2位，玉米出口居全球第3位。巴西优质高产良田较多，共有3.88亿公顷，但其中高达9000万公顷还未被利用。巴西出口的农产品主要是大豆、肉类、咖啡、稻米、甘蔗和牛肉，主要进口小麦。2009年10月，中国就已经成为巴西最大的贸易伙伴国，同时也是巴西第一大出口国和第二大进口来源国。

目前巴西农业发展仍然存在不少问题。第一，农业资源利用率不高，很多农业资源有待进一步开发。巴西仍然处于"拓展农业边疆"时期，耕地面积还在不断扩大。比如巴西中西部有名的"稀树草原"约占全国面积的20%，其国家可耕地面积是2.8亿公顷。最近20年，巴西耕地面积每年都在递增，从3440万公顷增至目前的4950万公顷，但仅占其国土面积的6%，人均耕地面积仅为0.3公顷。因此，巴西的农业增产潜力很大。第二，巴西虽然是农产品出口大国，但国内生产不能满足自身需求，仍需进口相当数量的农产品，包括小麦、麦芽、玉米、稻米、豆类等。农业是国家赚取外汇的主要行业之一，政府鼓励生产大豆等出口作物。第三，巴西国内各地区之间发展不平衡。巴西的土地占有率差距极大，一方面大部分良田被大庄园主把持，规模甚至达到几十万公顷，多用于生产大豆、甘蔗、咖啡以及可可等出口农产品；另一方面，自给性的小农占农场总数的85%，以生产木薯和黑豆等为主，劳动生产率与经济收入都很低。第四，物流和仓储基础设施比较落后。农产品从产地运输到加工地、出口地的道路质量差。在政府对几个州的道路实行私有化改造之后，提高了运输成本，高额的港口使用费也提高了物流成本。

中国和巴西的农产品贸易互补性强。在金砖合作框架下，中巴两国持续扩大贸易份额。2014年7月，双方发表了《关于进一步深化中巴全面战略伙伴关系的声明》，为两国发展农产品贸易提供了良好的政治环境。巴西成为我国稳定的大豆进口来源，有利于我国实现粮食进口多元化。

3. 俄罗斯的农业生产和中俄农产品贸易

俄罗斯拥有丰富的农业生产资源，农业土地面积近 2 亿公顷，在耕土地面积仅占可耕土地面积的 1/3。主要农作物为小麦、大麦、玉米、油料和甜菜等。俄罗斯小麦、葵花籽与马铃薯产量均居世界前 5 位。养殖业中，鸡蛋、牛奶和羊毛产量均位于世界前列。1998 年，俄罗斯开始重视粮食生产，粮食产量近年来不断增加。粮食除了满足其国内需求外，还有部分剩余粮食出口，但畜产品、蔬菜与水果的国内生产还无法满足国内需求。

俄罗斯农业发展面临的主要问题：一是农业发展资金筹集困难。国家对农业的资金支持持续减少。二是农业企业经营亏本现象严重。由于工农业产品价格剪刀差不断扩大，农产品生产成本与销售价格出现严重倒挂。三是农业生产技术老化。四是依靠大量进口食品来满足市场需求。近两年，俄罗斯进口食品占零售贸易总额的 40%，大城市以及一些工业中心的进口食品比重高达 70%~80%。五是基础设施建设亟待加强。农业基础设施、粮仓、港口设施等均不能满足需要。

中国与俄罗斯互为重要的农产品贸易伙伴。俄罗斯也是中国农产品最主要的进口市场，仅次于美国、巴西和阿根廷，是中国农产品进口的第四大来源地。中国与俄罗斯的地缘关系为发展两国贸易提供了有利条件，两国农产品贸易的互补性较强，不存在竞争，贸易往来比较密切。2010 年 9 月两国签署了《中俄关于全面深化战略协作伙伴关系的联合声明》，为两国贸易与投资合作提供了政治保障。

4. 南非的农业生产和中南农产品贸易

南非主要生产玉米和小麦，是非洲最大的玉米生产国。南非有耕地 1536 万公顷，耕地面积仅占国土面积的 13%，人均耕地约 0.4 公顷，灌溉面积仅为 80 万公顷。南非农业就业人口为 165 万，约占劳动力总量的 10%。玉米是南非的主要粮食作物和出口农产品。南非总体上是粮食自给有余且能出口的国家，但粮食产量易受干旱的影响，在干旱年份需要进口粮食。

南非农业发展面临的主要问题：一是农业上的"二元结构"比较突出。南非绝大多数农产品的国内供给源于白人所拥有的私人农场，这些私人农场已成为南非发展农业的强大支撑。然而，黑人地区则人多地少，资金与技术匮乏，基础设施建设不足，产量较低，这一情况严重制约了南非农业的整体发展。二是土地沙化与水土流失严重。南非可用耕地少，荒漠与草原多，还时常出现旱灾。

南非是中国在非洲的第一大贸易伙伴，也是第一大出口市场。同时，中国也是南非最大的出口国与进口来源国，中国和南非有着良好的合作基础。中国和南非分别地处北半球和南半球，农产品生产的时空差异大，具有很大的互补性。良好的政治经济关系为中国和南非发展农产品贸易提供了良好的环境。近年来两国农产品贸易增长迅速，但总体规模较小，发展潜力较大。

综上所述，可以看出，金砖五国虽然都是农业大国，但与农业强国都有较大的差距。中国和其他金砖国家农业生产与农产品贸易的竞争性小于互补性。中国为全球稻米和小麦的最大生产国、玉米第二大生产国、大豆的第四大生产国。基本国情是人口多，耕地少；在人口不断增长的同时，耕地面积持续减少，剩余劳动力转移困难，人地矛盾比较突出。但是，中国具有良好的农业生产水平、粮食加工技术、物流技术，其他各金砖国家则具有不同的优势产品，巴西与俄罗斯作为全球重要的农产品出口供给国，和中国的进口需求高度契合。金砖五国的农业各具特色，互补性强，加强合作对于保障地区和全球粮食安全具有重要的意义。

中国与巴西农产品贸易的互补性最大，拥有较大的开发空间；中国与印度的竞争较为激烈；中国与俄罗斯的农产品贸易往来则比较密切，互补性较强；中国与南非的贸易额虽然较小，但近年来增速较快，拥有很大的开拓空间。因此，构建金砖国家区域粮食安全合作机制不仅有利于提高整个区域和各成员国的粮食安全水平，而且能够推进全球粮食安全治理体系向公平、公正、合作、包容的方向发展。

（三）金砖国家的农业合作

保障粮食安全是金砖国家面临的共同挑战。在工业化与城市化快速发展的过程中，各个国家都会面临资源环境桎梏、粮食消费需求大幅增长、粮食安全保障程度不高的问题。根据2016年《全球粮食安全指数》所披露的资料，在其统计的113个国家中，巴西、俄罗斯、印度、中国以及南非的排名分别是第41、第48、第75、第42和第47。因此，开展粮食安全合作是各国的共同愿望。2009年6月，在俄罗斯的叶卡捷琳堡举行的金砖四国领导人第一次会晤上，各国核准并发表了《金砖国家关于全球粮食安全的联合声明》，2010年金砖国家建立农业部长会议机制，正式开启了粮食与农业领域的合作进程。此后，金砖国家制度化建设不断完善，每年召开一次农业部长会议，设立了粮食安全合作工作组，制定了具体的行动计划，开展了一系列贸易与投资论坛等活动（见表12-6）。

表12-6 历届金砖国家农业部长会议研究的主要议题

时间	会议名称	主要内容
2010年	第一届农业部长级会议	确定建立四国农产品生产、消费和人口增长的信息交流机制，加强农业科技和创新，发布了《第一届金砖国家农业部长会议共同宣言》
2011年	第二届农业部长级会议	通过了《2012~2016年金砖国家农业合作行动计划》，由中国牵头建立金砖国家基本农业信息交流体系；印度负责加强农业技术合作与创新；发布了《第二届金砖国家农业部长会议共同宣言》
2013年	第三届农业部长级会议	再次支持建立"金砖国家基本农业信息交流系统"，建立"金砖国家农业技术合作战略联盟"，发布了《第三届金砖国家农业部长会议共同宣言》
2015年	第四届农业部长级会议	通过了《金砖国家基本农业信息交流系统的修改草案》，发布了《第四届金砖国家农业部长会议共同宣言》
2015年	第五届农业部长级会议	"金砖国家农业基本信息交流系统"方案获得通过，2015年试运行，2017年正式投产；发布了《第五届金砖国家农业部长会议共同宣言》
2016年	第六届农业部长级会议	同意开发一个虚拟金砖国家农业研究平台，并在果阿峰会上签署了《关于建立金砖国家农业研究平台谅解备忘录》；发布了《第六届金砖国家农业部长会议共同宣言》
2017年6月	第七届农业部长级会议	主题：创新与共享，共同培育农业发展新动能。发布了《第七届金砖国家农业部长会议共同宣言》及《金砖国家农业合作行动计划（2017~2020）》
2018年6月	第八届农业部长级会议	主题：推动气候智慧型举措和行动，增强农业和粮食系统抵御能力；发布了《第八届金砖国家农业部长会议共同宣言》

资料来源：根据复旦大学金砖国家研究中心编著《全球发展中的金砖伙伴关系》（上海人民出版社，2015）等资料汇总整理。

金砖国家领导人会晤机制为金砖国家农业合作提供了良好的对话平台。自2010年首届金砖国家农业部长会议召开以来，金砖国家在促进全球粮食安全治理、消除贫困、实现联合国千年发展目标方面,发挥着越来越大的作用。金砖国家在农业基础信息交流、粮食安全保障、农业应对气候变化、农业技术和创新以及农业贸易和投资促进等诸多方面开展了沟通和合作,为降低贸易壁垒与各类投资政策的限制、规范农业合作与管理以及促进企业经营提供了支撑,激发了农业国际合作的活力和动力。近年来,金砖国家内部的农产品贸易加速增长,2010~2017年,中国对其他金砖国家的农产品进口额和出口额分别增长了50%和30%。

中国对金砖国家的农业投资也在不断增长(见表12-7)。金砖国家的粮食产量与世界粮食产量之比在40%以上,虽然国土面积不足世界的30%,却养活了世界上43%的人口。

表12-7 中国在金砖国家的农业投资情况

时间	投资范围	投资金额/数量	占比	投资行业	投资金额/数量
2017年	农业投资流量	3.8亿美元	占中国农业对外投资流量总额的18.3%	粮食作物	1.1亿美元
				经济作物	198.7万美元
				畜牧业	50.5万美元
				林业	500.0万美元
				其他行业	2.6亿美元
截至2017年底	农业投资存量	13.4亿美元	占中国农业对外投资存量总额的7.7%	粮食作物	8.9亿美元
				经济作物	1.1亿美元
				畜牧业	0.2亿美元
				林业	0.2亿美元
				其他行业	3.0亿美元
	投资成立的农业企业	87家	占境外企业总数的10.2%	粮食作物	43家
				经济作物	19家
				畜牧业	4家
				林业	7家
				其他行业	14家

资料来源:《中国农业对外投资合作分析报告(2018)》。

(四)影响金砖国家深化粮食安全合作的因素

1. 在政治、经济领域的战略互信不足,妨碍整体合作

在政治领域金砖国家成员国之间的战略互信不足,利益基础还不太牢固。在政治上，长期以来印度与巴基斯坦的关系非常紧张，给密切中印关系、中俄关系带来了障碍。印、巴、日、德组成了"四国集团"，目的是成为联合国安理会常任理事国；中国和俄罗斯则倾向对联合国安理会进行改革，走渐进路线。金砖五国内部双边关系发展不平衡，有些国家不考虑增强整体凝聚力，只热衷于与特定国家开展合作。在经济上，五国都是新兴国家，在资源合作、市场占有率、贸易与投资等方面有时会出现因竞争而产生的"撞车"和"刮蹭"现象。加上西方国家为了唱衰金砖合作机制，采取了许多拉拢、离间、打压等措施，推出了所谓的"金砖失色论""金砖破裂论"等消极言论，外部压力不容忽视。

2. 金砖合作框架比较松散，运行机制需再完善

金砖国家合作机制整体上较为分散，没有形成具有纲领性和程序性的制度文件，领导人会晤的程序、内容和成果约束性不强，合作议题的实施取决于各国的利益诉求和重视程度。有些议题多是在声明中表达立场，难以见到实际行动。这种机制虽然具有灵活性，但缺乏必要的稳定性。比如，某成员国政府换届之后，如果新任元首与前任政见不同或属于对立的党派，不排除会影响这个国家参与金砖合作的态度与行动。

3. 不同国家的诉求差异较大，协调成本较高

金砖五国的自然资源、经济体制、经济发展基础、文化传统等存在差异，农业合作关系非常复杂。随着2018年左右的全球粮食危机的逐渐缓解，粮食安全问题被其他问题取代，从而导致各国产生不同的诉求，降低了粮食安全合作的动力。乌克兰危机后，俄罗斯受到了西方国家的制裁，采取了反制裁措施，严禁从制裁国家进口农产品，鼓励从金砖国家进口食品，并希望扩大在中国等国家的市场占有率；印度希望吸引更多投资，借助金砖组织维护自己在国际多边平台上的利益；巴西除了希望进一步提高市场占有率以外，还希望吸引金砖国家的投资，升级农业基础设施；南非的愿望是金砖国家的合作能对非洲的农业发展带来利好；而中国、印度等希望增加对其他成员国的投资，因此在成员国内，对诸如"投资便利化"等分歧较大的议题很难达成共识，协调难度很大。

4. 过于依赖政府的合作机制，企业参与不够

目前已经建立的工作组会议和农业部长会议、各类经贸论坛以及各种双边协定等有机结合的相互合作机制存在一个问题，就是企业参与不够。

尽管金砖合作组织推出了一些政策,但缺乏行业组织和企业的参与,政策就难以落地。

5. 粮食安全合作领域需要进一步深化

金砖国家粮食安全合作当前还停留在信息、科技交流与共享等方面,并未深入一些关键领域。比如,如何共同行动来弱化气候变化对农业生产的危害,以促进农业的可持续发展;如何解决农业投资便利化水平偏低问题。据联合国贸易和发展会议提供的数据,五个金砖国家之间相互投资仅占五国对外投资的6%。金砖五国目前粮食单产总体上比较低,2009年,金砖国家粮食综合单产为3322千克/公顷,仅为美国的57%,比世界平均水平低80千克/公顷,亟待在农业科技创新方面深化合作。

(五)金砖国家粮食安全合作机制的重点工作

中国在金砖国家合作中始终奉行合作、发展的伙伴关系。当前,面临全球日益严峻的挑战、经济下行的压力以及国际形势的变革,尤其是单边主义和保护主义对多边合作及国际经济秩序的冲击,金砖国家合作开启了第二个"黄金十年"。金砖国家要在加强政治互信的基础上,持续深化伙伴关系,努力形成发展合力,努力实现粮食安全合作由量变到质变的转变。

1. 基于利益契合点打造"金砖国家粮食安全命运共同体"

金砖国家要加强五国之间的经济政策协调,使得五国的合作能够对接各自国家的农业发展战略,聚合各方诉求,通过务实合作寻找在农业领域的利益契合点,将中国的"一带一路"倡议、俄罗斯的"欧亚经济联盟"、印度的"季风计划"、巴西的"投资伙伴计划"、南非的"非洲发展新伙伴计划"等有机衔接起来,着力打造"金砖国家粮食安全命运共同体"。以下四个方面有利于实现各方的优势互补,可以成为今后一个时期合作的重点。

一是加强农业科技创新领域的合作。金砖国家在一些农业科技领域有自身的优势和良好的合作基础,通过科技创新提高粮食生产能力和粮食安全保障水平是金砖国家优先开展合作的方向。因此,应围绕各国粮食和农业面临的重大关键技术问题,制定金砖国家农业科技协同创新规划,统筹规划建设农业示范园、科技创新中心、农业高新技术孵化器等,将基础研究与应用研究有机结合起来,发挥各自的优势,开展协同创新研究;通过多种方式加强科技人才交流、先进技术分享、技术转移、人才培养、科技信息互通，努力在农业科技创新方面实现新突破。

二是努力提高农业投资贸易便利化水平。贸易与投资合作是金砖合作机制中最重要的环节，金砖国家的第七次经贸部长会议已经就增进投资便利化合作达成了共识，并发布了《金砖国家投资便利化纲要》。在金砖国家的农业领域，既有需要投资的国家，又有具有投资实力的国家，有巨大的合作潜力。接下来需要加强五国之间的政策协调，做好总体规划，加强五国贸易与投资法律法规的协同，优化贸易流程，加强电子口岸建设，推动金砖国家之间相互投资和贸易的持续增长。

三是促进气候领域的合作。气候变化是关系金砖国家农业可持续发展的一个重要领域，2015年金砖国家领导人会晤，提出金砖国家要共同抵御气候变化给粮食安全带来的负面影响。下一步应开展适应气候变化的农业发展战略规划制定、农业生态环境系统建设、绿色政策的交流。同时，开展基于应对气候变化的粮食安全治理机制的协调，推进有机生态肥、生物农药等绿色技术在发展中国家的推广和使用。

四是加强信息交流与共享。2010年金砖国家领导人会晤发布的《联合声明》，提出要在金砖国家之间建立农业信息互通系统，第五届农业部长级会议通过了"金砖国家农业基本信息交流系统"方案并开始运行，提出应建立面向金砖国家的跨境电商和贸易与投资公共服务平台，有效解决信息不对称问题，形成更加通畅的信息交流沟通机制，使粮食安全合作对话协商平台更开放，成员国之间的农业信息"高速公路"更通畅，有效提升各国的粮食安全监测和风险预警能力。

2. 进一步加强"金砖+"合作模式建设

"金砖+"合作模式是金砖国家长期探索的产物，早在2013年3月南非德班金砖国家领导人会晤期间就开始成型。2017年9月中国厦门金砖国家领导人会晤期间，中国将"金砖+"合作模式加以创新。在金砖国家"中国年"期间，举办了金砖国家安全事务高级代表会议，金砖国家外长首次正式会晤。举办了新兴市场国家与发展中国家的对话会，埃及、几内亚、墨西哥、塔吉克斯坦、泰国代表参会，提高了金砖国家的国际影响力和制度性话语权。2019年11月4日，国家主席习近平在出席巴西利亚金砖国家领导人会晤的时候指出，要以"金砖+"合作为平台，让金砖的朋友圈越来越大，伙伴网越来越广。"金砖+"作为一种新型的合作机制和治理模式，为今后全球治理机制改革提供了新思路，对于提升金砖国家的辐射力与影响力极其重要。

第一，在"金砖+"模式的基础上积极参与全球治理。推动金砖五国机制与现有多边、区域合作机制的互动。按照"金砖+"的思路，加强金砖国家与二十国集团（G20）、亚太经合组织、77国集团、欧亚经济联盟、上合组织等的沟通与协调。金砖国家均为二十国集团成员，在二十国集团峰会期间，可以通过举行非正式会晤等方式，加强政策沟通。金砖国家要通过与G20、亚太经合组织等国际组织的协调，积极参与全球治理，为世界提供公共产品；在"金砖+"的合作模式基础之上，增加与其他发展中国家或新兴市场的沟通与交流，增强朋友关系。

第二，基于"金砖+"模式扩大朋友圈。要加强金砖国家与其他发展中国家的整体融合，提升合作的延续性和协调性，为开展各领域合作提供机制保障。通过"金砖+"模式，推进与"一带一路"建设的衔接，可以与更多的、话语权较弱的发展中国家密切合作伙伴关系，较为具体地了解发展中国家的合理诉求，共同探讨开放合作、共谋发展的政治意愿，挖掘包容性合作与可持续性发展的可能性。当然，会遇到金砖国家扩容的争论和分析，需要审慎决策。

第三，进一步优化金砖国家农业合作机制。设立专门的金砖国家农业合作组织，通过制定相关的章程提升合作的法律约束力，协调解决金砖国家内部出现的贸易争端。同时，建立政府机构、科研院所、行业组织和企业有机协同的工作机制。通过政府主导下的农业部长会议以及工作组会议等积极拟定政策，鼓励企业参与到合作中去，为其搭建平台，为降低贸易壁垒、减少投资限制等提供支持。鼓励各国科研机构以项目为抓手开展联合研究，建设科技示范园区，努力实现在关键领域的农业科技创新。通过行业协会和企业的深度参与，为共享行业标准、打造产品品牌、推广先进技术创造条件。

3. 推动全球粮食安全治理改革

有效破解全球治理调整与转型面临的难题，是金砖国家制度化建设深入发展的关键。长期以来，发达国家对于处在上升区间的新兴国家采取排斥和压制的态度，试图继续维持不平等、不对称的利益格局，大搞单边主义、保护主义等。作为后发国家与新兴国家的排头兵，金砖国家合作机制目前已由参与全球治理逐渐向引领全球治理转变，金砖国家完全有实力与义务为应对全球挑战贡献力量。在国际粮食安全治理体系长期由少数发达国家控制的情况下，金砖国家应坚决捍卫并践行多边主义，维护新兴市场国家和发展中国家的利益。

首先，深化与相关国际组织的合作。金砖国家要发挥负责任大国的作用，在 WTO、联合国粮农组织、国际货币基金组织、世界知识产权组织等机构中加强协调，积极倡导共商共建共享的全球治理观，坚决维护以 WTO 为核心的多边贸易体制，针对发展中国家比较关注的重大议题，增强后发国家与新兴市场在全球经济治理中的话语权，全面推进全球粮食安全治理体系改革。

其次，积极参与制定国际规则。金砖国家要强化在农业标准、农产品认证、农产品市场开放等问题上的共识，努力改变"多哈回合"谈判步履维艰的局面，积极维护发展中国家利益，努力推动建立更为公平合理、与广大发展中国家立场接近的全球农产品贸易规则，推动"多哈回合"谈判尽快取得实质性成果。

最后，积极推进"南南合作"和"一带一路"建设。将金砖机制作为强化"南南合作"和"一带一路"建设的重要依托，金砖国家应积极创新以"南南合作"为代表的农业对外援助和合作模式，以粮食援助、技术合作和政策对话、人员培训以及农业基础设施建设等方式，提升后发国家的粮食生产能力，争取到 2030 年实现可持续发展的目标。

4. 加强金砖国家间的双边合作

利用金砖国家机制加强金砖国家之间的双边合作，通过发挥自身优势，加强在粮食贸易与投资方面的合作，尤其要重视加强与俄罗斯和印度的合作。鉴于俄罗斯和印度都是"金砖国家"成员，又是"一带一路"沿线大国，发挥好二者在金砖国家区域粮食合作中的作用十分重要。在金砖国家机制内，中国应积极推动中、俄、印三边的农业和粮食合作，以三方现有的外长会晤机制为基础，建立三方农业部长会晤协商机制，加强与俄罗斯、印度在信息交流、农业适应气候变化、粮食安全问题以及农业科技与创新等方面的交流与合作，逐渐扩大合作领域。

七 中国与非洲国家的粮食安全合作

由于技术相对落后以及冲突频发等,农业资源丰富的许多非洲国家的粮食不能自给。60多年来,中国不附带任何政治条件的对非援助成为"南南合作"的典范。特别是在2006年北京峰会和2013年"一带一路"倡议的推动下,中非农业合作不断得到巩固和加强,中非农业合作机制不断丰富和完善。

(一) 中非开展粮食安全合作的潜力分析

1. 非洲农业资源禀赋丰富

一是非洲耕地资源丰富,大量耕地资源尚待开发(见表12-8)。据FAO统计,2011年非洲已耕地面积为258.3万平方公里,占世界已耕地面积的17.1%,占非洲土地总面积的7.52%。

表12-8 非洲国家分布与农业资源概况

区域	主要国家	农业资源概况
南部	安哥拉、赞比亚、马拉维、莫桑比克、津巴布韦、博茨瓦纳、纳米比亚、南非、斯威士兰、莱索托、马达加斯加、毛里求斯、科摩罗、留尼汪(法)、圣赫勒拿岛(英)及其属岛阿森松岛与特里斯坦—达库尼亚群岛	非洲重要的蔗糖、羊毛、烟草产地,粮食主产包括玉米、小麦、薯类、稻谷,经济作物有烟叶、咖啡、甘蔗、腰果、香料作物等。牲畜多羊、牛,盛产并输出羊毛、羔皮。大西洋沿岸渔业发达
东部	埃塞俄比亚、厄立特里亚、索马里、吉布提、肯尼亚、坦桑尼亚、乌干达、卢旺达、布隆迪和塞舌尔	本区所产咖啡约占世界总产量的14%,剑麻约占25%,丁香供应量占全世界的80%以上。茶叶、甘蔗、棉花也在非洲占有重要地位
西部	毛里塔尼亚、西撒哈拉、塞内加尔、冈比亚、马里、布基纳法索、几内亚、几内亚比绍、佛得角、塞拉利昂、利比里亚、科特迪瓦、加纳、多哥、贝宁、尼日尔、尼日利亚和加纳利群岛(西)	本区所产可可和棕榈仁均占世界总产量的50%以上,棕榈油约占38%,花生约占11%,咖啡、天然橡胶在世界上也占有一定地位
中部	乍得、中非、喀麦隆、赤道几内亚、加蓬、刚果(布)、刚果(金)、圣多美和普林西比	本区主要生产棕榈油、棕榈仁、天然橡胶、可可等农产品

资料来源:根据韩俊等编著《中国粮食安全与农业走出去战略研究》(中国发展出版社,2014)等资料汇总整理。

二是牧场广袤。非洲永久性草地和牧场面积为9.11亿公顷,约占其总面积的1/3,占世界牧场总面积的26.97%。茂盛的草地和丰富的牧业资源为非洲畜牧业发展提供了良好的自然条件。

三是气候带以赤道为中心对称分布。非洲有"热带大陆"之称,赤道横贯中央,气温一般从赤道开始随纬度增加而降低。非洲的气候十分适宜发展农业,年平均气温在20℃以上的地带约占全洲面积的95%。

四是地表水资源丰沛。非洲的地表水极为丰富,储藏了世界40%的水力资源。非洲还拥有很多水量充沛的河流,共有以下九大流域:刚果河、尼罗河、乍得湖、尼日尔河、赞比西河、奥兰治河、塞内加尔河、林波波河和沃尔特河,占非洲大陆面积的一半左右,但目前仍未完全开发。

2. 非洲农业的发展特点与潜力

一是非洲国家都迫切发展农业。但是非洲国家资金不足,农业科技相对落后导致其农业生产力水平低下,且水利、仓储、加工等基础设施严重缺乏,大量耕地资源没有得到有效的开发利用,多数国家粮食短缺现象严重。二是非洲农业发展潜力巨大。其一,粮食作物单位产量提高潜力大。非洲多数国家的粮食单位产量仅为全球的1/4~1/3,粮食单位产量只有中国的1/10~1/3。非洲地区耕地资源丰富,气候适宜、水资源丰富,只要农业技术和农业基础设施能够得到完善,提高农产品单产和增加播种面积的潜力巨大。其二,非洲是世界经济作物的重要产地和主要出口地区之一,其出口约占农业出口总额的1/4,有32个国家的出口贸易以各类经济作物为主。主要品种有棉花、剑麻、油棕、可可、甘蔗、橡胶、花生等。非洲经济作物的综合开发利用潜力巨大,在种植技术和生产管理等方面都有巨大的改善空间。

3. 非洲许多国家的粮食安全问题突出

非洲众多国家的粮食安全问题不但未得到有效解决,近年来还出现恶化的现象。根据FAO提供的数据,2016年地处撒哈拉以南的非洲国家是全球食物不足发生率最高的地区,超过1/5的人口得不到充足的食物,营养不良人口约为2.24亿人,较2015年增加了2400万人。FAO确定的19个处于严重粮食危机的国家中,有11个位于非洲。2013年,非洲国家共有4.05亿极端贫困人口,但是到2015年已经上升到4.13亿人。

（二）中非开展粮食安全合作的优势和基础

1. 持续多年的合作奠定了扎实的基础

中非农业合作由来已久。早在1959年，中国便向刚刚独立的几内亚提供了粮食援助，自此，中非的农业合作开始起步。20世纪80年代中国将承包责任制的模式引入对非援助项目中，在推进援助项目规范化管理的基础上，实现了双方共同受益；20世纪90年代中国积极探索与FAO等组织的双边、多边合作机制，支持非洲国家提升农业自主发展能力；21世纪初以来，中非农业合作除了无偿援助外，还积极推进互利合作，合作领域覆盖农产品贸易和投资、农业的基础设施建设以及科学技术、人力资源培训等颇为广泛的领域，与中国建立多双边农业合作机制的非洲国家、国际机构不断增多。近年来，中非合作继续向纵深拓展，在合作领域上，覆盖农业的现代化制度设计和职教体系建设、农产品贸易和投资、应对粮食安全风险以及农业合作机制构建等方面；在合作内容上，涉及农作物种植、农业科技创新、农产品储藏与加工、农业基础设施建设、渔业合作等，形成了全面深化合作、立体式推进的格局，中非经贸合作关系稳定。

2. 牢固的政治互信夯实了合作的根基

在长期合作过程中，中非同心同向，结下了深厚的情谊，进而稳固了中非合作的政治根基。非洲国家的领导人高度重视中非农业合作，为我国企业参与非洲农业资源开发创造了良好的政治环境。2000年10月举行的"中非合作论坛"部长级会议通过了《中非合作论坛北京宣言》和《中非经济和社会发展合作纲领》两个历史性文件，使中非友好合作在论坛框架内不断深化和扩大。非洲人普遍认为，中国是真朋友，中国没有在非洲圈地，没有从非洲拿走一粒粮食，而是向非洲灾荒地区提供了紧急粮食援助，还同非洲国家在农业领域展开了形式多样、内容广泛的合作，为维护非洲粮食安全做出了重要贡献。这与美国和欧洲一些国家向发展中国家提供援助（ODA）的时候，总是附加很多政治、经济等前提条件，形成了鲜明的对比。目前，中非全面战略伙伴关系处于历史上最好的时期。近几年，中国与非洲农业部门的高层交往日益频繁。非洲国家高度评价中国是"全天候值得信赖的朋友"。很多非洲国家同我国开展农业合作的主动性与紧迫性较强，期望我国企业能够参与其国家的农业开发。中非双方牢固的政治基础为双方开展各个领域的深度合作奠定了坚实的基础。

3. 正确的义利观拓展了中非合作的空间

中国对非援助一直保持合理的义利观，贯彻执行和平共处五项原则，不干扰他国内政，没有附加任何政治与经济条件。新中国成立之初，中国也一穷二白，但仍然持有国际人道主义精神，站在负责任大国的高度，陆续对非洲的马里、坦桑尼亚、乌干达、毛里塔尼亚和尼日尔等国家实施无偿援助农业项目。每当非洲国家出现粮食危机时，中国就以兄弟情谊对非洲国家提供人道主义紧急粮食援助。在第六届、第七届中非合作论坛上，中国承诺给予非洲国家紧急人道主义援助共计20亿元人民币。《中国的对外援助（2014）》白皮书显示，2010~2012年，中国向121个国家提供了援助，其中51个是非洲国家，而且对非洲国家的援助占中国对外援助总额的51.8%。2013年5月，中国国家主席习近平在非洲出访期间，提出了"中非命运共同体"的重要理念，提出"真、实、亲、诚"四字方针和"相互尊重，互利共赢"的指导原则，为全方位中非合作注入新动力。

4. 中非在农业领域有较强的互补性

中国农业发展技术相对发达，市场庞大，但人均土地资源匮乏，这同非洲形成了互补关系。中非处于不同的农业发展阶段，有开展合作的基础。一是非洲国家粮食自给率不足，亟待提高农业生产技术，而中国在农产品物流以及农产品加工、粮食储藏等方面的技术具有成本低、易学实用的特点，符合非洲的实际需要，非常适合在非洲国家进行推广和普及。二是中国在推进改造传统农业和工业化等方面经验十分丰富，能够帮助非洲国家加快工业化发展。三是中国的农产品需求很大，还在不断升级，这为非洲农产品和农业企业进入中国市场提供了机遇。中非农产品需求的互补性也较大，如非洲需要中国的茶和海产品，而中国需要非洲的油料和烟草等。四是中国农业技术多样且适用广泛，能够推动非洲农业生产技术的提升。我国的经济实力不断提高，综合国力也大幅提升，为中国实施"走出去"战略提供了必要的物质条件。

5. 近年来非洲农业投资环境逐渐优化

目前，非洲国家均把发展农业和实现粮食自给作为重要的战略任务，期望以国际合作为抓手，提高其农业生产水平与粮食产量。虽然中非相距甚远，但距离并未使中非之间的友谊变淡和合作搁置。近年来，非洲众多国家也在持续推进经济体制改革，实施宏观审慎的经济政策，提升了货币、汇率以及财政方面的管理能力。但粮食自给能力的下降，直接影响了国家政局的稳定，农业发展问题已成为众多非洲国家亟待解决的问题，是其实现政局稳定、经济发展以及社会安定的第一要务。很多非洲国家对外来农业投资持开放态度，相继推行了有利于外资流入的政策措施，制定了优惠的土地租赁制度和农业税收优惠制度等，为外来投资者提供了良好的政策环境。

（三）开展中非农业合作的主要工作及成效

1. 机制化的减贫合作持续深入

2014年5月5日，中国与非洲联盟发布的《中国和非洲联盟加强中非减贫合作纲要》是中国对非洲农业进行援助的基本指导框架。2015年12月4日，中国政府发布了《中国对非洲政策文件》，明确了"帮助非洲国家减少贫困、改善民生、增强自主发展能力"的目标。2015年12月，《中非合作论坛——约翰内斯堡行动计划（2016~2018年）》发布，该《计划》以减贫合作为重中之重，具体列示了中非之间十个方面的合作计划。2016年7月，中国在北京同51个非洲国家及非洲联盟中负责论坛峰会成果落实的协调人举行了会议。在此之后，这一工作内容逐渐走向常态化与机制化。2017年5月，农业部等四部门发布的《共同推进"一带一路"建设农业合作的愿景与行动》提出，要加强对最不发达国家的农业投资，继续推动"中非十大合作计划"的实施，提高"南南合作援助基金"的利用率，促进农业领域的南南合作，促进发展中国家2030年可持续发展议程的落实。

2. 多领域的投资与贸易成效明显

截至2017年末，中国对非洲的农业投资存量达到12.7亿美元。中国在非洲投资的农业企业共计120家，分布于32个国家，其中粮食作物企业39家（见表12-9），地域分布相对集中。我国对非农业的投资集中在南非、赞比亚、坦桑尼亚、莫桑比克、津巴布韦等土地面积较大的国家及纳米比亚、安哥拉等沿海国家。截至2017年底，中国连续九年成为非洲第一大贸易伙伴国。2014年双方贸易额达2220亿美元，是1979年的271倍。中非"十大合作计划"的600亿美元支持资金已经全部到位。

表 12-9 中国在非洲国家的农业投资情况

时间	投资范围	投资金额/数量	占比	投资行业	投资金额/数量
2017 年	农业投资流量	1.5 亿美元	占中国农业对外投资流量总额的 7.3%	粮食作物	0.2 亿美元
				经济作物	0.1 亿美元
				畜牧业	0.2 亿美元
				渔业	0.8 亿美元
				其他行业	0.2 亿美元
截至 2017 年底	投资存量	12.7 亿美元	占中国农业对外投资存量总额的 7.3%	粮食作物	2.9 亿美元
				经济作物	3.6 亿美元
				畜牧业	1.1 亿美元
				林业	0.3 亿美元
				渔业	2.2 亿美元
				其他行业	2.6 亿美元
截至 2017 年底	投资农业企业	120 家	占境外企业总数 14.1%	粮食作物	39 家
				经济作物	24 家
				畜牧业	15 家
				林业	3 家
				渔业	20 家
				其他行业	19 家

资料来源：《中国农业对外投资合作分析报告（2018）》。

在贸易方面，中国对非洲国家实施了一系列零关税等优惠政策。近年来，中非农产品贸易发展迅速。2017 年，中非农产品贸易额高达 60.30 亿美元，同比增长了 185.3%。其中，中国对非洲农产品的进口额与出口额相当，进口 30.09 亿美元，出口 30.21 亿美元。整体来看，2000~2018 年，中非农产品贸易额迅速增长，从 6.5 亿美元增长至 69.2 亿美元，年平均增长率为 14%。

3. 多途径的中非农业科技合作成效初显

中非农业科研机构达成了农业科技研发与合作、技术转让、推广与交流等方面的多项合作协议，旨在解决非洲农业的发展瓶颈问题，帮助非洲国家提升农业科技水平，提高农业综合生产能力。2015 年 12 月 4 日，习近平主席在中非合作论坛约翰内斯堡峰会开幕式上的讲话中提出，要实施中非农业科研机构"10+10"合作机制,为中非农业科技合作搭建了新平台。截至 2018 年底,中国在非洲建设了 25 个示范中心,其中有 11 个进入商业化运营阶段,8 个处于技术合作期,4 个正在建设与论证,2 个由于受援国的国内动乱而暂停。示范中心在品种试验、技术推广、人员培训等方面,开展了 300 多项农业技术试验示范活动,为受援国家提高农业技术水平、促进农业农村发展发挥了积极作用。一批适合当地的中国先进实用农业技术已开始被当地农户应用于生产之中,农业技术示范中心的示范功能已转化为生产实践。援建农业项目促进了受援国的农业生产发展,得到了受援国政府和人民的充分肯定。

4. 常态化的人力资源培训果实累累

近 14 年来,中国农业部举办了各类培训班 337 期,为非洲国家培训了农业管理人员、农业技术人员和农业从业人员共计 57000 多人次,包括 332 期在华培训、5 期海外培训。培训内容涉及农业经济、规划、管理以及生产技术等领域,有效地促进了非洲国家农业技术水平的提升。此外,中国还向 37 个非洲国家或地区派遣了高级农业专家 485 人次。帮助受援国家或地区推广多项实用有效的农业生产与加工技术,改善了受援国家或地区农业从业者的生活状况。

5. 机制化的"南南合作"深入推进

中国采取多项措施,在联合国粮农组织的"粮食安全特别计划"框架之下开展同非洲国家的"南南合作"。中国同联合国粮农组织(FAO)签署了《中国政府与联合国粮农组织关于开展南南合作的意向书》,自此,中国成为第一个同 FAO 建立南南合作战略联盟的国家,2008 年中国还捐赠成立了信托基金,专门用于支撑农业领域的南南合作,并已经在非洲 60 多个项目点实施。项目覆盖了刚果(金)、乌干达、纳米比亚、埃塞俄比亚、利比里亚、塞内加尔、塞拉利昂、马里以及马拉维等多个国家,有效提升了东道国的粮食安全水平,在非洲国家和国际社会获得了良好的声誉。2017 年 5 月,农业部等四部门发布的《共同推进"一带一路"建设农业合作的愿景与行动》提出,积极利用"南南合作援助基金",开展农业领域南南合作。2019 年 12 月在海南三亚举行了第一届中非农业合作论坛,中国与 39 个非洲国家及 9 个国际组织共派出了 500 余名代表参加会议,相关政府部门和国际组织、科研单位与企业共签署务实合作协议 11 项,《中非农业合作三亚宣言》获得通过，预示着中非农业合作开启了新的篇章。

（四）中非粮食安全合作进一步深化的影响因素

1. 非洲部分国家政局动荡，社会冲突屡见不鲜

进入21世纪以来，非洲陆续有20多个国家发生过战乱，仍是世界上最不稳定的地区之一。此外，政局不稳导致社会冲突问题频发，政治风险较高。在非洲一些国家（如安哥拉），失业率长期居高不下，贫困率较高，贫富差距较大。肯尼亚政局虽然总体上比较稳定，但社会治安不佳，犯罪率较高，非法邪教蒙吉基对社会危害较大。在科特迪瓦，土地占有形式比较混乱，有土著地主占有、外来资本家占有、国家占有等形式，土地问题容易成为引起冲突和战争的导火索。尼日利亚拉各斯工商联合会（LCCI）发布的一项报告指出，日益严峻的尼日利亚安全形势，使投资者对该国经济缺乏信心，政府采购中存在严重的腐败现象，许多私营企业望而却步。刚果（金）东部地区存在非法武装的安全隐患，社会治安普遍较差，暴力事件时有发生。在苏丹、南苏丹独立之后，两苏不能做到好聚好散，边界冲突时有发生，部族冲突、绑架事件也经常出现，2012年1月28日，中国水利水电建设集团公司在苏丹南科尔多凡州一个公路项目工地遭到当地反政府武装"苏丹人民解放运动"的袭击，29名员工被反政府武装劫持，其中一名员工不幸身亡，其他员工先后获释。

2. 法律法规建设比较薄弱，有些规定缺乏合理性

总体来看，非洲各国的贸易便利化程度不高，对外贸易不仅程序繁杂，而且贸易成本普遍较高。中非之间的贸易便利化谈判进程较慢，中国除了与毛里求斯签署了自贸协定（FTA）之外，与其他国家的贸易壁垒较多。许多国家的法律法规比较薄弱，例如，处于改革转型期的南非，在公司设立与运行、环境保护等方面存在一定的立法风险，该国近年来在有些领域有国有化倾向。刚果（金）法律和金融体系不完善，政府办事效率低下，宏观经济不稳定因素多。苏丹的法律法规和规章制度不健全，许多法律法规存在空白点，劳动和居住证办理困难；有关部门随意变动税率和税收，税负较高，尤其是乱收费、乱罚款等问题突出。赞比亚没有外汇管制，需要注意汇率风险。另外，许多非洲国家对粮食价格采取国家管制措施，直接影响了粮食种植业的投资收益，对吸引投资十分不利。阿尔及利亚政府部门在招标采购办公室设备和家具时，优先考虑本地产品，本地产品可以获得15%的倾斜政策。

3. 非洲国家的土地问题非常复杂，政策不稳定

在非洲一些国家，土地政策往往随着政权的更替而发生改变，投资者难以长期使用土地。南非新政府在成立之初，希望通过土地改革的方式，用20年左右的时间把全国30%的耕地分配给黑人，但是改革阻力不小，土地政策未来走向存在不确定性。肯尼亚的《土地管理法》规定，严禁同外籍人士及非居民企业进行农业用地交易，具体包括买卖、转让、租赁以及抵押等（经总统特许的除外）；规定外国投资者可通过租赁得到土地使用权，最长的租赁期限是99年，但对购买者的法律保护不足。在尼日利亚，土地占有不均衡，少部分人拥有大部分土地。按照该国的土地管理制度，获得土地的程序十分繁杂，手续费较高，对土地的处置、转让有很多限制，缺乏透明度。

4. 少数西方国家的恶意诋毁，给合作增加了障碍

进入21世纪以来，西方国家为了遏制中国在非洲发展的势头，有意在抹黑中非合作上做文章，以经济合作与发展组织（OECD）为主的西方发达国家散布中国掠夺非洲农业资源、中国对非洲的投资是圈地等谣言。少数西方国家多次在重大公共场合对中国在非的农业投资合作横加指责，还刻意歪曲和诋毁中国对非农业投资合作。例如，2008年和2010年，在大国对刚果（金）市场的争夺中，中国企业对刚果（金）的两次投资均因遭西方国家阻挠而失败。

（五）中非粮食安全合作机制的重点工作

近年来中国与非洲国家发展战略深入对接的两个重大事件是中国"一带一路"倡议的提出和非盟《2063年议程》的发布。中国政府所提出的"一带一路"倡议同非洲联盟所制定的《2063年议程》高度匹配，这些计划完全与非洲国家的需求相对接。这既是对非盟《2063年议程》的积极回应，又为"一带一路"倡议与《2063年议程》的对接提供了顶层设计，标志着中非合作发展进入新阶段。未来的中非农业合作要聚焦"倡议"和"议程"对接，以推动非洲农业现代化建设为主线，以深化农业产能合作为重点，以加强农业科技合作为支撑，推进中非农业合作升级。

1. 重点聚焦非洲农业现代化建设：推动中非农业合作升级

2013年5月，第21届非洲国家元首和政府首脑会议发布了非盟

第十二章　基于进口粮源保障体系建构的区域农业与粮食安全合作机制

《2063年议程》，这一文件成为指引非洲未来50年发展的宏伟规划。该议程对非洲实现现代农业、提高农业产量、改善非洲国家农民和政府收入、改善非洲国家的食品安全、建设环境友好型社会等提出了全新要求，提出到2063年实现完全消除饥饿的目标。2017年5月，中国农业部等四部门所出台的《共同推进"一带一路"建设农业合作的愿景与行动》推出了"中非十大合作计划"。"中非十大合作计划"其中之一是中非农业现代化合作计划。这一计划与十大合作计划中的工业、金融、贸易和投资便利化以及减贫惠民合作等计划都有密切的联系，而发展现代农业是非洲实现粮食安全的必由之路。2015年12月4日，中国政府在约翰内斯堡发表的《中国对非洲政策文件》提出，"将支持非洲农业现代化建设作为新时期中国对非合作的优先重点领域"。推进非洲国家农业现代化进程，既可以为摆脱贫困面貌、转变落后的农业增长方式提供产业基础，也为促进农民增收、改善生活质量提供了物质条件，对于提高非洲的粮食安全保障水平具有重要的意义。中非农业合作问题的症结就在于非洲农业现代化的发展程度低，因此，中国将支持重点放在了非洲的农业现代化建设上。

笔者认为，欲保障中非之间的农业现代化合作计划顺利落地，首先要加强顶层设计。2019年12月在第一届中非农业合作论坛上，中国农业农村部和非洲联盟委员会以及绿色革命联盟等共同签署了合作谅解备忘录，中非联盟农业合作委员会正式成立，这为深入推进中非在农业领域的务实合作提供了组织保障。

一是科学编制《中非农业现代化合作规划》。目前，中国农业部正与非盟一起拟定《中非农业现代化合作规划》。设计这一规划时，应在系统采集非洲各国的中长期农业发展规划和半个多世纪以来中非农业合作项目实施情况的基础上，紧紧围绕《2063年议程》的需求，考虑中国自身的实际情况，使其兼具战略性、可行性和可操作性，明确中非农业合作的战略方向、行动路线、工作阶段和重点任务。

二是健全国内政府部门间的协调机制。发展改革委、农业部、外交部和商务部等部门应构建会商机制，定期进行相关政策沟通。同时，进一步完善与非洲各国相关部门的双边对话机制，协调贸易合作制度和规则，全面推进中国与非洲国家农业战略和发展政策的深入对接。

三是切实发挥"中非合作论坛"的推动作用。自2000年第一届部长级会议启动以来,中非合作论坛在推进中非全方位的合作中发挥了重要作用,"十大合作计划""八大行动计划"等,都是在中非合作论坛上先后提出的。今后除了中非合作论坛外,还可以开展一些配套活动,比如企业家大会、农业科学家大会、地方政府合作论坛、合作签约仪式等,安排相关的洽谈步骤,为那些有合作意愿的政府部门、企业以及科研院所创造便利,促进中非企业、科研院所之间的交流。

2. 以企业为主体:深化农业领域产能合作

《中国对非洲政策文件》提出将企业作为中非农业合作的主体,《中非农业现代化合作计划》也提出要鼓励中国企业在非洲的种植、畜牧养殖、粮食仓储和加工实现规模化。中国应结合非盟《2063年议程》以及非洲国家的农业发展规划,引导中国企业进入非洲,指导企业和投资者有效地开拓非洲市场。

第一,为企业"走出去"提供决策咨询。以往在企业"走出去"的过程中,政府对于目标区域、投资方式等的引导十分不足。建议在国家层面建立中非合作新型智库,在全面研究非洲各国的政治经济、法律法规、自然资源、社会文化的基础上,对中非农业合作的重点目标地区、目标国家、目标领域、目标项目、可能的风险进行深入系统的研究,指导企业做好市场调研和风险评估,为企业走向非洲提供便捷、高效的政策咨询、法律与信息支持服务。

第二,完善企业走向非洲的支持政策。不仅支持在资本、技术、装备、人才等要素上具有优势的国有企业和其他农业龙头企业,而且支持灵活性较强的民营中小型企业。在支持政策的覆盖面和支持强度上可以有所区别:一方面,支持所有企业深入目标国家开展较为深入的可行性研究,既可以委派专家与"走出去"企业一起进行实地调研,也可通过行业协会组团出国考察的方式,深入考察目标国家的资源环境、法律法规、市场需求、社会习俗等,让行业专家参与项目的论证和规划,制定科学的实施方案;另一方面,根据企业"走出去"是否符合中非农业合作战略规划,考虑给予重点支持措施。

第三,推动建立农业产业战略联盟"抱团出海"。国内从事农业生产、收购、储存、加工、运输、销售等各环节的企业成立了覆盖全产业链的产业联盟,形成农业生产企业、农产品加工企业、农产品物流企业等全产业链的"抱团出海",企业应共同打造跨国农业产业链。这类战略联盟可能涉及少量的股权关系,也可以是纯粹的长期企业关系,操作相对容易,灵活性比较强。这种模式有利于在非洲实现农业现代化全产业链布局,深化中非农业产能合作,为构建农产品产供销、农工商、农科教一体化的经营体系创造条件。

3. 办好农业技术示范中心:拓展农业科技合作领域

先进适用的农业技术是实现非洲农业现代化的保障。农业技术水平的提升是中国对非洲国家实施援助的重心。深化中非粮食安全合作机制的一个重点是强化农业科技合作。

2006年,商务部和农业部共同设计了集试验研究、示范推广、人员培训、宣传展示等为一体的援非农业技术示范中心(以下简称"示范中心"),以引导涉农企业"走出去"。13年来,示范中心数量不断增加,通过试验、示范、培训、推广等功能,在促进非洲国家提高粮食生产能力、带动涉农企业"走出去"等方面发挥了积极作用。但是,从一些示范中心的监测评价情况来看,项目示范推广的可持续性不强,推动企业"走出去"的目标未能完全实现。因此,今后一个重要任务就是要切实办好示范中心,把示范中心的成果转化为规模化的生产力。

一是努力将示范中心建设纳入东道国政府的农业发展战略中。以往成功的经验和存在的问题启示我们,示范中心项目要精准对接受援国的实际需求,致力于解决目标国家农业发展中的关键技术问题,将示范中心建设纳入受援国政府的农业发展战略中。在品种和核心技术的选择上,不管是中国的还是从国际上引进的,都要对品种和技术的适用性、技术推广的可行性进行充分论证,避免不考虑耕作条件、生产成本等因素,将"水土不服"的技术作为"示范"搬到非洲国家。在示范中心项目国别的选择上,要将项目选在农业资源丰富、政局比较稳定、法律法规较为健全且有政府支持政策的国家,区位要选在农业资源比较丰富、交通和基础设施良好之处,这样才能使项目承建单位在完成种植、养殖等试验阶段任务之后,为商业运营、实施大规模推广和开发创造条件。

二是加强与东道国地方政府、科研单位、推广机构、企业和农民的密切协同。第一,只有得到受援国政府的重视,农业技术示范中心才有可持续发展的生命力。第二,建立与东道国科研院所和专家合作的研究机制,可以防止在建设过程中发生不确定性问题,因为他们更熟悉当地的气候、土壤以及需要的设施和技术等。第三,要加强与当地的推广机构合作,因为他们有比较熟悉的渠道,只有借助推广机构,才能形成自上而下的农业技术推广网络。第四,农业技术示范中心项目要让东道国企业和农民参与,使他们共享项目商业开发阶段的利益,使农业科技创新与推广获得可持续发展的深厚基础。

三是示范中心要选择有实力的实施单位。按照设计,示范中心分为建设、技术合作、商业运营三个阶段。项目建成后的三年内中国政府会提供无偿援助,三年之后,中国将不再进行资金援助,项目实施单位应依托示范中心进行商业化经营和产业化开发,并继续开展研究、推广、培训等公益性工作。只有选择有实力的企业作为项目的实施单位,才能实现示范中心的可持续发展。作为项目实施单位的企业,应在受援国有一定的运作经验,有较强的经济实力和研发能力。它们的参与会使经营范围向农产品加工、农产品物流、进出口贸易等领域拓展,推动中国企业赴非洲投资,带动农业机械、化肥、农药、种子等生产资料出口,形成集种植、储藏、加工、物流、销售于一体的产业链,在更高的层次上实现农业产能合作。

四是拓展多元化的示范中心发展方向。在已经建成的援非农业技术示范中心的基础上,与各国需求相结合,综合考虑国际农业科技合作的总体布局,共同建设国际联合实验室、科技示范园区以及技术试验示范基地。打造中非农业绿色技术联合研发联盟,合作建立中非联合实验室、农业产业科技协同创新中心、联合研发中心。赞比亚、莫桑比克、津巴布韦、坦桑尼亚、苏丹等国的自然资源比较丰富、政局比较稳定,可以在这些国家建立研发基地或粮食生产和加工示范中心。提升苏丹、乌干达、赞比亚、莫桑比克以及坦桑尼亚农业示范园建设及运营的质量,加快促进非洲从生产、加工到营销农业全产业链的构建。充分发挥中国发展农业科技的优势,增加在农业领域科技研发和创新的多元投入,更加精准和高效地对接农业科技合作。

4. 注重综合效益:优化中国对非农业援助项目

农业援助是中国对外援助体系的重要组成部分。

首先,向附加值高的产后加工领域延伸。积极探索以市场为导向的援助与投资相结合的模式。鉴于大宗农产品投资具有周期长、风险大、收益率低的特点，对非农业援助项目应该向产后加工领域延伸。有条件的项目，可以种植业为基础，向农林牧渔综合开发模式拓展，更加关注其综合效益。因此，在提供援助资金和技术的时候，要充分考虑援助的项目能否延长农产品价值链，增加农业生产的附加值，使得农民可以享受产后加工和销售环节的增值服务，提高农产品的商品化程度。

其次，重视农村社会化服务的援助项目。这方面也是非洲农村的薄弱环节，可以在以往公益性技术项目的基础上，开展农机农资供应、动植物检疫等可以实现盈利的服务，带动农机装备出口，实现援助与经营活动的有机结合。

再次，加大农业基础设施援助力度。农业基础设施是农业现代化和农业可持续发展的物质基础。非洲许多国家在农田水利设施、农村用水用电、农村公共交通、农产品运输、农产品储藏等方面都存在较大的短板，这方面的需求十分旺盛。农业基础设施特别是水利设施，是非洲农业发展最薄弱的环节。农村基础设施投资建设周期长、利润低，企业动力不足，这就需要中国政府、海外企业、东道国政府和企业等形成合力，共同开发，拓宽项目资金的来源渠道。可利用优惠贷款、主权外债以及国际合作等多种形式，将政府援助资金、私营部门和各类发展基金有效整合，提高资金的投资使用效率，以实现项目公益性和可持续性的目标。

最后，建立多元化合作的援助模式。一是积极开展与国际组织的合作。国际多边机构的农业援助项目类型主要包括人道主义应急项目、农村基础设施项目、提升农产品价值链项目、应对气候变化项目、农业社会化服务项目等，中国应与FAO、世界粮食计划署、世界银行以及国际农业发展基金等合作，共同促进资源、信息、技术等的高效整合。二是充分利用非洲联盟等渠道，引入具有实力的第三方机构、企业和金融机构，改变原有的单向援助模式，形成多元主体参与的协同援助模式。

5. 健全支持服务体系：为中非合作铺平道路

政府要为参与非洲农业合作的企业提供金融、人力资源培训、贸易便利化等多方面的服务，为企业走进非洲铺平道路。

健全金融支持政策。中非农业合作的一个重要瓶颈是资金严重不足。以南非为例，南非国内储蓄率仅为16%，发展资金严重依赖外资投入，对外部依赖较大。因此，需要健全融资机制。要依托亚洲基础设施投资银行、丝路基金等国际金融机构，支持开发中非农业合作项目。进一步完善商业投融资机制，包括中非发展基金、非洲中小企业的发展专项贷款以及中非产能合作基金等，利用多种渠道筹措建设资金，促进融资模式多样化，用"投资+贷款"等方式为企业提供融资服务。同时，鼓励中、农、工、建、进出口银行等在非洲国家开展投融资、存贷款、项目合作、跨境人民币结算业务，支持中国政府、企业和投资者开发非洲重大农业项目。

加大人力资源培训力度。人才是非洲国家提升自主粮食安全保障能力的核心环节。首先，在管理和技术人才培养方面，中国应当在农业产业及相关领域，为非洲提供更多的来华培训和研修的名额，一方面利用国内高等院校、科研院所、企业的优质资源，另一方面利用农业技术示范中心，培养一批非洲国家本土的管理和技术人才。其次，在职业技能培训方面，中国可将政府与企业的资源整合起来，选择有条件的非洲国家，建立一批区域职业教育中心。中国可以通过技术援助、境外培训以及远程教育等形式，使非洲劳动力得到充足的基础职业技能培训，进而具备一技之长。最后，建立农业援外人才储备库。加强援非农业专家队伍建设，鼓励国内农业科研机构、智库参与对非农业合作，有计划地向非洲派遣高级农业专家，持续加强对非洲的农业技术转让、研发和农业技术培训工作，在种子选育、畜禽改良、病虫害防治以及动物疫情防控等方面增强交流与合作。

积极推进贸易便利化。对不同的非洲国家实施差异化策略，优先与政治经济环境稳定、农业资源丰富、合作意愿强烈的国家开展自贸协定谈判，签订避免双重征税的协定，提高贸易便利化水平。与此同时，鉴于非洲目前已经具备发展跨境电商产业的市场和技术条件，要积极协商规范贸易准则，出台政策加大对跨境电商产业的支持力度，双向互动扶持电商企业发展，促进中非农产品贸易健康发展。与非洲国家探究如何开展电子商务等"互联网+"合作，促使非洲同全球其他地区实现信息技术的共享，并充分分享大数据经济所带来的红利。

第十三章 基于进口粮源保障体系建构的粮食对外贸易调控与政策支持机制

开放环境下我国进口粮源保障体系的建构既要坚持国家粮食安全"以我为主、立足国内"的根本,又要适应"适度进口"的基本要求,从而在处理好粮食贸易与国内粮食生产关系的基础上,实现以下"四个健全":健全境外农业资源开发与利用的体制机制,健全粮食对外贸易调控机制,健全财政与金融政策支持机制,健全跨国大粮商长效培育机制。

一 健全境外农业资源开发与利用的体制机制

(一)建立适应"三元平衡"的体制机制

我国农产品贸易已经不再限于"余缺调剂"和"品种调剂",而成为供给的重要组成部分,农产品总量平衡不再是产需二元平衡,而是生产、需求和进口的"三元平衡"。这对我国各级政府粮食安全的治理能力和协调联动机制提出了全新的要求,因此,应按照统筹利用两个市场、两种资源的要求,建立适应"三元平衡"的体制机制。

为了解决部门分割、各自为政所造成的效率低、交易成本高的问题,客观上要求构建宏观调控部门与对外贸易管理部门之间的互动机制,形成国家层面的战略统领机制。在宏观层面上,应在农业"走出去"部际协调领导小组的基础上,建立由发改委、农业、粮食储备与流通、财政、商务、轻工、海关、金融、质量监督等部门组成,由国务院直接领导,覆盖粮食生产、进出口贸易、海外直接投资的境外农业资源开发与利用委员会,建立集中管理的宏观调控机构,形成超越部门的统一的农业资源统筹利用协调机制,对粮食进口多元化、农业"走出去"、农业国际合作给予协调和指导。

境外农业资源开发与利用委员会所协调的内容大致包括以下几个方面。第一,加强粮食对外贸易政策、境外农业投资政策、国内粮食生产政策、价格政策、补贴政策的衔接和互动。第二,加强政府部门之间的沟通与协调,解决粮食贸易、涉外农业开发中多头管理、各自为政的问题,确保国内粮食生产和粮食进出口贸易相协调。第三,优化工作流程。境外农业资源开发与利用委员会根据供求变化、国内粮食储备、国内外价格等信息发出统一的调控指令,形成高效率的互动反馈机制,实现境外农业资源开发与利用的调控目标。第四,通过健全农业贸易救济机制和农业产业损害补偿机制,及时有效地应对贸易摩擦。

(二) 做好境外农业资源开发与利用的战略规划

建立健全"三元平衡"的粮食宏观调控机制,要求全面分析全球农业资源分布、农产品供需格局、地缘政治与经济、投资环境等因素,制定《境外农业资源开发与利用总体发展规划》,分区域、产业、品种对农业对外开放进行总体设计,这一规划应体现以下几个要点。

一是明确境外农业资源开发与利用的战略目标。战略目标要超越关注本国利益、保障本国粮食安全的境界,建立在全球视野与关怀、尊重国际规则、为世界粮食安全做出贡献的高度上,在对我国进口需求进行科学测算和对世界粮食资源进行全面分析的基础上,确定近期目标和长远目标、国别目标和区域目标、双边目标和多边目标、贸易目标和投资目标、援助目标和返销目标等,对粮食贸易、农业国际产能合作、农业多双边区域合作、农业对外援助等进行一揽子综合设计。有关省(区、市)要根据国家规划,结合自身优势进行科学定位,加强与国外友好省(城市)的务实合作,形成特色鲜明的行动计划,把分领域、分品种、分国别的合作任务落到实处。

二是对进口粮源保障体系进行总体布局。在进口粮源的国别和地区选择上,要按照以下原则进行:优先选择农业资源丰富、开放程度较高的国家,与我国外交关系好且签订了投资保护协定的国家,法律法规相对比较成熟、较为透明的国家,外汇政策相对比较宽松、比较有保障的国家,对外资需求量大且引资政策积极的国家。要与农业资源丰富、开放程度较高

第十三章　基于进口粮源保障体系建构的粮食对外贸易调控与政策支持机制

的国家开展紧缺型农产品供给能力合作，建立粮食生产、仓储、加工基地；与经济发展水平比较落后、农业生产水平不高、粮食市场容量较大的国家和地区（如非洲）开展援助型合作，通过扩大对其的援助规模，帮助其改善落后的农业基础和粮食仓储设施，为我国企业在当地的生产经营创造有利条件；与主要粮食进口国开展提升其生产能力的生产技术合作；与位于重要国际粮食通道的国家和地区开展粮食现代物流合作，在现有基础上由邻近国家和地区向新兴国际市场开拓。在加强与俄罗斯和中亚国家合作的同时，深化与东南亚各国的农业合作，如泰国、越南等，建立东南亚区域性粮食合作网。

三是在分品种设定自给率的基础上确定进口规模。明确大米、小麦等口粮必须依靠国内生产，以进口作为品种调剂；玉米等适当通过进口补充国内需求；大豆等油料品种在努力提高自给率的基础上，充分利用国际市场。在系统测算国内总需求的基础上，核算和确定合理的进口规模、品种结构和调控目标，明确粮食进口多元化、实施农业境外投资和开展农业国际合作的任务，为各部门、各省（区、市）提供指导。对于大米进口来源国的选择，应当在泰国、巴基斯坦、越南的基础上，加强与缅甸、老挝等国家的合作；对于小麦进口来源国的选择，应当在巩固从美国、加拿大、澳大利亚进口的基础上，积极开拓俄罗斯、哈萨克斯坦、乌克兰等中亚国家以及法国等欧洲国家的新渠道；对于玉米进口来源国选择，应当在稳定美国进口的基础上，逐步增加从巴西、阿根廷、乌克兰等国家的进口。各地区应结合区域经济优势，制定差异化的规划，实现优势互补，使全国自上而下形成具有前瞻性、系统性、可行性的进口粮源保障体系。

四是将跨国供应链覆盖到全球主要的农业资源富集区。以国际化经营的理念为引领，按照建设跨国供应链的思路，将粮食贸易与跨国投资纳入进口粮源保障体系的整体布局中，既要布局良种培育、粮食生产项目，又要布局粮食加工、粮仓设施、粮食运输、粮食码头等粮食现代物流项目，还要重视研发基地建设，着力提升国际粮食合作的层次，打造东道国有需求、全球有影响的国际粮食安全供给网络。

二　健全粮食对外贸易调控机制

境外农业资源开发与利用的调控机制是政府以统筹利用国内国外两个

市场两种资源为目标，通过制定关税、配额、境外农业投资等政策措施，调节和掌控国内农产品供求关系与价格的过程。境外农业资源开发与利用调控的基本点有两个：一是有效利用国外市场和资源，不断提高我国在国际市场上的话语权；二是确保进口适度，防止进口农产品给国内产业安全带来冲击。优化粮食对外贸易调控机制的重点在于提高我国对国际粮食资源的控制度和影响力。

我国粮食对外贸易面临以下挑战。首先，粮食过度进口加剧了国内农产品市场风险。粮食安全新战略对进口的基本要求是"适度"，然而，近年来在国内外粮食价差的驱动下，粮食进口动力增加，出现了粮食生产量、库存量、进口量"三量齐增"现象，"非必需"进口大量增加。2012~2015 年，我国每年粮食产需缺口约 5000 万吨，但是净进口量达到了 8000 万~1 亿吨，4 年累计过度进口 1.5 亿吨左右。

其次，农业保护和调控手段不足加大了调控难度。各国粮食贸易调控手段主要有设置进出口关税、进出口配额、许可证、出口退税或补贴、出口信贷等。美国 70% 左右的粮食用于出口，政府部门通过设置保护性关税、出口退税及出口信贷的方式鼓励本国粮食出口；欧盟设置进口差价税，在国际市场价格低于其门槛价格的时候，以向农产品出口国征收差价税的方式对农业进行保护；印度与我国的情况比较相似，但平均关税为 114%，还可以动用进口许可证、农产品特殊保障机制等手段；日本则是通过采用高关税、设置关税配额、设置复杂税以及非关税等多种方式控制农产品进口，以降低进口农产品的竞争力。为保护本国大米市场，日本设置了高达 778% 的稻米进口关税，并制定了严格的管理办法，使本国的稻米自给率保持在 94% 以上。

（一）进一步完善关税配额管理制度

关税配额是指对规定数量内进口的商品征收较低的关税，当进口商品超过规定数量后，则征收较高关税。关税配额制度作为进出口贸易关税化进程中的一种过渡性措施，一方面可以缩小发展中国家与发达国家之间市场开放程度的差异，另一方面可以维护国内农业产业的安全。在加入 WTO 谈判时，我国争取到小麦、大米、玉米等部分农产品的进口关税配额，小麦 963.6 万吨、玉米 720 万吨、大米 266 万吨，配额内税率分别为 1%~10%、1%~10%、1%~9%，配额外关税则为 65%（见表 13-1）。目前我国主要依据国家发改委与商务部于 2003 年联合发布的《农产品进口关税配额管理暂行办法》对进口关税进行管理。必须优化粮食进口关税配额的政策调控，完善现有管理方式。结合我国实际，完善粮食配额管理应重点做好以下几方面工作。

表 13-1 大宗农产品的关税配额

单位：万吨

大宗农产品	商品	2002 年	2003 年	2004 年	配额内税率	配额外税率
粮食	小麦	846.8	905.2	963.6	1%~10%	71% 降至 65%
	玉米	585	652.5	720	1%~10%	
	大米	199.5	232.8	266	1%~9%	
植物油	豆油	251.8	281.8	311.8	9%	52.4% 降至 19.9%
	棕榈油	240	260	270	9%	
	菜籽油	87.89	101.86	112.66	9%	
食糖	食糖	176.4	185.2	194.5	20% 降至 15%	60.4% 降至 50%
棉花	棉花	81.85	85.63	89.4	1%	54.4% 降至 40%
羊毛	羊毛	26.45	27.58	28.7	1%	38%
	毛条	7.25	7.625	8	3%	

资料来源：《中国加入世界贸易组织知识读本（二）》，人民出版社，2002。

1. 根据需要确定发放配额的规模

目前实施关税配额的 WTO 成员方有 39 个，实施关税配额的粮食产品有 226 项，但从配额量来讲，中国的粮食产品配额量较大。国际上把关税配额使用率作为衡量使用关税配额的国家对本国农产品市场保护程度的重要标准。根据《巴厘岛一揽子协定》，启动关税配额未完成机制的条件是关税配额使用率不低于 65%。目前，中国的小麦和玉米两种主粮的关税配额使用率均低于 50%，因此，我国小麦和玉米均未达标。美国曾于 2016 年 12 月将中国上诉至 WTO 争端解决机构，这也是对我国要完善农产品关税配额管理制度的一个警示。笔者认为，应从粮食进口满足国内需求和保障国内产业安全两个方面有机结合的角度确定配额管理的调控目标，致力于实现国内粮食生产、需求、进口的"三元平衡"，保证国内粮食安全。

表 13-2 提供了我国三大粮食品种配额及其占全球配额比重的数据，

可以看出，小麦、大米、玉米的配额量占全球配额总量的比重分别为 54.7%、73.7% 和 51.0%。我国主要粮食品种的配额规模超过其他国家配额的总和。在配额数量如此大的情况下，如果进口粮食在品质上优于国内生产的产品，而在价格上低于国内产品，就有可能给国内粮食生产带来冲击。

表 13 - 2　我国三大粮食品种配额及其占全球配额比重

单位：万吨，%

	小麦	大米	玉米	合计
我国配额量	963.6	532.0	720.0	2215.6
全球配额总量	1761.0	721.6	1412.0	3894.6
占比	54.7	73.7	51.0	56.9

实际上，各国农产品配额的利用率基本在 30% ~70%。根据中国主要粮食品种的进口关税配额利用情况，中国从 2014 年到 2016 年年均小麦、大米和玉米的利用均未达到进口关税配额的上限，分别仅占到配额的 33%、59% 和 48%。值得注意的是，近年来在粮食国内外价差的驱动下，超过正常产需缺口的"非必需"进口大量增加，如果按照配额量足额进口小麦、玉米、稻米等大宗粮食品种，将进一步降低粮食自给率，我国实现"谷物基本自给、口粮绝对安全"的目标会面临新的挑战。因此，应根据实际需要控制配额发放的数量，关税配额不是必须完成的进口量。近年来在国内粮食连年丰收的情况下，我国并没有使用完关税配额。在分配关税配额时应掌握的一个基本原则是，根据不同年份粮食丰歉情况决定关税配额的发放数量。在国内粮食丰收时，严格控制关税配额的发放，减少配额内的低关税进口。

2. 建立高效的关税配额管理体系

在 WTO 巴厘岛会议谈判中成员们达成以下共识：一是强调关税配额申领程序的效率和公正性，二是继续加强关税配额申领程序的透明度，三是加强对关税配额状况的监督。当前我国在这方面存在的主要问题，一是双重管理的体制不符合巴厘岛会议精神。按照 2003 年出台的《农产品进口关税配额管理暂行办法》，关税配额采取双重管理制度，小麦、玉米、稻谷等农产品进口配额由国家发改委制定，再分配则由商务部协同各地、市发改委实施。显然这不符合巴厘岛会议上达成的共识,即"预设关税配额的申请,只能由一个行政机构担当"。二是程序比较烦琐。授权机构的职权并不明晰,发改委、商务部分工的不同导致其受理农产品配额申请时不同部门、不同层次的委托机构和授权机构之间信息报送十分烦琐,直接影响工作效率。三是农业部门没有参与配额分配过程,使得粮食配额管理和分配与农业产业政策相脱节。四是申请人资格的标准不够细化。按照发改委公布的条件,农产品进口关税配额申请者所必须具备的基本条件包含企业资质、合法经营等,但是除此之外,国营贸易企业和粮食加工企业都有条件申请,没有体现向加工企业的倾斜。

结合我国实际,建议将所有农产品的关税配额归为一个政府部门管理,在整合现有的国内关税配额管理的行政法规和部门规章的基础上,以农业部门为主进行配额的申领、审核等管理工作及配额分配工作,进一步细化配额申请企业的资格标准及配额分配的具体条件。按照公平原则,在国家粮食进出口政策框架内不断削减中小流通企业的粮食进口分配额度,适当地向直接使用进口粮食原料的大中型粮食加工企业进行配额的倾斜。同时,给予申请人选择配额类型的自主权,让申请人及其利益相关人能够对分配的配额做出合理的预测,并能够理解主管部门关税配额的分配规则,避免不同授权机构出现的差异化处理,防止可能出现的权力寻租。此外,在进口粮食的经营管理上,学习加拿大和澳大利亚对进口粮食经营管理的成功经验,建立粮食进口专营制度。

3. 调整配额发放的方向

通过调整配额发放的方向,将关税配额制度作为合作国家之间互利互惠的一种手段,将关税配额机制拓展到双边贸易协定中,创新合作机制,实现互利共赢。在进口粮食国别的选择上,可以优先选择向"一带一路"区域的国家定向发放配额,比如,进口小麦配额倾向于俄罗斯、中亚地区,进口稻米配额则可倾向于泰国、越南和柬埔寨等国,进口玉米配额可倾向于缅甸、老挝等国。还要注意发放配额的进口品种选择,对于小麦、大米和玉米等谷物类应与大豆区别对待。除去没有实行进口配额管理的大豆,我国小麦、大米进口量总体上不大,对国内产业安全的影响有限。为了保护国内玉米生产,应对玉米实施有效的进口关税配额管理,控制玉米进口量。鉴于对玉米替代品(高粱、大麦、干酒糟及其可溶物等)没有配额数量限制,应详细登记此类品种的粮食进口数量和品种。在进口粮食的流向上,可以借鉴日本关税配额管理的经验,将国营贸易进口部分转入国家储备,或用于对外粮食援助,不全部直接投放到国内市场。同时要对进口粮食建立明确的标识,保证进口粮食的流向和用途可追溯。

4. 审慎把握配额发放的时机和节奏

为了解决以往我国粮食对外贸易内外贸脱节、进出口方向与国内粮食的实际需求背道而驰的"逆向调控"问题,必须审慎把握粮食进口的时机和节奏。建议在健全"粮食生产—粮食库存—粮食对外贸易"一体化信息平台的基础上,由农业部门、粮食流通部门、商务部门、对外贸易部门、物价管理部门、粮食企业等会商确定粮食进口的时机和数量。在国内粮食供大于求时减少粮食进口,在出现非正常的粮食减产时适当增加粮食进口,做到"顺向调控"。同时,不能把经济效益作为考核中央企业的唯一标准,要以满足国内需求和稳定国内市场作为最重要的考核指标。必须采取有效措施打击投机行为,对市场失灵行为进行管控。由于我国在国际粮食市场上具有"大国效应",随着未来我国粮食进口的持续增加,必须审慎把握粮食进口的节奏,应逐年地、缓慢地、均衡地释放我国的进口需求,让国际市场有一个反应的过程和增加产能的空间。

5. 坚守配额管理的底线

在巴厘岛会议谈判中,发展中国家与美国等少数发达的粮食出口国之间最大的分歧点在于是否应该增发配额数量。出于自身利益考虑,美国、澳大利亚等粮食出口国要求我国进一步削减关税,在这一点上我们必须坚守底线。与 WTO 其他成员方相比,我国缺少足够的关税调控空间,也不能使用进口许可、数量限制、特殊保障措施等手段。我国现有小麦、玉米和大米的最终配额量远超发展中成员 6.6% 的配额扩大标准。面对中国粮食配额规模大且利率低的现实情况,如果进一步增加配额数量,将会进一步降低中国的进口关税水平,加大粮食进口对本国粮食产业的挤压。大豆等大宗粮食进口配额的增加更会进一步削弱中国对进口农产品的调控能力,可能导致"谷物基本自给、口粮绝对安全"的国家粮食安全战略面临更大的挑战,甚至将面临谷物自给率低于粮食安全警戒线的巨大风险。配额数量不再持续增发应作为中国在农产品贸易谈判中的一条"红线",不能逾越。在我国对大宗农产品进口的调控手段十分有限的情况下,在今后的多边双边谈判中，要积极争取适合我国利益的保障机制，坚持在粮食关税配额上不再减让，国内政策支持空间不再减损。因此，必须坚守粮食配额规模不扩大。

（二）进一步健全国营贸易专营制度

国营贸易制度是由国家授予某些企业（国营贸易企业，State Trading Enterprise，STE）对特定产品的进出口特许权，它是发展中国家和发达国家普遍采用的一种制度。对包含粮食在内的涉及国计民生的大宗农产品实行国营贸易专营和粮食关税配额有机结合的管理制度，有利于防止国外低价粮食过量进口对国内市场造成冲击，有利于本国企业在国际市场上统一行动，提高在国际市场上的话语权，有利于保护国内产业和农民利益。而且，现有的WTO国营贸易企业规则对"商业考虑"的解释较为宽松。因此，我国应该充分用好国营贸易企业专营制度。

根据我国入世议定书附件中的规定，我国对小麦、玉米、大米和大豆油的进口实施国营贸易企业专营制度，并由中国粮油食品进出口总公司负责；同时，对小麦、玉米、稻米三种粮食实行配额关税加以保护。加入WTO以来，我国粮食配额数量逐步提高，到2004年达到最高值。从各类品种粮食国营贸易所占的比例来看，小麦、玉米、大米的国营贸易比例分别为90%、40%、50%。粮食关税配额中有一部分比例是由非国营贸易企业所有，并且承诺每年10月之前对国营贸易企业没有用完的配额进行二次分配。

国营贸易制度不仅能够防止国际市场的盲目竞争，还能够保证国内经济的稳定，对于维护国家，特别是发展中国家的经济主权及粮食安全具有非常重要的意义。值得注意的是，这种做法遭到了一些国家的诟病，认为这种制度不符合市场准入准则要求。因此，要注意加强对国营贸易的进口管理，建议对从事粮食进口的企业开展一次全面评估，深入考察所有进出口贸易公司的经营业绩和实际需求，加强跟踪管理。同时，通过建立申请人公示制度完善农产品关税配额的监督机制。

（三）完善技术管理等非关税措施

首先，加大对动植物产品的科技投入力度，深入研究国际和有关国家的粮食检验检疫标准。可出台规定，要求进口粮食必须单独销售并注明原产地，不与国产粮食掺兑销售。其次，完善进口农产品技术标准，合理设置粮食进口门槛。同时,要制定应对技术壁垒的应急措施。通过科学研究,制定并储备一些符合国际贸易规则的技术标准。当跨国粮食贸易处于正常状态时,不予使用这些技术标准;当某些国家或地区设置有意刁难中国农产品进口的苛刻的技术壁垒时,随时启动应急性技术壁垒进行报复。最后,建立各有关部门的沟通协调机制,在粮食大规模进口可能对国内产业造成影响时,从严执行相关法律法规和检查手续,发挥 SPS/TBT 等非关税贸易措施对进口的调节作用。

(四) 建立以大豆为重点的贸易救济机制

建立以大豆为重点的产业损害防范与贸易救济机制。根据我国的入世承诺,在现有法律框架下,如果要应对粮食大量进口对国内粮食市场的冲击,可供选择的救济措施只有反倾销、反补贴措施和保障措施,而无权使用农产品特殊保障措施。近年来我国粮食连年丰收,充足的国内生产使我国小麦、稻米的对外依存度都比较低。但值得注意的是,大豆进口量逐年增加,这就要求建立以大豆为重点的产业损害防范与贸易救济机制。建议成立专家组,以进口量增幅和进口价格跌幅为基础制定产业安全评估标准,进一步明确大豆等重要农产品的基础进口量。如果中国的粮食产业受到损害或威胁,主管部门要及时采取相应反倾销或是反补贴的贸易救济措施,通过征收额外关税确保进口粮食价格不低于国内成本,确保粮食进口不影响国内产业安全。

(五) 促进建立 WTO 框架下粮食出口限制的约束机制

出口限制是基于某种原因,粮食出口国为了减少或限制国内粮食出口至国外而采取的各种方式,具体包括出口关税、出口配额以及出口许可证等不同的方式。其中,禁止出口是限制出口最极端的措施。2007~2008 年国际粮食危机时许多国家采取了贸易保护措施,助推当时国际粮食价格的大幅上涨,引发了一些粮食进口国家的通货膨胀和严重的社会动荡。

面对粮食进口持续增加的现实,应利用近年来我国在国际上话语权不断提高的有利条件,建立粮食出口限制政策的约束机制,推动粮食出口限制措施的规范化、透明化、程序化。虽然加强 WTO 出口限制纪律,不一定能完全禁止粮食出口国的出口限制行为 (尤其是在粮食危机期间),但其能够在引导形成国际粮食安全共同体的国际舆论、降低出口限制措施的使用频率上发挥积极作用。

三 健全财政与金融政策支持机制

(一) 建立健全财政税收支持政策

可以通过设置以下三类专项基金的办法实施财政支持。

一是设立境外农业投资专项基金。利用财政和税收手段引导企业投资境外农业,发改、财政、税收、商务、农业等部门应当协同出台对境外农业投资企业的支持政策,建立境外农业投资专项基金,对重点国家和地区的企业给予前期开发补贴。

二是设立境外农业科技合作示范区发展资金。支持农业大学、科研院所和具有一定实力的企业在农业资源丰富的发达国家建立联合实验室;在发展中国家建立科技示范区,合作开展科学研究。为了将我国比较成熟的粮食生产技术、农产品加工技术、粮食物流技术、绿色节能技术等向亚洲、南美洲、非洲国家推广,可以在农业资源丰富、农业科技水平不高、农产品加工有一定基础、投资环境比较好的发展中国家,建设一批农技推广、农田水利设施、粮食精深加工的示范园区,以提高其农业技术水平、粮食综合生产能力和粮食物流现代化水平。

三是设立对外承包工程风险专项资金。我国农业企业"走出去"的国家在农业基础设施、农产品加工技术、粮食仓储设施、交通运输条件等方面总体比较落后,意味着我国企业"走出去"对外承包工程具有广阔的市场。对外承包工程一般来说施工周期长、风险大,需要政府加大支持力度,可以设立对外承包工程风险专项资金,对企业承接的境外项目给予一定的前期费用补助和运保费补助;如果是大项目,则可以给予一定奖励。同时,要落实企业境外所得税抵免政策,进一步完善增值税出口退税政策,优化亏损弥补结转制度。

要进一步健全税收优惠制度,减轻"走出去"企业的纳税负担。对于国内供需缺口大的重要农产品,在返销国内进口环节给予税收优惠;对于汇回本国前的投资收入,可以采取税收延付法不予征税;通过建立境外企业亏损弥补制度、规范间接抵免措施等,减轻企业的纳税负担。

(二) 进一步强化金融支持政策

境外农业投资具有投资额大、成本高、风险大、回报周期长的特点,资金缺乏是制约粮食企业进行海外耕地投资或扩大投资规模的重要因素。近年来，政府和金融机构对农业"走出去"采取了一些支持政策。其一，2012年农业部与国开行签署了《开发性金融支持中国农业国际合作协议》。国家开发银行提供融资的方式主要为以下三种：一是项目融资，以农业项目为依托，支持企业进行全产业链建设；二是公司融资，这种方式主要是为了培育国内大的粮商，通过签订合作协议，为企业提供所需融资；三是海外政府平台融资，这种方式主要是为海外政府指定的公司提供中长期贷款，是在政府合作框架下进行的。其二，中国进出口银行在我国农业"走出去"过程中也发挥了重要的推动和支持作用。作为国家政策性银行其主要是以保本微利为原则，为中资企业提供出口信贷、境外农业投资贷款、农产品出口基地建设贷款等服务。其三，建立丝路基金。丝路基金成立于2014年12月，其扶持对象虽然是面向全球范围的项目，但是重点支持"一带一路"沿线国家的经贸合作项目。该基金主要投资于基础设施建设、能源开发、金融及产业发展等领域，投资项目要求门槛比较高，投资规模基本在1亿元以上，主要通过贷款、股权、债券、基金等方式提供融资服务。

考虑到农业弱质性以及到国外投资的不确定性，商业银行对农业的支持力度具有一定的局限性，因此，还需政策性金融服务的引导，应多措并举，建立并逐步完善金融服务体系。

第一，支持国家开发银行、中国进出口银行、中国农业银行、中国银行等具有法人资格的境内银行在合作前景好的国家设立分支或附属机构，探索实施以政府信用为基础，由国家开发银行等金融机构提供项目贷款的政策性贷款模式。鼓励各类金融企业结合实际创新业务品种，利用资本市场，通过产业基金、企业债券、风险投资等多种融资途径，为"走出去"企业提供多品种的金融服务。同时，利用亚洲基础设施投资银行、金砖国家开发银行、上合组织开发银行等融资平台，为"一带一路"沿线国家开展农业合作提供支持。鉴于农业与粮食产业投资具有周期长、前期投入回报低、投资风险较大等特点，可以采取长周期、低利息的信贷政策。

第二，创新金融支持模式。对重要合作项目建立有效的"银粮深度合作机制"。加强与粮食安全主要合作国家的农业部门和金融机构的协作，建立粮食企业与金融公司密切合作的"银粮深度合作机制",创造条件建立"银粮集团"。探索政府资金与开发性金融、社会资本的搭配使用,发挥政府财政资金的引导作用,鼓励更多商业资金的投入。

第三,破解民营企业"走出去"的融资瓶颈。对实施境外农业投资的民营企业,采取措施切实解决其获得国有银行贷款难、发行股票和债券难等问题。帮助民营企业满足在初创时期对资金的大量需求,支持企业的境外并购和劳务输出业务。可以通过建立银企集团的方式,促进产业资本与金融资本的有机融合,支持融资方式和融资途径多样化,支持符合条件且有实力的大型跨国粮食企业发行境外企业债券,督促其尽快进入国际资本市场进行融资,为提高其国际竞争力创造条件。

四 健全跨国大粮商长效培育机制

当前,全球粮食贸易的一个主要特征就是 ABCD 四大国际粮商对全球贸易的主导作用进一步增强,业务范围遍布全球各国。这些跨国公司在相当大的程度上决定了整个行业在世界范围内的规则和竞争模式,在事实上形成了市场垄断,并影响了国际经济政治形势。截至 2015 年,ABCD 四大国际粮商已经通过资本联合等方式成功控制了中国 75% 以上的油脂市场、原料与加工企业及食用油供应企业,并在中国加紧布局水稻和玉米产业。这些布局已经危及中国对小麦、大米和玉米三大主粮的定价权,基本实现了对我国粮油产业上中下游全产业链的控制布局。我国可以通过实施以下两种差别化的企业发展战略,培育具有国际竞争力的农业海外投资主体。

(一) 支持行业头部企业成为世界第一梯队跨国粮商

中粮集团有限公司(简称"中粮集团")、中国储备粮管理总公司(简称"中储粮集团")、农垦集团、九三粮油工业集团有限公司(简称"九三集团")等大型涉粮或涉农央企已经在境外具备良好的合作基础,并且经营成果显著,具有成为有竞争力的国际粮商的基础和实力。此类企业肩负着保障国家粮食安全的重任,具有得天独厚的资源优势、体制优势和技术优势。以中粮集团为例,近几年其在国际上收购了全球农产品及大宗商品贸易集团尼德拉(Nidera)以及来宝农业有限公司 51% 的股权,在规模上位居世界粮商第 3;并在国内整合了华粮、华孚、中纺等中央企业。

通过在全球主要农产品生产国、消费国和贸易集散地建立分支机构，中粮集团初步形成了覆盖全球的国际贸易网络。2017年营业收入达到了612.65亿美元，但仍低于ADM同年的623.46亿美元，与Cargill的1079亿美元差距更大。中粮集团在国际化经营经验、科技创新水平、资本运营等方面与世界大型跨国粮商仍存在较大差距。

我国粮食行业的头部企业已经在农业国际产能合作中迈出了坚实的步伐，今后一个时期应重点做好以下几方面工作。

第一，明确世界第一梯队跨国粮商战略定位。中国的国际大粮商既不能以利润最大化为目标，也不能像ABCD四大粮商那样对外倾销剩余粮食，而是要成为保障国家粮食安全的重要载体。在战略定位上，应该代表国家掌控国内外产业资源和调控贸易供求，拥有价格和利润分配的话语权。在纵向上着力打造覆盖农产品生产、加工、物流、贸易的全产业链，在附加值更高的环节培育核心竞争力，成为保障国内市场稳定的供应商；在横向上围绕国家粮食安全战略的要求，以谷物作为生产经营核心，结合自身优势向金融、房地产、保险、通信、互联网等多领域拓展，成为在国际上拥有众多基地的生产商。

第二，强化其在国内的行业龙头地位。国际大型粮食企业的发展除了需要自身努力之外，还需要政策的支持。在粮食生产环节，应加强对种子、化肥及农药的监管力度，确保为其提供优质的粮源。在粮食加工环节，应鼓励大型粮商对中小企业的并购重组，提升粮商国际竞争力。总之，要多措并举，支持其充分发挥国有涉农、涉粮企业的主导作用，在并购重组、项目审批等方面给予优惠条件，打造从生产、收购、仓储、加工、运输、港口到贸易的跨国产业链；在资产重组、进出口业务、产业政策等方面给予优惠，实现粮食产前、产中、产后各个环节的贯通和协调。

第三，推动国内行业头部企业与国际大粮商实施战略合作。重视与不同国家的企业进行战略合作或者通过并购重组，整合全球资源优势，逐渐渗透当地农业产业链的各环节，为掌握粮食主动权和定价权创造条件。支持中粮集团等企业以建设世界第一梯队国际粮商为目标，重点开发大型农业合作项目，寻求优良资产的收购机会，参与具有战略意义的合作项目，通过持续参与国际市场竞争提高自身实力，支持其在种子、化肥、农机、农药等农业生产资料领域开展国际产能合作。

第十三章　基于进口粮源保障体系建构的粮食对外贸易调控与政策支持机制

第四，支持中粮集团等行业头部企业加快实施农业境外投资战略。以国内供不应求的大豆、玉米等为重点，鼓励、扶持其选择重点国家和地区，通过投资新建、参股或并购等方式，布局境外技术研发、粮食生产、粮食仓储和码头建设。尤其要支持其加大研发投入，着力强化其在粮食生产和流通技术上的核心竞争力，将全球重要粮食产区和中国消费市场紧密联系起来，实现对海外优质粮源的掌控。

第五，全力打造世界知名的企业品牌。中国的国际大粮商应当具有中国特色，这就是自觉承担起与行业地位相匹配的社会责任，使东道国及当地民众真正受益。通过信息支持和工业技术支持，引导海外投资企业密切与利益相关者合作，从而有效带动出口国当地农民增收，通过履行良好的社会义务，创造口碑效应，赢得当地政府、民众及国际社会的尊重。

（二）支持民营企业在国际合作中做大做强

以往我国农业"走出去"的骨干是以中粮集团为代表的特大型企业。长期以来，我国不同性质的粮食企业"走出去"机会不均等的问题突出，尤其是在银行信贷、债券和股票融资等方面的待遇不对等。一些从事基础设施建设的中央非粮食企业有机会承接粮食国际合作项目，而具有技术优势和国内市场影响力的民营粮食企业却连分包任务都拿不到，导致我国的对外粮食合作项目大部分只能停留在资本密集型或劳动密集型的产业领域，无法进入技术密集型的价值链高端的合作领域。笔者认为，应该支持民营企业"走出去"，并将其作为深化农业国际产能合作的重要力量。

国有大型企业"走出去"的投资大多数是在政府推动下进行的，背后是国家的宏观利益，正是此类投资最容易受到海外利益集团的阻挠和干涉。一些产粮国家对中国国有企业的投资防范心理较重，比如巴西会对购买土地设限等。而民营企业在国际产能合作中具有一定的优势，政治色彩较弱，在合作中易被东道国政府和民众接受。民营企业具有自主性和创造性强的特点，更加愿意承担具有风险的挑战性业务，因此，应当充分发挥民营企业风险承担的优势。

首先，建立健全民营企业"走出去"的扶持政策。鼓励民营企业"走出去"发展亚非拉业务既是我国宏观经济环境的现实要求，也是民营企业自身成长的要求。要重视解决民营企业融资难问题，建立民营企业信用担保机构和信用评级制度，设立信用担保基金，为民营企业提供信用登记、信用征集、信用评估等服务。同时，进一步降低民营企业上市的门槛，通过废除 IPO 审批制激活民间投资市场，推动符合条件的民营企业"走出去"。对于处在初创时期的民营企业，可以采取贷款援助的方式，扶持其成长和发展。

其次，要选择适宜的国际合作策略。与大型粮食央企不同，民营企业"走出去"困难更大，必须对其进行准确的市场定位。民营粮油企业要逐步积累经验，从投资回报率明确且成熟度较高的小项目入手，逐步提高"走出去"的能力。民营企业可以选择与中粮集团等大型央企建立合作联盟的方式，从跨国小型合作项目入手，先易后难，分步推进。培育扶持一批高起点、大规模、带动力强的龙头企业作为"走出去"的主力军，并在"走出去"过程中不断提高实力。

第十四章 基于进口粮源保障体系建构的多元化服务与保障机制

作为进口粮源保障体系建设实施主体的企业要面临诸多困难和挑战，从而要求各级政府和相关机构建立多元化的服务与保障机制，为其创建良好的服务环境，保证各参与主体经济活动顺利、有序地开展。本章结合我国实际和面临的问题，提出要实施"五个强化"，即强化境外农业资源开发与利用信息服务体系，强化农业与粮食产业协会的组织和协调机制，强化境外农业资源开发与利用风险预警机制，强化境外投资和贸易法律保障机制，强化高端智库与国际化人才培育机制，为进口粮源保障体系的建设提供有力支撑和保障。

一 强化境外农业资源开发与利用信息服务体系

境外农业资源开发与利用投资周期长、不确定因素多、投资风险大，需要以系统、精准的信息提供正确的导向和决策的依据。对于从事粮食对外贸易和境外农业投资的单个企业来说，独立采集国内外相关信息有很大的难度，政府的一项重要职能是为企业的海外投资搭建起风险评估与预警的信息平台，而这一平台应该是一个集成化的境外农业资源开发与利用信息服务体系。所谓集成化的信息服务体系，是指把境外农业资源开发与利用所需的多种不同信息、不同手段按照某种方式融合在一起建立综合信息服务平台。

（一）境外农业资源开发与利用信息服务体系构建的原则

境外农业资源开发与利用信息服务体系建设的总体目标是，围绕农业对外贸易、农业"走出去"、农业国际合作对公共信息服务的需求，畅通信息服务渠道，完善服务内容和服务体系，为实现有效利用两个市场两种资源提供有力支撑。构建境外农业资源利用的信息服务体系应遵循以下五个原则。

一是科学规划。境外农业资源开发与利用信息服务体系建设是一项覆盖全球多个国家、涉及国内多个政府部门、牵涉全球各国多家企业的复杂的系统工程，需要以科学的规划为前提。一些政府部门的官方网站、微博等仅仅流于形式，提供的信息滞后，有效信息供给不足。

二是注重共享。强调"集成"和"共享"，就必须解决"信息孤岛"问题。以往国内各部门各自为政，服务对象、服务内容、服务方式等各不相同，粮食生产、粮食对外贸易、农业"走出去"的信息没有形成有效的共享和联动，各个政府部门、政府与企业、企业与企业之间的数据难以实现有效对接，既造成了大量的资源浪费，也没有满足企业的现实需求。共享的信息服务体系应该从更宽广的视野认识境外农业资源开发与利用信息体系的角色定位，使相关部门信息服务职能能够相互贯通、有机融合，形成立体式的信息服务体系。因此，必须打破各部门各自为政的"信息孤岛"格局，通过信息资源的互通有无，形成基于互联网和大数据，以跨政府职能为特征的信息服务平台。

三是讲究时效。在企业"走出去"的实践中，信息滞后和信息准确度不高，会导致企业决策失误。虽然一些地方在东道国设立了为企业服务的办事处或商会，但受条件限制，并不能有效掌握东道国的产业政策、税收政策、农业补贴政策、劳动力供需状况、市场潜力等。这就要求建设功能强大的信息服务平台，采用先进的信息化技术，提高智能化水平。

四是多方共建。建设境外农业资源开发与利用信息服务体系既是保障国家粮食安全的需要，又是降低国际化企业经营风险的客观要求，仅仅依靠政府的力量是不够的，需要多方协同，形成以政府为主导，相关行业协会、企业、相关组织等共建的格局，建设一个共享式、开放式的信息服务体系。

五是保障安全。境外农业资源开发与利用的核心在于建立共享平台，系统、设备、信息等任何环节的安全出现问题，都会带来损失。因此，要理顺信息的管理体制，强化监管制度，切实保障信息安全。

（二）境外农业资源开发与利用信息体系的基本架构

集成化的境外农业资源开发与利用信息体系在总体架构上应具有以下四个特点。

1. 以共享式大数据中心为基础

随着互联网和现代信息技术的发展，"互联网+粮食对外贸易""互联网+粮食境外直接投资"将成为我国统筹利用两个市场、两种资源的重要手段。集成式信息服务平台应建成一个功能强大且持续更新的共享式大数据中心，这一中心通过对各种信息资源进行整合，集成各相关部门在政治、经济、法律等方面所形成的信息，包括市场行情、经济发展、金融外汇市场等方面的信息，东道国投资政策、财政金融政策、市场准入规则、法律法规等方面的信息，国内外农产品生产、加工、储备、销售、需求、进出口贸易等信息，合作伙伴的实力、资信，目标市场国家的农业资源、农产品生产动态等信息，国外竞争对手的信息，等等。各类信息来源的主要途径是，中央、省（区、市）各级政府职能部门业务活动的信息生成，各类企业生产经营活动的信息生成，国际和地区组织国际公共事务的信息生成，外国政府组织经济社会事务的信息生成，各类非政府组织和其他组织业务活动的信息生成。在一些重要的粮食安全合作伙伴国家和地区，要设立市场信息采集站及时收集各类信息。通过线上和线下的有机结合，有效提高国际粮食贸易与投资的效率，降低交易成本。

2. 以"一站式"信息服务平台为重点

集成式公共信息服务平台由信息服务前台与后台两个部分组成。建设共享式大数据中心为实现信息共享创造了条件，但是这只是信息服务的"后台"，承担信息采集等任务；而信息服务前台是面向信息需求者的公共信息服务网站，负责信息的接收、信息的输出、信息服务结果的反馈。信息服务的前台网站应面向企业和社会提供信息全面、业务集成、服务到位的服务系统，成为持续更新、入口统一的"一站式"信息服务平台。信息服务的方式可以是多样的，例如，通过信息服务网络平台，及时在网上发布国际粮食贸易和投资的相关信息；建立贸易与投资的研究咨询系统；编制《农产品贸易与农业投资指南》、专项的信息服务目录、专题分析预测与研究报告，介绍投资对象国的农业资源和有关法律法规；提供汇率、利率走势等方面的专业分析和外汇保值服务，规避汇率风险；为供求双方建立交流和对话平台,为企业开通多元化的信息通道,为境内外开发主体准确把握市场商机提供全方位的信息服务。

3. 以先进技术的综合利用为支撑

先进技术的综合利用是建设集成化境外农业资源开发与利用信息服务体系的重要条件。在用好大数据技术、通信技术、人工智能技术的同时,应当通过网络技术,提高数据处理、高性能计算、资源共享的效能;通过网络安全技术确保政府和企业的信息安全;通过数据挖掘和数据库技术,对数据信息进行有效的提取、处理、注释、汇总、组织、分析和预测,从而汇聚不同的数据信息以提供公共服务。

4. 以规范的制度建设为保障

集成式境外农业资源开发与利用信息服务体系需要有一套规范的制度作保障。这一套制度应以《中华人民共和国政府信息公开条例》《政府信息共享管理办法》为依据,既要在部门内部和部门之间健全相应的管理制度,又要针对向外界提供的信息服务制定统一的规则和规范。比如信息服务主体的准入政策,需要从领域准入、形式准入、条件准入等方面对信息开发服务主体的资格、业务范围等进行规范。在信息披露上,需要建立境外农业资源开发与利用的信息发布制度。

(三) 集成化境外农业资源开发与利用信息服务的政策保障

一是境外农业资源开发与利用的信息服务体系共建共享政策。信息共建共享的首要任务是解决政府各部门之间、中央与地方之间、各地区之间、政府与企业之间存在的信息口径和标准不同的问题,要以公共信息标准化为基础,实现信息形成、信息采集、信息组织和信息服务等的标准化。

二是境外农业资源开发与利用的信息服务体系开放服务政策。要实现信息服务的开放,需要从机构设置、基础设施建设、服务渠道的贯通等方面创造条件。信息网络和信息服务平台的互联互通是一个前提,同时,信息开放服务要有必要的经费支持。

三是境外农业资源开发与利用信息服务体系的政府支持政策。需要政府从人、财、物等方面加大互联网等基础设施建设的投入,将5G、工业互联网、人工智能、区块链等先进技术应用在境外农业资源开发与利用信息服务体系建设上,推动跨国粮食产业向网络化、数字化、智能化方向发展,同时通过国际合作提升合作国家的电信基础设施建设水平,实现互联互通。

二 强化农业与粮食产业协会的组织和协调机制

发达国家的经验表明,农业"走出去"需要企业、行业组织等协同发力,才能取得实效。在美国、日本等发达国家,农业行业服务组织已经成为推进海外农业开发的重要力量。而我国在国际农产品贸易和境外农业投资方面,则主要是企业在发挥作用,行业协会所发挥的作用很有限。强化行业协会在推动境外农业资源开发与利用中的功能与作用,对于增强我国企业在海外的竞争力、开拓国际市场、规避经营风险、维护国家利益具有重要的意义。

(一)涉农类行业协会存在的主要问题

近年来,我国涉农涉粮的行业协会在数量上有较大的发展,服务领域涉及面比较广泛,但在发展中存在以下问题。

一是有些行业协会的角色定位不准。现有的行业协会大多数是由政府部门发起成立的,长期作为事业单位存在和发展,政府部门的负责人兼任行业协会负责人的情况普遍。中共中央办公厅、国务院办公厅2015年5月就印发了《行业协会商会与行政机关脱钩总体方案》,明确要求行政机关与行业协会从组织上、工作上、经济上和办公场所上完全分离,特别要做到人事任免和人员队伍的分离。虽然,近年来一些行业协会较好地实现了"转型","二政府"角色有所改变,但是有些行业协会还没有摆脱原有的行政色彩,在维护产业利益、支持企业参与国际竞争、组织企业开拓国外市场等方面发挥的作用十分有限。

二是行业协会的涉外服务职能亟待强化。长期以来,我国有关粮食与农业领域的行业协会的服务范围主要局限在国内。以具有代表性的中国粮食行业协会为例,该协会是我国粮食行业中会员企业数量最多、行业代表性较强、影响力较大的行业协会,但其工作内容主要涉及国内的行业管理,国际业务所占比重不大。而其他的许多涉农涉粮类协会尚未把统筹农业"走出去"等涉外工作摆上日程,主要工作是协调企业组织产品生产、标准执行、渠道拓展等。一些地方协会的主要工作聚焦于发挥地方粮油产业优势、凝聚行业力量、加快推进区域粮食品牌建设等方面。

三是境外农业资源利用的功能需要进一步深化。一些专门从事农业国际化交流的协会虽然主要工作是在涉外领域,但是需要进一步深入。以中国农业国际交流协会为例,该协会成立于1999年2月,旨在推进中国同世界各国(地区)在农业生产、科技、经贸、投资、人员、信息等方面的交流与合作,会员单位超过500家,核心会员单位有100多家。但从事的业务主要是制定行业规章,规范行业行为;提供农业咨询服务;打造农业国际交流网络信息平台;承办政府机构等委托或资助的国际交流与合作项目;参与和促进我国农业对外投资合作的有关活动;组织农业国际合作论坛和研讨会;组织参加国内外农业展览;组织农业国际交流考察;开展农业领域的人才培训和研修生项目活动;开展民间外交,举行中外乡村文化、体育、艺术及手工艺等交流展示活动。

(二) 行业协会参与不足带来的主要问题

一是在某些市场上出现无序竞争。在缺乏行业协会协调和干预的情况下,有些企业自律意识淡薄,到境外投资缺乏总体发展规划和明确的定位,短期内急于占领国际市场,在国外农业投资项目上对于国别选择、项目选择、合作伙伴选择等比较盲目,为了争夺项目相互压价,这不仅损害了自身的经济利益,而且损害了中国企业的形象,一些项目由于经营存在困难不得不中途下马;在农产品贸易中,出现本国同类企业的低价促销,导致农产品在出口中屡屡遭受反倾销起诉。1996年以来,我国连续多年成为世界反倾销头号目标国。

二是境外农业投资的层次不高。虽然我国在境外的农业投资已经覆盖种植、加工、仓储、物流、贸易等多个领域,但我国在农业领域基本上是企业独立到海外从事开发,成规模、有品牌的企业不多,与国际大粮商相比仍处于劣势。缺少一种力量把众多企业联合起来形成集团优势。由于企业总体实力比较薄弱,在资金不足的情况下融资困难,企业在国外开发的项目层次不高,技术含量比较低;除了缺少熟悉国际惯例和东道国法律等方面的人才之外,搜集国外信息的能力也有限;对于国际和东道国的经济发展情况、投资政策、金融和外汇市场也不熟悉,对东道国的语言文化环境更是知之甚少,在对外经营中不断遭遇困难,难以形成有效的核心竞争力。

三是不利于维护"走出去"企业的合法利益。在贸易保护主义盛行的背景下,西方少数国家的政府大肆散布"中国威胁论",甚至污蔑中国推行"农业新殖民主义",加大了我国企业"走出去"的阻力。企业常常遇到需要打官司的问题。由于单个企业势单力薄,很难向东道国立法机构或政府表达自身的利益诉求,更无法参与到同别国政府所进行的双边或多边贸易协定的谈判中去。

(三) 行业协会在境外农业资源开发与利用中的角色定位

随着我国境外农业资源开发和利用规模的不断扩大,需要尽快改变当前行业协会的发展与我国对外粮食贸易不相适应的状况,在明确行业协会角色定位的基础上,拓展其国际化服务的功能和作用,着力发展与国际接轨并在全球粮食行业有较大影响力的行业协会组织。笔者认为,行业协会在境外农业资源开发与利用活动中应该具有以下定位。

1. 与国际组织和各国行业协会的务实合作者

行业协会应充分利用协会渠道通畅的优势和行业影响力,建立与国际和区域行业组织的广泛联系,加强与国际组织(例如联合国粮农组织、国际粮食贸易联盟)的密切联系与务实合作,为中国企业"走出去"创造条件。与此同时,加强与世界各主要粮食生产和销售国家行业协会、国际大粮商的联系与合作,建立与国际组织和各国协会的信息共享机制,为农业对外合作搭建双多边交流平台;加强与各国进出口银行、国家开发银行等政策性银行,各驻华使馆和中国驻外使馆等的密切联系和长期合作,有效对接国家进出口银行、国家开发银行、中信保、丝路基金等政策性金融机构;还可以与重要的粮食合作国家和地区建立行业组织,充分发挥行业协会在政府和企业之间的桥梁和纽带作用,通过参与有关国际标准的制定,提高协会在国际粮食贸易中的话语权,积极反映中国粮食行业及会员企业的诉求,打造全球农业资源信息网络。

2. 中国参与国际粮食合作大平台的建设者

行业协会应立足于国家境外农业资源开发与利用战略的高度对行业资源进行整合。行业协会在拥有丰富资源和国际化经营经验的大型企业的带动下,可以统筹协调行业资源,搭建跨地区的国际合作大平台,组建中国粮食产业国际合作企业联盟,构建中国粮食产业"走出去"的"联合舰队"。行业协会还能通过将上、下游企业联合起来,实现大企业与中小企业的信息共享、协作发展,形成大型粮食集团带动产业公司、大型农场、农业新型经营主体和传统农户的一体化发展格局,有效提升对农业战略资源的掌控能力。横向上，形成全面协同地方政府、科研院所、金融资本、民营企业、集体经济组织及非政府组织的战略联盟。同时，通过协会把在东道国从事农业合作开发的企业组织起来，加强横向联系，改变中方企业各自为政、恶性竞争的不利局面，增强竞争力和话语权。

3. 粮食行业企业"走出去"的全方位服务者

当前，行业协会最重要的功能是为"走出去"企业提供服务，通过整合国家政策、金融、传媒、渠道等相关资源，为本行业中的企业提供包括业务咨询、员工培训、市场调研、市场开拓、政策法规、进出口贸易等在内的全方位服务。当前亟待解决的问题有以下几个方面，一是建设行业信息服务平台。要在广泛调查的基础上，对重要伙伴国的国情、法律法规、经济政策、合作伙伴信誉、市场规则等进行深入调查，通过完善行业数据库，为企业提供政策、市场、金融、项目、合作伙伴资信等方面的信息，解决企业的信息不对称问题。二是为企业提供涉外法律服务。与我国开展粮食与农业合作的国家的相关法律体系差异较大，有些国家的法律规范不完善，存在诸多法律风险，而许多企业缺乏涉外法律人才。为了规避潜在的法律风险，迫切需要行业协会建立专门的法律机构，推动法律服务"走出去"，为境外农业资源开发与利用提供有力的法律支持。三是帮助企业开拓国际市场。行业协会在支持企业参与国际竞争的同时，通过组织企业参加国际展会、研讨会、投资贸易洽谈会等活动，帮助会员企业及时了解国际粮食贸易动态，加强与国际组织、国际企业的技术交流和培训。四是完善行业自律制度。行业协会通过发挥产业协调和管理功能，指导、规范和监督会员企业在境外的生产经营活动，开展行业自律，避免同行恶性竞争。同时，设置行业准入门槛和技术标准，加强质量监督与管理，推动境外农业资源开发与利用。五是为"走出去"企业拓宽融资渠道。可以通过设立"走出去"发展基金为项目提供启动阶段的资金扶持，还可以利用直接融资、间接融资、商业贷款等措施，为企业解决融资困难。

4. 我国粮食产业"走出去"的利益代言者

行业协会作为本行业中所有企业利益的代言者，既要维护会员企业在国内的利益，也要维护会员企业在国外的企业利益、产业利益和国家利益。这就要求行业协会以民间组织的身份参与到我国有关法律及政策的讨论中，参与到我国政府同合作国政府的双边及多边贸易协定的谈判等活动中，积极参与东道国社会公共领域（投资、环保、税收、劳工政策等）的对话，通过多种方式向东道国政府反映本行业企业的总体利益要求及愿望，参与协调对外贸易和投资争议，开展贸易保护、市场损害调查、贸易纠纷协调。积极应对突发事件，组织会员企业对反倾销、反补贴和保障措施做好应诉、申诉等相关工作，帮助企业有效表达诉求，维护国家和企业的利益。

三 强化境外农业资源开发与利用风险预警机制

随着我国农业"走出去"进程的加快和规模的扩大，从事农产品贸易和境外农业投资的企业也将面临越来越复杂的国际和合作国家的政治、经济、法律、社会、文化等风险。因此，构建进口粮源保障体系的一项重要任务是建立健全境外农业资源利用风险预警机制，这一机制包括对两个方面的预警：一是对粮食对外贸易的预警，二是对开展农业国际产能合作的预警。

（一）建立粮食贸易与投资风险监测识别系统

及时收集全面准确的信息资料是进行预警的前提，应当建立粮食贸易与境外投资数据收集和监测平台。要建设基础数据库，搜集国内外农产品生产、储备、加工、价格、贸易、消费、政策等各方面的信息资料。这一监测平台应覆盖世界范围内粮食贸易、农业境外投资的相关信息，国际粮油市场供求状况及价格走势，建立官方权威信息发布制度。要运用大数据和人工智能技术，整合来自所有粮食安全合作国家的信息资料，形成一个覆盖全球的监测网络，建立一个跨部门的权威的粮食贸易和境外投资风险评估数据库，并及时进行动态更新。同时，建立企业定期信息报告制度。值得注意的是，这一风险监测识别系统应包括对我国国内有关信息的监测。当主要的粮食贸易伙伴国或我国出现自然灾害、产量波动时，要立即启动风险识别机制。

（二）完善粮食贸易与境外投资预警分析系统

分析系统是预警系统的核心，具体包括以下两个方面，一是预警指标体系。预警指标体系的系统性、科学性、全面性、可操作性都会直接影响预警的效果。预警指标体系的设计，应从跨国粮食产业链的角度，覆盖粮食生产、运输、储备、进出口贸易等各环节。二是警情评级方法。在建立预警指标体系的基础上，对各环节、各层次的安全警级进行划分。根据某种警情对我国粮食安全的潜在影响程度进行分级，可以分为无警（安全）、轻警（轻度风险）、中警（中度风险）、重警（高度风险）、巨警（危机）五个等级，确定各个指标警级警限的取值期间，形成快速反应的大宗农产品进口监测与产业损害预警体系。

（三）健全粮食贸易与投资风险评估预报系统

要在信息收集的基础上进行适时的预警评价，为防范风险提供指导和服务，这就要求建立严密的预警制度。通过及时发布预警分析系统的结果，为决策部门和企业提供可靠的预测信息，预报贸易安全程度。针对预报系统发出的警情，国家有关部门需要根据风险评级，对粮食进出口和境外农业投资政策进行调整。在"重警""巨警"发生的非常时期，需要中央政府直接实施进出口调控，保证决策时效，确保粮食进口安全。如果国内某粮食主产区出现突发自然灾害，导致粮食出现较大面积减产，就要采取措施。要特别重视对大宗农产品进口规模、时机的监测，关注可能导致产业损害的"非需要进口"，形成重要农产品进口风险监测和快速反应机制，为保障国家粮食安全筑牢"屏障"。

四　强化境外投资和贸易法律保障机制

完善相关法律法规是保障经济主体利益及我国粮食进口安全的最直接和最有效的手段，鉴于不同国家对于引进外资、土地、劳动、农产品贸易等的法律制度有较大的差异，建立和完善我国企业开展国际投资的法律体系势在必行。

（一）我国保护海外投资的立法情况及存在的问题

我国境外农业资源开发与利用的法律法规主要由国务院各部门、各委员会颁布的行政规章和条例等构成，各类层级不同的法律文件对我国境外投资行为起到了重要的规范作用，但这些制度并没有上升到国家法律层面，其具体包括以下几个方面。

1. 关于对外投资的制度

关于对外投资的制度主要包括：1999年颁布的《境外投资企业的审批

程序和管理办法》；2014 年颁布的《境外投资项目核准和备案管理办法》，2016 年又进行了局部修改；2014 年颁布的《境外投资管理办法》；等等。这些制度对实施境外投资主体的资格审查非常严格，不利于非公有制企业、自然人等"走出去"，也没有明确由哪个机构对境外投资审批工作进行统一的协调和管理，从而导致多头管理和效率低下。此外，对境外投资的保险制度基本上是缺失的，当企业在境外的投资面临政治风险时，维权困难很大，追偿成本较高。

2. 关于税收管理的制度

这方面的制度主要包括 1997 年颁布的《境外所得计征所得税暂行办法》，1998 年颁布的《关联企业间业务往来税务管理规程》，2001 年颁布的《税收征收管理办法》和实施细则，2004 年颁布的《关联企业间业务往来预约定价实施规则（试行）》，2010 年下发的《关于企业境外所得税收抵免有关问题的通知》等。

3. 关于外汇管理的制度

境外投资和扩大相关业务往往需要巨额的外汇资金。这方面的相关制度主要有 2008 年颁布的《外汇管理条例（修订稿）》，2009 年颁布的《境内机构境外直接投资外汇管理规定》，2015 年颁布的《跨国公司外汇资金集中运营管理规定》等。现行规定对资本项目的外汇管制过于严格，使得企业从国家购买外汇的难度很大。尤其是对国有企业和民营企业采用了双重标准，加剧了有潜力"走出去"的民营企业的融资难问题。此外，现行制度对境外商业融资的管控较为严格，企业常常因为难以获得所需要的资金而陷入困境。外汇管理以交易性的监管为主，不适应我国海外投资发展的要求。

4. 关于国有资产管理的制度

在《宪法》《刑法》《公司法》《民法通则》和有关行政法规中都有对境外国有资产管理的相关规定，包括 1996 年颁布的《境外投资财务管理办法》，1996 年颁布的《境外国有资产产权登记管理暂行办法实施细则》，1993 年、2003 年颁布的《境外国有资产管理暂行办法》等。这些制度比较关注事前审批环节，而对事后的监督管理重视不够。

5. 关于海外投资保险制度

在农业"走出去"过程中，我国涉农企业在海外经营面临的不确定性因素也相对较多，机遇与风险并存。这方面的立法十分薄弱，1995年10月实施，之后又经过修订的《保险法》并没有将境外投资纳入其中。2001年，国务院决定组建中国出口信用保险公司。2005年国家发展改革委、中国出口信用保险公司发布了《关于建立重点境外投资项目风险保障机制有关问题的通知》。2002年，中国出口信用保险公司发布了《投保指南》，推出海外投资保险业务，对企业在境外可能遇到的征用险、战争险、汇兑限制险等，明确了承保条件。2009年以来，商务部先后组织编写了几个版本的《对外投资合作国别（地区）指南》，对企业实施跨国经营的风险给予了提示，但该指南不具备法律效力。

（二）完善境外投资和贸易法律制度的对策

构建起较为完备的国内支持法律和制度，是促进中国粮食贸易、增强中国粮食产品竞争实力、实现粮食国际贸易可持续发展的必由之路。随着我国农业"走出去"的步伐加快，海外农业生产面临的不确定性也更多，急需相关法律保障"走出去"经营主体的切身利益。通过不断完善相关立法，为保障进口粮源各环节、各经济主体的利益提供法律依据。同时，法律的制定还要考虑到合作国家或粮食贸易伙伴国的政治、法律环境。

1. 构建具有中国特色的贸易与境外投资法律制度体系

要构建一部以基本法为核心、以若干单行法为辅助的海外投资与贸易法律制度体系。首先，在2011年出台的《中央企业境外国有产权管理暂行办法》的基础上，对现有分散的行政规章进行整合，出台《海外投资管理法》，规定海外投资法律的立法宗旨、目标、基本原则、统一的管理部门及其他主要内容，规范政府部门的管理职责，海外投资企业的权利与义务，以及鼓励和限制性措施。在立法的价值取向上，要由严格管控转向鼓励和保护，积极推动企业"走出去"。

其次，逐步完善与《海外投资管理法》相衔接的法律制度体系，适时出台"海外投资所得税法""海外投资公司法""外汇管理法""海外投资保险法""对外援助法"等，法律制度的完善为我国在海外从事投资的企业提供了法律保护。同时，也规范了企业对外投资的行为，明确了监管职责。

最后，推进重要合作区域的法治化进程。推进"一带一路"、金砖国家、上合组织等的法治一体化进程，建立健全多双边法律冲突协调解决机制、风险防范法律保障机制和争端解决法律保障机制，为区域粮食安全合作创造良好的法律环境。

2. 适时出台包含规范粮食贸易内容的"粮食安全法"

十一届全国人大常委会首次提出制定粮食安全基本法，并且已经向社会公布意见稿，当时该法律被命名为"粮食法"。粮食安全法律保障体系是一个大系统，包括粮食的生产、流通、储备、贸易和消费等多部门的法律制度以及粮食的安全预警机制，它们是相互依存、相互制约的统一整体。

我国《农业法》只是对农产品流通性质进行规定，但是对实践中具体细节的规定不清晰，尤其是在粮食贸易环节。粮食安全问题涉及粮食问题及粮食安全问题两个方面，笔者认为更名为"粮食安全法"更为合适，并将规范粮食贸易的内容纳入其中。此举对于提高我国"走出去"企业的抗风险能力，同时对于完善我国农产品贸易方面的法律机制具有重要的推动作用。

目前，我国粮食市场受国际市场的冲击比较严重，基于这样的背景，除了原则性的法律以外，还需要出台具体措施进行管控，比如农产品进口关税配额管理。构建流通机制和价格机制，与政府适时干预相结合，对粮食贸易进行有效管理，确保国内粮食安全和国内消费者及经营主体的切实利益。应在"粮食安全法"这一基本法的指导下，进一步完善粮食对外贸易和境外农业投资等相关法律制度，从法律层面保障我国进口粮源的安全和稳定。

3. 建立健全境外投资保险及审查制度

目前我国尚未建立与境外农业资源利用相关的保险制度，使得境外投资企业在遇到各类风险时，难以得到相应的保护。"二战"以后，西方发达国家陆续建立保险制度，为其进行海外投资提供了坚实的保障。我国应结合实际，发挥政府和市场的优势，构建具有中国特色的境外农业资源利用保险制度。

一是尽快出台"海外投资保险法"，使我国企业的海外投资保险有法可依。规范界定境外农业资源利用保险的业务范围、机构设置、资金来源、操作办法、实施规则等，以法律的方式规范境外农业资源利用业务。二是设立境外农业资源利用风险基金，用于为企业开拓国际市场提供各种补贴、贴息和紧急援助等。风险基金可以直接补贴境外投资企业，也可以补贴从事境外农业开发业务的保险公司。三是政策型保险和商业保险并重。鼓励各类保险公司扩大保险覆盖面、提高保险额度，降低境外农业投资面临的各种风险。政府可以通过补贴方式鼓励保险公司设立专门针对农业对外投资的险种，主要承保境外农业投资可能发生的非常风险，包括汇率风险、税收风险、灾害风险、战争风险和政治风险等。四是完善担保方式。解决境外农业投资企业的融资担保问题，在抵（质）押、银行风险金提取等方面给予支持。五是与东道国在保险领域开展合作。引进经营农业保险业务的外资保险公司，在实践中学习和借鉴外资保险公司的先进经营理念和保险模式。六是做好农业"走出去"项目的审查工作，根据不同国家的农业准入准则设立审查标准，对"走出去"项目进行逐一审查、评估，为通过审核的项目提供风险、投资回报分析等服务，加强对海外项目的监管。

五 强化高端智库与国际化人才培育机制

当今世界经济和社会发展的核心资源是人力资源。充分利用国际国内两个市场两种资源，需要一大批国际视野宽、专业能力强的国际化人才。我国在这方面存在的突出问题，一是缺乏具有国际视野并通晓国际规则的复合型人才，从事相关工作的人员对农产品贸易知识、东道国政策和市场情况不熟悉，一些项目因策划不当和管理问题而陷入困境；二是缺乏熟悉法律和外语的专业人才；三是对境外农业资源利用战略缺乏研究，也缺乏有效的人才培养规划。为了适应境外农业资源开发与利用的需要，加强高端智库与国际化人才培育机制迫在眉睫。

（一）加强境外农业资源开发与利用新型智库建设

当前，境外农业资源开发与利用有许多亟待研究的重要课题。智库不仅通过专业研究为政府制定政策提供咨询建议，还可以承接企业委托的应用型课题，为推进农业国际产能合作提供指导和帮助。

要依托国际组织、我国和合作国家的政府有关部门、高等院校、科研院所和企业，按照建立开放型国际智库的思路，建立高水平的境外农业资源开发与利用新型智库，在国务院发展研究中心、农业农村部对外经济合作中心、中国农业大学、中国农业科学院等单位建立研究和培训基地，建立境外农业资源利用与开发专家咨询工作组；与国际非政府组织在项目实施、联合研究等方面开展合作；同时利用第三方信息咨询公司等单位的智力资源，针对境外农业资源利用与开发中需要解决的问题开展研发工作，提供具体的项目服务。

境外农业资源利用与开发智库应致力于建成战略研究机构，重点研究不同国家的农业资源状况和需求；制定我国境外农业资源利用的中长期发展规划，明确优先合作领域的重点任务；为农产品进出口贸易和境外农业投资提供宏观指导和决策支持，有针对性地开展重点专题咨询，提供高质量的决策咨询报告。在智库的运行方式上，可以通过项目研究、论坛、培训、实地考察等形式，开展深入研究并提出相应的对策，为政府和企业提供决策支持；要建立智库与企业的合作研究机制，开展资助项目研究，针对粮食对外贸易、农业国际产能合作中的困难、问题与利益诉求，提出解决方案。

（二）实施五项国际化人才培育计划

根据境外农业资源开发与利用对各类人才的需求，建议实施以下五项国际化人才培育计划。

一是具有国际视野的复合型战略决策人才培育计划。选派管理和业务骨干到国内外行业龙头企业、大学和培训机构参加高层次培训学习，使他们成为具有高远的全球战略眼光、较强的国际市场开拓能力、较高的国际经营谋略的优秀企业家。

二是创新型国际化经营决策人才培育计划。培育熟悉国际粮食市场和国际贸易与投资规则，善于进行贸易与投资谈判，通晓合作国家和地区市场运行规则，熟悉当地法律法规政策的复合型人才，建立具有国际视野、知识面广、业务精湛的国际企业经营管理人才队伍。

三是中青年专业技术人才培育计划。以提高专业水平和创新能力为核心，以境外农业投资科研项目为平台建设科技创新团队。可以依托科研项目搭建培养青年人才的平台，鼓励地方政府、大中型企业实施科技人才扶持计划，并给予其一定的项目资金支持。

四是农业国际合作外事人才培育计划。这类人才包括农业外交官、农业国际组织职员、从事农业国际合作的管理人才等。可以通过选派优秀员工参加学术交流、国际合作项目、短期培训等方式提高其国际化素养，使他们通晓国际规则，能够熟练运用外语进行交流和商务谈判，懂技术，会管理，成为优秀的国际化专业人才。

五是粮食高技能人才培育计划。要重视对粮食高技能人才职业素质和职业技能的培训，要使其掌握现代农业技术、现代粮油加工技术、现代粮食仓储技术、现代粮食物流技术、现代粮食品质检验技术等综合技术。这类人才的培育可依托高等职业学校、技工院校、职业培训机构、职业技能鉴定机构和大型骨干企业来实施。

（三）拓宽国际化人才培育的途径与方式

1. 建立联合培养人才的科教协作平台

充分利用国际高端智力资源，集聚顶尖人才，与FAO等国际组织、主要粮食贸易伙伴国政府共建科教协作平台，使之具有以下功能。一是信息交流的平台。成为覆盖各国相关企业、专家、技术、产品等的信息共享平台，做到信息互联互通，实现专家资源的开放和共享。二是学术交流和产品推介的平台。定期或不定期举办学术交流和技术产品发布活动等。三是联合培养人才的平台。切实加强与FAO等国际组织的密切合作，与合作国家互派访问学者，联合培养研究生，定期或不定期举办形式多样的技术和管理人员培训班。

2. 健全"订单式"培养的国际化人才培育基地

有计划地遴选高水平的高等院校和科研院所，建设一批粮食行业国际化人才教育培训基地。涉粮高等院校要充分发挥人才高地的优势，主动适应国际粮食人才需求，开展适应国际化经营的新农科、新工科、新文科专业建设，实施跨学科的复合型人才培养，创新人才培养模式，深化专业与课程改革，优化人才培养目标和课程体系。在培训方式上，既有脱产培训，又有在职培训；既有长期培训，又有短期培训；既有现场的线下培训，又有远程的线上培训；既有"走出去"培训，又有"请进来"培训。同时，依托高校和科研院所的国家工程实验室、工程技术中心、重点实验室，建立协同创新平台和技术创新联盟，构建产学研用相结合的协同育人模式，共同攻克重大关键技术难题。依托国际化人才培育基地，定期举办交流论坛等，丰富人才培养的内容和形式。结合实际，建立粮食安全政策智库，围绕境外农业资源利用的重大理论和实践问题，开展政策研究和决策咨询。

3. 实施"引进来"与"走出去"相结合的人才政策

一方面多措并举"引进来"。进一步完善鼓励国外高层次人才来华工作的政策，吸引国外专家来我国开展联合研究，壮大境外农业资源开发与利用的合作专家团队；鼓励高校、科研院所、企业采用咨询、兼职、项目合作、学术交流或设置创新型岗位等形式，在更大范围内引进急需紧缺人才。另一方面选择时机"走出去"。选派优秀人才和专家到FAO等国际组织任职，提高我国参与国际粮食和农业事务的话语权，在服务我国外交的同时，为境外农业资源利用创造条件。支持并鼓励国内粮食科研人员与国外研究机构开展联合研究，解决粮食科技领域的难点问题。

4. 健全以国际人才培育基金为引导的多元化投入保障机制

建议设立境外农业资源利用与开发人才培育基金，对国际化人才培育提供资金支持，形成政府、用人单位、社会和个人多方投入的多元化投入机制，为紧缺的国际化人才培养和引进提供支持。同时，积极争取国家人才工程经费，要安排配套经费支持重点人才工作，对优秀人才和科研团队要建立持续的经费支持机制。

5. 健全人才分类管理的定期考核与跟踪评价制度

建立分类管理的人才库，根据不同涉农领域人才的特点，科学设定人才评价指标，定期对境外农业资源开发与利用的阶段目标、项目实施进度、成效与存在的问题等进行评估，对从事科学研究、工程技术、经营管理、市场开拓、外经外贸等的不同人才实施分类考核评价。建立健全引进高层次海外科技人才的激励政策，创造能够吸引人才、留住人才的良好环境，将物质奖励与精神奖励结合起来，建立助推粮食科技人才成长的长效机制。

参考文献

[1] Ahmed M, Lorica M H. 2002. "Improving Developing Country Food Security through Aquaculture Development—lessons from Asia." *Food Policy*.

[2] Alessandro Bonanno, etc. 2000. "Global Agro—Food Corporations and The State: The Ferruzzi Case." *Rural Sociology*.

[3] Al-Saleh I, Abduljabbar M. 2017. "Heavy Metals (Lead, Cadmium, Methylmercury, Arsenic) in Commonly Imported Rice Grains (Oryza sativa) Sold in Saudi Arabia and Their Potential Health Risk." *International Journal Of Hygiene And Environmental Health*.

[4] Anderson K, Jackson L. A. GM. 2005. "Crop Technology and Trade Restraints: Economic Implications for Australia and New Zealand." *Australian Journal Of Agricultural And Resource Economics*.

[5] Anonymous. 2011. "Analysis Shows Grain Trade should Grow Rapidly." *Southeast Farm Press*.

[6] Arpaia S, Birch ANE, Chesson A, et al. 2015. "Scientific Opinion on Application (EFSA-GMO-DE – 2011 – 95) for the Placing on the Market of Genetically Modified Maize 5307 for Food and Feed Uses, Import and Processing under Regulation (EC) No 1829/2003 from Syngenta Crop Protection AG." *Efsa Journal*: UNSP 4083.

[7] Bell C, Rich R. 1994. "Rural Poverty and Aggregate Agricultural Performance in Post-independence." *India Oxford Bulletin of the Economics and Statistics*.

[8] Brautigam D. 2009. *The Dragon's Gift: the Real Story of China in Africa*. New

York: Oxford University Press.

[9] Brown Lester R. 1995. *Who Will Feed China? Wake-up Call for A Small Planet.* New York: W. W. Norton & Company.

[10] Candel, Jeroen J. L. 2014. "Food Security Governance: A Systematic Literature Review." *Food Security.*

[11] Cheung Y, Qian X. 2009. "The Empirics of China's Outward Direct Investment." *Pacific Economic Review.*

[12] Cressey P. J. 2009. "Mycotoxin Risk Management in New Zealand and Australian Food." *World Mycotoxin Journal.*

[13] FAO. 2012. "FAO Calls for Strengthened Food Security Governance." http://www.fao.org/news/story/en/item/162391/icode/.

[14] FAO. 2012. *The State of Food Security in the World.* Rome: FAO.

[15] FAO. 2009. *Global Governance of Food Security.* Rome: FAO.

[16] FAO. 2001. *Good Food Security Governance: The Crucial Premise to the Twin-Track Approach Background Paper.* Rome: FAO.

[17] Frank Fuller, Cheng Fang. 2001. "China's Accession to the WTO: What Is at Stake for Agricultural Markets?" *Center for Agricultural and Rural Development.*

[18] FRENCH H W. 2014. *China's Second Continent: How A Million Migrants are Building A New Empire in Africa.* New York: Alfred A. Knopf.

[19] Global Forum on Food Security and Nutrition. 2011. "Global Governance for Food Security: Are the Current Arrangements Fit for the Job?" http://www.fao.org/fsnforum/sites/default/files/file/68_global_governance/SUMMARY%20Global%20Governance.pdf.

[20] Gregory Chin. 2011. "Realiging Global Governance: Regionalism in China's Financial Rise." *Harvard Asia Quarterly.*

[21] Harrigan, J. 2014. *The Political Economy of Arab Food Sovereignty.* New York: Palgrave Macmillan.

[22] Hendrik J. Bruins, Feng Xian Bu. 2006. "Food Security in China and Contingency Planning: the Signi? Cance of Grain Reserves." *Journal of Contingencies and Crisis Management.*

[23] Kimoon, Ban, Muller, Marianne. 2010. "High Level Task Force on the Global Food Security Crisis." *Updated Comprehensive Framework for Action.*

[24] Htin Linn Aung. 2016. "Joint Survey Set to Track Wastage in Rice Industry Joint." http://www.mmtimes.com/index.php/business/21234-joint-survey-set-to-track-wastage-in-rice-industry.

[25] Ingram, John. 2011. "A Food Systems Approach to Researching Food Security and Its Interactions with Global Environmental Change." *Food Security.*

[26] Islam Y, Malik S. 1996. "Food Security and Human Development in South Asia: An Overview." *Journal Asian Economics.*

[27] Jessica Duncan. 2015. *Global Food Security Governance: Civil Society Engagement in the Reformed Committee on World Food Security.* New York: Routledge.

[28] Johnson D G. 1998. *Food Security and World Trade Prospects.* American: *Journals of Economics.*

[29] Klaus Schwab. 2016. "The Global Competitiveness Report 2016 – 2017." http://www3.weforum.org/docs/GCR2016 – 2017/05Full Report/The Global Competitiveness Report2016 – 2017_ FINAL. pdf.

[30] Li Chenggui and Wang Hongchun. 2002. "China's Food Security and International Trade." *China and World Economy.*

[31] Lmay, P. 2013. *The Geneva Consensus: Making Trade Work for Us All.* Cambridge. UK: Cambridbe University.

[32] Margulis, Matias E. 2013. "The Regime Complex for Food Security: Implications for the Global Hunger Challenge." *Global Governance* 19.

[33] Margulis M. E. 2017. "The Global Governance of Food Security." *Palgrave Handbook of Inter-Organizational Relations in World Politics.* London: Palgrave Macmillan.

[34] Mclarn. 2000. "Globalization and Vertical Structure." *American Economic Review.*

[35] MichelFoucaul. 1990. *The Will to Knowledge: The History of Sexuality.* London: Penguin.

[36] Mingjiang Li. 2011. "Rising from within: China's Search for a Multilateral World and Its Implications for Sino-US Relations." *Global Governance.*

[37] Minten B, Barrett C B. 2008. "Agricultural Technology, Productivity, Poverty and Food Security Madagascar." *World Development* 36.

[38] Mottaleb K. A., Singh P. K., Sonder K. et al. 2018. "Threat of Wheat Blast to South Asia's Food Security: An Ex-ante Analysis." *PLOS ONE* 13.

[39] OECD, FAO. 2017. "Agricultural Outlook 2017-2026." https://stats.oecd.org/Index.aspx? DataSetCode = HIGH_AGLINK.

[40] Pandi J, Glatz P, Forder R. et al. 2016. "The Use of Sweet Potato Root as Feed Ingredient for Broiler Finisher Rations in Papua New Guinea." *Animal Feed Science And Technology* 214.

[41] Pw C. Crunch. 2013. "Time For Brazilian Infrastructure." https://www.pwc.com/gx/en/capital-projects-infrastructure/pdf/brazil-article.pdf.

[42] Raj Patel. 2008. *Stuffed and Starved: Markets, Power and the Hidden Battle For the World Food System.* Beijing: the Oriental.

[43] Robert Niblett. 2017. "Liberalism in Retreat." *Foreign Affairs.*

[44] Slaughter, Anne-Marie. 1997. "The Real New World Order." *Foreign Affairs* 76.

[45] Sugiura K., Yamatani S., Watahara M. and et al. 2009. "Ecofeed, Animal Feed Produced from Recycled Food Waste." *Discover the World's Research* 45.

[46] TerryTerriff, Stuart Croft, Lucy James and Patrick Morgan. 2000. *Security Studies Today.* England: Cambridge Polity Press.

[47] ThanNaing Soe. 2017. "Myanmar Rice Price Falls as Chinese Demand Slows." http://www.mmtimes.com/index.php/business/21256-myanmar-rice-price-falls-as-chinese-demand-slows.heml.

[48] TonyWeis. 2017. *The Global Food Economy: The Battle for The Future of Farming.* Fernword Publishing.

[49] Ole, Bergesen helge. 1980. "A New Food Regime: Necessary But Impossible." *International Organization* 34.

[50] UNCTAD. 2017. *World Investment Report* 2017: *Investment and the Digital*

Economy. The United States of America: United Nations Publication.

[51] W. S. Yu and H. G. Jensen. 2010. "China's Agricultural Policy Transition: Impacts of Recent Reforms and Future Scenarios." *Journal of Agricultural Economics*.

[52] Wen Xiaowei, Yang Zhaohui, Dong Hui et al. 2018. "Barriers to Sustainable Food Trade: China's Exports Food Rejected by the US Food and Drug Administration 2011 – 2017." *Sustainability* 10.

[53] 安春英，2017，《"一带一路"背景下的中非粮食安全合作：战略对接与路径选择》，《亚太安全与海洋研究》第 2 期。

[54] 安毅，高铁生，2013，《世界格局调整中各国确保粮食安全的贸易、流通与储备政策》，《经济研究参考》第 56 期。

[55] 白锋哲，吕珂昕，2017，《开放合作引领农业走向世界——党的十八大以来农业国际合作成就综述》，《农民日报》2017 年 9 月 23 日。

[56] 白石，梁书民，2007，《世界粮食供求形势与中国农业走出去的战略》，《世界农业》第 11 期。

[57] 白石和良，刘启明，2001，《中国的粮食安全保障和粮食贸易政策》，《世界农业》第 3 期。

[58] 毕海东，2019，《全球治理地域性、主权认知与中国全球治理观的形成》，《当代亚太》第 4 期。

[59] 布娲鹣·阿布拉，2008，《中亚五国农业及中国农业的互补性分析》，《农业经济问题》第 3 期。

[60] 蔡承智，陈阜，徐杰，梁颖，2002，《作物产量潜力及其提高途径探讨》，《农业现代化研究》第 6 期。

[61] 蔡承智，陈阜，2004，《中国粮食安全预测及对策》，《农业经济问题》第 4 期。

[62] 蔡拓，2015，《全球治理的反思与展望》，《天津社会科学》第 1 期。

[63] 曹海霞，2019，《中非农业合作开启新征程》，《国际商报》12 月 26 日。

[64] 陈晨，2008，《中国粮食进出口战略研究》，硕士学位论文，华东师范大学。

[65] 陈东晓，叶玉，2017，《全球经济治理：新挑战与中国路径》，《国际问题研究》第 1 期。

[66] 陈芬菲，李孟刚，2011，《我国粮食安全的国际风险源探讨》，《中国流通经济》第 2 期。

[67] 陈芬森，2001，《国际农产品贸易自由化与中国农业市场竞争策略》，中国海关出版社。

[68] 陈俭，2014，《中国与中亚五国农业经贸合作模式》，硕士学位论文，新疆农业大学。

[69] 陈绍充，王卿，2006，《中国粮食安全系统对策研究》，《农村经济》第 5 期。

[70] 陈伟光，王燕等，2017，《全球经济治理与制度性话语权》，人民出版社。

[71] 陈阵，2006，《中国粮食贸易现状分析及政策选择》，硕士学位论文，吉林大学。

[72] 成思情，2020，《中国—东盟自贸区区域经济合作浅议》，《合作经济与科技》第 2 期。

[73] 程国强，朱满德，2013，《中国粮食宏观调控的现实状态与政策框架》，《改革》第 1 期。

[74] 程国强，朱满德，2014，《中国农业实施全球战略的路径选择与政策框架》，《改革》第 1 期。

[75] 程国强，2015，《"一带一路"对中国农业的影响》，《中国财经报》6 月 30 日。

[76] 程国强，2018，《放眼全球 构建开放型农业体系》，《农民日报》6 月 22 日。

[77] 程国强，2015，《构建"一带一路"国际智库网络》，《光明日报》4 月 22 日。

[78] 程国强，2013，《全球农业战略——基于全球视野的中国粮食安全框架》，中国发展出版社。

[79] 程国强，2014，《日本海外农业战略的经验与启示》，《农村经济》第 6 期。

[80] 程国强，2005，《世界贸易体系中的中国农业》，《管理世界》第 5 期。

[81] 程国强，2012，《我国农业对外开放的影响与战略选择》，《理论学刊》第 7 期。

[82] 程永林，黄亮雄，2018，《霸权衰退、公共品供给与全球经济治理》，《世界经济与政治》第 5 期。

[83] 初冬梅，2017，《"一带一路"与中国农业"走出去"》，社会科学文献出版社。

[84] 崔海宁，2013，《东亚粮食安全合作进程：机制建设、问题与中国对策》，《东南亚研究》第 5 期。

[85] 崔亚平，2007，《日本粮食安全保障机制给我们的启示》，《农业经济》第 12 期。

[86] 戴维·达皮斯，外媒：七大因素影响全球粮食安全，https://world.huanqiu.com/article/9CaKrnJqo7Z。

[87] 党立斌，刘明慧，2015，《发挥粮农三机构平台作用促进我国农业"走出去"》，《经济纵横》第 2 期。

[88] 丁华，高詹，2008，《中国国际采购大豆供应链的渠道与主要节点》，《改革》第 9 期。

[89] 丁声俊，朱立志，2003，《世界粮食安全问题现状》，《中国农村经济》第 3 期。

[90] 丁声俊，2014，《治理"稻强米弱"：根本途径是"两只手"最佳结合》，《价格理论与实践》第 11 期。

[91] 董玉溪，2019，《"一带一路"背景下粮油企业"走出去"风险评价》，硕士学位论文，西北农林科技大学。

[92] 杜建斌，2017，《加强行业服务组织建设 加快农业"走出去"步伐》，《农业部管理干部学院学报》第 6 期。

[93] 杜隽涵，2013，《我国粮食贸易的现状与发展研究》，硕士学位论文，辽宁师范大学。

[94] 鄂昱州，2017，《我国农业供给侧改革的目标设定与实现途径》，《商业研究》第 12 期。

[95] 范丽萍，2013，《中国与中东欧国家农业经贸合作探析》，《世界农业》第 2 期。

[96] 封永平，2013，《中国企业境外投资的政治风险及规避策略》，《学术论坛》第 2 期。

[97] 冯惠玲，周毅，2010，《论公共信息服务体系的构建》，《情报理论与

实践》第 7 期。

[98] 弗里德里克. 科鲁克，1995，《中国真能使世界挨饿吗?》，《中国粮食经济》第 4 期。

[99] 复旦大学金砖国家研究中心，2015，《全球发展中的金砖伙伴关系》，上海人民出版社。

[100] 甘培忠，2012，《国家经济安全法律保障制度研究》，法律出版社。

[101] 高铁生，2013，《我国粮食安全形势与政策建议》，《经济研究参考》第 28 期。

[102] 高燕，2018，《发挥东盟博览会平台作用 服务"一带一路"建设》，http://www.xinhuanet.com/fortune/2018-07/17/c_129915162.htm。

[103] 高颖，田维明，张宁宁，2013，《扩大农产品市场开放对中国农业生产和粮食安全的影响》，《中国农村经济》第 9 期。

[104] 葛结根，2004，《粮食安全：一个基于持续、稳定发展的经济学发展框架》，《农业经济问题》第 4 期。

[105] 龚斌磊，2019，《中国与"一带一路"国家农业合作实现途径》，《中国农村经济》第 10 期。

[106] 龚冠华，2019，《简议 WTO 争端解决机制的现代化改革》，《东南大学学报》（哲学社会科学版）第 12 期。

[107] 顾丽姝，2014，《中国对东盟新四国直接投资研究》，硕士学位论文，东北财经大学。

[108] 顾善松，2014，《中粮集团"走出去"案例研究》，中国发展出版社。

[109] 顾尧臣（译），2009，《世界粮食生产、流通和消费》，中国财政经济出版社。

[110] 广东国际战略研究院课题组，2014，《中国参与全球经济治理的战略：未来 10-15 年》，《改革》第 5 期。

[111] 郭百红，2019，《"一带一路"倡议下中国境外农业经济合作与利益共享机制》，《改革与战略》第 5 期。

[112] 郭朝先，邓雪莹，皮思明，2016，《"一带一路"产能合作现状、问题与对策》，《中国发展观察》第 6 期。

[113] 郭洁，2017，《中国与拉丁美洲的农业合作》，中国社会科学出版社。

[114] 郭锦辉，2018，《我国粮食供给充裕 市场需求能够有效满足》，《中

国经济时报》7月30日。

[115] 国家发展和改革委员会，2003，《2004年粮食、棉花进口关税配额数量、申请条件和分配原则》，http：//www. mofcom. gov. cn/aarticle/bh/200312/20031200157344. html。

[116] 国家发展和改革委员会，2008，《国家粮食安全中长期规划纲要（2008-2020年）》，http：//www. gov. cn/jrzg/2008-11/13/content_1148414. htm。

[117] 国家发展和改革委员会，国家粮食和物资储备局，财政部，农业农村部，中国人民银行，中国银行保险监督管理委员会，2018，《关于印发小麦和稻谷最低收购价执行预案的通知》，http：//www. gov. cn/xinwen/2018-05/19/content_5292117. htm。

[118] 国家发展和改革委员会，外交部，商务部，2015，《推动共建丝绸之路经济带和21世纪海上丝绸之路的愿景与行动》，http：//www. xin-huanet. com//world/2015-03/28/c_1114793986. htm。

[119] 国家发展和改革委员会负责人，2017，《2017"一带一路"国际合作高峰论坛上的介绍》，《经济日报》8月18日。

[120] 国家粮食局北京粮食科学研究院，2018，《将粮食科技合作列入"一带一路"倡议国家规划重要内容》。

[121] 国家统计局，2020，《中华人民共和国2019年国民经济和社会发展统计公报》，http：//www. stats. gov. cn/tjsj/zxfb/202002/t20200228_1728913. html。

[122] 国务院发展研究中心，2017，《粮食供求关系及粮食安全问题研究》。

[123] 国务院新闻办公室，2019，《中国的粮食安全》白皮书，http：//www. scio. gov. cn/ztk/dtzt/39912/41906/index. htm。

[124] 郭修平，2016，《粮食贸易视角下的中国粮食安全研究》，硕士学位论文，吉林农业大学。

[125] 韩璟，卢新海，2017，《粮食安全视角下的中国海外耕地投资保障体系研究》，《中国软科学》第2期。

[126] 韩俊等，2014，《中国粮食安全与农业"走出去"战略研究》，中国发展出版社。

[127] 韩庆祥，2017，《为世界和平发展贡献"中国方案"》，《经济日报》

7月8日。

[128] 韩一军，2015，《农产品关税配额研究（下）》，《世界农业》第10期。

[129] 韩永辉，邹建华，2014，《"一带一路"背景下的中国与西亚国家贸易合作现状和前景展望》，《国际贸易》第8期。

[130] 韩长赋，2018，《推动中非农业合作再上新台阶》，《吉林农业》第10期。

[131] 韩振国，于永达，2017，《中非合作论坛背景下的中非农业合作》，《国际经济合作》第12期。

[132] 郝洁，2019，《全球经济治理体系和规则的深刻变革》，《宏观经济管理》第11期。

[133] 何安华，陈洁，2014，《韩国保障粮食供给的战略及政策措施》，《世界农业》第11期。

[134] 何安华，陈洁，2014，《日本保障粮食供给的战略及政策措施》，《现代日本经济》第5期。

[135] 何昌垂，2013，《粮食安全：世纪挑战与应对》，社会科学文献出版社。

[136] 何翠云，2020，《疫情下全球粮食危机预警的启示》，《中华工商时报》4月3日。

[137] 何予平，2008，《国际三大粮食定价机制》，《农村工作通讯》第18期。

[138] 和龙，葛新权，刘延平，2016，《我国农业供给侧结构性改革：机遇、挑战及对策》，《农村经济》第7期。

[139] 贺伟，刘满平，2011，《当前粮食宏观调控中的几个重点问题》，《宏观经济管理》第7期。

[140] 侯锐，2017，《统计局解读：2017年全国粮食种植结构调整优化基础上再获丰收》，http://www.xinhuanet.com/fortune/2017-12/08/c_129760519.htm。

[141] 胡加祥，2020，《上诉机构"停摆"之后的WTO争端解决机制何去何从》，《国际经贸探索》第1期。

[142] 胡荣华，2002，《中国粮食安全成本分析》，《统计研究》第5期。

[143] 胡莹，2016，《中国与东南亚国家粮食安全合作的困境与对策》，《经济研究导刊》第19期。

[144] 胡跃高, 2009,《坚守粮食自给率保障粮食安全》,《科技日报》第 11 期。

[145] 黄飞, 徐玉波, 2018,《世界粮食不安全现状、影响因素及趋势分析》,《农学学报》第 10 期。

[146] 黄河, 2016,《中国企业跨国经营的国外政治风险及对策研究》, 上海人民出版社。

[147] 黄季焜, 杨军, 仇焕光, 2012,《新时期国家粮食安全战略和政策的思考》,《农业经济问题》第 3 期。

[148] 黄季焜, 2004,《中国的粮食安全面临巨大的挑战吗?》,《科技导报》第 9 期。

[149] 黄黎慧, 黄群, 2005,《我国粮食安全问题与对策》,《粮食与食品工业》第 5 期。

[150] 黄茂兴, 叶琪, 2019,《G20 二十年: 全球经济治理中的责任担当与发展使命》, http://www.cssn.cn/zx/bwyc/201911/t20191118_5043867.shtml。

[151] 黄薇, 2016,《国际组织中的权力计算: 以 IMF 份额与投票权改革为例的分析》,《中国社会科学》第 12 期。

[152] 贾琨, 杨艳昭, 封志明, 2019,《"一带一路" 沿线国家粮食生产的时空格局分析》,《自然资源学报》第 6 期。

[153] 江清云, 2015,《WTO 及区域贸易协定谈判中的农产品贸易问题》,《WTO 经济导刊》第 7 期。

[154] 江维国, 2016,《我国农业供给侧结构性改革研究》,《现代经济探索》第 4 期。

[155] 姜长云, 李显戈, 董欢, 2014,《关于我国粮食安全与粮食政策问题的思考——基于食物自给率与日、韩相关经验的借鉴》,《宏观经济研究》第 3 期。

[156] 姜长云, 2005,《关于我国粮食安全的若干思考》,《农业经济问题》第 2 期。

[157] 蒋菁, 2019,《金砖国家深化经济合作的前景与展望》,《中国对外贸易》第 12 期。

[158] 蒋鹏, 范冰冰, 郑嘉杰, 2005,《现代电子政务技术发展》,《电子

政务》第 7 期。

[159] 金灿荣,2016,《打造有分量的"中国式"全球治理》,http://opinion. hauanqiu. com/1152/2016 - 04/8813986. html。

[160] 金三林,孙小龙,2019,《加快角色转变 积极参与全球粮食安全治理》,《世界农业》第 3 期。

[161] 金鑫,2019,《共同推动世界多极化深入发展》,《人民日报》2 月 15 日。

[162] 荆林波,袁平红,2017,《全球化面临挑战但不会逆转——兼论中国在全球经济治理中的角色》,《财贸经济》第 10 期。

[163] 井华,张宇佳,2018,《实践中的中国农业产能国际合作》,《国际融资》第 11 期。

[164] 康晓,2016,《多元共生:中美气候合作的全球治理观创新》,《世界经济与政治》第 7 期。

[165] 康晓光,1997,《中国进口粮食有害吗?》,《国际经济评论》第 1 期。

[166] 柯炳生,1996,《中国农户粮食储备及其对市场的影响》,《中国农村观察》第 6 期。

[167] 孔祥智,2016,《农业供给侧结构性改革的基本内涵和政策建议》,《改革》第 2 期。

[168] 拉林,1997,《千年之交的俄罗斯与中国:谁来捍卫我们的国家利益》,《远东问题》第 1 期。

[169] 蓝海涛,王为农,2008,《中国中长期粮食安全重大问题》,中国计划出版社。

[170] 蓝海涛,2011,《当前我国粮食加工业利用外资的突出问题及对策》,《宏观经济研究》第 5 期。

[171] 雷瑞虹,车翔宇,2018,《城市外交之中国与巴西友城合作分析与展望》,《科教文汇》第 8 期。

[172] 李春顶,林欣,2019,《深化"一带一路"粮食经贸合作 构建粮食开放新格局》,http://finance. sina. com. cn/china/gncj/2019 - 10 - 29/doc - iicezuev5553680. shtml。

[173] 李东尧,2017,《韩国粮食自给率跌破 50% 农副产品市场全面失守》,https://www. guancha. cn/Neighbors/2017 _ 02 _ 06 _ 392807 _

s. shtml。

[174] 李方旺，2015，《充分利用国际市场资源增强粮食安全》，《黑龙江粮食》第 4 期。

[175] 李方旺，2012，《新形势下我国粮食安全面临的问题及对策建议》，《经济研究参考》第 1 期。

[176] 李丰，蔡荣，曹宝明等，2017，《中国粮食发展报告》，经济管理出版社。

[177] 李峰，2016，《"一带一路"战略下行业协会的组织功能与作用探索》，《理论与现代化》第 4 期。

[178] 李圭，2019，《全球治理视阈下中国国际话语权研究》，硕士学位论文，山东师范大学。

[179] 李嘉莉，2015，《援非农业技术示范中心在技术推广中的问题与对策》，《世界农业》第 1 期。

[180] 李建民，2015，《中俄农业合作新论》，《欧亚经济》第 1 期。

[181] 李锦华，2015，《保障可持续的"米袋子"安全》，《农村工作通讯》第 7 期。

[182] 李晶晶，2005，《直面粮食进口安全》，《中国外资》第 8 期。

[183] 李靖宇，张卓，2010，《关于中国面向世界开拓两洋出海大通道的战略构想》，《中国软科学》第 8 期。

[184] 李琳凤，2009，《优化我国粮食品种区域结构提高我国粮食安全》，《中国国情国力》第 11 期。

[185] 李曼，2009，《基于委托代理理论的国家粮食安全治理研究》，《经济视角》第 9 期。

[186] 李孟刚，郑新立，2014，《国家粮食安全保障体系研究》，社会科学文献出版社。

[187] 李宁，2011，《韩国粮食问题及对其外交政策的影响》，《上海商学院学报》第 6 期。

[188] 李圣军，2018，《小麦全产业链价格形成机制及改革趋势研究》，《经济纵横》第 1 期。

[189] 李婉婷，2019，《双边条约与多边条约的冲突与适用》，硕士学位论文，华东政法大学。

[190] 李巍,2013,《金砖机制与国际金融治理改革》,《国际观察》第1期。

[191] 李文明,2014,《大国粮食安全的底线思维:预警机制与实现途径》,中国农业出版社。

[192] 李喜翠,2019,《在增强"四力"中寻找成长之路》,http://media.people.com.cn/n1/2019/0709/c428338-31221403.htmlhttp://media.people.com.cn/n1/2019/0709/c428338-31221403.html。

[193] 李向阳,2011,《金砖国家经济面临的共同机遇与挑战》,《求是》第8期。

[194] 李晓华,2019,《能力导向的包容性国际产能合作》,《经济与管理研究》第5期。

[195] 李岩,于敏,2018,《国际对非洲农业援助与中非农业合作政策建议》,《国际经济合作》第2期。

[196] 李怡萌,2018,《"一带一路"沿线国家粮食安全问题及中外合作机遇》,《世界农业》第6期。

[197] 李英,赵文报,2013,《开放条件下粮食进口对我国粮食安全的影响及对策》,《对外经贸实务》第8期。

[198] 厉为民,2005,《粮食安全十问》,《开发研究》第3期。

[199] 联合国粮食及农业组织,2016,《粮食和农业:推动实现〈2030年可持续发展议程〉》,http://www.3mbang.com/p-201624.html。

[200] 联合国粮食及农业组织,2014,《世界粮食不安全状况》。

[201] 联合国粮食及农业组织编著,梁晶晶,余扬,安全译,2018,《粮食安全与国际贸易:争议观点解析》,中国农业出版社。

[202] 梁瑞华,2016,《我国粮食宏观调控面临的问题及建议》,《宏观经济研究》第12期。

[203] 林民旺,2015,《印度对"一带一路"的认知及中国的政策选择》,《世界经济与政治》第5期。

[204] 林毅夫,2014,《入世与中国粮食安全和农村发展》,《农业经济问题》第1期。

[205] 林毅夫,1995,《我国主要粮食作物单产潜力与增产前景》,《中国农业资源与区划》第3期。

[206] 刘波, 2019, 《把握国际税收体系改革先机》, 《21世纪经济报道》6月12日。

[207] 刘春雨, 2016, 《中国粮食进口增长因素的实证研究》, 硕士学位论文, 武汉轻工业大学。

[208] 刘恩东, 2014, 《粮食战略政治化——美国维护全球统治地位的战略武器》, 《中国党政干部论坛》第3期。

[209] 刘海方, 宛如, 2018, 《非洲农业的转型发展与南南合作》, 社会科学文献出版社。

[210] 刘合光, 秦富, 2013, 《科学审视我国粮食安全》, 《中国国情国力》第4期。

[211] 刘红, 2015, 《我国粮食进口与粮食安全问题研究》, 《价格月刊》第2期。

[212] 刘慧, 乔金亮, 2020, 《疫情之下, 中国能否确保粮食安全》, 《经济日报》4月7日。

[213] 刘慧, 2018, 《粮食供给侧结构性改革持续深入推进我国由粮食生产大国迈向粮食产业强国》, 《经济日报》1月25日。

[214] 刘建芳, 2017, 《新保护主义倾向下的中美农产品贸易分析与展望》, 《世界农业》第9期。

[215] 刘敬东, 2020, 《国际贸易法治的危机及克服路径》, 《法学杂志》第1期。

[216] 刘林奇, 曾福生, 2014, 《粮食进口对我国粮食安全影响的实证分析——基于风险视角》, 《求索》第10期。

[217] 刘林奇, 2015, 《基于粮食安全视角的我国主要粮食品种进口依赖性风险分析》, 《农业技术经济》第11期。

[218] 刘伟, 张辉, 2017, 《全球治理国际竞争与合作》, 北京大学出版社。

[219] 刘伟, 2017, 《读懂"一带一路"蓝图》, 商务印书馆。

[220] 刘玮琦, 袁淑珍, 陈超, 耿俊东, 王旭, 2018, 《内蒙古口岸农业"走出去"——俄罗斯返销粮食疫情分析与建议》, 《植物检疫》第2期。

[221] 刘晓梅, 2004, 《我国粮食安全战略与粮食进口规模》, 《宏观经济研究》第9期。

[222] 刘莹，2009，《市场约束影响我国粮食安全》，《中国国情国力》第11期。

[223] 刘宇，查道炯，2010，《粮食外交的中国认知》，《国际政治研究》第2期。

[224] 刘志仁，1995，《中国养活中国》，《社科信息文萃》第11期。

[225] 刘志颐，李志鹏，2017，《把战略命脉扩张到海外 日本韩国的海外农业扩张之道》，https://www.sohu.com/a/145950850_117959。

[226] 柳思思，2014，《中国-西亚共建"丝绸之路经济带"的战略构想》，《当代世界》第4期。

[227] 龙静，2014，《中国与中东欧国家关系：发展、挑战及对策》，《国际问题研究》第5期。

[228] 龙晓柏，洪俊杰，2013，《韩国海外农业投资的动因、政策及启示》，《国际贸易问题》第5期。

[229] 陆文聪，李元龙，祁慧博，2011，《全球化背景下中国粮食供求区域均衡：对国家粮食安全的启示》，《农业经济问题》第4期。

[230] 陆燕，2015，《在全球价值链中寻求制度性话语权——新一轮国际贸易规则重构与中国应对》，《人民论坛（学术前沿）》第23期。

[231] 罗翔，张路，朱媛媛，2016，《基于耕地压力指数的中国粮食安全》，《中国农村经济》第2期。

[232] 骆勤献，2011，《粮食安全的国际合作：问题、机制与前景》，硕士学位论文，浙江大学。

[233] 吕新业，胡非凡，2012，《2020年我国粮食供需预测分析》，《农业经济问题》第10期。

[234] 吕新业，2003，《我国粮食安全现状及未来发展战略》，《农业经济问题》第11期。

[235] 马爱平，2020，《主粮对外依存度很小 "大国粮仓"优势应对各类风险》，《科技日报》4月3日。

[236] 马敏翔，2017，《中粮集团的国际化经营问题》，硕士学位论文，山西财经大学。

[237] 马述忠，屈艺等，2015，《中国粮食安全与全球粮食定价权——基于全球产业链视角的分析》，浙江大学出版社。

[238] 马相东,2019,《新时代中俄自贸区构建的制约因素与推进路径》,《中国流通经济》第 12 期。

[239] 马晓春,李先德,2010,《韩国粮食补贴政策的演变及启示》,《世界农业》第 1 期。

[240] 马岩,2015,《"一带一路"国家主要特点及发展前景展望》,《国际经济合作》第 5 期。

[241] 马永欢,牛文元,2009,《基于粮食安全的中国粮食需求预测与耕地资源配置研究》,《中国软科学》第 3 期。

[242] 毛学峰,刘靖,朱信凯,2015,《中国粮食结构与粮食安全:基于粮食流通贸易的视角》,《管理世界》第 3 期。

[243] 梅冠群,2017,《日本对外投资支持政策研究》,《现代日本经济》第 3 期。

[244] 每日粮油,2019,《全球粮食贸易量持续增长 发达国家为净收益地区》,https://mini.eastday.com/a/190721115440179.html。

[245] 孟雷齐,顾波,于浩淼,2019,《"一带一路"倡议下中国对非洲农业政策及其减贫路径研究》,《世界农业》第 9 期。

[246] 倪洪兴,2019,《开放视角下我国农业供给侧结构性改革》,《农业经济问题》第 2 期。

[247] 倪洪兴,2009,《开放条件下我国粮食安全政策的选择》,《农业经济问题》第 7 期。

[248] 倪洪兴,2014,《我国重要农产品产需与进口战略平衡研究》,《农业经济问题》第 12 期。

[249] 聂振邦等,2003,《世界主要国家粮食概况》,中国物价出版社。

[250] 宁国强,杨巧,2008,《中国粮食安全问题——从粮食现状看进口策略》,《内蒙古科技与经济》第 5 期。

[251] 农兴,2017,《进口农产品并非由于供给短缺》,http://www.ce.cn/xwzx/gnsz/gdxw/201708/14/t20170814_24980548.shtml。

[252] 农业部,国家发展改革委,商务部,外交部,2017,《共同推进"一带一路"建设农业合作的愿景与行动》,《粮农智库》第 9 期。

[253] 农业部,2017,《中国农业展望报告》,中国农业出版社。

[254] 农业部农业贸易促进中心,2014,《粮食安全与农产品贸易》,中国

农业出版社。

[255] 农业农村部国际合作司，农业农村部对外经济合作中心，2019，《中国农业对外投资合作分析报告（2018年度总篇）》，中国农业出版社。

[256] 欧阳向英，李燕，2019，《当代中国的全球治理观》，《观察与思考》第6期。

[257] 帕特里克·韦斯特霍夫，2000，《粮价谁决定》，机械工业出版社。

[258] 钱铮，2018，《全面与进步跨太平洋伙伴关系协定正式生效》，http://www.xinhuanet.com/world/2018-12/30/c_1123929362.htm。

[259] 乔立娟，白睿，宗义湘，张倩，2017，《韩国对外农业合作金融支持政策及对中国的启示——以优惠贷款政策为例》，《世界农业》第7期。

[260] 秦路，楼一平，2016，《援非农业技术示范中心：成效、问题和政策建议》，《国际经济合作》第8期。

[261] 邱明红，2016，《G20：全球粮食安全治理的重要平台》，http://www.fjsen.com/r/2016-08/30/content_18387004.htm。

[262] 邱玉泉等，2014，《俄罗斯农业开发潜力及投资战略》，中国发展出版社。

[263] 瞿商，2006，《中国粮食国际贸易和性质的历史分析》，《中国经济史研究》第3期。

[264] 曲凌夫，2006，《我国粮食安全的隐忧及对策》，《农村经济》第12期。

[265] 曲星，2013，《人类命运共同体的价值观基础》，《求是》第4期。

[266] 饶华，吴国蔚，2005，《"走出去"战略下我国行业协会的发展与改革》，《商业研究》第4期。

[267] 人民论坛测评中心，2019，《G20国家全球治理参与能力测评报告》，《国家治理》第7期。

[268] 任寰宇，2019，《在团结合作历程中携手奋进》，《人民日报》11月16日。

[269] 任晶希，2017，《坚定维护多边贸易体制 积极参与全球经济治理》，http://www.gov.cn/xinwen/2017-10/18/content_5232631.htm。

[270] 任琳，反思，2019，《G20：系统性的危机要求更系统性的回应》，

《世界知识》第 13 期。

[271] 任琳，2017，《金砖国家非传统安全合作的理论与实践路径》，《国际安全研究》第 4 期。

[272] 任正晓，2015，《解决好吃饭问题始终是治国理政的头等大事》，《求是》第 10 期。

[273] 阮建平，2003，《话语权与国际秩序建构》，《现代国际关系》第 5 期。

[274] 尚强民，韩一军等，2014，《粮食供求及中国粮食贸易发展趋势》，中国发展出版社。

[275] 商淞齐，2015，《粮食定价权对我国粮食贸易的影响研究》，硕士学位论文，中央民族大学。

[276] 商务部，2017，《坚持对外开放基本国策 促进"一带一路"国际合作》，《经济日报》11 月 2 日。

[277] 商务部外贸司，2006，《中国农产品进出口月度统计报告》，http://wms.mofcom.gov.cn/article/ztxx/ncpmy/ncpydtj/200603/20060301783733.shtml。

[278] 商务部，2012，《韩国政府将扩大与非洲合作 寻找经济增长突破口》，http://www.mofcom.gov.cn/aarticle/i/jyjl/k/201211/20121108435356.html。

[279] 商务部新闻办公室，2015，《中非合作论坛约翰内斯堡峰会暨第六届部长级会议"十大合作计划"经贸领域内容解读》，http://www.mofcom.gov.cn/article/ae/ai/201512/20151201208518.shtml。

[280] 商业部当代中国粮食工作编辑部，1989，《当代中国粮食工作史料（内部发行）》。

[281] 邵腾伟，2017，《国际大粮商的成长规律及对中国农垦的启示》，《湖北社会科学》第 5 期。

[282] 申义怀，2005，《国家经济安全》，时事出版社。

[283] 沈四宝，2006，《中国—东盟全面经济合作框架协议争端解决机制协议》，《上海财经大学学报》第 1 期。

[284] 石军红，2009，《"海外屯田"与我国粮食安全问题论述》，《湖北社会科学》第 7 期。

[285] 石伟文，2018，《经济一体化与双边贸易成本：基于异质性贸易制度安排的视角》，《国际经贸探索》第9期。

[286] 税尚楠，2012，《全球化视角下我国粮食安全的新思维及战略》，《农业经济问题》第6期。

[287] 司文，陈晴宜，2015，《金砖国家合作机制发展历程与前景》，《国际研究参考》第7期。

[288] 宋洪远，唐冲，陈伟忠等，2017，《"一带一路"上的农业新机会》，《农经》第6期。

[289] 宋洪远，2016，《关于农业供给侧结构性改革若干问题的思考和建议》，《中国农村经济》第10期。

[290] 宋魁，李萍，2015，《加强中俄农业合作 保障国家粮食安全》，时事出版社。

[291] 宋锡祥，吴鹏，2006，《论中国－东盟自由贸易区争端解决机制及其完善》，《时代法学》第5期。

[292] 苏宁等，2018，《全球经济治理制度性权利变化新趋势》，上海社会科学院出版社。

[293] 苏长和，2011，《中国与国际体系：寻求包容性的合作关系》，《外交评论》第1期。

[294] 隋广军，查婷俊，2018，《全球经济治理转型：基于"一带一路"建设的视角》，《社会科学》第8期。

[295] 孙柏，2006，《农业保护——日本实现贸易自由化的"绊脚石"》，《日本问题研究》第2期。

[296] 孙宝民，2012，《基于国内粮食安全的中国粮食进出口战略研究》，博士学位论文，武汉理工大学。

[297] 孙宏岭，2008，《粮食现代物流与供应链管理》，河南人民出版社。

[298] 孙秀萍，雁初，2019，《日欧EPA生效：世界最大规模自贸区诞生》，《环球时报》，http://www.xinhuanet.com/world/2019-02/02/c_1210053697.htm。

[299] 孙红霞，赵予新，2019，《"一带一路"框架下跨国粮食通道物流能力的实证研究》，《粮食科技与经济》第7期。

[300] 谭砚文，2011，《资源约束、贸易失衡与我国农业"走出去"战略》，

《广东社会科学》第 6 期。
[301] 汤莉，翁东玲，2019，《中国参与全球经济治理的途径与策略》，《亚太经济》第 6 期。
[302] 唐华俊，2014，《新形势下中国粮食自给战略》，《农业经济问题》第 2 期。
[303] 唐丽霞，李小云，齐顾波，2014，《中国对非洲农业援助管理模式的演化与成效》，《国际问题研究》第 6 期。
[304] 唐正平等，2001，《世界农业问题研究》，中国农业出版社。
[305] 田惠敏，田天，曾琬云，2015，《中国"一带一路"战略研究》，《中国市场》第 21 期。
[306] 田野，2004，《关于粮食安全问题的几个认识误区》，《中国农村经济》第 3 期。
[307] 佟大建，贾彧，2016，《城市化、农业现代化与粮食进口数量实证研究》，《牡丹江师范学院学报》（哲学社会科学版）第 2 期。
[308] 樋口伦生，2013，《韩国的 FTA 国内政策》，《日本农林水产政策研究》第 3 期。
[309] 屠国玺，王朋，2018，《我国将加强与"一带一路"沿线国家粮食合作》，http://www.xinhuanet.com/fortune/2018-07/07/c_1123090878.htm。
[310] 王常伟，2010，《物联网技术在粮食物流中的应用前景分析》，《粮食与饲料工业》第 8 期。
[311] 王程，王皓，2000，《日本农业保护政策的成效、弊端及其启示》，《现代日本经济》第 3 期。
[312] 王东，2019，《引领中非经贸合作蓬勃发展的动力源》，《国际商报》2 月 11 日。
[313] 王凤阳，2016，《中日韩粮食安全及合作研究》，《亚太经济》第 2 期。
[314] 王国敏，2017，《我国农业结构性矛盾与农业供给侧改革的着力点》，《理论探索》第 6 期。
[315] 王继军，宋柏松，2016，《中欧国际粮食产业合作联盟在秦成立》，http://hebei.hebnews.cn/2016-06/13/content_5565636.htm。

[316] 王建, 2017,《供给侧结构性改革下我国粮饲进口优化研究》,《农村经济》第 10 期。

[317] 王健, 张正河, 周竹君, 2012,《我国农业海外开发区域战略布局与财政金融支持策略》,《经济天地》第 10 期。

[318] 王建刚, 2019,《中国外交部人权事务特别代表: 中国对外援助始终遵循平等、互利、开放、可持续四原则》, http://www.xinhuanet.com/world/2019-10/22/c_1125136763.htm。

[319] 王娇, 李政军, 2019,《"一带一路"背景下中非经贸合作的战略选择》,《对外经贸实务》第 1 期。

[320] 王军, 2015,《中国粮食国际定价地位及其影响研究》, 博士学位论文, 浙江大学。

[321] 王君芳, 2014,《粮食安全视角下中国粮食进出口贸易研究》, 硕士学位论文, 安徽财经大学。

[322] 王丽琴, 朱美琳, 2018,《中国推动地区经济一体化的路径研究: 从东亚自贸区到亚太自贸区》,《同济大学学报》(社会科学版) 第 12 期。

[323] 王丽莎, 2018,《全球经济治理: 问题、改革与中国路径》,《现代管理科学》第 8 期。

[324] 王明国, 2019,《"金砖+"合作模式与中国对全球治理机制的创新》,《当代世界》第 12 期。

[325] 王鹏, 2016,《基于供给侧结构改革视角下我国农业产业去产能过剩的对策研究》, 硕士学位论文, 云南石油大学。

[326] 王屏, 2007,《21 世纪中国与中东欧国家经贸合作》,《俄罗斯中亚东欧研究》第 2 期。

[327] 王溶花, 陈玮玲, 2014,《中国粮食进出口现状及面临的主要问题分析》,《农业经济》第 3 期。

[328] 王溶花, 2014,《中国粮食进口和规模问题研究》, 博士学位论文, 湖南农业大学。

[329] 王锐, 王新华, 杜江, 2017,《增长背景下我国粮食进口需求及弹性分析——基于主要品种的有界协整分析》,《中央财经大学学报》第 1 期。

[330] 王锐,王新华,2015,《2003年以后我国粮食进出口格局的变化、走向及战略思考》,《华东经济管理》第12期。

[331] 王瑞峰,李爽,姜宇博,2018,《中国粮食进口安全综合评价研究——基于超效率DEA模型》,《浙江农业学报》第3期。

[332] 王瑞峰,2019,《粮食进口对中国粮食安全的影响以及保障效率研究》,博士学位论文,东北农业大学。

[333] 王士海,李先德,2010,《全球粮食危机与后危机时代的国际粮食市场》,《郑州大学学报》(哲学社会科学版)第7期。

[334] 王帅,2017,《全球粮食贸易中关键点的风险与我国粮食安全》,《国际经济合作》第11期。

[335] 王丝丝,陈生杰,2015,《"一带一路"背景下我国与中亚五国农产品贸易研究》,《经营与管理》第6期。

[336] 王为农,何萍,2013,《完善粮食价格调控机制的对策建议》,《宏观经济管理》第4期。

[337] 王文,王鹏,2019,《G20机制20年:演进、困境与中国应对》,《现代国际关系》第5期。

[338] 王新华,2014,《改革开放以来我国粮食贸易政策演变及启示》,《粮食科技与经济》第4期。

[339] 王学君,周沁楠,2018,《日本粮食安全保障策略的演进及启示》,《现代日本经济》第4期。

[340] 王洋,余志刚,2015,《中国粮食市场的供需结构、趋势及政策需求分析——基于ARIMA-GRNN模型的预测》,《中国农学通报》第4期。

[341] 王义桅,2015,《"一带一路"机遇与挑战》,人民出版社。

[342] 王逸舟,2015,《全球主义视野下的国家安全研究》,《国际政治研究》第4期。

[343] 王鹰,2014,《关于稳定粮棉油糖等重要农产品进口调控政策的思考》,《农村工作通讯》第10期。

[344] 王颖梅,程国强,2015,《"一带一路"背景下的中国农业发展》,《农经》第7期。

[345] 王应贵,2015,《当代日本农业发展困境、政策扶持与效果评析》,

《现代日本经济》第 3 期。

[346] 王永春,王秀东,2018,《改革开放 40 年中国粮食安全国际合作发展及展望》,《农业经济问题》第 11 期。

[347] 王永春,王秀东,2019,《中国粮食安全国际合作发展及展望》,《粮农智库》第 1 期。

[348] 王永春,王秀东,2018,《中国与东盟农业合作发展历程及趋势展望》,《经济纵横》第 12 期。

[349] 王永刚,王鑫瑞,王妍霏,2019,《跨国粮商对中国构建"新丝绸之路经济带"农产品物流体系的启示》,《粮食流通》第 20 期。

[350] 王永贵,李沛武,2008,《全球化进程与中国构建和谐世界的外交战略选择》,《当代世界与社会主义》第 4 期。

[351] 王禹,李干琼,李哲敏等,2017,《"一带一路"背景下中国和泰国农业合作研究》,《农业展望》第 1 期。

[352] 王玉华,赵平,2011,《金砖国家合作机制的特点、问题及我国的对策》,《当代经济管理》第 11 期。

[353] 王跃梅,2009,《粮食主销区供求与安全问题研究》,《农村经济》第 3 期。

[354] 王志民,2015,《"一带一路"背景下的西南对外开放路径思考》,《人文杂志》第 5 期。

[355] 魏德才,雷雨,2010,《论我国海外农业投资保险法律制度的构建——以中国在东盟自由贸易区的农业投资为例》,《广西师范大学学报》第 12 期。

[356] 吴朝阳,2014,《国际粮食市场格局演化与我国的策略选择》,《国际贸易》第 6 期。

[357] 吴殿廷,杨欢,耿建忠等,2014,《金砖五国农业合作潜力测度研究》,《经济地理》第 1 期。

[358] 吴海峰,2016,《推进农业供给侧结构性改革的思考》,《中州学刊》第 5 期。

[359] 吴嘉鑫,2019,《中国农产品关税配额制度的挑战与应对——基于"美国中国农产品关税配额案"的考察》,《中国林业经济》第 4 期。

[360] 吴佩福,2014,《粮食安全视角下中国粮食贸易研究》,硕士学位论

文，河北工业大学。

[361] 吴书画，2019，《欧美农产品贸易摩擦的思考与启示——基于中美贸易摩擦视角》，《青海金融》第 3 期。

[362] 吴素梅，李明超，2018，《国际友好城市参与中国——中东欧合作研究》，《上海对外经贸大学学报》第 8 期。

[363] 吴正海，苏凤昌等，2009，《新时期我国粮食安全问题研究》，《陕西行政学院学报》第 4 期。

[364] 吴志华，2003，《中国粮食安全研究述评》，《粮食经济研究》第 1 期。

[365] 吴志华，2001，《中国粮食安全与成本优化研究》，中国农业出版社。

[366] 武拉平，田甜，2013，《基于贸易视角的新形势下中国粮食安全研究》，《农业展望》第 4 期。

[367] 夏莉艳，2014，《外资进入对我国农业尚未构成威胁》，《经济纵横》第 11 期。

[368] 夏先良，2015，《构筑"一带一路"国际产能合作体制机制与政策体系》，《国际贸易》第 11 期。

[369] 向世华，2014，《黑龙江农垦"走出去"案例研究》，中国发展出版社。

[370] 肖国安，刘友金，向国成等，2009，《国家粮食安全战略研究论纲》，《湘潭大学学报》（哲学社会科学版）第 6 期。

[371] 肖国安，王琼，2017，《粮食进口对我国粮食价格波动影响的实证研究》，《湖南师范大学社会科学学报》第 4 期。

[372] 肖卫东，詹琳，2018，《新时代中国农业对外开放的战略重点及关键举措》，《理论学刊》第 3 期。

[373] 肖芝娥，2012，《我国粮食进出口"逆调控"问题研究》，硕士学位论文，河南工业大学。

[374] 谢科范等，2004，《企业风险管理》，武汉理工大学出版社。

[375] 新华国际，2011，《七大因素影响全球粮食安全》，http://www.china.com.cn/international/txt/2011-02/25/content_22003606.htm。

[376] 辛翔飞，孙致陆，王济民等，2018，《国外粮价倒挂的挑战、机遇与对策建议》，《粮农智库》第 11 期。

[377] 熊勇清，苏燕妮，2017，《国际产能合作实施的战略价值及模拟分

析》,《软科学》第 5 期。

[378] 徐凡,2019,《G7、G20 与亚太地缘经济治理:回顾与展望》,《亚太经济》第 3 期。

[379] 徐芬,刘宏曼,2018,《自贸区视角的中国农产品进口增长三元边际结构》,《国际经贸探索》第 10 期。

[380] 徐晖,马建蕾,2015,《日本大米进口调控政策及对中国的启示》,《世界农业》第 1 期。

[381] 徐惠喜,2017,《"中国方案"促进世界经济治理变革》,《经济日报》9 月 3 日。

[382] 徐佳,任嘉,施菁,2020,《全球经济治理困境与中国的参与策略》,《上海经济研究》第 1 期。

[383] 徐明棋,2015,《全球经济治理:提高我国制度性话语权》,《文汇报》11 月 23 日。

[384] 徐柠杉,2011,《中国粮食进口与粮食安全研究》,硕士学位论文,北京交通大学。

[385] 徐习军,2015,《国家"一带一路"战略:亚欧大陆桥物流业的机遇与挑战》,《开发研究》第 1 期。

[386] 徐小杰,2014,《"丝绸之路"战略的地缘政治考量》,《国际石油经济》第 11 期。

[387] 徐秀军,2012,《新兴经济体与全球经济治理结构转型》,《世界经济与政治》第 10 期。

[388] 徐秀军,《中国参与全球经济治理的路径选择》,《国际问题研究》第 6 期。

[389] 徐玉波,《中国与"77 国集团和中国"罗马分部在联合国粮农机构的合作》,《农学学报》第 10 期。

[390] 许传坤,董美玉,段钢,《"一带一路"背景下中老现代农业产业合作对策研究》,《中国经贸导刊》第 7 期。

[391] 许家云,2019,《亚太经合组织与全球经济治理》,《海外投资与出口信贷》第 2 期。

[392] 许经勇,2017,《深入推进农业供给侧结构性改革的几个问题》,《吉首大学学报》(社会科学版)第 3 期。

[393] 薛安伟，张道根，2020，《全球治理的主要趋势、诱因及其改革》，《国际经济评论》第1期。

[394] 薛旺兵，2017，《中国与哈萨克斯坦小麦贸易与合作探析》，《西伯利亚研究》第6期。

[395] 晏莹，龙方，2015，《美日韩粮食安全保障资源国际配置的经验》，《世界农业》第3期。

[396] 杨晨曦，2014，《"一带一路"区域能源合作中的大国因素及应对策略》，《国际政治与经济》第4期。

[397] 杨传丽，2015，《大型跨国粮食企业发展模式对中国粮食企业发展的启示与借鉴》，硕士学位论文，云南大学。

[398] 杨东群，邱君，2014，《实施境外可利用农业资源开发政策建议》，《中国农业信息》第12期。

[399] 杨建利，刑娇阳，2016，《我国农业供给侧结构性改革研究》，《农业现代化研究》第4期。

[400] 杨丽君，2012，《我国粮食进口国际定价权问题分析》，《改革与战略》第4期。

[401] 央视网记者，2019，《180个国家同我国有正式外交关系》，https://www.sohu.com/a/344071061_115239。

[402] 杨万江，林斌，刘琦，李祺，2018，《中国粮食安全新战略："保口粮""稻米安全"与"一带一路"》，《世界农业》第6期。

[403] 杨晓东，2018，《世界粮食贸易的新发展及其对中国粮食安全的影响》，博士学位论文，吉林大学。

[404] 杨晓琰，郭朝先，2019，《加强国际产能合作 推进"一带一路"建设高质量发展》，《企业经济》第7期。

[405] 杨秀平，刘合光，张昭，2009，《低食物自给率下日本朝野的不安全感与应对措施》，《中国软科学》第8期。

[406] 杨易，何君，张晨等，2012，《境外农业资源利用视角下的国家粮食安全保障分析及建议》，《世界农业》第3期。

[407] 杨易，马志刚，王琦，2012，《中国农业对外投资合作的现状分析》，《世界农业》第3期。

[408] 杨永锋，2011，《欧盟、日韩等国农业发展政策对中国的启示》，《西

安财经学院学报》第 11 期。

[409] 叶前林，翟亚超，何维达，2019，《中非农业合作的历史发展特征、经验与挑战》，《国际贸易》第 10 期。

[410] 叶兴庆，2018，《"一带一路"建设与我国全球粮食供应体系多元化》，《粮油市场报》6 月 2 日。

[411] 叶兴庆，2014，《国家粮食安全的新变化及实现路径》，《中国党政干部论坛》第 2 期。

[412] 叶兴庆，2017，《中国全球农产品供应体系多元化离不开"一带一路"》，《粮农智库》第 12 期。

[413] 叶兴庆，2014，《准确把握国家粮食安全战略的四个新变化》，《中国发展观察》第 5 期。

[414] 尹靖华，顾国达，2015，《我国粮食中长期供需趋势分析》，《华南农业大学学报》（社会科学版）第 2 期。

[415] 于浩淼，杨易，徐秀丽，2019，《论中国在全球农业治理中的角色》，《中国农业大学学报》（社会科学版）第 1 期。

[416] 于浩淼，2015，《中国与 APEC 主要经济体农业合作情况》，《世界农业》第 4 期。

[417] 于佳，2020，《新型全球经济治理与中国角色》，《开发性金融研究》，https://doi.org/10.16556/j.cnki.kfxjr.20200313.001。

[418] 于军，2015，《中国－中东欧国家合作机制现状与完善路径》，《国际问题研究》第 2 期。

[419] 于明言，张玉庆，2020，《"一带一路"国际产能合作问题研究》，《生产力研究》第 2 期。

[420] 余妙宏，2019，《论自由贸易区（FTA）与国家战略的对接联动》，《山东社会科学》第 12 期。

[421] 余莹，汤俊，2010，《美国粮食战略主导下的粮食贸易规则》，《国际观察》第 1 期。

[422] 余莹，2014，《西方粮食战略与我国粮食安全保障机制研究》，中国社会科学出版社。

[423] 喻燕，2011，《中国企业海外耕地投资战略风险研究》，博士学位论文，华中科技大学。

[424] 袁平, 2013, 《国际粮食市场演变趋势及其对中国粮食进出口政策选择的启示》,《南京农业大学学报》(社会科学版) 第 1 期。

[425] 袁晓莉, 蔡苏文, 任燕, 2003, 《国际化框架下的日本农业问题及政策对我国的启示》,《河北农业大学学报》(农林教育版) 第 4 期。

[426] 曾文革, 王楠, 2016, 《WTO 农产品关税配额制度的新发展与中国对策研究》,《云南大学学报》(法学版) 第 2 期。

[427] 曾鳂婷, 张秋玲, 周长吉等, 2017, 《中国农业产能国际合作展望》,《AO 农业展望》第 11 期。

[428] 曾寅初等, 2016, 《我国扩大农业对外开放战略研究》, 中国农业出版社。

[429] 查道炯, 2010, 《国际政治研究与中国的粮食安全》,《国际政治研究》第 2 期。

[430] 翟虎渠, 2011, 《中国粮食安全国家战略研究》, 中国农业科学技术出版社。

[431] 翟雪玲, 张雯丽, 原瑞玲等, 2017, 《"一带一路"倡议下中国农业对外合作研究》, 经济管理出版社。

[432] 张彪, 2015, 《构建命运共同体的国际政治经济意义》,《学术界》第 11 期。

[433] 张晨, 秦路, 2018, 《我国农业援助项目可持续发展的路径分析与对策建议——以援非农业技术示范中心为例》,《国际经济合作》第 12 期。

[434] 张海冰, 2014, 《试析 G20 在联合国 2015 年后发展议程中的角色》,《现代国际关系》第 7 期。

[435] 张海鹏, 2016, 《我国农业发展中的供给侧结构性改革》,《政治经济学评论》第 2 期。

[436] 张海英, 2013, 《基于引力模型的中国农产品出口贸易潜力研究》, 硕士学位论文, 大连理工大学。

[437] 张颢瀚, 2016, 《中非命运共同体与中非资源开发利用合作》,《世界经济与政治论坛》第 3 期。

[438] 张红玉, 2009, 《理性认识粮食进口对我国粮食安全的贡献》,《现代经济探讨》第 3 期。

[439] 张建新，2012，《后西方国际体系与东方的兴起》，《世界经济与政治》第 5 期。

[440] 张蛟龙，2017，《参与全球治理：中国跨国企业的角色》，《国际关系研究》第 2 期。

[441] 张蛟龙，2018，《金砖国家粮食安全合作评析》，《国际安全研究》第 6 期。

[442] 张蛟龙，2019，《全球粮食安全治理——以制度复合体为视角》，博士学位论文，外交学院。

[443] 张宁，杨正周，阳军，2015，《上海合作组织农业合作与中国粮食安全》，社会科学文献出版社。

[444] 张培，2016，《农产品供给侧结构性改革的国际借鉴》，《改革》第 5 期。

[445] 张鹏，2014，《中国在中东欧国家开展农业投资的研究》，硕士学位论文，对外经济贸易大学。

[446] 张庆萍，朱晶，2017，《中国与哈萨克斯坦粮食贸易与合作：现状和障碍》，《欧亚经济》第 1 期。

[447] 张瑞敏，2001，《与狼共舞，必须成为狼》，《企业管理》第 6 期。

[448] 张莎，2013，《中国东盟农业合作：现状、问题及对策》，硕士学位论文，上海师范大学。

[449] 张晓京，2012，《论 WTO〈农业协议〉下的粮食安全——基于发展中国家的思考》，《郑州大学学报》（哲学社会科学版）第 2 期。

[450] 张新颖，李淑霞，2012，《中国与俄罗斯农业合作的三大趋势》，《中国农村经济》第 5 期。

[451] 张幼文，2011，《包容性发展：世界共享繁荣之道》，《求是》第 11 期。

[452] 张玉来，2019，《日本多边贸易战略新进展与中日经济关系》，《现代日本经济》第 4 期。

[453] 张芸，张斌，2016，《农业合作：共建"一带一路"的突破口》，《农业经济》第 8 期。

[454] 张志彬，王琼，2014，《粮食安全框架下国际农业资源利用的路径、模式与政策选择》，《农村经济》第 12 期。

[455] 张智先，2009，《世界定价中心与中国农产品期货市场展望》，《FAO

农业展望》第 3 期。

[456] 赵晨, 2012,《中美欧全球治理观比较研究初探》,《国际政治研究》第 3 期。

[457] 赵海建, 2008,《日韩争相在海外"圈地"种粮 被指为新殖民主义》, http://news.sohu.com/20081224/n261384555.shtml。

[458] 赵会荣, 2014,《中亚国家农业开发潜力及投资战略》, 中国发展出版社。

[459] 赵丽红, 2009,《美国全球粮食战略中的拉美和中国》,《拉丁美洲研究》第 4 期。

[460] 赵亮, 刘云, 郭成林, 2020,《务实提升金砖机制"含金量"》,《经济日报》1 月 9 日。

[461] 赵其波, 胡跃高, 2015,《中国农业国际合作发展战略》,《世界农业》第 6 期。

[462] 赵勤, 2012,《金砖国家粮食生产与安全问题研究》,《学习与探索》第 10 期。

[463] 赵双连, 2017,《努力打造中国人自己的国际大粮商》,《求是》第 2 期。

[464] 赵阳, 2019,《推进粮食供给侧结构性改革研究》,《南华大学学报》(社会科学版) 第 1 期。

[465] 赵予新, 马琼, 2015,《基于多边合作机制推进"一带一路"区域粮食合作》,《国际经济合作》第 10 期。

[466] 赵予新, 2016,《一带一路框架下中国参与区域粮食合作的机遇与对策》,《农村经济》第 1 期。

[467] 郑国富, 2018,《中国与东盟农产品贸易合作发展的新动态与前景展望》,《创新》第 5 期。

[468] 郑少华, 2009,《粮食安全视角下的中国粮食贸易研究》, 硕士学位论文, 湖南大学。

[469] 郑长忠, 2018,《人类命运共同体理念赋予包容性发展新内涵》,《当代世界》第 7 期。

[470] 2013,《中共中央关于全面深化改革若干重大问题的决定》(辅导读本), 人民出版社。

[471] 中共中央文献研究室，1987，《不尽的思念》，中央文献出版社。

[472] 中国常驻联合国粮农机构代表处 WFP 组，2013，《从〈粮食协助公约〉看国际粮食援助新趋势》，《世界农业》第 8 期。

[473] 中国国际问题研究所，2014，《中国周边国家与合作组织》，人民出版社。

[474] 中国农业科学院国际合作局，2017，《中国农业科技国际合作理论与实践》，中国农业科学技术出版社。

[475] 中国驻日本国大使馆经济商务处编译，2012，《美国扩大对亚洲粮食出口》，《日本经济新闻》3 月 22 日。

[476] 钟甫宁，朱晶，曹宝明，2004，《粮食市场的改革与全球化：中国粮食安全的另一种选择》，中国农业出版社。

[477] 钟建平，2013，《粮食安全视角下的中俄区域农业合作》，《俄罗斯中亚东欧市场》第 2 期。

[478] 钟声，2018，《中国粮食企业参与"一带一路"建设的思考》，《中国粮食经济》第 8 期。

[479] 中央农村工作会议，2013，《中国人饭碗要端在自己手上》，《人民日报（海外版）》，http://finance.people.com.cn/n/2013/1225/c1004 - 23939001.html。

[480] 钟钰，秦富，2016，《有效发挥粮食进口渠道作用》，《粮食决策》第 4 期。

[481] 钟钰，2017，《优化粮食配额管理 放大政策杠杆作用》，《农民日报》7 月 1 日。

[482] 钟钰等，2016，《我国粮食进口风险防控与策略选择》，经济科学出版社。

[483] 钟章奇，王铮，夏海斌，孙翊，乐群，2015，《全球气候变化下中国农业生产潜力的空间演变》，《自然资源学报》第 12 期。

[484] 周桂荣，2020，《加快整合创新 提升区域全产业链竞争力》，《天津日报》5 月 25 日。

[485] 周惠，2015，《"一带一路"战略或令稻米进口多元化》，《粮油市场报》4 月 25 日。

[486] 周洁红，许莹，2017，《农产品供应链与物流管理》，浙江大学出版社。

[487] 周娟，2015，《韩国农业危机及其启示》，《农业经济问题》第3期。
[488] 周曙东，赵明正，陈康，肖宵，2015，《世界主要粮食出口国的粮食生产潜力分析》，《农业经济问题》第6期。
[489] 周振亚，罗其友，刘洋，高明杰，张晴，2017，《中国农业供给侧结构性改革探讨》，《中国农业资源与区划》第38期。
[490] 周志伟，2009，《合力打造"金砖国家命运共同体"》，《旗帜》第12期。
[491] 朱旌，汪璐，2017，《联合国粮农组织报告：全球愈亿人面临严重粮食问题》，http://intl.ce.cn/specials/zxgjzh/201704/01/t20170401_21677119.shtml。
[492] 朱晶，张庆萍，2014，《中国利用俄罗斯、乌克兰和哈萨克斯坦小麦市场分析》，《农业经济问题》第4期。
[493] 朱晶，钟甫宁，2000，《从粮食生产波动的国际比较看我国利用世界市场稳定国内供应的可行性》，《国际贸易问题》第4期。
[494] 朱满德，张振，程国强，2018，《建构粮食安全战略的全局观、可持续观与全球视野》，《贵州大学学报》（社会科学版）第12期。
[495] 朱满德等，2016，《WTO国内支持规则下的日本农业政策调适》，《农业经济问题》第6期。
[496] 朱希刚，1997，《跨世纪的探索：中国粮食问题研究》，中国农业出版社。
[497] 朱希刚，2004，《中国粮食供需平衡分析》，《农业经济问题》第12期。
[498] 朱泽，1998，《中国粮食安全问题实证研究与政策选择》，湖北科学技术出版社。
[499] 朱增勇，陈加齐，李思经，2018，《中非农业科技合作的可持续性研究》，《世界农业》第9期。
[500] 邹磊，2015，《中国"一带一路"战略的政治经济学》，上海人民出版社。
[501] 邹文涛，2012，《中国利用境外农业资源的理论与实证分析》，博士学位论文，华中农业大学。

附 录

附录一　我国进口粮源保障体系建设调查问卷

您好！

感谢您在百忙之中，能够完成问卷填写。

本问卷是国家社科基金项目研究成果的一部分。请根据您的具体情况填写问卷，选项没有对错之分。

问卷完成后，请将电子文档发送至电子邮箱：56748597@qq.com 。

所有问卷最终汇总分析后，将有益于指导我国粮食产业健康、持续发展。

您的填写信息将会保密，请放心。

感谢您的支持，祝工作顺利！

基础信息（请将"A、B、C、D、E"选项之一填写到括号内）：

1. 您的单位属于（　）　A. 政府、事业单位　　B. 内资粮油企业　　C. 外资粮油企业
   D. 非粮油企业　　E. 其他

2. 您的年龄属于（　）　A. 20~29 岁　　B. 30~39 岁　　C. 40~49 岁
   D. 50~59 岁　　E. 60 岁以上

请将"√"填写到相应空格处，每题选择一项，完成问卷调查。

序号	内容（请将"√"填写到相应空格处，单选）	完全不同意	不同意	基本同意	同意	完全同意
1	建立进口粮源保障体系是统筹利用国际国内两种资源的关键举措					

续表

序号	内容（请将"√"填写到相应空格处，单选）	完全不同意	不同意	基本同意	同意	完全同意
2	提高对国际市场粮源的掌控能力，是建设进口粮源保障体系的重要目标之一					
3	我国粮食企业"走出去"的主要制约因素是政府支持政策的力度不够					
4	我国粮食企业"走出去"的主要制约因素是大多数企业缺乏到国外竞争的实力					
5	我国粮食企业"走出去"的主要制约因素是境外投资环境风险较大					
6	中国在国际粮源的可获性方面，利用国际市场的空间较大					
7	中国粮食对外贸易依存度应控制在10%以内					
8	中国利用境外粮食资源应将重点放在粮食进口贸易上					
9	中国利用境外农业资源应将重点放在境外建设粮食生产基地上					
10	中国利用境外粮食资源应将重点放在利用境外先进农业技术上					
11	中国利用境外粮食资源应将重点放在建立跨国粮食产业链上					
12	跨国粮食产业链可以最大限度地保障粮食进口的自主性和稳定性					
13	我国开展国际粮食合作首先应考虑东道国的政治风险					
14	我国与东道国的历史、文化差异是开展粮食合作需考虑的重要因素					
15	我国开展国际粮食合作，必须考虑东道国的利益					
16	东道国的基础设施建设状况是开展粮食合作需考虑的重要因素					
17	中国应进一步强化与美国、加拿大、欧盟等的粮食贸易往来的传统优势					
18	未来中国应进一步强化与巴西、阿根廷等的粮食贸易往来的传统优势					

续表

序号	内容（请将"√"填写到相应空格处，单选）	完全不同意	不同意	基本同意	同意	完全同意
19	中国应积极发展与俄罗斯、中亚等国家的区域粮食合作					
20	中国应积极发展与亚太地区有关国家的区域粮食合作					
21	"一带一路"应作为开展区域粮食合作的重点区域					
22	援助发展中国家发展粮食生产是稳定进口粮源的重要任务					
23	中国在推进粮食贸易多元化方面还有较大的空间					
24	中国开展国际粮食合作的重点地区应是农业资源丰富、粮食出口潜力大的地区					
25	中国开展国际粮食合作的重点地区应是技术水平不高、农业开发潜力较大的地区					
26	中国开展国际粮食合作的重点地区应是粮食自给率高但是目前与我国粮食贸易往来不多的地区					
27	国内政策对粮食企业"走出去"支持力度不够主要体现在财政支持不足					
28	国内政策对粮食企业"走出去"支持力度不够主要体现在政府服务不到位					
29	改革中国粮食进口管理体制的重点是放开企业粮食进口经营权					
30	统筹利用境外农业资源，应建立能够统筹国际发改委、商务部、海关总署、质量检验等各部门一体化的协调机制					
31	中国目前尚未建立有效利用国际农业资源和粮食市场的战略机制					
32	中国目前尚未掌握必要的国际粮食市场价格的话语权					
33	中国有条件成为建设全球粮食安全治理体系的主力					

附录二 我国进口粮源保障体系建设调查问卷各选项得分

题目编号	1 完全不同意	2 不同意	3 基本同意	4 同意	5 完全同意
1	5 (0.94%)	10 (1.88%)	111 (20.9%)	327 (61.58%)	78 (14.69%)
2	3 (0.56%)	18 (3.39%)	103 (19.4%)	254 (47.83%)	153 (28.81%)
3	16 (3.01%)	193 (36.35%)	171 (32.2%)	122 (22.98%)	29 (5.46%)
4	6 (1.13%)	60 (11.3%)	132 (24.86%)	256 (48.21%)	77 (14.5%)
5	17 (3.2%)	102 (19.21%)	212 (39.92%)	159 (29.94%)	41 (7.72%)
6	2 (0.38%)	19 (3.58%)	138 (25.99%)	293 (55.18%)	79 (14.88%)
7	3 (0.56%)	43 (8.1%)	214 (40.3%)	204 (38.42%)	67 (12.62%)
8	12 (2.26%)	119 (22.41%)	215 (40.49%)	155 (29.19%)	30 (5.65%)
9	10 (1.88%)	50 (9.42%)	162 (30.51%)	244 (45.95%)	65 (12.24%)
10	8 (1.51%)	15 (2.82%)	118 (22.22%)	248 (46.7%)	142 (26.74%)
11	5 (0.94%)	30 (5.65%)	152 (28.63%)	270 (50.85%)	74 (13.94%)
12	3 (0.56%)	24 (4.52%)	162 (30.51%)	243 (45.76%)	99 (18.64%)
13	2 (0.38%)	41 (7.72%)	169 (31.83%)	219 (41.24%)	100 (18.83%)
14	7 (1.32%)	50 (9.42%)	177 (33.33%)	240 (45.2%)	57 (10.73%)
15	1 (0.19%)	17 (3.2%)	204 (38.42%)	234 (44.07%)	75 (14.12%)
16	2 (0.38%)	34 (6.4%)	135 (25.42%)	279 (52.54%)	81 (15.25%)
17	6 (1.13%)	43 (8.1%)	149 (28.06%)	250 (47.08%)	83 (15.63%)

续表

题目编号	1 完全不同意	2 不同意	3 基本同意	4 同意	5 完全同意
18	2 (0.38%)	16 (3.01%)	171 (32.2%)	256 (48.21%)	86 (16.2%)
19	3 (0.56%)	14 (2.64%)	138 (25.99%)	256 (48.21%)	120 (22.6%)
20	3 (0.56%)	10 (1.88%)	107 (20.15%)	299 (56.31%)	112 (21.09%)
21	3 (0.56%)	7 (1.32%)	106 (19.96%)	235 (44.26%)	180 (33.9%)
22	9 (1.69%)	29 (5.46%)	154 (29%)	246 (46.33%)	93 (17.51%)
23	1 (0.19%)	5 (0.94%)	110 (20.72%)	281 (52.92%)	134 (25.24%)
24	3 (0.56%)	21 (3.95%)	139 (26.18%)	247 (46.52%)	121 (22.79%)
25	7 (1.32%)	51 (9.6%)	160 (30.13%)	242 (45.57%)	71 (13.37%)
26	9 (1.69%)	75 (14.12%)	204 (38.42%)	198 (37.29%)	45 (8.47%)
27	12 (2.26%)	147 (27.68%)	187 (35.22%)	152 (28.63%)	33 (6.21%)
28	19 (3.58%)	136 (25.61%)	177 (33.33%)	167 (31.45%)	32 (6.03%)
29	10 (1.88%)	47 (8.85%)	175 (32.96%)	245 (46.14%)	54 (10.17%)
30	3 (0.56%)	6 (1.13%)	110 (20.72%)	278 (52.35%)	134 (25.24%)
31	4 (0.75%)	76 (14.31%)	153 (28.81%)	238 (44.82%)	60 (11.3%)
32	7 (1.32%)	89 (16.76%)	134 (25.24%)	206 (38.79%)	95 (17.89%)
33	2 (0.38%)	12 (2.26%)	118 (22.22%)	270 (50.85%)	129 (24.29%)

后 记

本书是在国家社会科学基金课题"粮食安全视阈下我国进口粮源保障体系建构与实现机制研究"（项目批准号：15BGJ024）结项报告的基础上修改完成的。该项研究从题目的选定到申报论证的修改，从模型设计到实际调研，从研究难点的突破到研究报告的反复修改，得到了许多国内行业领导、专家学者的鼎力帮助。在课题立项和研究的过程中，河南省社会科学院原副院长杨承训教授给予了悉心指导，河南大学中原发展研究院院长耿明斋教授、河南社会科学院农村发展研究所原所长吴海峰研究员、河南农业大学张冬平教授、河南农业大学经济管理学院院长马恒运教授、河南工业大学粮食经济研究院院长李铜山教授、河南工业大学社会科学处处长于建华教授等给予了大力指导和帮助，在此一并表示诚挚的感谢。项目成果鉴定的五位匿名专家对研究报告提出了中肯的意见和建议，对本书的提高和完善做出了贡献。

本书作为项目研究成果，是在笔者的组织下由项目组全体成员分工协作完成的，修改和统稿由笔者完成。全书分十四章，各章的分工如下：第一章，赵予新；第二章，赵予新、孙中叶、王松梅、杨丽君、张庆；第三章，孙中叶、赵予新、杨丽君；第四章，关浩杰；第五章，马松林、关浩杰、张庆、赵璐璐；第六章，马松林、关浩杰、赵璐璐、张庆、马强；第七章，王松梅、赵予新；第八章，赵予新、孙红霞；第九章，赵予新；第十章，赵予新、马松林、马强；第十一章，孙红霞；第十二章，赵予新；第十三章，赵予新、马松林、关浩杰、杨丽君；第十四章，赵予新、马松林、杨茂。

在本书出版之际，要感谢国家社会科学基金委员会对本项研究的资助